本书的出版得到

国家重点研发计划（2016YFE0203700）资助

国家重点文物保护专项补助经费资助

新疆文物考古研究所丛刊之十
西北大学考古学系列报告 第2号

新疆拜其尔墓地

——2004～2005年度发掘报告

新疆文物考古研究所
西北大学文化遗产学院
哈 密 市 文 物 局 编著
哈 密 博 物 馆
伊吾县文物管理局

文物出版社

图书在版编目（CIP）数据

新疆拜其尔墓地：2004～2005年度发掘报告／新疆
文物考古研究所等编著. —— 北京：文物出版社，2020.10
　　ISBN 978-7-5010-6704-6

　　Ⅰ．①新… Ⅱ．①新… Ⅲ．①墓葬(考古)-发掘报告
-伊吾县 Ⅳ．①K878.85

　　中国版本图书馆CIP数据核字（2020）第087770号

新疆拜其尔墓地——2004 ～ 2005 年度发掘报告

编　　著：新疆文物考古研究所、西北大学文化遗产学院
　　　　　哈密市文物局、哈密博物馆、伊吾县文物管理局

封面设计：秦　彧
责任编辑：秦　彧　彭家宇
责任印制：张　丽

出版发行：文物出版社
地　　址：北京市东直门内北小街2号楼
邮　　编：100007
网　　址：http://www.wenwu.com
邮　　箱：web@wenwu.com
印　　刷：北京荣宝艺品印刷有限公司
经　　销：新华书店
开　　本：889mm×1194mm　1/16
印　　张：31
版　　次：2020年10月第1版
印　　次：2020年10月第1次印刷
书　　号：ISBN 978-7-5010-6704-6
定　　价：450.00元

Xinjiang Baiqier Cemetery:
Excavation Report in 2004 and 2005

by

Xinjiang Institute of Cultural Relics and Archaeology
School of Cultural Heritage of Northwest University
Hami City Cultural Heritage Administration
Hami Museum
Yiwu County Cultural Heritage Administration

Cultural Relics Press

内容简介

本报告是由新疆文物考古研究所、西北大学文化遗产学院、哈密市文物局、哈密博物馆、伊吾县文物管理局共同编著，是对2004～2005年新疆文物考古研究所和哈密市文物局等单位联合考古发掘的拜其尔墓地资料的全面公布。全书分为以下几部分。

第一章前言，概括了拜其尔墓地所在区域的自然环境、历史沿革，介绍了墓地发现、发掘、资料整理、报告编写过程，以及报告的体例说明。

第二章墓葬综述，介绍了墓地的总体情况。该墓地处于天山山系东端莫钦乌拉山南麓的戈壁台地上，是拜其尔聚落遗址的组成部分。共发掘墓葬92座，形制结构基本一致，地表多有石圈或低缓石堆标识，墓圹均为竖穴土坑，以石块、原木及木板、土坯等构筑葬具或不使用葬具。以单人葬为主，也有多人合葬，流行侧身屈肢葬和扰乱葬的葬俗，墓内常见动物牺牲。随葬遗物包括陶器、木器、玉石器、金器、铜器、铁器、骨角贝器、皮毛制品等共近700余件（套）。

第三章墓葬分述，按照编号顺序介绍了每座墓葬的发掘资料，将每座墓的平、剖面图、出土器物图和墓葬文字描述、器物描述结合在一起，让读者能够图文结合、直观地对每一座墓葬有准确的认识。

第四章结语，是根据墓地发掘资料结合相关检测分析，对该墓地进行的综合研究。认为墓地主体年代在公元前1200～前500年，可分为前、后两个发展阶段，与哈密绿洲盆地的天山北路墓地、焉不拉克墓地等遗存存在着密切的文化联系，其古代居民的生业方式应以畜牧业为主，狩猎业为补充，也有一些游牧文化因素，农业经济存在的证据比较缺乏，但不能完全排除。墓地本身应有一定的统一规划，很可能是一处古代聚落居民集中埋葬的公墓区。

最后是两个附录，为墓地出土古代人类体质特征初步研究和墓地出土动物骨骼鉴定报告。

本报告力求客观、全面准确地呈现各类信息，可供从事考古学及博物馆学、历史学等研究的专家、学者及大专院校相关专业的师生阅读、参考。

Abstract

This report is a comprehensive release of the Baiqier cemetery that was excavated by Xinjiang Institute of Cultural Relics and Archaeology and Hami City Cultural Heritage Administration in 2004 and 2005. This report was co-edited by Xinjiang Institute of Cultural relics and Archaeology, School of Cultural Heritage of Northwest University, Hami City Cultural Heritage Administration, Hami Museum and Yiwu County Cultural Heritage Administration and is divided into the following parts.

Chapter one, the preface, summarizes the physical environment and the evolution of administration of the region where the Baiqier Cemetery is located. It introduces the process of the discovery, excavation, data ordering and report writing as well as the style and structure of this report.

Chapter two gives an overall introduction to the cemetery. As a part of the Baiqier settlement site, this cemetery is located on a Gobi platform, southern foot of the Tianshan Mountains. The ninety-two graves unearthed from here are basically of the same type in tomb structure, which had a vertical pit, with coffins constructed with stone, wood, plank or earthen adobe or with none furniture. Usually, on the surface of the tomb, rocks are arranged in a circle or piled into a mound to mark the burial. The single burial seems to be more popular than other type but there also existed multiple burials. Tomb occupants were mostly placed on one side with limbs bended or buried second time with scattered bones. Sacrificed animals are universally seen in the graves. The burial objects include potteries, bronzes and artifacts made of wood, jade, gold, iron, bone, horn, shell and animal fur, summing to over nine hundred pieces or sets.

Chapter three orderly illustrates the data of tombs in the cemetery. By representing the plan map and sectional view of each tomb, juxtaposing the image or outline of objects and the accompanying text description, the reporters try to help readers to get an accurate understanding of each grave.

Chapter four, the conclusion, gives extensive research on the whole cemetery, based on the excavated data and the relevant testing analysis. The authers deem the main part of the cemetery may be dated to 1200 B.C. to 500 B.C., falling to two successive phases. This cemetery shares the same archaeological culture with the Tianshanbeilu cemetery and the Yanbulake cemetery, which revealing a pattern of living combining the dominated animal husbandry and hunting, mixing some elements of nomadic culture but lacking the evidence of agrarian economy though not possible to exclude it completely. The cemetery itself should have been planned in advance and was likely to be used by the residents in the surrounding settlements as a public burial area.

The appendix includes two reports. The first one, by analyzing the excavated skulls from the cemetery, gives a preliminary study of the physical characteristics of tomb occupants. The second one is a survey report on the animal bones collected from the cemetery.

This report aims at presenting various data objectively, comprehensively and accurately. It can be read and referenced by experts or scholars engaged in archaeology, museology and history, etc. as well as teachers and students in related fields of higher education.

目　录

第一章　前言 ·· 1

一　自然环境 ·· 1

二　历史沿革 ·· 2

三　发掘与资料整理 ·· 4

四　体例说明 ·· 6

第二章　墓葬综述 ·· 7

一　墓地概况 ·· 7

二　墓葬结构 ·· 8

三　埋葬方式 ··· 11

四　动物牺牲 ··· 12

五　随葬器物 ··· 13

（一）概述 ·· 13

（二）陶器 ·· 14

（三）泥器 ·· 20

（四）木器 ·· 22

（五）玉石器 ·· 24

（六）金器 ·· 26

（七）铜器 ·· 26

（八）铁器 ·· 30

（九）骨角贝器 ·· 31

（一○）皮毛制品 ·· 32

第三章　墓葬分述 ··· 33

　一　M1 ·· 33

　　（一）墓葬形制 ··· 33

　　（二）出土遗物 ··· 33

　二　M2 ·· 35

　　（一）墓葬形制 ··· 35

　　（二）出土遗物 ··· 35

　三　M3 ·· 37

　　（一）墓葬形制 ··· 37

　　（二）出土遗物 ··· 37

　四　M4 ·· 38

　　（一）墓葬形制 ··· 38

　　（二）出土遗物 ··· 38

　五　M5 ·· 39

　　（一）墓葬形制 ··· 39

　　（二）出土遗物 ··· 40

　六　M6 ·· 40

　　（一）墓葬形制 ··· 40

　　（二）出土遗物 ··· 40

　七　M7 ·· 43

　　（一）墓葬形制 ··· 43

　　（二）出土遗物 ··· 44

　八　M8 ·· 44

　　（一）墓葬形制 ··· 44

　　（二）出土遗物 ··· 45

　九　M9 ·· 46

　　（一）墓葬形制 ··· 46

　　（二）出土遗物 ··· 46

　一〇　M10 ·· 48

　　（一）墓葬形制 ··· 48

（二）出土遗物 …………………………………………………………………………… 48

一一　M11 …………………………………………………………………………………… 49

（一）墓葬形制 …………………………………………………………………………… 49

（二）出土遗物 …………………………………………………………………………… 49

一二　M12 …………………………………………………………………………………… 50

（一）墓葬形制 …………………………………………………………………………… 50

（二）出土遗物 …………………………………………………………………………… 51

一三　M13 …………………………………………………………………………………… 51

（一）墓葬形制 …………………………………………………………………………… 51

（二）出土遗物 …………………………………………………………………………… 52

一四　M14 …………………………………………………………………………………… 52

（一）墓葬形制 …………………………………………………………………………… 52

（二）出土遗物 …………………………………………………………………………… 53

一五　M15 …………………………………………………………………………………… 55

（一）墓葬形制 …………………………………………………………………………… 55

（二）出土遗物 …………………………………………………………………………… 56

一六　M16 …………………………………………………………………………………… 57

（一）墓葬形制 …………………………………………………………………………… 57

（二）出土遗物 …………………………………………………………………………… 58

一七　M17 …………………………………………………………………………………… 62

（一）墓葬形制 …………………………………………………………………………… 62

（二）出土遗物 …………………………………………………………………………… 62

一八　M18 …………………………………………………………………………………… 66

（一）墓葬形制 …………………………………………………………………………… 66

（二）出土遗物 …………………………………………………………………………… 66

一九　M19 …………………………………………………………………………………… 67

（一）墓葬形制 …………………………………………………………………………… 67

（二）出土遗物 …………………………………………………………………………… 68

二〇　M20 …………………………………………………………………………………… 69

（一）墓葬形制 …………………………………………………………………………… 69

（二）出土遗物 …………………………………………………………………………… 69

二一　M21 ……………………………………………………………………………………………… 72

　　（一）墓葬形制 ………………………………………………………………………………… 72

　　（二）出土遗物 ………………………………………………………………………………… 73

二二　M22 ……………………………………………………………………………………………… 74

　　（一）墓葬形制 ………………………………………………………………………………… 74

　　（二）出土遗物 ………………………………………………………………………………… 75

二三　M23 ……………………………………………………………………………………………… 76

　　（一）墓葬形制 ………………………………………………………………………………… 76

　　（二）出土遗物 ………………………………………………………………………………… 76

二四　M24 ……………………………………………………………………………………………… 78

　　（一）墓葬形制 ………………………………………………………………………………… 78

　　（二）出土遗物 ………………………………………………………………………………… 79

二五　M25 ……………………………………………………………………………………………… 79

　　（一）墓葬形制 ………………………………………………………………………………… 79

　　（二）出土遗物 ………………………………………………………………………………… 80

二六　M26 ……………………………………………………………………………………………… 82

　　（一）墓葬形制 ………………………………………………………………………………… 82

　　（二）出土遗物 ………………………………………………………………………………… 83

二七　M27 ……………………………………………………………………………………………… 84

　　（一）墓葬形制 ………………………………………………………………………………… 84

　　（二）出土遗物 ………………………………………………………………………………… 84

二八　M28 ……………………………………………………………………………………………… 85

　　（一）墓葬形制 ………………………………………………………………………………… 85

　　（二）出土遗物 ………………………………………………………………………………… 85

二九　M29 ……………………………………………………………………………………………… 85

　　（一）墓葬形制 ………………………………………………………………………………… 85

　　（二）出土遗物 ………………………………………………………………………………… 86

三〇　M30 ……………………………………………………………………………………………… 86

三一　M31 ……………………………………………………………………………………………… 86

　　（一）墓葬形制 ………………………………………………………………………………… 86

　　（二）出土遗物 ………………………………………………………………………………… 86

三二　M32 ………………………………………………………………………………… 88

　（一）墓葬形制 ………………………………………………………………………… 88

　（二）出土遗物 ………………………………………………………………………… 89

三三　M33 ………………………………………………………………………………… 92

　（一）墓葬形制 ………………………………………………………………………… 92

　（二）出土遗物 ………………………………………………………………………… 92

三四　M34 ………………………………………………………………………………… 93

　（一）墓葬形制 ………………………………………………………………………… 93

　（二）出土遗物 ………………………………………………………………………… 93

三五　M35 ………………………………………………………………………………… 94

　（一）墓葬形制 ………………………………………………………………………… 94

　（二）出土遗物 ………………………………………………………………………… 94

三六　M36 ………………………………………………………………………………… 95

　（一）墓葬形制 ………………………………………………………………………… 95

　（二）出土遗物 ………………………………………………………………………… 96

三七　M37 ………………………………………………………………………………… 97

　（一）墓葬形制 ………………………………………………………………………… 97

　（二）出土遗物 ………………………………………………………………………… 97

三八　M38 ………………………………………………………………………………… 98

　（一）墓葬形制 ………………………………………………………………………… 98

　（二）出土遗物 ………………………………………………………………………… 99

三九　M39 ………………………………………………………………………………… 99

　（一）墓葬形制 ………………………………………………………………………… 99

　（二）出土遗物 ………………………………………………………………………… 100

四〇　M40 ………………………………………………………………………………… 100

　（一）墓葬形制 ………………………………………………………………………… 100

　（二）出土遗物 ………………………………………………………………………… 100

四一　M41 ………………………………………………………………………………… 101

　（一）墓葬形制 ………………………………………………………………………… 101

　（二）出土遗物 ………………………………………………………………………… 101

四二　M42 ………………………………………………………………………………… 102

（一）墓葬形制 ………………………………………………………………………………… 102

（二）出土遗物 ………………………………………………………………………………… 103

四三　M43 ……………………………………………………………………………………… 104

（一）墓葬形制 ………………………………………………………………………………… 104

（二）出土遗物 ………………………………………………………………………………… 104

四四　M44 ……………………………………………………………………………………… 107

（一）墓葬形制 ………………………………………………………………………………… 107

（二）出土遗物 ………………………………………………………………………………… 107

四五　M45 ……………………………………………………………………………………… 109

（一）墓葬形制 ………………………………………………………………………………… 109

（二）出土遗物 ………………………………………………………………………………… 110

四六　M46 ……………………………………………………………………………………… 110

（一）墓葬形制 ………………………………………………………………………………… 110

（二）出土遗物 ………………………………………………………………………………… 111

四七　M47 ……………………………………………………………………………………… 111

（一）墓葬形制 ………………………………………………………………………………… 111

（二）出土遗物 ………………………………………………………………………………… 111

四八　M48 ……………………………………………………………………………………… 112

（一）墓葬形制 ………………………………………………………………………………… 112

（二）出土遗物 ………………………………………………………………………………… 113

四九　M49 ……………………………………………………………………………………… 113

（一）墓葬形制 ………………………………………………………………………………… 113

（二）出土遗物 ………………………………………………………………………………… 113

五〇　M50 ……………………………………………………………………………………… 115

（一）墓葬形制 ………………………………………………………………………………… 115

（二）出土遗物 ………………………………………………………………………………… 116

五一　M51 ……………………………………………………………………………………… 118

（一）墓葬形制 ………………………………………………………………………………… 118

（二）出土遗物 ………………………………………………………………………………… 118

五二　M52 ……………………………………………………………………………………… 119

（一）墓葬形制 ………………………………………………………………………………… 119

（二）出土遗物 …………………………………………………………………………… 120

五三 M53 …………………………………………………………………………………… 121

（一）墓葬形制 …………………………………………………………………………… 121

（二）出土遗物 …………………………………………………………………………… 122

五四 M54 …………………………………………………………………………………… 122

（一）墓葬形制 …………………………………………………………………………… 122

（二）出土遗物 …………………………………………………………………………… 122

五五 M55 …………………………………………………………………………………… 124

（一）墓葬形制 …………………………………………………………………………… 124

（二）出土遗物 …………………………………………………………………………… 124

五六 M56 …………………………………………………………………………………… 127

（一）墓葬形制 …………………………………………………………………………… 127

（二）出土遗物 …………………………………………………………………………… 127

五七 M57 …………………………………………………………………………………… 130

（一）墓葬形制 …………………………………………………………………………… 130

（二）出土遗物 …………………………………………………………………………… 130

五八 M58 …………………………………………………………………………………… 133

（一）墓葬形制 …………………………………………………………………………… 133

（二）出土遗物 …………………………………………………………………………… 134

五九 M59 …………………………………………………………………………………… 135

（一）墓葬形制 …………………………………………………………………………… 135

（二）出土遗物 …………………………………………………………………………… 135

六〇 M60 …………………………………………………………………………………… 138

（一）墓葬形制 …………………………………………………………………………… 138

六一 M61 …………………………………………………………………………………… 139

（一）墓葬形制 …………………………………………………………………………… 139

（二）出土遗物 …………………………………………………………………………… 140

六二 M62 …………………………………………………………………………………… 142

（一）墓葬形制 …………………………………………………………………………… 142

（二）出土遗物 …………………………………………………………………………… 142

六三 M63 …………………………………………………………………………………… 144

（一）墓葬形制 ………………………………………………………………………………… 144

（二）出土遗物 ………………………………………………………………………………… 145

六四　M64 ……………………………………………………………………………………… 147

（一）墓葬形制 ………………………………………………………………………………… 147

（二）出土遗物 ………………………………………………………………………………… 148

六五　M65 ……………………………………………………………………………………… 151

（一）墓葬形制 ………………………………………………………………………………… 151

（二）出土遗物 ………………………………………………………………………………… 152

六六　M66 ……………………………………………………………………………………… 154

（一）墓葬形制 ………………………………………………………………………………… 154

（二）出土遗物 ………………………………………………………………………………… 154

六七　M67 ……………………………………………………………………………………… 157

（一）墓葬形制 ………………………………………………………………………………… 157

（二）出土遗物 ………………………………………………………………………………… 157

六八　M68 ……………………………………………………………………………………… 160

（一）墓葬形制 ………………………………………………………………………………… 160

（二）出土遗物 ………………………………………………………………………………… 160

六九　M69 ……………………………………………………………………………………… 163

（一）墓葬形制 ………………………………………………………………………………… 163

（二）出土遗物 ………………………………………………………………………………… 163

七〇　M70 ……………………………………………………………………………………… 165

（一）墓葬形制 ………………………………………………………………………………… 165

（二）出土遗物 ………………………………………………………………………………… 166

七一　M71 ……………………………………………………………………………………… 168

（一）墓葬形制 ………………………………………………………………………………… 168

（二）出土遗物 ………………………………………………………………………………… 168

七二　M72 ……………………………………………………………………………………… 171

（一）墓葬形制 ………………………………………………………………………………… 171

（二）出土遗物 ………………………………………………………………………………… 172

七三　M73 ……………………………………………………………………………………… 173

（一）墓葬形制 ………………………………………………………………………………… 173

（二）出土遗物 …………………………………………………………………… 174

七四　M74 …………………………………………………………………………… 177

（一）墓葬形制 …………………………………………………………………… 177

（二）出土遗物 …………………………………………………………………… 177

七五　M75 …………………………………………………………………………… 179

（一）墓葬形制 …………………………………………………………………… 179

（二）出土遗物 …………………………………………………………………… 180

七六　M76 …………………………………………………………………………… 180

（一）墓葬形制 …………………………………………………………………… 180

（二）出土遗物 …………………………………………………………………… 181

七七　M77 …………………………………………………………………………… 182

（一）墓葬形制 …………………………………………………………………… 182

（二）出土遗物 …………………………………………………………………… 182

七八　M78 …………………………………………………………………………… 183

（一）墓葬形制 …………………………………………………………………… 183

（二）出土遗物 …………………………………………………………………… 183

七九　M79 …………………………………………………………………………… 185

（一）墓葬形制 …………………………………………………………………… 185

（二）出土遗物 …………………………………………………………………… 185

八〇　M80 …………………………………………………………………………… 187

（一）墓葬形制 …………………………………………………………………… 187

（二）出土遗物 …………………………………………………………………… 188

八一　M81 …………………………………………………………………………… 190

（一）墓葬形制 …………………………………………………………………… 190

（二）出土遗物 …………………………………………………………………… 190

八二　M82 …………………………………………………………………………… 191

（一）墓葬形制 …………………………………………………………………… 191

（二）出土遗物 …………………………………………………………………… 191

八三　M83 …………………………………………………………………………… 192

（一）墓葬形制 …………………………………………………………………… 192

（二）出土遗物 …………………………………………………………………… 193

八四　M84 ……………………………………………………………………………………… 194

　　（一）墓葬形制 ………………………………………………………………………………… 194

　　（二）出土遗物 ………………………………………………………………………………… 195

八五　M85 ……………………………………………………………………………………… 197

　　（一）墓葬形制 ………………………………………………………………………………… 197

　　（二）出土遗物 ………………………………………………………………………………… 198

八六　M86 ……………………………………………………………………………………… 199

　　（一）墓葬形制 ………………………………………………………………………………… 199

　　（二）出土遗物 ………………………………………………………………………………… 199

八七　M87 ……………………………………………………………………………………… 200

　　（一）墓葬形制 ………………………………………………………………………………… 200

　　（二）出土遗物 ………………………………………………………………………………… 200

八八　M88 ……………………………………………………………………………………… 200

　　（一）墓葬形制 ………………………………………………………………………………… 200

　　（二）出土遗物 ………………………………………………………………………………… 200

八九　M89 ……………………………………………………………………………………… 200

　　（一）墓葬形制 ………………………………………………………………………………… 200

　　（二）出土遗物 ………………………………………………………………………………… 201

九〇　M90 ……………………………………………………………………………………… 201

　　（一）墓葬形制 ………………………………………………………………………………… 201

　　（二）出土遗物 ………………………………………………………………………………… 202

九一　M91 ……………………………………………………………………………………… 203

　　（一）墓葬形制 ………………………………………………………………………………… 203

　　（二）出土遗物 ………………………………………………………………………………… 203

九二　M92 ……………………………………………………………………………………… 206

　　（一）墓葬形制 ………………………………………………………………………………… 206

　　（二）出土遗物 ………………………………………………………………………………… 206

第四章　结语 ………………………………………………………………………………… 208

　一　年代与文化属性 ……………………………………………………………………………… 208

（一）典型器物型式分析 ……………………………………………………… 208

（二）墓地分期 ………………………………………………………………… 212

（三）墓地年代与文化属性 …………………………………………………… 216

二　埋葬习俗与生业方式 ……………………………………………………… 219

（一）埋葬习俗 ………………………………………………………………… 219

（二）生业方式 ………………………………………………………………… 220

三　聚落形态分析 ……………………………………………………………… 221

附　录 ……………………………………………………………………………… 223

附录一　拜其尔墓地出土古代人类体质特征初步研究 ……………………… 223

附录二　拜其尔墓地出土动物骨骼鉴定报告 ………………………………… 234

附　表 ……………………………………………………………………………… 246

附表一　拜其尔墓地墓葬登记表 ……………………………………………… 246

附表二　拜其尔墓地器物登记表 ……………………………………………… 256

后　记 ……………………………………………………………………………… 264

插图目录

图一　　拜其尔墓地位置示意图 ··· 7

图二　　拜其尔墓地范围及周边地形图 ··· 8

图三　　拜其尔墓地发掘区墓葬分布图 ··· 9

图四　　拜其尔墓地椁室盖板统计图 ··· 10

图五　　拜其尔墓地椁室构筑材料与方式统计图 ······························· 10

图六　　拜其尔墓地墓葬埋葬人数统计图 ······································· 11

图七　　拜其尔墓地墓葬人骨埋葬位置统计图 ··································· 11

图八　　拜其尔墓地人骨埋葬特征统计图 ······································· 12

图九　　拜其尔墓地人骨放置姿势统计图 ······································· 12

图一〇　拜其尔墓地人骨头向统计图 ··· 13

图一一　拜其尔墓地出土陶器（一）··· 15

图一二　拜其尔墓地出土陶器（二）··· 17

图一三　拜其尔墓地出土陶器（三）··· 18

图一四　拜其尔墓地出土陶器（四）··· 19

图一五　拜其尔墓地出土其他陶器和泥器 ······································· 21

图一六　拜其尔墓地出土木器（一）··· 22

图一七　拜其尔墓地出土木器（二）··· 23

图一八　拜其尔墓地出土玉石器 ··· 25

图一九　拜其尔墓地出土铜器（一）··· 27

图二〇　拜其尔墓地出土铜器（二）··· 29

图二一　拜其尔墓地出土铁器 ··· 31

图二二　拜其尔墓地出土骨、角、贝器 ··· 32

图二三　M1平、剖面图 ·· 33

图二四　M1出土器物（一）··· 34

图二五　M1出土器物（二）··· 35

图二六 M2平、剖面图 ……………………………………………………… 36

图二七 M2出土器物 ………………………………………………………… 36

图二八 M3及出土器物 ……………………………………………………… 37

图二九 M4及出土器物 ……………………………………………………… 38

图三○ M5及出土器物 ……………………………………………………… 39

图三一 M6平、剖面图 ……………………………………………………… 41

图三二 M6出土器物 ………………………………………………………… 42

图三三 M7平、剖面图 ……………………………………………………… 43

图三四 M7出土器物 ………………………………………………………… 44

图三五 M8平、剖面图 ……………………………………………………… 45

图三六 M8出土器物 ………………………………………………………… 45

图三七 M9平、剖面图 ……………………………………………………… 46

图三八 M9出土器物 ………………………………………………………… 47

图三九 M10平、剖面图 …………………………………………………… 48

图四○ M10出土器物 ……………………………………………………… 49

图四一 M11及出土器物 …………………………………………………… 49

图四二 M12平、剖面图 …………………………………………………… 50

图四三 M12出土器物 ……………………………………………………… 51

图四四 M13及出土双系陶壶 ……………………………………………… 52

图四五 M14平、剖面图 …………………………………………………… 53

图四六 M14出土器物 ……………………………………………………… 54

图四七 M15平、剖面图 …………………………………………………… 55

图四八 M15出土器物（一）……………………………………………… 56

图四九 M15出土器物（二）……………………………………………… 57

图五○ M16平、剖面图 …………………………………………………… 58

图五一 M16出土器物（一）……………………………………………… 59

图五二 M16出土器物（二）……………………………………………… 60

图五三 M16出土器物（三）……………………………………………… 61

图五四 M17平、剖面图 …………………………………………………… 63

图五五 M17出土器物（一）……………………………………………… 64

图五六 M17出土器物（二）……………………………………………… 65

图一一九　M55出土器物（一）……………………………………………………………126

图一二〇　M55出土器物（二）……………………………………………………………127

图一二一　M56平、剖面图…………………………………………………………………128

图一二二　M56椁室正、侧视图……………………………………………………………129

图一二三　M56出土器物……………………………………………………………………129

图一二四　M57平、剖面图…………………………………………………………………131

图一二五　M57出土器物……………………………………………………………………132

图一二六　M58平、剖面图…………………………………………………………………133

图一二七　M58出土器物……………………………………………………………………134

图一二八　M59平、剖面图…………………………………………………………………136

图一二九　M59出土器物……………………………………………………………………137

图一三〇　M60及出土器物…………………………………………………………………138

图一三一　M61平、剖面图…………………………………………………………………139

图一三二　M61出土器物……………………………………………………………………141

图一三三　M62平、剖面图…………………………………………………………………142

图一三四　M62出土器物……………………………………………………………………143

图一三五　M63平、剖面图…………………………………………………………………145

图一三六　M63椁室正、侧视图……………………………………………………………146

图一三七　M63出土器物……………………………………………………………………146

图一三八　M64平、剖面图…………………………………………………………………147

图一三九　M64出土器物（一）……………………………………………………………149

图一四〇　M64出土器物（二）……………………………………………………………151

图一四一　M65平、剖面图…………………………………………………………………152

图一四二　M65出土器物……………………………………………………………………153

图一四三　M66平、剖面图…………………………………………………………………154

图一四四　M66出土器物……………………………………………………………………156

图一四五　M67平、剖面图…………………………………………………………………157

图一四六　M67出土器物（一）……………………………………………………………158

图一四七　M67出土器物（二）……………………………………………………………159

图一四八　M68平、剖面图…………………………………………………………………161

图一四九　M68出土器物……………………………………………………………………162

图一五〇　M69平、剖面图 …………………………………… 164

图一五一　M69出土器物 ……………………………………… 165

图一五二　M70平、剖面图 …………………………………… 166

图一五三　M70出土器物 ……………………………………… 167

图一五四　M71平、剖面图 …………………………………… 169

图一五五　M71出土器物（一） ……………………………… 170

图一五六　M71出土器物（二） ……………………………… 171

图一五七　M72平、剖面图 …………………………………… 172

图一五八　M72出土器物 ……………………………………… 173

图一五九　M73平、剖面图 …………………………………… 174

图一六〇　M73出土器物（一） ……………………………… 175

图一六一　M73出土器物（二） ……………………………… 176

图一六二　M74平、剖面图 …………………………………… 177

图一六三　M74出土器物 ……………………………………… 178

图一六四　M75平、剖面图 …………………………………… 180

图一六五　M75出土器物 ……………………………………… 180

图一六六　M76平、剖面图 …………………………………… 181

图一六七　M76出土器物 ……………………………………… 182

图一六八　M77及出土单耳陶罐 ……………………………… 182

图一六九　M78平、剖面图 …………………………………… 183

图一七〇　M78出土器物 ……………………………………… 184

图一七一　M79平、剖面图 …………………………………… 185

图一七二　M79出土器物 ……………………………………… 186

图一七三　M80平、剖面图 …………………………………… 187

图一七四　M80出土器物 ……………………………………… 188

图一七五　M81平、剖面图 …………………………………… 190

图一七六　M81出土器物 ……………………………………… 191

图一七七　M82及出土单耳陶罐 ……………………………… 192

图一七八　M83平、剖面图 …………………………………… 193

图一七九　M83出土器物 ……………………………………… 194

图一八〇　M84平、剖面图 …………………………………… 195

图一八一　M84出土器物 ……………………………………………………………… 196

图一八二　M85平、剖面图 …………………………………………………………… 197

图一八三　M85出土器物 ……………………………………………………………… 198

图一八四　M86平、剖面图 …………………………………………………………… 199

图一八五　M86出土器物 ……………………………………………………………… 199

图一八六　M87平、剖面图 …………………………………………………………… 200

图一八七　M88平、剖面图 …………………………………………………………… 200

图一八八　M89及出土双乳丁陶壶 …………………………………………………… 201

图一八九　M90平、剖面图 …………………………………………………………… 202

图一九〇　M90出土器物 ……………………………………………………………… 203

图一九一　M91平、剖面图 …………………………………………………………… 204

图一九二　M91出土器物 ……………………………………………………………… 205

图一九三　M92平、剖面图 …………………………………………………………… 206

图一九四　M92出土器物 ……………………………………………………………… 207

图一九五　拜其尔墓地典型器物分期图 ……………………………………………… 210

图一九六　拜其尔墓地测年数据OxCal分析图 ……………………………………… 217

彩版目录

彩版一　拜其尔墓地全景

彩版二　拜其尔墓地发掘现场

彩版三　拜其尔墓地工作现场

彩版四　拜其尔遗址远景与房址

彩版五　M1

彩版六　M1出土遗物

彩版七　M1出土遗物

彩版八　M2及出土遗物

彩版九　M2、M3及出土遗物

彩版一〇　M4及出土遗物

彩版一一　M5及出土遗物

彩版一二　M6及出土遗物

彩版一三　M6出土遗物

彩版一四　M7及出土遗物

彩版一五　M8

彩版一六　M8出土遗物与M9

彩版一七　M9

彩版一八　M9出土遗物

彩版一九　M10及出土遗物

彩版二〇　M11及出土遗物

彩版二一　M12

彩版二二　M12出土遗物

彩版二三　M13

彩版二四　M13、M14及出土遗物

彩版二五　M14

彩版二六　　M14及出土遗物

彩版二七　　M14出土遗物

彩版二八　　M15

彩版二九　　M15出土遗物

彩版三〇　　M16

彩版三一　　M16出土遗物

彩版三二　　M16出土遗物

彩版三三　　M16出土遗物

彩版三四　　M16出土遗物

彩版三五　　M17及出土遗物

彩版三六　　M17

彩版三七　　M17出土遗物

彩版三八　　M17出土遗物

彩版三九　　M18

彩版四〇　　M18及M19出土遗物

彩版四一　　M19及出土遗物

彩版四二　　M20

彩版四三　　M20

彩版四四　　M20出土遗物

彩版四五　　M20出土遗物

彩版四六　　M21及出土遗物

彩版四七　　M22及出土遗物

彩版四八　　M22、M23出土遗物

彩版四九　　M23

彩版五〇　　M23出土遗物

彩版五一　　M24及出土遗物

彩版五二　　M25

彩版五三　　M25

彩版五四　　M25出土遗物

彩版五五　　M25出土遗物与M26

彩版五六　　M26出土遗物

彩版五七　　M27及出土遗物

彩版五八　　M28

彩版五九　　M29、M30

彩版六〇　　M31

彩版六一　　M31出土遗物

彩版六二　　M32

彩版六三　　M32

彩版六四　　M32

彩版六五　　M32

彩版六六　　M32

彩版六七　　M32出土遗物

彩版六八　　M32出土遗物

彩版六九　　M33及出土遗物

彩版七〇　　M34、M35

彩版七一　　M34、M35、M36出土遗物

彩版七二　　M36

彩版七三　　M37

彩版七四　　M37、M38出土遗物

彩版七五　　M38、M39

彩版七六　　M40及出土遗物

彩版七七　　M41

彩版七八　　M41出土遗物

彩版七九　　M42

彩版八〇　　M42

彩版八一　　M42出土遗物

彩版八二　　M43

彩版八三　　M43

彩版八四　　M43出土遗物

彩版八五　　M43出土遗物

彩版八六　　M44

彩版八七　　M44

彩版八八　　M44出土遗物

彩版八九　　M45、M46及出土遗物

彩版九○　　M47及出土遗物

彩版九一　　M48、M49

彩版九二　　M49出土遗物

彩版九三　　M50

彩版九四　　M50

彩版九五　　M50

彩版九六　　M50出土遗物

彩版九七　　M50出土遗物

彩版九八　　M51及出土遗物

彩版九九　　M52及出土遗物

彩版一○○　　M52出土遗物

彩版一○一　　M53、M54

彩版一○二　　M54出土遗物

彩版一○三　　M55

彩版一○四　　M55出土遗物

彩版一○五　　M55出土遗物

彩版一○六　　M56

彩版一○七　　M56出土遗物

彩版一○八　　M57

彩版一○九　　M57出土遗物

彩版一一○　　M57出土遗物

彩版一一一　　M58及出土遗物

彩版一一二　　M59

彩版一一三　　M59

彩版一一四　　M59及出土遗物

彩版一一五　　M59出土遗物

彩版一一六　　M60及出土遗物

彩版一一七　　M61

彩版一一八　　M61出土遗物

彩版一一九　M61出土遗物

彩版一二〇　M62

彩版一二一　M62出土遗物

彩版一二二　M63

彩版一二三　M63

彩版一二四　M63出土遗物

彩版一二五　M64

彩版一二六　M64

彩版一二七　M64

彩版一二八　M64出土遗物

彩版一二九　M64出土遗物

彩版一三〇　M64出土遗物

彩版一三一　M64出土遗物

彩版一三二　M65

彩版一三三　M65及出土遗物

彩版一三四　M65出土遗物

彩版一三五　M66

彩版一三六　M66出土遗物

彩版一三七　M66出土遗物

彩版一三八　M67

彩版一三九　M67出土遗物

彩版一四〇　M67出土遗物

彩版一四一　M68

彩版一四二　M68出土遗物

彩版一四三　M68出土遗物

彩版一四四　M69

彩版一四五　M69出土遗物

彩版一四六　M70

彩版一四七　M70出土遗物

彩版一四八　M71

彩版一四九　M71及出土遗物

彩版一五〇　　M71出土遗物

彩版一五一　　M71出土遗物

彩版一五二　　M72

彩版一五三　　M72出土遗物

彩版一五四　　M73

彩版一五五　　M73出土遗物

彩版一五六　　M73出土遗物

彩版一五七　　M74

彩版一五八　　M74

彩版一五九　　M74出土遗物

彩版一六〇　　M74出土遗物

彩版一六一　　M75及出土遗物

彩版一六二　　M76

彩版一六三　　M76出土遗物

彩版一六四　　M77

彩版一六五　　M78

彩版一六六　　M78出土遗物

彩版一六七　　M79

彩版一六八　　M79及出土遗物

彩版一六九　　M79出土遗物

彩版一七〇　　M80

彩版一七一　　M80及出土遗物

彩版一七二　　M80出土遗物

彩版一七三　　M81及出土遗物

彩版一七四　　M82及出土遗物

彩版一七五　　M83及出土遗物

彩版一七六　　M84

彩版一七七　　M84及出土遗物

彩版一七八　　M84出土遗物

彩版一七九　　M85

彩版一八〇　　M85、M86

彩版一八一　　M85出土遗物

彩版一八二　　M89

彩版一八三　　M90

彩版一八四　　M90及出土遗物

彩版一八五　　M91

彩版一八六　　M91

彩版一八七　　M91及出土遗物

彩版一八八　　M91、M92出土遗物

彩版一八九　　M92

彩版一九〇　　M92

第一章 前言

一 自然环境

伊吾县隶属于哈密市，位于新疆维吾尔自治区东北，天山北麓东段，是我国的边境县之一。伊吾县域东接甘肃省肃北县马鬃山镇，西邻新疆巴里坤哈萨克自治县，南连哈密市伊州区，北通蒙古国戈壁阿尔泰省。伊吾县境北窄南宽，平面近梯形，南北宽约175、东西长约215千米，总面积19735平方千米[1]。伊吾县辖3镇4乡，分别为伊吾镇、淖毛湖镇、盐池镇、吐葫芦乡、苇子峡乡、下马崖乡和前山哈萨克族乡。

伊吾县地势南高北低，县境内东西横亘三条山脉，形成了"三山夹两盆"的地貌。

伊吾县境最北部为中蒙边界的东准噶尔褶皱山系，又名"诺穆高原"，西起巴里坤哈萨克自治县老爷庙，沿中蒙边界向东至巴勒干廷哈尔山，东南经乌吉台山至伊州区的额勒森乌拉，海拔1000米左右。山系西北及北部因物理风化和风蚀作用强烈，岩石裸露，为石质荒漠。东部地势平坦，为荒漠戈壁。南部有分散在高原上的山丘，受冷空气影响，冬夏有降水形成，荒漠草场分布在其间。

伊吾县境中部横贯的是莫钦乌拉山，属于东天山的支脉，西起巴里坤哈萨克自治县，向东逐渐消失于伊吾县东部。莫钦乌拉山海拔2000米以上，主峰大黑山的海拔是3962米，山体宽约18千米，在伊吾县境内长约54千米，山体南北有梳状沟谷分布。大黑山以东因褶皱断裂作用，形成盐池北及苇子峡山间凹地。

伊吾县境最南部为喀尔里克山，是天山山系最东端主脉。以山脊为界，北属伊吾县，南为伊州区。喀尔里克山北坡山体窄陡，海拔3000米以上，多见剥蚀山体，山间垂直分布着草场林带。最高峰为海拔4886米的托木尔提峰，属平顶冰川分布地带，也是伊吾河发源地。1962年新疆科学院测绘统计，有63条冰川，面积为59.65平方千米，冰储量23714亿立方米，折合水量21343亿立方米，但近年来冰川水量急剧下降。

东准噶尔褶皱山系和莫钦乌拉山之间为淖毛湖盆地，西连巴里坤哈萨克自治县的三塘湖盆地。淖毛湖盆地属洪积扇和山麓冲积扇缓斜平原，由层状轻壤、中壤和沙壤土堆积而成，地势由南向北倾斜，海拔在400～500米。盆地中部因洪水、潜水流入闭塞凹地，在干旱条件下形成小盐碱湖。盆地东部为泥漠地貌。

淖毛湖盆地属于中温带极干旱区，四季分明，日照充足，冬季寒冷，夏季干热。年平均气

---

[1] 伊吾县地方志编纂委员会：《伊吾县志》，新疆大学出版社，1994年，第22页。

温7.5℃～9.8℃，夏季极端气温可达40℃～43.5℃，冬季极端气温可降到-33.9℃～-31℃，大风日数年平均达80～100天。年降水在12毫米以下，年蒸发量达4377毫米。无霜期175天[1]。

莫钦乌拉山和喀尔里克山之间是伊吾山间盆地，为一狭长条状山间断陷盆地，西起乌勒盖，东到下马崖，长约100、最宽约22千米，因升降作用，在西部还形成了闭塞湖盆，面积25平方千米，沉积大量盐类矿产。西部也有干旱草场，东部多为荒漠，南北山麓有山间草场分布，南坡部分山沟有森林。

伊吾山间盆地东部的苇子峡、吐葫芦乡一带属于温带干旱区，冬冷夏凉，没有明显四季之分。年平均气温3.5℃～6.0℃，夏季极端气温可达32.6℃～35.0℃，冬季极端气温可降到-32℃左右，日照时间较长，大风日数年平均37～50天。年降水在60～90毫米。这里气候相对凉爽、湿润，适合农牧业开展。

伊吾山间盆地西部的前山乡、盐池镇一带属于中温带亚干旱区，热量条件较差，年平均气温低于零度，无霜期仅有80～100天，冬季极端气温可达-40℃，夏季极端气温只有28.0℃～30.0℃，年降水可达100～200毫米。这里气候更加凉爽、湿润，但缺乏日照，适合牧业生产。

伊吾山间盆地南部的天山北坡及山前丘陵海拔在2000米以上，属于亚寒带亚干旱区，年平均气温-6℃～-5℃，无霜期少于80天。降水量在200～300毫米，气候寒冷，只在夏季适合牧业生产。

伊吾县境内河流、河沟共有23条，其中四季流水的有9条，季节性河流14条，水流量较大、流域较长的有伊吾河、大小白杨沟河、土尔干沟河、大小柳树沟河、水磨沟河、玉勒盖河等。按照地形和流量，可分为3条自成体系又相互影响的小水系，即喀尔里克山中部水系、喀尔里克山西部水系和莫钦乌拉山南坡水系。水系径流的补给来源于冰川、积雪消融和大气降水，径流随着季节、气温、降水的变化而变化，具有不稳定、变化大和间歇性的特征。

喀尔里克山中部水系主要包括伊吾河及其支流大白杨沟河和小白杨沟河，发源于喀尔里克山冰川，自喀尔里克山顺坡而下，自南向北经吐葫芦乡、伊吾镇、苇子峡乡流入淖毛湖，沿途可以灌溉大量的农田和草场，是伊吾县农牧业的命脉。其中伊吾河干流全长55千米，是伊吾县水量最充足的河流，贯穿了整个莫钦乌拉山，并在山中形成伊吾河谷地，是莫钦乌拉山南北交通的重要通道。

喀尔里克山西部水系主要包括土尔干沟河和墙墙沟河，分别流入盐池牧场和前山牧场，是当地牧业的重要水源。莫钦乌拉山南坡水系均为泉水小溪和小量的裂隙水，尚未形成河水网络，水量小，流域短，只能灌溉周边的山间小草场。

二　历史沿革

伊吾县所在的整个哈密市辖境是古代丝绸之路上的重要交通枢纽，也是古代农业和牧业

---

[1]　伊吾县地方志编纂委员会：《伊吾县志》，新疆大学出版社，1994年，第39～45页。

人群南北交流的重要通道。考古出土资料表明，至少从青铜时代开始，该地区就是多个人群交往、多元文化互动的重要区域。

据文献记载，先秦至秦汉之际，月氏、乌孙等人群以哈密地区为活动中心。西汉初年，月氏被匈奴击败后远走伊犁河流域，哈密成为匈奴的驻牧地。两汉时期，哈密作为汉匈战争中的争夺要地，两大政权在此地发生了多次碰撞交流。

西汉天汉二年（公元前99年）贰师将军李广利[1]和征和三年（公元前90年）重合侯马通[2]都曾出酒泉至天山一带。西汉本始二年（公元前72年），汉与乌孙共击匈奴，蒲类将军赵充国未能及时赶到蒲类泽，校尉常惠持节护乌孙兵入匈奴右地，大获全胜而还[3]。西汉神爵二年（公元前60年），置西域都护府，但今伊吾县境仍被匈奴占据，至汉元帝时，隶属西域都护府管辖[4]。东汉永平十六年（73年），奉车都尉窦固命班超担任假司马，率兵攻占伊吾（今伊州区），置宜禾都尉[5]。东汉建初二年（77年），废伊吾屯田，县境复屈匈奴[6]。东汉永元二年（90年），副校尉阎槃率两千轻骑收复伊吾，县境又归汉[7]。东汉永初元年（107年），汉王朝撤出驻守伊吾吏卒，复归匈奴管辖[8]。东汉元初六年（119年），长史索班恢复伊吾屯田，次年北匈奴单于联合车师后王攻占伊吾屯城，县境复归匈奴[9]。东汉永建六年（131年），汉恢复伊吾屯田，置伊吾司马，县境归其领辖[10]。

曹魏黄初三年（222年），西域复通，置戊己校尉、宜禾伊吾都尉[11]。前秦建元二十年（384年），前秦大将吕光平定龟兹，伊吾属前秦[12]。北魏天兴五年（402年），柔然政权建立，伊吾属柔然[13]。北魏太安二年（456年），敦煌镇将尉眷率兵攻取伊吾[14]。北魏太和十二年（489年），柔然伊吾城主高羔子内附，置伊吾郡，县境归伊吾郡管辖[15]。北魏永平元年（508年），高车首领弥俄突击杀柔然伏图可汗于蒲类海北，县境属高车[16]。梁天监十五年（516年），柔然大破高车，伊吾复属柔然[17]。西魏大统十二年（546年），突厥土门邀击铁勒，尽降其众五万余落，时县境属突厥[18]。

隋开皇三年（583年），突厥分裂为东西两部，伊吾属西突厥[19]。隋大业四年（608年），

[1]　（汉）班固：《汉书》，中华书局，1962年，第203页。
[2]　（汉）班固：《汉书》，中华书局，1962年，第209页。
[3]　（汉）班固：《汉书》，中华书局，1962年，第243、244页。
[4]　（汉）班固：《汉书》，中华书局，1962年，第3006页。
[5]　（南朝宋）范晔：《后汉书》，中华书局，1965年，第1572页。
[6]　（南朝宋）范晔：《后汉书》，中华书局，1965年，第135页。
[7]　（南朝宋）范晔：《后汉书》，中华书局，1965年，第2910页。
[8]　（南朝宋）范晔：《后汉书》，中华书局，1965年，第2911页。
[9]　（南朝宋）范晔：《后汉书》，中华书局，1965年，第1587页。
[10]　（南朝宋）范晔：《后汉书》，中华书局，1965年，第258页。
[11]　（晋）陈寿：《三国志》，中华书局，1959年，第79页。
[12]　（唐）房玄龄等：《晋书》，中华书局，1974年，第2923页。
[13]　（北齐）魏收：《魏书》，中华书局，1974年，第2290、2291页。
[14]　（北齐）魏收：《魏书》，中华书局，1974年，第115页。
[15]　（北齐）魏收：《魏书》，中华书局，1974年，第164页。
[16]　（北齐）魏收：《魏书》，中华书局，1974年，第2297页。
[17]　（北齐）魏收：《魏书》，中华书局，1974年，第2297页。
[18]　（唐）李延寿：《北史》，中华书局，1974年，第3286页。
[19]　（唐）魏征等：《隋书》，中华书局，1973年，第1876页。

隋将薛世雄进军伊吾,留兵戍守,县境属隋[1]。隋大业七年(611年),西突厥处罗可汗驻守县境时罗漫山[2]。唐贞观四年(630年),伊吾城主石万年以七城归附唐朝,县境届西伊州[3]。唐贞观六年(632年),改西伊州为伊州,辖伊吾、柔远、纳职三县,县境属柔远县[4]。唐景龙四年(710年),在柔远县置伊吾军,县境是伊吾军防区[5]。

唐天宝十五年(756年),吐蕃陷河陇,自此伊吾城被围,县境亦为吐蕃控制[6]。唐大中四年(850年),沙州人张义潮起义,收复伊州在内的十一州,县境归其管辖[7]。嗣后为高昌回鹘汗国的一部分。宋嘉定二年(1209年),高昌降附蒙古汗国,随后置达鲁花赤,县境受其管辖[8]。元宪宗蒙哥即位之初(1251年),便设别失八里行尚书省,管理西域地区,县境归其管辖[9]。明洪武十三年(1380年),都督濮英屯兵西凉,奉命进兵哈密,领有县境的元裔兀纳失里遣使请降[10]。明永乐四年(1406年),置哈密卫,县境属其管辖[11]。

清顺治四年(1647年),哈密卫辉和尔都督入贡,康熙十八年(1679年),准噶尔汗噶尔丹率兵3万占领吐鲁番和哈密,县境附属准噶尔汗国。康熙三十六年(1697年),哈密达尔汗伯克额贝都拉摆脱准噶尔统治,归顺清朝,被册封为一等札萨克,第二年清政府仿蒙古例,编哈密维吾尔为镶红回旗,县境归哈密一等札萨克管理[12]。乾隆二十四年(1759年)置哈密协营,管理县境内盐池卡伦、图古里克卡伦、苇子峡卡伦、咸水峡卡伦。光绪六年(1880年),县境地方事务改由哈密通判兼管,光绪十年(1884年)新疆建省,县境归哈密直隶厅管辖[13]。

民国二年(1913年),改哈密厅为哈密县,本境为哈密县天山以北区域,民国二十四年(1935年),成立伊吾设治局,民国三十二年(1943年),设治局升格为三等县,成立县政府[14]。

1949年,新疆和平解放。1950年2月21日,中国人民解放军正式接收伊吾县地方政权,设伊吾县,属哈密地区行政公署[15]。

三　发掘与资料整理

早在1981年,拜其尔墓地就在修筑伊吾县至淖毛湖镇公路的过程中被发现,哈密地区文物

[1]　(唐)魏征等:《隋书》,中华书局,1973年,第1533、1534页。
[2]　(唐)魏征等:《隋书》,中华书局,1973年,第1878页。
[3]　(宋)欧阳修等:《新唐书》,中华书局,1975年,第6257页。
[4]　(后晋)刘昫等:《旧唐书》,中华书局,1975年,第1643页。
[5]　(宋)欧阳修等:《新唐书》,中华书局,1975年,第1046页。
[6]　(宋)欧阳修等:《新唐书》,中华书局,1975年,第477页。
[7]　(后晋)刘昫等:《旧唐书》,中华书局,1975年,第629页。
[8]　(明)宋濂:《元史》,中华书局,1976年,第14页。
[9]　(明)宋濂:《元史》,中华书局,1976年,第45页。
[10]　(清)张廷玉等:《明史》,中华书局,1974年,第8556页。
[11]　(清)张廷玉等:《明史》,中华书局,1974年,第8512页。
[12]　(民国)赵尔巽等:《清史稿》,中华书局,1976年,第2377页。
[13]　(民国)赵尔巽等:《清史稿》,中华书局,1976年,第3396页。
[14]　刘天雄等编:《伊吾县志》,新疆大学出版社,1994年,第23页。
[15]　刘天雄等编:《伊吾县志》,新疆大学出版社,1994年,第23页。

保护管理所、新疆文物考古研究所都曾在此做过调查。1988年第二次全国文物普查时，哈密地区普查队又对该墓地进行了复查。

2003年2月9日，拜其尔墓地被列为自治区重点文物保护单位。2008年第三次全国文物普查时，哈密地区普查队又对拜其尔墓地进行了复查，确认该墓地的面积约为153000平方米，墓葬总数在500座以上（彩版一，1、2）。

2004年10～11月、2005年4～5月，在伊吾县至淖毛湖镇公路拓宽工程的施工过程中，新疆文物考古研究所和哈密地区文物局先后两次对该墓地内的92座墓葬进行了抢救性发掘。两次发掘的领队都是新疆文物考古研究所的托乎提·吐拉洪，参与发掘的人员还有新疆文物考古研究所的阿里甫·尼牙孜、孙海涛；哈密地区文物局的亚合甫江·排都拉、于建军、周小明、艾合买提·亚合甫、陈玺、米尔合买提·阿不力孜、吾甫尔·司马义、罗艳俊、阿依托乎塔西·阿不都热衣木、阿依努尔·司马义、热沙来提·阿皮孜；哈密地区博物馆的马迎霞、阿依夏木·肉孜、张俊林、木拉提·司马义；伊吾县文物保护管理所的拜克力；巴里坤哈萨克自治县文物保护管理所的薛鹏、吐尔逊古丽（彩版二，1、2）。

发掘人员先对被破坏的89座墓葬进行了科学的发掘，逐个清理了残余墓圹，并对发掘情况进行了记录。为了更加准确地认识该墓地墓葬结构，又在施工区域南侧选择了3座未被破坏的墓葬进行了发掘。同时，考古队对墓地周边环境进行了勘察，并请吐鲁番文物局的专业技术人员，对发掘区做了平面测绘。新疆维吾尔自治区副主席库热西·买合苏提、新疆维吾尔自治区文物局局长盛春寿、新疆文物考古研究所副所长张玉忠、南京大学水涛教授等在发掘过程中，先后赴工地考察，提出了很多宝贵意见（彩版三，1、2）。

2005年7月，发掘资料整理工作正式开始，参加人员有新疆文物考古研究所的托乎提·吐拉洪、阿里甫·尼牙孜；哈密地区文物局的亚合甫江·排都拉、于建军、周小明、艾合买提·亚合甫、陈玺、米尔合买提·阿不力孜、吾甫尔·司马义、罗艳俊、阿依托乎塔西·阿不都热衣木、阿依努尔·司马义、热沙来提·阿皮孜；哈密地区博物馆的木拉提·司马义等。绘图由阿里甫·尼牙孜、周小明、于建军、陈玺等完成；描图由哈斯也提·阿西木、阿里甫·尼牙孜完成；摄影由阿里甫·尼牙孜、刘玉生完成。至11月底，文物修复、照相、绘图、记录工作相继完成。碳-14年代测定由北京大学考古文博学院完成，人骨鉴定由吉林大学魏东博士等完成，动物骨骼鉴定由中国社会科学院考古研究所尤悦博士等完成。

2007年，拜其尔墓地发掘领队托乎提·吐拉洪因病去世，资料整理和报告编写工作一度陷于停顿。2008年，由于建军负责资料整理和报告编写，同年6月完成3万余字的初稿。随后，编写组成员在三普调查工作之余，反复对初稿进行了修订和完善。2010～2012年，西北大学文化遗产学院硕士研究生陈爱东、叶青在王建新、马健老师的指导下，对发掘资料进行了重新地核查、整理与编撰，并以该墓地的发掘资料为基础完成了两篇硕士论文。

2012～2018年，西北大学文化遗产学院王建新、马健、任萌、陈爱东、叶青、热娜古丽·玉素甫、冯丹、程晓伟、陈新儒、朱江嵩、黄飞翔、王尹辰、李犇、闫丽敏、李世琦、李旭飞、牟俊杰等又对拜其尔墓地发掘资料进行了重新的整理。任萌、冯丹、陈爱东、叶青四人对大部分图纸进行了重新绘制。报告经过多次审校和修改，于2018年6月定稿。

四　体例说明

本报告本着全面、客观的原则，将该墓地的发掘资料全面公布，在报告编写体例和各部分内容上与以往的发掘报告相比，略有调整。

在章节设置方面，本报告兼顾墓地总体情况的介绍和单个墓葬完整信息的发布，第一章介绍了墓地的自然环境、发掘整理经过。第二章分别从墓地概况、墓葬结构、埋葬方式、动物牺牲、随葬器物五个方面，通过分类统计的形式尝试对墓地发掘资料进行全面的概述。第三章按照墓葬编号的顺序，逐一介绍每座墓葬的各类信息，并将经过体质人类学、动物考古等科学测试分析的结果融入其中。第四章是编写组结合相关资料，对该墓地的年代、文化属性、埋葬习俗、生业方式和聚落形态等相关问题进行的初步分析和研究。

第二章　墓葬综述

一　墓地概况

拜其尔墓地位于伊吾县伊吾镇东约4千米，吐葫芦乡拜其尔村东南400米处的一个相对平坦的戈壁台地上，海拔1660米。该墓地地处莫钦乌拉山南麓的山间谷地，墓地东500米为大白杨河，西500米为伊吾河，两条河流自南向北流经墓地两侧并在墓地东北汇合。"拜其尔"一词在维吾尔语中意为两条河流交汇的地方。墓地周边皆为戈壁，地表布满碎石，植被稀少，仅有少量耐旱植物，河谷地带有较高大的白杨树（图一、二；彩版一，1、2）。

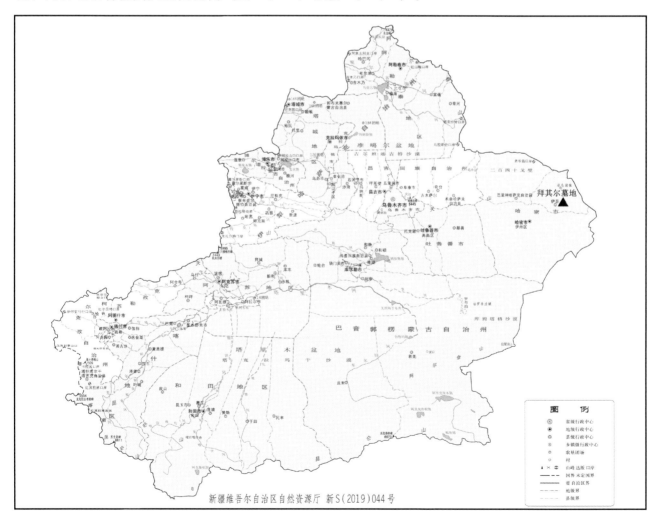

新疆维吾尔自治区自然资源厅　新S（2019）044号

图一　拜其尔墓地位置示意图

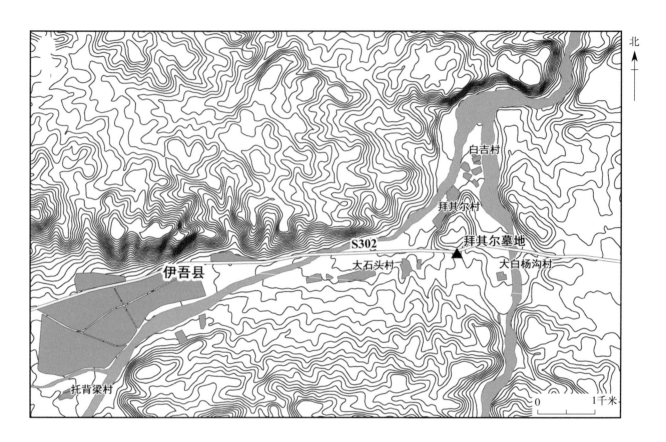

图二　拜其尔墓地范围及周边地形图

墓地整体平面大体呈北宽南窄的三角形，面积约15.3万平方米，墓葬总数在500座以上。2004、2005年度发掘区位于整个墓地的最北端，墓葬整齐排列，密集分布（图三）。

拜其尔墓地以北600米的一处小山丘顶部，分布大量石结构建筑遗迹。1988年第二次全国文物普查时发现该遗址，2008年第三次全国文物普查时对该遗址进行了复查，先后命名为"拜其尔村东丘顶遗址""拜其尔山顶遗址"和"拜其尔遗址"。该遗址和拜其尔墓地邻近，根据采集的遗物分析，两者具有共存关系，共同构成了一处完整的聚落遗址（彩版四，1、2）。

二　墓葬结构

拜其尔墓地共发掘墓葬92座，形制结构基本一致，主要由地表标识、墓圹及椁室三部分组成（附表一）。

1. 地表标识

结合完整发掘的M90、M91、M92和发掘区以南未发掘的墓葬来看，拜其尔墓地的墓葬应有地表石结构标识。具体可分为两类：一类为石圈标识，即在墓葬地表以一列石块围成圆形、椭圆形或圆角方形的石圈，如M92；另一类为低缓石堆标识，即在墓葬地表圆形或椭圆形的范围内铺有一层石块，如M90、M91。

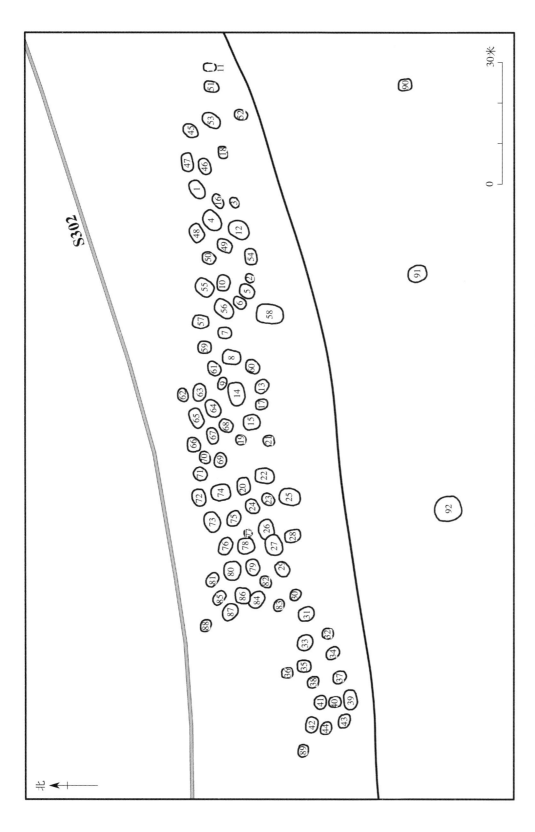

图三　拜其尔墓地发掘区墓葬分布图

2. 墓圹

拜其尔墓地均为竖穴土坑墓，墓圹平面多呈椭圆形或圆角长方形，四壁以直壁为主，有的壁略向内或向外倾斜。墓圹内多填充较疏松的黄褐色粗砂土，有的填充大量石块。

3. 葬具

发掘的92座墓葬中，有83座在墓内构筑方形、圆角方形或椭圆形椁室。有3座墓没有椁室，但在墓圹下部设生土二层台，包括M6、M85和M90。有4座墓椁室和二层台皆无，包括M5、M11、M87、M88。剩余的M30和M33因被破坏严重，是否有椁室不明。

83座有椁室的墓葬中，M17和M32墓内有上下2个相互叠压的椁室，分别用不同材料构筑。其余的81座墓均仅有单个椁室。椁室的总数为85个。

85个椁室中，有6个使用了内外双重椁，分别为M4、M22、M42、M57、M61和M74；而其余79个椁室使用了单重椁。因此，85个椁室中共有91具椁。

85个椁室中，绝大部分都可见封盖。其中46个椁室用数根平行排列的原木组成木盖板，沿椁室长轴方向进行封盖，包括M1、M2、M4、M7～M10、M12、M15～M17上层椁室、M19、M20、M22～M25、M27、M29、M31、M32上层椁室、M32下层椁室、M36、M37、M39、M41、M42、M44、M47～M50、M55、M59、M60、M61、M63、M68、M73、M74、M76、M82～M84、M91、M92。2个椁室的盖板则用数片平行排列的木板组成，分别是M17下层椁室和M54椁室。4个椁室用若干片状石板平铺并相互叠压在椁室顶部形成石盖板，包括M14、M18、M75和M78的椁室。8个椁室用原木、石板双层盖板，其中M21、M79、M80上层盖板为原木、下层盖板为石板，M28、M40、M43、M52、M56上层盖板为石板、下层盖板为原木。M57两重椁室用双层原木盖板。其余的24个椁室是否有盖板尚不明。另有M6和M85两个无椁室的生土二层台墓，二层台上也用原木封盖（图四）。

91具椁四壁的构筑材料和构筑方式各不相同。其中73具为石椁，用多层石块、石板混合砂土垒砌筑成，石椁紧贴墓壁，或与墓壁间用砂石填充进行加固。有5具为土坯椁，用1～2层竖立

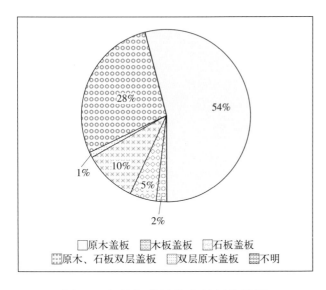

图四　拜其尔墓地椁室盖板统计图

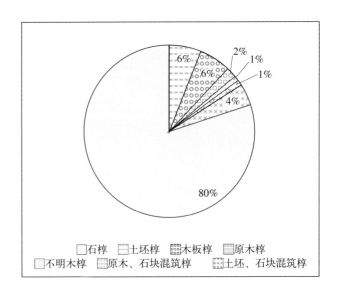

图五　拜其尔墓地椁室构筑材料与方式统计图

的长方形土坯垒砌而成，椁与墓壁之间亦填充砂石加固。包括M17下层椁、M18、M41、M51和M63。有5具椁为木板椁，以竖立的厚木板搭建而成，木板之间以榫卯结构相连，包括M4内重椁、M22内重椁、M32下层椁、M42内重椁和M61内重椁。有2具椁为原木椁，用多层平置的原木搭建成"井"字形，有的原木之间也以榫卯结构连接，包括M57内重椁和M92。此外，M74内重椁腐朽严重，仅能辨认是木椁，具体结构不明。其余的5具椁为两种材料混筑，其中M37为原木、石块混筑椁，M39、M43、M50和M56为土坯、石块混筑椁（图五）。

另外，85个椁室中，仅有3个椁室底部可以看到木板构筑的底板，分别是M21、M46和M91；有2个在椁室底部铺垫较纯净的黄沙，分别是M49和M58。其余椁室底部未见明显人工处理的现象。

三　埋葬方式

拜其尔墓地已发掘的92座墓葬中，有82座墓中发现人骨，其余10座未发现人骨的墓葬中，M3、M29、M35、M76、M77、M86有椁室，M33不见椁室，但有随葬品，M30、M87、M88不见椁室，也没有随葬品。

82座出土人骨的墓葬中，有61座仅出土1具人骨，是单人葬。其余21座出土2具及2具以上的人骨，应为合葬墓，其中10座为双人合葬，包括M7、M14、M63、M65、M69～M72、M85和M90；5座为3人合葬，包括M13、M32、M49、M56和M67；2座为4人合葬，包括M17和M50；4座为5人合葬，包括M25、M59、M64和M66。因此，拜其尔墓地共出土人骨124具（图六）。

在人骨出土位置方面，124具人骨中，共有92具出土于椁室中。M6、M85和M90三座没有椁室的生土二层台墓出土的5具人骨均位于墓圹底部被二层台包围的空间内。M14、M25、M59、M63除了椁室中，椁盖板或二层台上亦出土人骨，共9具。而M5、M11、M50、M56、M59、M64～M67、M69、M72除了椁室中，墓圹填土中亦出土人骨，共18具（图七）。

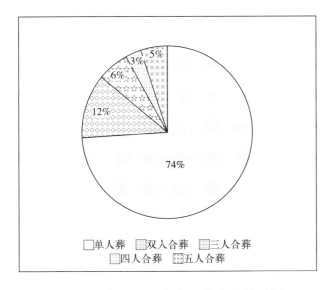

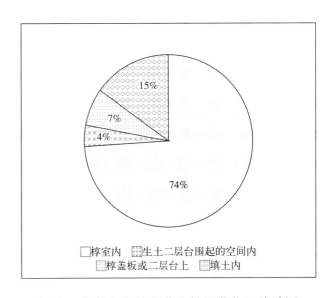

图六　拜其尔墓地墓葬埋葬人数统计图　　　　图七　拜其尔墓地墓葬人骨埋葬位置统计图

在人骨埋藏特征方面，124具人骨中，有24具人骨保存基本完整且放置有序，即人骨基本没有缺失，且都保持在解剖位置。有10具人骨局部位移且有缺失，即人骨局部完整且保持在解剖位置，但其余部分有所缺失并发生了明显位移。其余90具人骨放置凌乱且严重缺失，即人骨放置非常凌乱，几乎全部都不在解剖位置（图八）。

只有基本完整有序和局部位移且缺失的33具人骨可以看出放置姿势和头向，其余91具凌乱且严重缺失的人骨难以识别。在放置姿势方面，2具为左侧身屈肢，29具为右侧身屈肢，1具为仰身屈肢，1具为俯身屈肢。在头向方面，仅有2具朝向西南，分别为224°和235°。另外31具均朝向北偏东、北偏西或东偏北，集中在340°～80°（图九、一〇）。

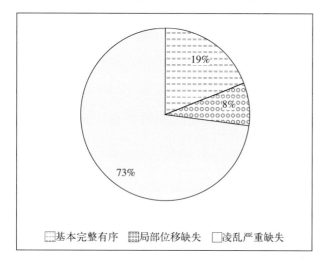

图八　拜其尔墓地人骨埋葬特征统计图

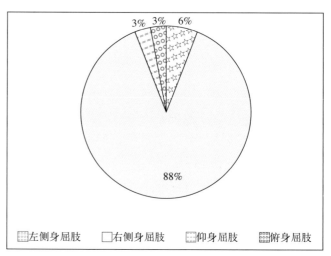

图九　拜其尔墓地人骨放置姿势统计图

四　动物牺牲

拜其尔墓地已发掘的92座墓葬中，有39座出土数量不等的动物骨骼，可能与动物牺牲有关。但仅有M13、M25、M52、M58、M64～M66、M73等8座墓葬的动物骨骼进行了部分采集和鉴定。

根据鉴定结果和现场观察有明显特征的骨骼，可确定拜其尔墓地出土动物骨骼种属以山羊和绵羊为最多，其次为马和黄牛。另有少量鹿和食肉动物骨骼。羊的年龄都相对偏小，而马、牛多为成年。

在39座出土动物骨骼的墓葬中，29座墓葬的动物骨骼出土于墓圹填土中，不与人骨共出，一般是体量较小、较为零散的动物肢骨、牙齿等，也有少量头骨和下颌骨。

另有11座墓葬的动物骨骼出土于椁室内或椁室以外的人骨附近，包括M46、M50、M52、M58、M59、M63～M65、M67、M69和M85。这些骨骼多为动物的头骨、下颌骨或较大的肢骨，与人骨共出，应当是专门埋葬的动物牺牲。其中M59椁盖板上中部出土马肢骨及下颌骨，其上覆盖有毛毡。

另外，2座墓葬的动物骨骼发现于椁室底部随葬的木盘内，如M1和M55椁室底部随葬的木盘内也出土动物骨骼，M1：2内放置较完整的羊头骨，M55：6内放置羊肢骨，应当是作为食用的牲肉下葬的。

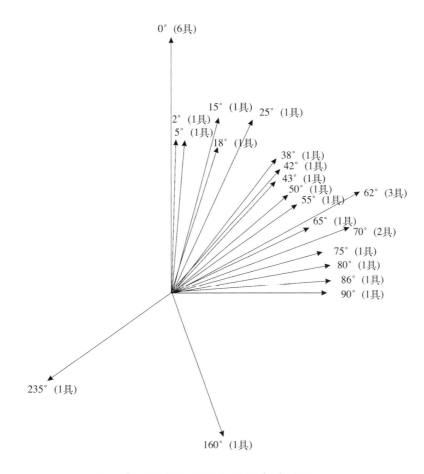

图一〇 拜其尔墓地人骨头向统计图

五 随葬器物

（一）概述

拜其尔墓地的发掘收获了较丰富的遗物。已发掘的92座墓葬中，出土各类遗物共706件，其中陶器297件、木器65件、玉石器80件、金器2件、铜器207件、铁器13件、骨角贝器22件、泥器17件、皮毛制品3件（附表二）。

这些遗物大部分出土于墓室底部，或不同层位的人骨附近，应属于随葬品。其中以日用陶器及随身携带的武器、工具为主。大多数墓葬随葬品的种类和数量接近，表明墓地内埋藏人群的社会分化不显著。

陶器是随葬品中的主要部分，以罐、壶等陶制容器为主。木器中则以木盘、木桶、木杯等较为普遍。玉石器中以滑石管、玛瑙珠、绿松石珠等装饰品为主，此外砺石等石质工具也较为普遍。金属器中铜器最多，以铜泡、铜饰件、铜耳环等装饰品以及铜刀、铜锥等工具为主；铁器较少，主要为铁锥和铁刀；金器仅2件，均为装饰品。骨角贝器中以骨纺轮和海贝的数量最多。泥器中仅有泥杯和泥塑十字形器。皮毛制品保存状况较差，仅发现织带、毛毡和皮革的残片。

随葬品的摆放位置也具有一定的规律性。在人骨基本完整且有序的墓葬中，随葬陶器，如陶壶、陶罐等陶容器往往放置在人骨头部面前，在人骨凌乱且严重缺失的墓葬中，随葬陶器一般置于墓室一角或一侧。在部分墓葬中，还会有一件或数件成组的陶器置于椁室一侧的木盘上，如M1、M16、M26、M31、M55。另外，在M32中，还会发现有3件陶杯置于椁室一侧的木盘之下，情况较为特殊。在一些陶器中往往还会发现有一些体量较小的玉石器或金属器等遗物，如M59、M64、M68。在一些随葬陶罐和陶壶之上，往往还会发现具有陶器盖石性质的扁平状石块。随葬木器的摆放位置与随葬陶器的情况类似，如木桶、木盘等木容器或木盛器也一般放置在人骨头部面前，而且大部分木盘之上往往放置有陶器、玉石器、金属器、泥器和动物牺牲等遗物。

在随葬玉石器、金属器和骨角贝器中，滑石管、玛瑙珠、绿松石珠、铜泡、铜耳环、金饰件、骨珠等装饰品出土时多位于人骨手腕、颈部等身体附近，砺石、铜刀、铜锥、铜镞、铁刀等武器和生产生活工具出土时多位于人骨腰间。

随葬泥器则一般放置于人骨附近，且泥杯和泥塑十字形器往往组合出现，泥塑十字形器置于泥杯之中。

另外，在人骨散乱的墓葬中，木器多朽损严重，玉石器、金属器、骨角贝器等多散布于墓室之中。而除了随葬品之外，墓葬填土中也出土少量遗物，主要包括陶器、彩陶片、零散的工具和装饰品等，可能为有意放置，或无意填埋，也有可能是墓葬受到扰动所致。

（二）陶器

陶器共297件，以陶容器为主，陶纺轮等其他类型陶器仅有28件。陶容器以中小型器物为主，部分陶器出土时口部盖有做工粗糙的盖石，有的陶制容器里发现食物的残迹。陶容器有单耳陶罐、双耳陶罐、圈足陶罐、柱腹陶罐、陶壶、陶杯、陶钵、陶豆等，其他陶器有纺轮和陶埙等工具、乐器，还有形制特殊的有孔棒状陶器。

陶容器均为手制成坯，烧制成形。以夹细砂的红陶和褐陶为主，夹粗砂陶少见。陶器表面较光滑，大多可见手抹的痕迹，有的表面施有红色或紫红色陶衣。素面陶占多数，纹饰少见，包括旋纹、刻划纹、乳丁纹和附加堆纹，仅施在器体局部位置。彩陶器很少，仅有6件完整器，均为红底黑彩，器表多为短线、垂带、双细线纹彩，器物内壁见有"十"字形彩，宽带耳上多饰叶脉纹。随葬陶容器大多可观察到使用痕迹，例如外表面有烟炱，内表面有水垢等，因此判断它们基本上均为实用器。

1. 陶罐

共180件。根据陶罐外形，可将其分为单耳陶罐、双耳陶罐、三耳陶罐、四耳陶罐、圈足陶罐、柱腹陶罐等。以单耳陶罐为主，数量最多，其他的数量均较少。

单耳陶罐

共143件。数量最多，其中89件有沿肩耳，耳上部与口沿直接相连，下接于器物肩部，侈口，鼓腹，多为圜底，平底较少。M1：3、M1：4、M1：6、M2：2、M2：3、M2：5、M5：1、M5：2、M6：1、M6：4、M6：7、M7：4、M7：5、M8：2、M8：4、M9：3、M9：4、M9：5、M14：7、M15：2、M16：1、M17：3、M20：3、M20：9、M20：21、M22：1、M25：3、M26：1、M26：7、M31：1、M31：2、M32：1、M34：1、M36：2、M36：3、M38：1、M42：1、M43：2、

M44：2、M44：6、M47：2、M47：4、M50：6、M53：1、M54：2、M54：3、M54：4、M54：7、
M57：2、M57：11、M57：12、M58：4、M59：3、M61：3、M61：4、M62：8、M63：3、
M63：5、M64：3、M64：4、M64：5、M64：8、M65：1、M65：3、M66：2、M67：2、M67：4、
M68：1、M69：4、M70：4、M71：4、M71：5、M71：12、M72：3、M73：5、M73：13、
M74：1、M74：3、M74：4、M77：1、M78：2、M80：1、M81：1、M83：3、M84：3、M85：6、
M85：7、M92：1、M92：2。选出以下3件作为标本。

M6：4，单耳陶罐。泥质红陶，侈口，圆唇，高颈，鼓腹，圜底，宽带耳，耳上部与口沿直接相连（图一一，5）。

M14：7，单耳陶罐。夹细砂褐陶，侈口，圆唇，微束颈，溜肩，腹微鼓，近平底，宽带耳，耳上部与口沿直接相连，沿下有手抹痕迹（图一一，3）。

M43：2，单耳陶罐。夹细砂褐陶，侈口，圆唇，束颈，鼓腹，圜底，宽带耳，耳上部与口沿直接相连（图一一，4）。

另有45件单耳陶罐有颈肩耳，耳上部与颈部直接相连，下接于器物肩腹部，敞口，鼓腹，平底或圜底。M6：6、M16：8、M16：14、M17：1、M17：2、M19：1、M20：5、M20：6、
M20：7、M20：8、M22：2、M22：4、M22：5、M22：6、M23：1、M24：2、M32：12、M33：1、
M43：4、M43：5、M50：1、M51：1、M52：1、M52：2、M55：2、M55：11、M59：1、M61：2、
M63：2、M63：6、M65：2、M65：4、M68：12、M69：2、M69：3、M70：3、M71：6、M72：1、

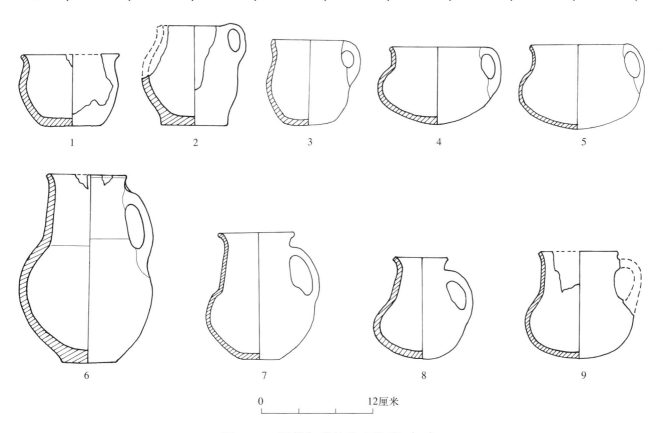

图一一　拜其尔墓地出土陶器（一）

1～9. 单耳陶罐M47：2、M54：4、M14：7、M43：2、M6：4、M59：1、M17：1、M17：2、M20：7

M73：4、M75：1、M82：1、M83：4、M83：9、M84：5、M90：2。选出以下4件作为标本。

M17：1，单耳陶罐。泥质红陶，侈口，方唇，高颈，鼓腹，下腹内收，平底，宽带耳（图一一，7）。

M17：2，单耳陶罐。泥质红陶，侈口，方唇，高颈，溜肩，鼓腹，圜底，宽带耳（图一一，8）。

M20：7，单耳陶罐。泥质红陶，侈口，方唇，高颈，鼓腹，圜底，表面较光滑，施红色陶衣，沿下有手抹痕迹，耳及口沿均有残损（图一一，9）。

M59：1，单耳陶罐。泥质红陶，侈口，圆唇，高颈，鼓腹，平底，宽带耳，耳上中间有一竖向棱状凸起。表面较光滑，沿下有手抹痕迹，附着少量烟炱、水垢（图一一，6）。

另外，M19：2、M62：4、M66：6、M68：3、M85：4五件陶罐口沿及耳部残损较为严重；M20：2、M25：2、M26：6、M44：3四件陶罐整体残损严重，不可复原。

双耳陶罐

共8件。M15：1、M20：4、M25：1、M60：1、M64：1、M73：14、M74：10。双耳对称分布，侈口，鼓腹，平底。M5：3，陶罐残损严重，无法复原。

M20：4，双耳陶罐。夹细砂褐陶，直口微侈，圆唇，束颈，鼓腹，下腹近底处有一周折棱，折棱以下腹部斜内收，平底，双耳，在口沿下对称分布，沿下及上腹部各有一圈附加堆纹，其上有压印纹，耳上下部分别与两圈附加堆纹相连（图一二，5）。

三耳陶罐

1件。

M14：10，三耳陶罐。夹细砂褐陶，侈口，方唇，束颈，鼓腹，平底，三耳均匀分布于口沿与肩之间，耳上部与口沿直接相连。表面有手抹痕迹，附着少量烟炱、水垢（图一二，3）。

四耳陶罐

共2件。M49：3、M64：9。四耳均匀的分布于口沿一周，耳顶部与口沿相连。

M64：9，四耳陶罐。夹细砂褐陶，器形较小，直口微敛，方唇，腹微鼓，平底，四个宽带耳，耳上部与口沿直接相连，均匀分布于口沿一周（图一四，2）。

柱腹陶罐

共6件。M6：5、M14：5、M44：1、M61：1、M64：6、M66：1。上腹微鼓，下腹向内折收成柱状，平底，宽带耳，耳上部与口沿直接相连。选出1件作为标本。

M64：6，柱腹陶罐。夹细砂褐陶，直口微侈，方唇，高颈，上腹微鼓，下腹向内折收成柱状，平底，宽带耳，耳上部与口沿直接相连，与耳相对最大腹径处另有一宽带耳，耳上部有三个较尖锐的乳丁，两耳之间的腹部对称分布两组乳丁，每组3个（图一二，1）。

单耳圈足陶罐

共3件。M11：1、M58：3、M71：8。罐底加圈足，圈足呈桶状或喇叭状，折肩，鼓腹，一宽带耳与口沿直接相连，上腹部往往分布有系或乳丁。选出1件作为标本。

M11：1，单耳圈足陶罐。泥质红陶，侈口，圆唇，微束颈，鼓腹，圜底，圈足呈喇叭状。宽带耳，耳上部与口沿直接相连，与耳相对的陶器上腹部有一乳丁（图一二，2）。

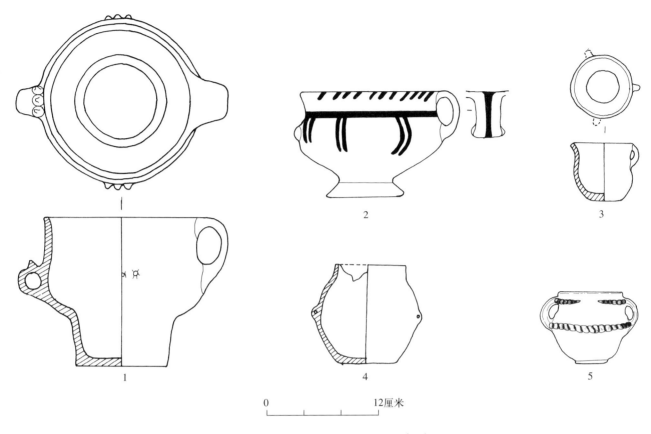

图一二 拜其尔墓地出土陶器（二）

1. 柱腹陶罐M64:6 2. 单耳圈足陶罐M11:1 3. 三耳陶罐M14:10 4. 双系陶壶M14:6 5. 双耳陶罐M20:4

另外，M59:8、M68:13、M70:1、M81:2四件陶罐口沿及耳部残损较为严重；M26:8、M35:3、M35:4、M37:3、M54:9、M62:10、M63:13、M70:14、M72:9、M80:11、M82:3、M82:6、M83:11十三件陶罐整体残损严重，不可复原。

2. 陶壶

共38件。依据外形特征可分为双系陶壶、双乳丁陶壶、双耳陶壶，其中双系壶数量最多。

双系陶壶

共11件。M13:1、M14:6、M24:1、M57:9、M66:4、M66:5、M71:3、M72:5、M72:6、M74:2、M74:5。双系对称分布于腹部两侧，系上有孔，个别双系陶壶颈肩部还施有黑彩。选出以下2件作为标本。

M24:1，双系陶壶。泥质红陶，侈口，圆唇，高颈，鼓腹，平底，腹部对称分布两系，一系已残，另一系有孔（图一三，2）。

M72:6，双系陶壶。夹细砂红陶，直口微侈，方唇，直颈，溜肩微折，鼓腹，平底，双系对称分布于腹部两侧，系上有孔，颈部及腹部有黑彩，表面有手抹痕迹，较多剥落，上附着少量烟炱、水垢（图一三，4）。

双乳丁陶壶

共24件。M6:2、M6:8、M6:10、M7:1、M9:2、M32:10、M41:4、M45:1、

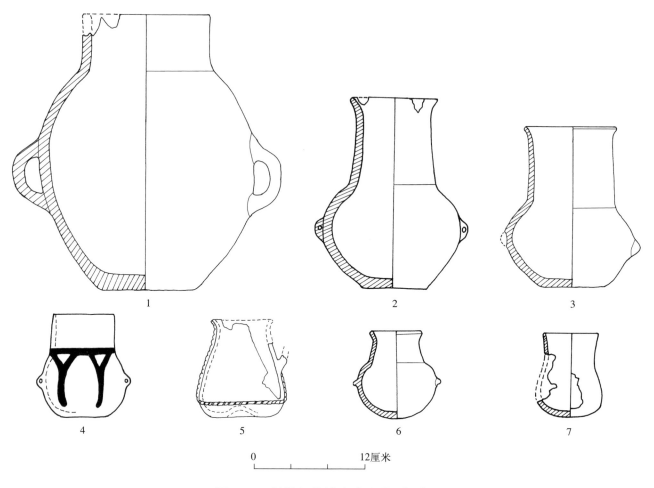

图一三　拜其尔墓地出土陶器（三）

1. 双耳陶罐M15：1　2、4. 双系陶壶M24：1、M72：6　3、6. 双乳丁陶壶M6：8、M67：3　5. 单耳陶罐M83：9　7. 陶壶M63：1

M50：12、M55：1、M57：1、M58：8、M62：2、M64：2、M64：19、M66：3、M67：3、M67：5、M67：10、M68：6、M71：13、M73：12、M78：1、M89：1。双乳丁对称分布于腹部两侧。选出以下2件作为标本。

M6：8，双乳丁陶壶。泥质红陶，侈口，圆唇，高颈，鼓腹，平底，双乳丁分布于腹部两侧，表面较光滑，有手抹痕迹（图一三，3）。

M67：3，双乳丁陶壶。泥质红陶，直口微侈，方唇，高颈，鼓腹，圜底，双乳丁对称分布腹部两侧。表面较光滑，有手抹痕迹，大部分剥落，上附着少量烟炱、水垢。口径4.8、腹径9.2、通高9.4、壁厚0.8厘米（图一三，6）。

双耳陶壶

1件。

M17：4，双耳陶壶。泥质红陶，侈口，方唇，高颈，鼓腹，下腹内收，平底，双耳对称分布于腹部两侧，一耳已残。表面较光滑，有手抹痕迹，少许剥落，上附着少量烟炱、水垢。器物顶部盖有一石块作为器盖。

另外，M63：1和M64：7两件陶壶上未有双耳、双系和双乳丁。M63：1，陶壶。夹细砂褐陶，侈口，圆唇，高颈，鼓腹下垂，圜底（图一三，7）。

3. 陶杯

共27件。依据外形特征可分为无耳陶杯、单耳陶杯、双耳陶杯，其中单耳陶杯数量最多。

无耳陶杯

共12件。M1：5、M1：8、M1：11、M12：2、M32：6、M32：7、M32：8、M44：4、M50：11、M55：5、M64：10、M69：1。直口，腹微鼓，平底。

M32：6，陶杯。夹细砂褐陶，直口，方唇，腹微鼓，平底（图一四，5）。

单耳陶杯

共14件。M11：2、M14：8、M15：3、M16：16、M26：3、M27：1、M32：13、M43：1、M54：5、M58：5、M62：3、M64：11、M72：4、M84：4。直口、微敛口或微侈口，平底，宽带耳。选出以下2件作为标本。

M11：2，单耳陶杯。泥质红陶，侈口，圆唇，平底，宽带耳（图一四，10）。

M27：1，单耳陶杯。夹细砂褐陶，直口微侈，圆唇，微束颈，腹微鼓，平底，宽带耳，耳上部与口沿直接相连（图一四，6）。

双耳陶杯

1件。M68：2，双耳对称分布，与口沿直接相连。

M68：2，双耳陶杯。夹细砂褐陶，敞口，方唇，斜直腹下收，平底，双宽带耳，对称分布，耳上部与口沿直接相连（图一四，4）。

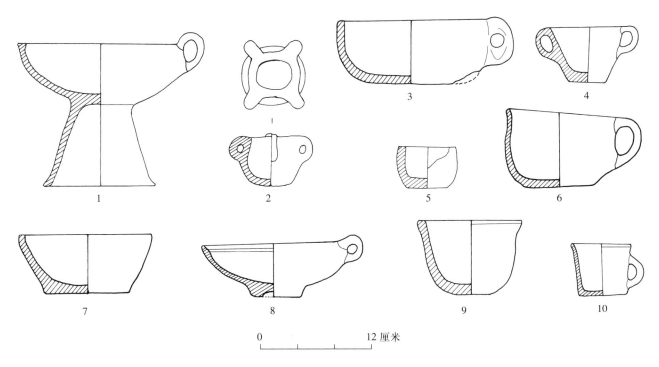

0   12 厘米

图一四 拜其尔墓地出土陶器（四）

1、8. 单耳陶豆M2：4、M70：2 2. 四耳陶罐M64：9 3. 单耳陶钵M31：3 4. 双耳陶杯M68：2 5、9. 陶杯M32：6、M12：2 6、10. 单耳陶杯M27：1、M11：2 7. 陶钵M33：3

4. 陶钵

共12件。依据外形特征可分为单耳陶钵、圈足陶钵。

单耳陶钵

共8件。M14：4、M26：2、M31：3、M32：9、M55：3、M76：5、M82：5、M91：1。敛口，腹微鼓，宽带耳，平底。选出1件作为标本。

M31：3，单耳陶钵。夹粗砂褐陶，直口，方圆唇，平底，宽带耳，耳上部与口沿直接相连。表面有手抹痕迹，剥落严重，耳下稍有残损（图一四，3）。

圈足陶钵

1件。

M18：2，圈足陶钵。夹细砂褐陶，敛口，方唇，腹微鼓，圜底，圈足。

另外，M14：3、M33：3、M57：15三件陶钵整体残损严重，不可复原。

5. 陶豆

共12件。主要为单耳陶豆及部分陶豆底部残片。

单耳陶豆

共4件。M2：4、M67：1、M70：2、M85：5。方唇，斜腹，喇叭口状高圈足，单耳。选出1件作为标本。

M2：4，单耳陶豆。夹细砂红陶，直口微侈，方唇，圜底，高圈足，略呈喇叭口状，宽带单，耳上部与口沿直接相连且高于口沿（图一四，1）。

另外，M8：1、M36：1、M37：4、M41：2、M45：2、M54：8、M58：7、M63：9，8件为陶豆下腹部及圈足的残片。

6. 陶纺轮

共2件。M54：1、M75：2。均为大型陶容器残片打磨而成，中部有一钻孔。

M54：1，陶纺轮。由大型陶容器残片打磨而成，呈圆饼形，边缘较规整，一面较光滑，另一面有手抹痕迹，中部有一钻孔，为两面对钻而成（图一五，6）。

7. 有孔棒状陶器

1件。

M54：6，有孔棒状陶器。夹细砂褐陶，整体呈扁圆柱体，两端边缘有压印纹，器身有孔，两组，每组各有3个，这些穿孔均为烧制前戳刺而成（图一五，3）。

8. 陶埙

1件。

M49：8，陶埙。夹细砂褐陶，呈橄榄形，中空。两端较尖，一端有一通向内部的孔，应为吹奏口，另一端上有一孔，可能为穿绳之用；腹部有一列4个分部较均匀的音孔，应为烧制前由外向内戳刺而成（图一五，5）。

9. 其他陶器

共24件，有彩陶片等。

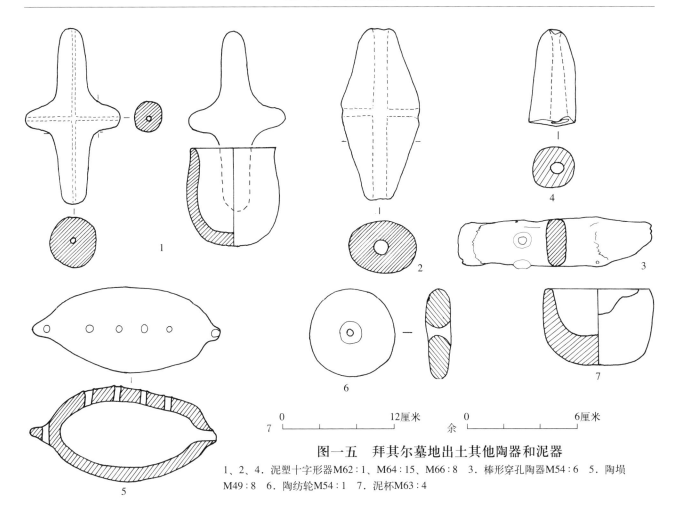

图一五　拜其尔墓地出土其他陶器和泥器

1、2、4. 泥塑十字形器M62：1、M64：15、M66：8　3. 棒形穿孔陶器M54：6　5. 陶埙
M49：8　6. 陶纺轮M54：1　7. 泥杯M63：4

（三）泥器

　　泥器共17件，有泥杯、泥塑十字形器，均为手制成形，泥坯或经低温烘烤，或未经烧制。
其中泥塑十字形器往往与泥杯共出，多竖直放置于杯中，两者均制作粗糙，用途不明。这种特
殊遗物的出土，可能显示了当地居民的特殊习俗。

　　1. 泥杯

　　共4件。M62：9、M63：4、M70：7、M80：9，为黏土捏塑而成，其内往往置有十字形器，
多数残损较严重。

　　M63：4，泥杯。由黏土捏塑成形，土黄色，直口，圆唇，圜底较平，内装泥塑十字形器
（图一五，7）。

　　2. 泥塑十字形器

　　共13件，M14：14、M50：3、M55：9、M62：1、M64：15、M64：17；6件较为完整，整
体呈十字形，内有十字形穿孔，M1：9、M16：29、M17：17、M58：6、M63：11、M66：8、
M70：13；7件破损严重，不可复原。十字形器多放置于泥杯之中，与其成套出土。选出以下1件
作为标本。

　　M62：1，泥塑十字形器。由夹粗砂黏土捏塑而成。整体呈十字形，中部有十字形穿孔。纵
向较长，较粗，横向较短，两端略尖，较细（图一五，1）。

（四）木器

木器共计65件，其中木盘和木桶等木质容器数量最多，大多器形已不完整，仅有少数木盘保存状况略好，形态较完整。在某些残损的木片上可观察到加工痕迹和刻划纹。此外还有取火器和纺轮等木质工具。

1. 木盘

共19件。M1：2、M7：2、M10：1、M12：1、M16：3、M16：10、M16：15、M16：17、M22：3、M25：4、M26：4、M31：8、M32：5、M44：8、M50：2、M55：6、M57：3、M80：3、M82：2。多数木盘保存较差，碎为数块。保存较好的木盘系由木材切削掏挖而成，平面形状分圆形和椭圆形，有的盘底四角有柱状足，有的盘内还放置有动物骨骼。选择以下2件为标本。

M16：17，木盘。用木材切削掏挖而成，表面呈黄褐色，边缘凸起呈盘状，敞口，平底。表面有2道裂缝，其中1道一端两侧有一对钻孔，另1道两端各有一对钻孔，推测为修补加固木盘之用。底面有四个柱状足（图一六，4）。

M22：3，木盘。用木材切削掏挖成形，边缘略高，方唇，平底。表面有加工痕迹，中部有一较大的裂缝，裂缝两端分别有一对钻孔，推测为修补加固木盘之用（图一六，2）。

2. 木桶

共12件。M1：10、M16：5、M25：5、M33：4、M42：3、M44：13、M47：5、M49：6、

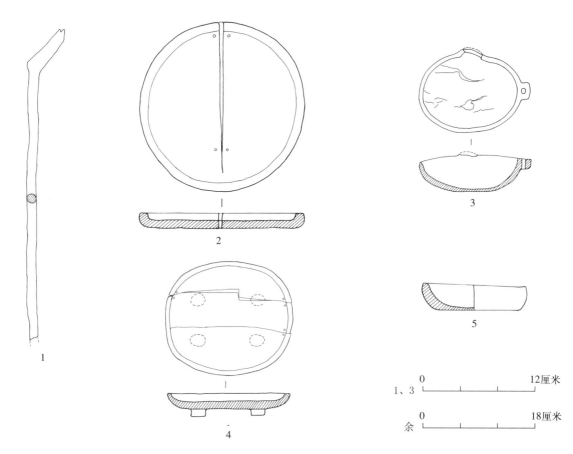

图一六　拜其尔墓地出土木器（一）

1. 木杖M55：10　2、4、5. 木盘M22：3、M16：17、M26：4　3. 木瓢M84：1

M50：4、M55：4、M79：1、M80：2。未见完整木桶，多碎为数块，部分可从残存碎片中辨认出木桶。

M79：1，木桶。碎为数块，不可复原。较大一块呈桶状，沿下内侧有凹槽，一块呈圆饼状，应为桶底。

3. 木纺轮

共7件。M1：7、M10：4、M12：4、M16：4、M31：4、M50：5、M79：4。均呈黄褐色，圆台形，中间钻孔，通体磨制，表面有加工痕迹，部分纺轮中间钻孔内还残存有木杆。

M12：4，木纺轮。用木材切削磨制成圆台形。形状规整，表面有加工痕迹，黄褐色，中间钻孔，孔内残留有木杆（图一七，2）。

4. 木杯

共5件。M15：5、M15：6、M15：7、M44：7、M57：8。多数保存较差，碎为数块。

M57：8，木杯。保存较差，杯身呈桶形，圆底较厚。现大部分残损严重。

5. 钻火板

共2件。M47：1、M57：4。黄褐色，上有或深或浅的钻孔，部分钻孔内有木炭残痕。

M57：4，钻火板。用木材切削而成，表面呈黄褐色，整体呈月牙形，内侧有4个钻孔，两端的2个钻孔较深，有烧灼痕迹；另2个较浅（图一七，3）。

6. 木瓢

1件。

M84：1，木瓢。用木材切削掏挖成形。直口，微敛，尖圆唇，圜底，一端有耳，耳与口沿直接相连，耳中部有钻孔（图一六，3）。

7. 木勺

1件。

M79：5，木勺。用木材切削掏挖成形。直口，平唇，圜底，短柄。

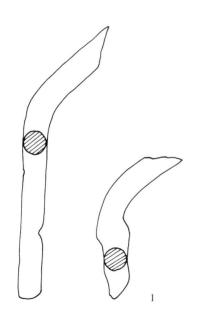
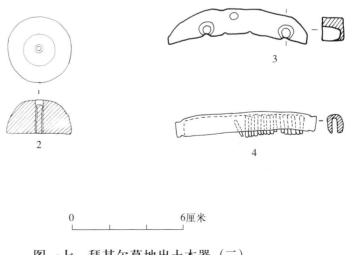

0　　　　　　　6厘米

图一七　拜其尔墓地出土木器（二）

1. 木杖M79：10　2. 木纺轮M12：4　3. 钻火板M57：4　4. 木梳M21：1

8. 木杖

共2件。M55：10、M79：10。

M55：10，棒形，现碎为八截。用木材切削而成。表面呈黄褐色，其中较长的一截一端弯折（图一六，1）。

9. 木梳

1件。

M21：1，木梳。用木材切削而成，中间有一较深的槽，槽内安插有木片，呈锯齿状。两端中间内凹，边缘各有一圈较浅的刻槽，表面修整较光滑，有裂纹，中间略残损（图一七，4）。

10. 穿孔木器

共2件。M21：2、M80：4。木材切削而成。上有钻孔，用途不明。

M80：4，木器，1组2件。用木材切削而成。表面呈黄褐色，其中一面光滑，上有数道较细的刻划纹，另一面有刻槽。中间有钻孔。

11. 木饼

1件。

M17：5，木饼。用木材切削磨制成扁圆体。表面呈黄褐色，形状规整，有加工痕迹。

12. 其他木器

共12件（组）。M16：13、M16：21、M32：4、M32：19、M32：11、M42：2、M44：9、M44：14、M44：15、M56：6、M60：2、M79：3。多数为残损的木棒、木块等，性质功能不明。

M79：3，木器。1组4件，一件呈柳叶形，一端残损，一端较尖，中部较宽，一侧略厚，另一侧略薄，一面中间有一段刻划纹。另一件为一截略有弧度的长条形木板，四角均被部分切除，两端各有一钻孔，一端残损，表面修整较光滑。第三件呈圆柱体，保存较好，两端呈榫形，一端较粗，一端较细。第四件呈长条形，略有弧度，保存较好，两端呈三角形，各有一钻孔，侧面分别有一对刻槽，表面修整较光滑。

（五）玉石器

玉石器共80件（颗），含串饰3组。以玛瑙珠、滑石管和绿松石珠等装饰品为主，此外，还有砺石、石杯、石球等石质工具，均为小型器。

1. 玛瑙珠

共20件（颗）。M3：2、M5：4、M6：15、M10：2、M14：11、M15：8、M17：14、M31：7、M44：10、M52：4、M62：6、M63：10、M64：16、M66：9、M71：14、M73：11、M74：12、M76：3、M78：4、M91：10。形态基本相同，扁圆体，红色或肉红色，通体磨光，中间有钻孔。

M17：14，玛瑙珠。用石髓磨制成扁圆体。通体红色，表面较光滑，中间有穿孔（图一八，8）。

2. 滑石管

共12件（颗）。M18：3、M37：2、M44：11、M56：3、M56：9、M60：4、M64：12、

M65：7、M73：3、M76：2、M80：7、M81：5。形态基本相同，圆柱体，通体白色，表面光滑，中间有穿孔。

M64：12，滑石管。用滑石磨制成圆柱体。通体白色，表面较光滑，中间有穿孔（图一八，7）。

3. 绿松石珠

共7件（颗）。M5：5、M23：8、M57：7、M61：5、M72：2、M85：1、M91：8。形态基本相同，扁圆体或圆柱体，中间有穿孔，磨制规整，表面光滑。

M23：8，绿松石珠。用绿松石磨制成扁圆体。通体绿色，表面较光滑，中间有穿孔（图一八，9）。

4. 串饰

共3组。M32：2（1件27颗）、M49：7（1件4颗）、M84：6（1件2颗）。由玛瑙珠、绿松石珠、滑石管三类珠子中任意两类编串而成。选1组作为标本。

M32：2，串饰，1组27件串联而成，其中26件为滑石管，用滑石磨制而成。通体白色，表面较光滑，中间有穿孔。一件为绿松石珠，用绿松石磨制成形，通体绿色，表面较光滑，中间有穿孔（图一八，1）。

5. 砺石

共18件。M16：22、M17：8、M17：9、M20：11、M23：4、M32：16、M40：1、M43：6、M43：13、M49：2、M50：7、M52：7、M55：7、M59：6、M68：11、M69：6、M71：10、M84：7。形态基本相同，多为灰色或青灰色，整体均呈圆角长方形，一端有孔。

M59：6，砺石。用砂岩通体磨制成圆角长方形。平整光滑，一端有孔，为两面对钻而成（图一八，3）。

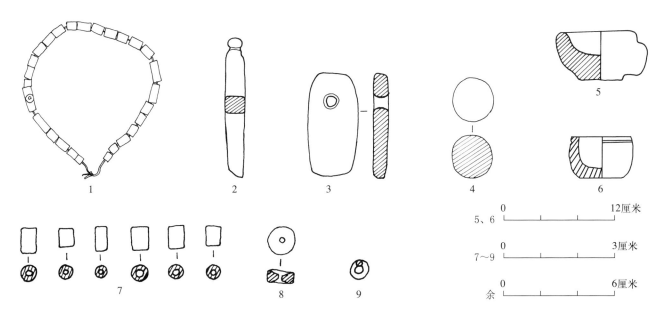

图一八　拜其尔墓地出土玉石器

1. 滑石管串饰M32：2　2、3. 砺石M49：2、M59：6　4. 石球M69：9　5. 单耳石杯M67：11　6. 石杯M32：14　7. 滑石管M64：12　8. 玛瑙珠M17：14　9. 绿松石珠M23：8

此外，另有一件砺石形状特殊，无钻孔，顶部有一蘑菇状纽。

M49：2，砺石。位于椁室内南部，距北壁约0.50、距南壁0.05米。用砂岩磨制四棱柱形，一端有一圈较深的刻槽，使顶部形成一蘑菇状纽，应为系绳之用（图一八，2）。

6. 石杯

共4件。其中3件为单耳石杯，M14：2、M67：11、M68：8。1件为无耳石杯，M32：14。

M67：11，单耳石杯。用花岗岩打制成形。略经磨制，形状规整。直口微敞，圆唇，腹微鼓，近底部内收，平底，单耳，竖向较扁平，表面较粗糙（图一八，5）。

M32：14，无耳石杯。用花岗岩琢制成形。磨制，形状规整，直口，方唇，腹微鼓，平底。沿下有一圈凹槽，表面附着大量烟炱，内表面附着大量水垢（图一八，6）。

7. 石球

1件。

M69：9，石球。出土于墓葬填土。用砂岩磨制而成。球面光滑，保存完整，直径1.9～2.1厘米（图一八，4）。

8. 陶器盖石

共12件。M17：16、M19：5、M20：15、M55：12、M55：13、M57：14、M61：14、M65：9、M66：13、M71：19、M82：4、M85：8。皆为扁平状石块，出土时多盖于陶器之上。

M20：15，陶器盖石。平面呈椭圆形、扁平状。

（六）金器

金器共2件。M15：9、M65：8。均为装饰品。

M15：9，金饰件。带状金箔片弯曲成三圈螺旋形。

（七）铜器

铜器共207件，可分为武器、工具和小件饰品三类。武器主要有铜镞，工具有铜刀、铜锥、铜凿等，部分铜刀、铜锥尾部往往套有木柄。小件饰品以铜泡、铜环为主，还有少量铜管、铜铃、铜镜、铜镯等。其中铜泡数量最多，多出土于墓主肢体骨骼处。部分铜环出土于墓主头骨附近，可能为耳环。铜片多残损、锈蚀严重，部分可能为装饰品。铜器中以北山羊青铜饰最具特点，造型逼真，设计巧妙。

1. 铜刀

共31件。可分为带柄铜刀、环首铜刀、穿孔铜刀。

带柄铜刀

共8件。M17：11、M22：7、M33：2、M39：1、M59：7、M70：12、M71：9、M84：8。木柄多残损，铜刀或尾部较尖嵌入木柄之中，或尾部较平可能与木柄绑接而成。

M17：11，木柄铜刀。弧刃，背微折，刃部略卷，刀尖较尖，一端套接弧形木柄（图一九，3）。

环首铜刀

共4件。M20∶10、M49∶1、M84∶2、M90∶1。环首焊接于柄部，直柄或微弧，多直背弧刃，个别铜刀还配有木质刀鞘。

M20∶10，环首铜刀。环首直柄，直背凹刃，刀尖较尖，略翘，刀柄与环的连接方式为刀柄末端穿过环并向内折卷接而成。通体表面略有锈蚀（图一九，1）。

穿孔铜刀

共3件。M43∶8、M68∶4、M69∶5。

M68∶4，穿孔铜刀。直柄，柄端有圆形穿孔，直背弧刃，表面略有锈蚀（图一九，2）。

另外，还有部分铜刀残损较为严重，共16件，如M4∶1、M24∶3、M27∶3、M43∶9、M43∶12、M44∶5、M44∶12、M56∶7、M57∶6、M67∶16、M71∶16、M74∶11、M80∶6、M83∶6、M83∶7、M86∶2。

2. 铜锥

共23件。其中部分铜锥尾部套有木柄，形态基本相同，木柄套在呈锥形或四棱锥形的铜锥一端，但多数木柄已脱落或残损。共7件，如M17∶10、M20∶13、M57∶5、M59∶5、M71∶7、M84∶9、M90∶3。

M20∶13，木柄铜锥。锥身呈四棱状，锥尖较尖，木柄近圆柱体，套在铜锥一端（图一九，4）。

其余铜锥未发现有木柄，形态大体相同，呈锥形或四棱锥形，锥尖较尖。共16件，如M16∶7、M16∶25、M23∶2、M23∶7、M40∶2、M41∶3、M43∶10、M43∶11、M49∶9、M55∶8、M67∶13、M67∶15、M68∶5、M68∶7、M83∶5、M91∶4、M91∶7。

M23∶2，铜锥。锥身呈四棱锥状，锥尖较尖（图一九，7）。

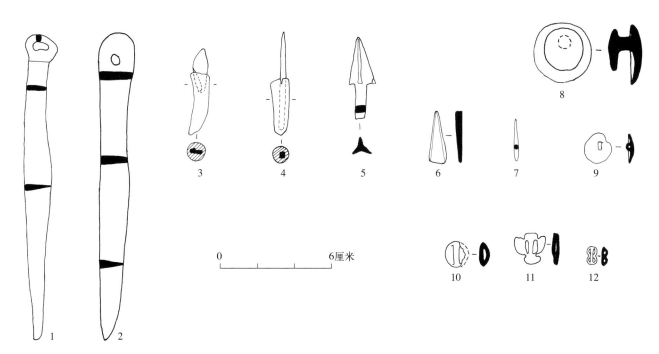

0 　　　　　　　　6厘米

图一九　拜其尔墓地出土铜器（一）

1. 环首铜刀M20∶10　2. 穿孔铜刀M68∶4　3. 木柄铜刀M17∶11　4. 木柄铜锥M20∶13　5. 铜镞M71∶2　6. 铜刀M16∶7　7. 铜锥M23∶2　8～10. 铜泡M20∶12、M9∶1、M10∶3　11. 铜饰件M32∶15　12. 双联铜泡M17∶6

3. 铜镞

共4件。有双翼和三翼，个别铜镞铤部还绑有木杆。M14：1、M32：18（残）、M71：2、M71：15。

M71：2，铜镞。铸造成形，三棱三翼，带铤，铤呈圆柱体（图一九，5）。

4. 铜泡

共76件（组）。平面呈圆形，正面呈凸镜状，背面呈凹镜状，背面多有一纽，根据纽的形状可分为一字形纽、桥形纽、蘑菇形纽，另外还有圆形穿孔铜泡、双联铜泡。

一字形纽铜泡

共45件（组）。有M4：2、M6：13、M6：14、M10：3、M12：3、M12：5、M14：12、M14：13、M15：10、M17：13、M19：3、M22：8、M25：7、M32：17、M43：3、M49：4、M56：2、M57：13、M59：2、M59：9、M62：5、M63：7、M63：8、M64：18、M65：5、M67：9、M67：14、M67：17、M67：19、M67：20、M67：21、M68：10、M69：7、M70：8、M70：10、M71：1、M73：6、M73：9、M74：7、M74：7、M80：5、M83：2、M85：3、M86：1、M91：9。

M10：3，铜泡。平面呈圆形，正面呈凸镜状，背面呈凹镜状，背面焊接一字形纽，一边有残损（图一九，10）。

桥形纽铜泡

共9件。有M6：11、M9：1、M17：7、M21：6、M25：6、M37：1、M51：2、M61：12、M71：11。

M9：1，铜泡。平面圆形，正面呈凸镜状，背面呈凹镜状，背面焊接一桥形纽，一角略有残损（图一九，9）。

蘑菇形纽铜泡

仅1件。

M20：12，铜泡。平面呈圆形，正面呈凸镜状，背面呈凹镜状，背面偏中心处焊接一蘑菇形纽（图一九，8）。

圆形穿孔铜泡

共2件。M16：6、M52：6。

M52：6，铜泡。圆形，喇叭状，中部有孔，功能不明，可能为装饰品。

另外，还有部分铜泡残损较为严重，共2件。M23：6、M23：9。

双联铜泡

共17件（组）。M17：6、M42：4、M56：8、M61：6、M61：7、M61：11、M61：13、M62：7、M64：13、M67：7、M69：8、M70：9、M76：4、M80：8、M81：4、M83：8、M86：3。外形基本相同，形体较小，均为两个单泡相连，整体呈"8"字形，背面焊接有一字形纽连接两个铜扣。

M17：6，双联铜泡。两个单泡并列相连，整体呈"8"字形，铜泡为正面凸镜状，背面凹镜状，背面焊接一字形纽（图一九，12）。

5. 铜环

共13件。M7：3、M8：3、M16：11、M16：12、M16：20、M16：26、M16：28、M16：30、

M23∶3、M35∶1、M49∶5、M91∶2、M91∶3。整体形态相近，呈圆环状，可分为两端相交、两端未相交、两端闭合三种情况。

M8∶3，由铜片弯曲成环形，两端未相交，表面呈铜绿色，锈蚀较严重（图二〇，11）。

6. 铜耳环

共13件。M2∶1、M20∶14、M50∶9、M57∶10、M58∶1、M58∶2、M61∶10、M68∶9、M70∶5、M72∶7、M73∶1、M80∶10、M85∶2。

M20∶14，铜耳环。由长条形铜丝弯曲成环形。截面圆形（图二〇，9）。

7. 铜镯

1件。

M46∶1，铜镯。铸造成形。平面环形，截面圆形（图二〇，3）。

8. 铜片

共16件。表面多锈蚀，形状各异，功能性质不明。M1∶1、M6∶9、M18∶1、M19∶4、M23∶5、M25∶8、M35∶2、M59∶4、M63∶12、M66∶7、M67∶8、M67∶12、M67∶18、M81∶3、M91∶5、M83∶1。

M1∶1，铜片。不规则形，片状（图二〇，7）。

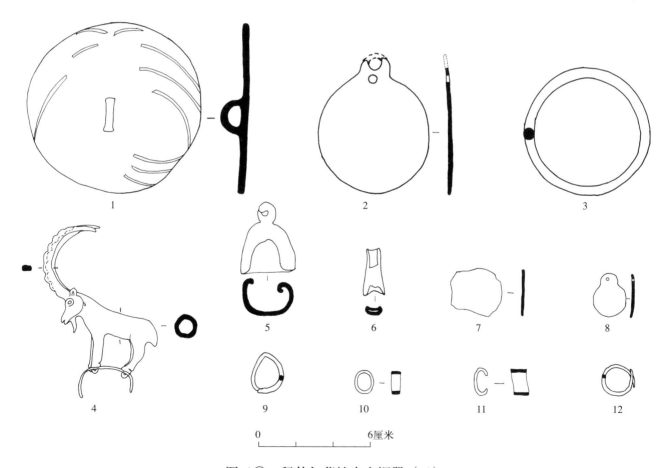

0　　　　　　　6厘米

图二〇　拜其尔墓地出土铜器（二）

1、2. 铜镜M61∶9、M26∶5　3. 铜镯M46∶1　4. 铜饰件M16∶2　5. 铜铃M73∶8　6. 铜管M73∶10　7. 铜片M1∶1　8. 镜形铜牌 M79∶6　9. 铜耳环M20∶14　10、11. 铜环M7∶3、M8∶3　12. 铜耳环M2∶1

9. 铜管

共5件。多为铜片弯折成形。M9：6、M51：3、M70：11、M73：10、M78：5。

M73：10，铜管。平面呈梯形，两侧边缘卷起，呈管状（图二〇，6）。

10. 铜铃

共6件。铃形。M17：15、M50：10、M56：1、M61：8、M65：6、M73：8。

M73：8，铜铃。铸造成铃形，下部一侧残损，上部正中焊接一环形纽（图二〇，5）。

11. 铜饰件

共11件（组）。形状各异，可能为装饰品。M3：1、M6：12、M14：9、M16：2、M16：9、M16：19、M27：2、M32：15、M50：8、M56：4、M91：6。

M16：2，北山羊形铜饰件。北山羊用空心范浇铸而成，形态逼真，眉、眼、耳、须俱备，两角弯曲，上有八节圆弧形凸起，羊尾较短，前腿直立，后腿略微弯曲，因其重心偏前，在底座上斜放。底座由铜片弯折成拱形，上有四孔，北山羊四足底有纽插入其内（图二〇，4）。

12. 铜饰牌

共2件。形状各异，可能为装饰品。M73：7、M79：6。

M79：6，镜形铜牌。位于椁室内西北，距北壁约0.24、距西壁约0.44米，整体略呈圆形，直径约1.8厘米，一侧有圆形凸起，上有一孔，孔径0.3厘米（图二〇，8）。

13. 铜镜

共3件。分为桥纽镜和具柄镜。

桥纽镜

共2件。M32：3、M61：9。

M32：3，铜镜。平面呈圆形，表面平整，背面中间焊接一桥形纽，但已残损，仅存纽痕。直径5.2厘米。

具柄镜

1件。

M26：5，具柄铜镜。铸造成形。镜身圆形，一侧有一短柄，柄上有一穿孔且残损，柄与镜身连接处亦有一圆形穿孔。表面平整，锈蚀较严重（图二〇，2）。

14. 其他铜器

共3件。

有铜渣2件，M2：5、M91：7，铜器残件1件，M31：6。

（八）铁器

铁器共13件，以铁刀、铁锥等工具为主，还有部分小饰件以及锈蚀严重的铁块。

1. 铁刀

共5件。M21：4、M31：5、M47：3、M78：6、M79：7。多残损、锈蚀严重。

M21：4，环首铁刀。环首直柄，刀身残损（图二一，1）。

2. 铁锥

共4件（组），M16：23、M16：24、M76：1、M79：2。形态相近，整体均呈长条形，一端较尖，呈锥形，个别铁锥尾部还套有木柄。选1件为标本。

M76：1，铁锥。长条形，一端较尖，呈锥形，一端残损，表面锈蚀严重（图二一，3）。

3. 铁环

共2件。M21：3、M79：9。

M21：3，铁环。环形，仅残存一段，表面锈蚀严重（图二一，4）。

4. 铁带扣

1件。

M52：5，铁带扣。残存部分近长方形，锈蚀严重，中间有一长方形孔（图二一，2）。

5. 其他铁器

1件。

M79：8，铁器。两端残损，一侧较厚，锈蚀严重。

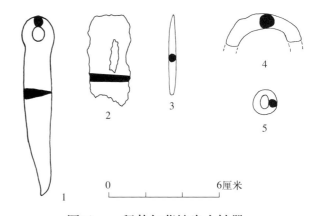

图二一　拜其尔墓地出土铁器

1. 铁刀M21：4　2. 铁带扣M52：5　3. 铁锥M76：1　4. 铁环M21：3　5. 铁器M79：9

（九）骨角贝器

共22件。其中骨器19件，贝器3件。

骨器共计19件，以骨纺轮、骨划齿、骨锥等工具为主。

1. 骨纺轮

共7件。M42：5、M42：7、M43：7、M64：14、M67：6、M69：10、M70：6。均呈黄褐色，半球形或圆饼形，中间钻孔，形状规整，磨制光滑。

M67：6，骨纺轮。用动物长骨顶端切削而成。整体呈半球形，黄褐色，中间钻孔，表面略经磨制（图二二，1）。

2. 骨划齿

共4件。M25：9、M56：5、M73：2、M78：3。黄白或黄褐色，一端呈锯齿状。

M25：9，骨划齿。动物骨骼切削磨制而成。形状规整，表面光滑。一端较厚，另一端和两侧均较薄，较薄的一端为齿部且齿较短（图二二，2）。

3. 羊距骨

共2件。M52：3、M66：10。表面较光滑，有汗浸痕迹，呈黄白色，近长方形。

M66：10，羊距骨。人骨东侧手臂附近，表面呈黄白色，其中一端两角被切除（图二二，5）。

4. 骨锥

1件。

M74：9，骨锥。用动物骨骼切削磨制成锥形。表面呈黄褐色，两端残损（图二二，7）。

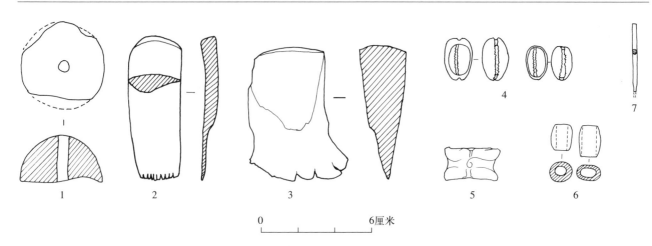

0　　　　　　　6厘米

图二二　拜其尔墓地出土骨、角、贝器

1. 骨纺轮M67∶6　2. 骨划齿M25∶9　3. 骨料M42∶6　4. 海贝M74∶13　5. 羊距骨M66∶10　6. 骨珠M74∶8　7. 骨锥M74∶9

5. 骨珠

共1组。

M74∶8，骨珠，1组2件。用动物骨骼切削磨制成桶形。黄褐色，有汗浸痕迹，中间穿孔。一件较长，表面有裂纹（图二二，6）。

6. 骨料

共3件，M42∶6、M66∶11、M66∶12。均残损严重，不可辨认。

M42∶6，骨料。用骨骼切削成形，略经磨制，平面近长方形，一端略宽，剖面呈楔形（图二二，3）。

7. 海贝

共3件（组）。M41∶1、M74∶13、M92∶3。均为海贝略经磨制而成，选1组作为标本。

M74∶13，海贝，1组2件。用海贝切削成形，表面略经磨制，较光滑（图二二，4）。

8. 兽牙

1件。

M17∶12，兽牙。圆棒形，一端略有弯曲，现多已残损，无法辨认其原始形态。

（一〇）皮毛制品

共3件，毛纺织物2件，M15∶4、M59∶10；漆皮碎片1件，M60∶3。

M15∶4，毛织带。用羊毛搓成细线，纺织而成，表面纹路清晰。

M60∶3，皮革。黑色，已成碎片，推测为某件木器表面剥落。

第三章 墓葬分述

一 M1

（一）墓葬形制

位于发掘区中部，M47西侧，M18北侧（图二三；彩版五，1、2）。残存墓圹平面呈圆角长方形，长1.50、宽0.98、残深0.54米，墓向45°或225°。墓圹填充较疏松的黄褐色粗砂土，夹杂砾石，并出土陶片、动物骨骼等遗物。

墓圹底部置一具长方形石椁，长1.50、宽0.98、高0.54米。石椁由多层卵石及石板垒砌而成，其中北壁为卵石垒成，其他三壁均为竖立的石板，石板厚度约0.10米。石椁顶部用7根平行排列的原木封盖，原木直径约0.15米，大多断裂。石椁内人骨凌乱且严重缺失，仅余半个头盖骨。

墓葬内出土单耳陶罐3件，陶杯3件，泥塑十字形器1件，铜片1件，木盘1件，木桶1件，木纺轮1件。

（二）出土遗物

1. 陶器

6件。

M1:3，单耳陶罐。位于椁室南部，木盘之内，距墓圹西南壁约0.30、距墓圹东南壁约0.50米。夹细砂褐陶，侈口，圆唇，微束颈，溜肩，鼓腹，圜底，宽带耳，耳上部与口沿直接相连。表面有手抹痕迹，附着少量烟炱、水垢。口径7.0、腹径10.6、通高9.0、壁厚0.5厘米（图二四，3；彩版六，1）。

M1:4，单耳陶罐。位于椁室南部，木盘之内，距墓圹西南壁约0.50、距墓圹东南壁约0.30米。夹细砂褐陶，敛口，方唇，鼓腹，圜底略平，宽带耳，耳上部与口沿直接相连。表面有手抹痕迹，部分剥落，附

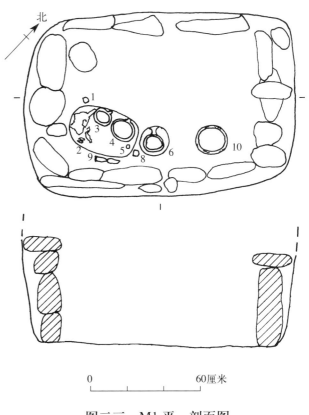

图二三 M1平、剖面图

1. 铜片 2. 木盘 3、4、6. 单耳陶罐 5、8. 陶杯 9. 泥塑十字形器 10. 木桶

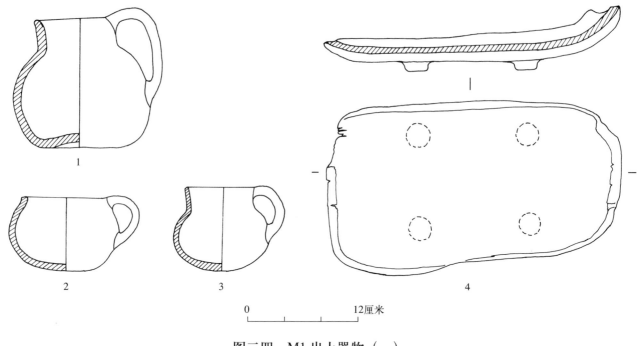

图二四　M1 出土器物（一）

1～3. 单耳陶罐M1∶6、4、3　4. 木盘M1∶2

着少量烟炱、水垢。口径8.6、腹径11.8、通高8.0、壁厚0.6厘米（图二四，2；彩版六，2）。

M1∶5，陶杯。位于椁室南部，木盘之内，距墓圹东南壁约0.26、距墓圹西南壁约0.54米。夹细砂褐陶，直口，圆唇，圜底。表面较粗糙。口径5.2、腹径5.2、通高3.5、壁厚0.9厘米（图二五，1；彩版六，3）。

M1∶6，单耳陶罐。位于椁室东南部，木盘东侧，距墓圹西南壁约0.60、距墓圹东南壁约0.20米。泥质红褐陶，侈口，圆唇，束颈，溜肩，鼓腹，平底，宽带耳，耳上部与口沿直接相连。表面较光滑，有手抹痕迹，少许剥落，附着少量烟炱、水垢，其上盖有片石作为器盖。口径8.2、腹径15.0、底径9.0、通高15.0、壁厚0.6厘米（图二四，1；彩版六，4）。

M1∶8，陶杯。位于椁室东南部，木盘之内，距墓圹西南壁约0.56、距墓圹东南壁约0.22米。保存较差，多已残损，不可复原（彩版六，5）。

M1∶11，陶杯。出土位置不明。夹细砂褐陶，直口，圆唇，圜底。表面较粗糙（彩版六，6）。

2. 泥器

1件。

M1∶9，泥塑十字形器。位于椁室南部，木盘与墓圹东南壁之间，距墓圹西南壁约0.34、距墓圹东南壁约0.20米。系由黏土手工捏制成形。整体呈棒状，两端较长，略尖，内有穿孔；中间较粗，一周略凸起。残长15.5、宽4.4、孔径0.6厘米（图二五，4；彩版七，1）。

3. 木器

3件。

M1∶2，木盘。位于椁室南部，其内放置1具较完整的羊头骨。木盘中心距墓圹东南壁约

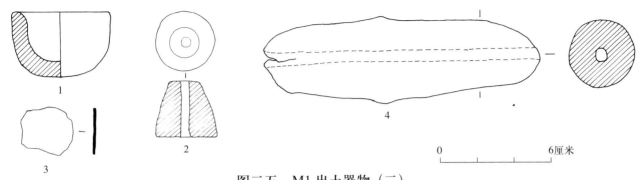

图二五　M1 出土器物（二）
1. 陶杯M1：5　2. 木纺轮M1：7　3. 铜片M1：1　4. 泥塑十字形器M1：9

0.52、距墓圹西南壁约0.40米。用木材切削掏挖而成。整体呈圆角长方形，表面黄褐色，敞口，方唇，平底，下有四个柱状足。长32.5、宽18.5、厚1.5厘米（图二四，4；彩版七，2）。

M1：7，木纺轮。出土位置不明。用木材切削而成。整体呈圆台形，表面黄褐色，中间有穿孔。高3.0、宽3.3、孔径5.0厘米（图二五，2；彩版七，3）。

M1：10，木桶。位于椁室东部，木盘之内，距墓圹东北壁约0.36、距墓圹东南壁约0.20米。用木材切削掏挖而成，碎为四块，其中较大的一块呈桶形，沿下内壁有刻槽。长8.5～12.6、宽5.5～9.5、厚1.0厘米（彩版七，4）。

4. 铜器

1件。

M1：1，铜片。位于椁室西南部，木盘西北侧，距墓圹西南壁约0.36、距墓圹东南壁约0.50米。不规则形，片状。长2.8、宽2.4、厚0.15厘米（图二五，3；彩版七，5）。

二　M2

（一）墓葬形制

位于发掘区中部，M5东侧，M10南侧（图二六；彩版八，1）。残存墓圹平面呈圆角长方形，长1.18、宽0.98、残深0.40米，墓向170°或350°。墓圹填充较疏松的黄褐色粗砂土。

墓圹底部置一具圆角长方形石椁，长1.16、宽0.96、高0.40米。石椁四壁下部为竖立的石板，其上铺有较平的石块。石椁顶部用平行排列的原木封盖，原木直径约0.15米。椁室底部也见若干朽木。石椁内人骨凌乱且严重缺失，散布于椁室西、北部，头骨残损，位于椁室北壁内侧。

墓葬内出土单耳陶罐3件，单耳陶豆1件，铜耳环1件。

（二）出土遗物

1. 陶器

4件。

M2：2，单耳陶罐。位于椁室东南角，距墓圹南壁约0.30、距墓圹东壁约0.16米。泥质红褐

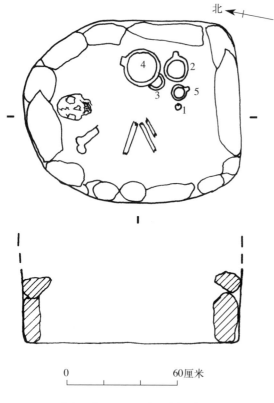

图二六　M2 平、剖面图
1. 铜耳环　2、3、5. 单耳陶罐　4. 单耳陶豆

陶，侈口，尖圆唇，高颈，鼓腹，圜底，宽带耳，耳上部与口沿直接相连。表面较光滑，有手抹痕迹，上附着大量烟炱、少量水垢。口径9.8、腹径14.0、通高10.5、壁厚0.6厘米（图二七，2；彩版八，2）。

M2：3，单耳陶罐。位于椁室东南角，M2：2北侧，M2：4陶豆之下，距墓圹南壁约0.40、距墓圹东壁约0.30米。夹细砂红褐陶，侈口，方唇，高颈，鼓腹，圜底，宽带耳，耳上部与口沿直接相连。表面较光滑，沿下有手抹痕迹，部分剥落，上附着烟炱、水垢。口径8.0、腹径11.0、通高9.4、壁厚0.4厘米（图二七，3；彩版八，3）。

M2：4，单耳陶豆。位于椁室东南角，M2：2北侧，距墓圹南壁约0.40、距墓圹东壁约0.14米。夹细砂红陶，直口微侈，方唇，圜底，高圈足，略呈喇叭口状，宽带耳，耳上部与口沿直接相连且高于口沿。表面较光滑，有手抹痕迹，附着少量烟炱、水垢。口径16.8、圈足高8.4、通高15.2、壁厚0.6厘米（图二七，1；彩版八，4）。

M2：5，单耳陶罐。位于椁室东南角，M2：2西侧，距墓圹南壁约0.20、距墓圹东壁约0.36米。夹细砂灰褐陶，侈口，尖圆唇，束颈，溜肩，鼓腹，圜底，宽带耳，耳上部与口沿直接相连。表面较光滑，沿下有手抹痕迹，附着烟炱、水垢。口径6.4、腹径7.8、通高6.0、壁厚0.4厘米（图二七，4；彩版八，5）。

2. 铜器

1件。

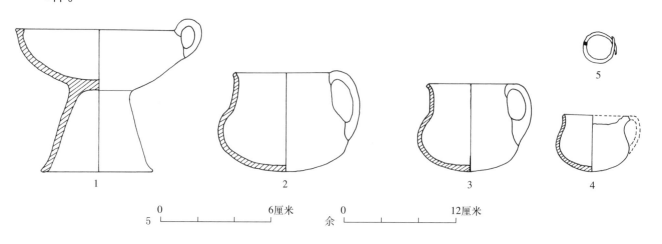

图二七　M2 出土器物
1. 单耳陶豆M2：4　2～4. 单耳陶罐M2：2、3、5　5. 铜耳环M2：1

M2：1，铜耳环。位于椁室东南角，M2：5西侧，距墓圹南壁约0.30、距墓圹东壁约0.40米。两端较尖，弯曲成环形，表面呈铜绿色，锈蚀较严重。直径1.7、厚0.3厘米（图二七，5；彩版九，1）。

三　M3

（一）墓葬形制

位于发掘区东部，M16南侧（图二八；彩版九，4）。残存墓圹平面呈圆角长方形，长1.10、宽0.88、残深0.30米，墓向45°或225°。墓圹填充较疏松的黄褐色粗砂土，夹杂砾石。

墓圹底部置一具长方形石椁，长1.00、宽0.86、高0.30米。由卵石及石板垒砌而成，其中石椁西南壁为卵石垒成，其他三壁均为竖立的扁平石板，石板厚度0.10～0.15米。椁室内不见人骨。

墓葬内出土动物纹铜饰件1件，玛瑙珠1件。

（二）出土遗物

1. 玉石器

1件。

M3：2，玛瑙珠。出土位置不明。用石髓磨制成扁圆形。通体红色，表面较光滑，中间有穿孔。直径0.8、高0.5、孔径0.2厘米（图二八，2；彩版九，2）。

2. 铜器

1件。

M3：1，动物纹铜饰件。出土位置不明。形制与"8"形接近。长4.6、宽2.3、高0.75、厚0.3

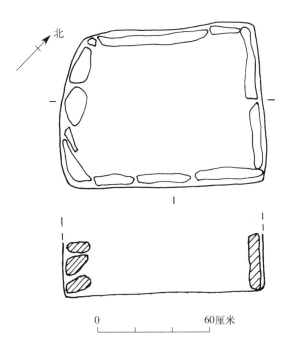

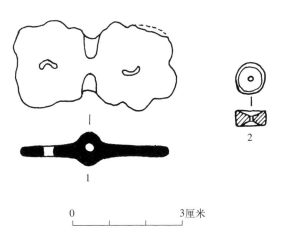

图二八　M3 及出土器物

1. 动物纹铜饰件M3：1　2. 玛瑙珠M3：2

厘米。在两侧中心对称分布两个可能为格里芬的侧面头像，中部有一圆形穿孔，穿孔直径0.25厘米（图二八，1；彩版九，3）。

四　M4

（一）墓葬形制

位于发掘区东部，M50东侧，M12北侧，M48东南侧（图二九；彩版一○，1、2）。残存墓圹平面呈长方形，长1.30、宽1.00、残深0.90米，墓向15°或195°。墓圹填充较疏松的黄褐色粗砂土，夹杂较多的卵石，并出土彩陶片及朽木等遗物。

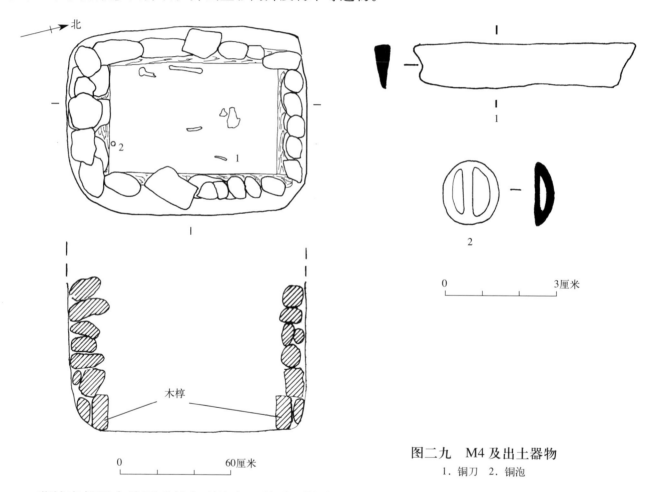

图二九　M4 及出土器物
1. 铜刀　2. 铜泡

墓圹底部置内外两重长方形椁室。外重石椁由多层卵石垒砌而成。石椁紧贴墓壁，与墓壁之间填有砂石。石椁顶部用6根平行排列的原木封盖，原木大多断裂。内重木椁由厚0.10米的木板搭建而成，长1.10、宽0.80、高0.20米。木椁底部人骨凌乱且严重缺失，仅见少量破碎的肢骨。

墓葬内出土铜刀1件，铜泡1件，彩陶片1袋。

（二）出土遗物

1. 陶器

1件。

M4：3，彩陶片，共7片。出土于墓葬填土，均为夹细砂红陶，红衣黑彩，纹饰有十字纹、条带纹（彩版一〇，3）。

2.铜器

2件。

M4：1，铜刀。位于椁室东北部，距墓圹南壁约0.80、距墓圹东壁约0.30米。表面锈蚀严重，两端残损，直背弧刃。残长5.6、宽1.2、背厚0.3厘米（图二九，1；彩版一〇，4）。

M4：2，铜泡。位于椁室南部，距墓圹南壁约0.24、距东壁约0.36米。平面呈圆形，边缘略有残损，正面呈凸镜状，背面呈凹镜状，背面焊接一字形纽。直径1.6、高0.6、厚0.2厘米（图二九，2；彩版一〇，5）。

五 M5

（一）墓葬形制

位于发掘区中部，M2西侧，M6东侧（图三〇；彩版一一，1）。残存墓圹平面近圆角长方形，长1.54、宽0.98、残深约0.30米，墓向45°或225°。墓圹填充较疏松的黄色粗砂土，夹杂卵石，并出土少量玉石器。

墓圹底部未见葬具，墓室内人骨凌乱且严重缺失，头骨位于墓室东北侧，另外可辨认的还

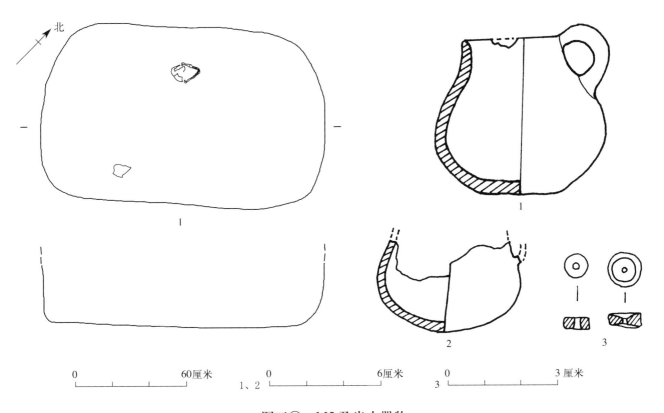

图三〇 M5及出土器物

1、2. 单耳陶罐M5：2、1 3. 绿松石珠M5：5（左）、玛瑙珠M5：4（右）

有盆骨和肋骨。

墓葬内出土单耳陶罐2件，双耳陶罐1件，玛瑙珠1件，绿松石珠1件。

（二）出土遗物

1. 陶器

3件。

M5：1，单耳陶罐。出土位置不明。上部残损。夹细砂褐陶，鼓腹，圆底，宽带耳，表面附着烟炱、水垢。腹径8.0、残高5.0、壁厚0.4厘米（图三〇，2；彩版一一，2）。

M5：2，单耳陶罐。位于墓室西南部。夹细砂褐陶，侈口，尖圆唇，微束颈，溜肩，鼓腹，平底，宽带耳，耳顶部略高于口沿。表面有烟炱，沿下有手抹痕迹。口径4.0、腹径8.5、底径3.6、通高8.4、壁厚0.5厘米（图三〇，1；彩版一一，3）。

M5：3，双耳陶罐。出土位置不明。为陶器口沿及腹部残片。夹细砂褐陶，侈口，方唇，破损严重不可复原。

2. 玉石器

2件。

M5：4，玛瑙珠。位于墓葬填土中。用石髓磨制成扁圆形。通体以淡黄色为主，杂以少量的肉红色，表面较光滑，中部有钻孔。直径0.9、高0.3、孔径0.15厘米（图三〇，3右；彩版一一，4）。

M5：5，绿松石珠。位于墓葬填土中。用绿松石磨制成扁圆体。通体绿色，表面较光滑，中部有钻孔。直径0.6、高0.25、孔径0.15厘米（图三〇，3左；彩版一一，5）。

六　M6

（一）墓葬形制

发掘区中部，M5西侧（图三一；彩版一二，1）。残存墓圹平面呈椭圆形，长径1.62、短径1.18、残深0.80米，墓向45°或225°。墓圹填充较疏松的黄褐色粗砂土，夹杂砾石，并出土陶片、动物骨骼等遗物。

墓室位于墓圹底部，长1.14、宽0.84、高0.60米。墓室周边为生土二层台，二层台宽0.20米，二层台上围砌一周卵石，卵石之上用平行排列的原木封盖。墓室内人骨凌乱且严重缺失，仅余半个头骨和残缺的下颌骨，面向东北，其他部分已朽损。

墓葬内出土单耳陶罐4件，柱腹陶罐1件，双乳丁陶壶3件，陶片1件，铜泡3件，铜片1件，铜饰件1件，玛瑙珠1件。

（二）出土遗物

1. 陶器

M6：1，单耳陶罐。位于墓室外二层台上。泥质红陶，侈口，圆唇，束颈，溜肩，鼓腹，圆

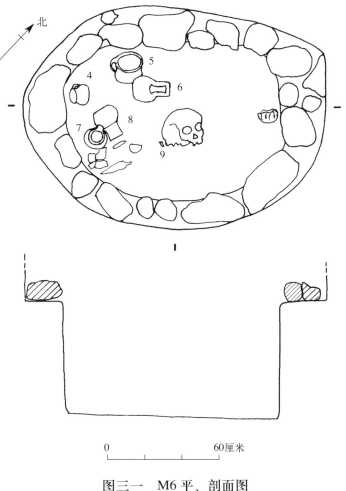

图三一　M6 平、剖面图

4、6、7. 单耳陶罐　5. 柱腹陶罐　8. 双乳丁陶壶　9. 铜片

底，宽带耳，耳上部与口沿直接相连。沿下有手抹痕迹，表面较光滑，有少量烟炱、水垢。口径5.4、腹径8.0、通高6.8、壁厚0.4厘米（图三二，8；彩版一二，2）。

M6：2，双乳丁陶壶。位于墓室西部，M6：5之上。泥质红陶，侈口，圆唇，高颈，鼓腹，圜底，双乳丁对称分布于腹部两侧。表面较光滑，有手抹痕迹，上附着少量烟炱、水垢。口径6.0、腹径9.4、通高10.0、壁厚0.6厘米（图三二，6；彩版一二，3）。

M6：4，单耳陶罐。位于墓室西南部，距墓圹西北壁约0.50、距墓圹西南壁约0.24米。泥质红陶，侈口，圆唇，高颈，鼓腹，圜底，宽带耳，耳上部与口沿直接相连。表面较光滑，局部有手抹痕迹，附着烟炱、水垢。口径10.0、腹径13.0、通高9.0、壁厚0.4厘米（图三二，5；彩版一二，4）。

M6：5，柱腹陶罐。位于墓室西南部，距墓圹西北壁约0.24、距墓圹西南壁约0.44米。泥质红陶，侈口，方唇，微束颈，溜肩，上腹微鼓，下腹呈反弧形收成柱状，平底，宽带耳，耳上部与口沿直接相连，与耳部相对的陶罐上腹部有一长约12厘米的附加堆纹。表面光滑，有手抹痕迹，上附着少量烟炱、水垢。口径13.0、腹径16.4、底径8.6、通高15.2、壁厚0.6厘米（图三二，4；彩版一二，5）。

M6：6，单耳陶罐。位于墓室西南部，距墓圹西北壁约0.36、距墓圹西南壁约0.60米。泥质红陶，侈口，圆唇，高颈，鼓腹，平底，宽带耳。表面有手抹痕迹，附着大量烟炱、少量水垢。口径9.2、腹径14.4、底径7.6、通高18.9、壁厚0.4厘米（图三二，1；彩版一三，1）。

M6：7，单耳陶罐。位于墓室南部，距墓圹西南壁约0.60、距墓圹东南壁约0.30米。夹细砂红陶，侈口，圆唇，高颈，鼓腹，圜底，宽带耳，耳上部与口沿直接相连。沿下有手抹痕迹。表面有少量烟炱、水垢。口径9.0、腹径12.6、通高9.0、壁厚0.4厘米（图三二，7；彩版一三，2）。

M6：8，双乳丁陶壶。位于墓室南部，距墓圹西北壁约0.50、距墓圹西南壁约0.40米。泥质红陶，侈口，圆唇，高颈，鼓腹，平底，双乳丁分布于腹部两侧。表面较光滑，有手抹痕迹，上附着少量烟炱、水垢。口径9.0、腹径14.2、底径7.0、通高17.0、壁厚0.7厘米（图三二，2；

彩版一三，3）。

M6∶10，双乳丁陶壶。位于墓室南部。泥质红陶，口沿及颈部部分残损，略加打磨后继续使用。直口，圆唇，溜肩，鼓腹，圜底。双乳丁分布不对称。表面较光滑，有手抹痕迹，上附着少量烟炱、水垢。口径6.8、腹径9.8、通高7.6、壁厚0.4厘米（图三二，3；彩版一三，4）。

M6∶3，陶片，1件。位于墓室西部，M6∶5之上。夹细砂褐陶，直口微侈，方唇。表面施有条状黑彩，上附着少量烟炱（彩版一三，5）。

2. 玉石器

1件。

M6∶15，玛瑙珠。填土中采集。用石髓磨制成扁圆体。通体红色，表面较光滑，中间有钻孔。直径0.7、高0.26、孔径0.1厘米（图三二，14；彩版一三，6）。

3. 铜器

5件。

M6∶9，铜片。位于墓室底部。距墓圹东南壁0.24、距墓圹西南壁0.80米 。长条形，

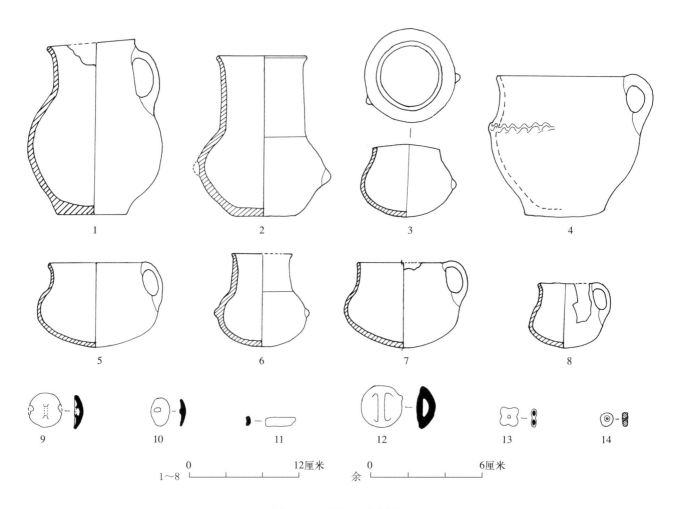

图三二　M6 出土器物

1、5、7、8. 单耳陶罐M6∶6、4、7、1　2、3、6. 双乳丁陶壶M6∶8、10、2　4. 柱腹陶罐M6∶5　9、10、12. 铜泡M6∶11、14、13　11. 铜片M6∶9　13. 铜饰件M6∶12　14. 玛瑙珠M6∶15

表面锈蚀严重。残长1.5、宽0.4、厚0.2厘米（图三二，11；彩版一三，7）。

M6：11，铜泡。位于墓室底部。平面圆形，正面呈凸镜状，背面呈凹镜状，凹镜状一面焊接一桥形纽。直径1.9、高0.6、厚0.2厘米（图三二，9；彩版一三，8）。

M6：12，铜饰件。位于墓室底部，已破损。由四个扁圆形铜珠焊接成四瓣花形，两面均凸起。长0.9、宽0.6、厚0.3厘米（图三二，13；彩版一三，9）。

M6：13，铜泡。位于墓室底部。平面圆形，正面呈凸镜状，背面呈凹镜状，背面焊接一桥形纽，边缘略有残损，表面有裂纹。直径3.4、高0.6、厚0.2厘米（图三二，12；彩版一三，10）。

M6：14，铜泡。位于墓室底部。平面圆形，正面呈凸镜状，背面呈凹镜状，背面焊接一桥形纽。直径1.4、高0.4、厚0.15厘米（图三二，10；彩版一三，11）。

七　M7

（一）墓葬形制

位于发掘区中部，M8东侧（图三三；彩版一四，1）。残存墓圹平面呈圆角长方形，长1.52、宽1.22、残深约0.80米，墓向25°。墓圹内填充较疏松的黄褐色粗砂土，夹杂砾石，并出土有陶片、碎骨、马牙等遗物。

墓圹底部置一具圆角长方形石椁，长1.48、宽1.20、高0.40米。石椁由

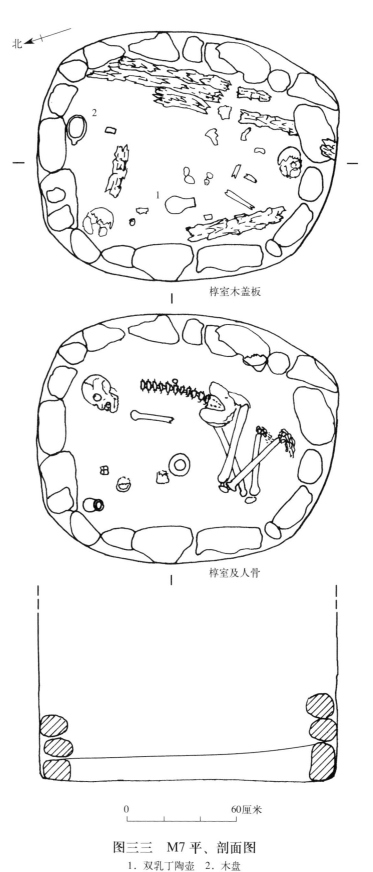

北

椁室木盖板

椁室及人骨

0　　　　　　60厘米

图三三　M7平、剖面图
1. 双乳丁陶壶　2. 木盘

3～4层卵石及石板垒砌而成。石椁顶部用平行排列的原木封盖，部分原木塌入椁室内。椁室内有上下叠压的2具人骨，上层人骨凌乱且严重缺失，头骨位于石椁南壁处，肢骨散乱。下层人骨基本完整且有序，右侧身屈肢，头向东北，但保存较差，腐朽严重。

墓葬内出土单耳陶罐2件，双乳丁陶壶1件，铜环1件，木盘1件。

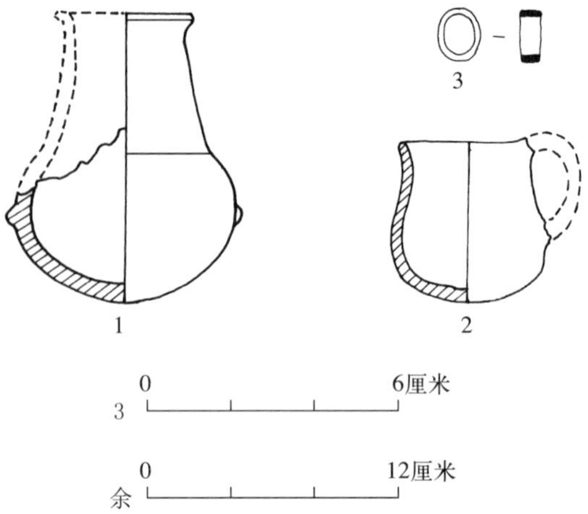

图三四　M7出土器物

1. 双乳丁陶壶M7：1　2. 单耳陶罐M7：4　3. 铜环M7：3

（二）出土遗物

1. 陶器

3件。

M7：1，双乳丁陶壶。位于上层人头骨北侧，靠近墓圹西壁处，距墓圹西壁约0.30、距墓圹北壁约0.60米。泥质红陶，敞口，方唇，高颈，鼓腹，圜底，双乳丁对称分布于腹部两侧。表面较光滑，有手抹痕迹，上附着烟炱、水垢。口径6.4、腹径10.6、通高13.6、壁厚0.7厘米（图三四，1；彩版一四，2）。

M7：4，单耳陶罐。位于椁室北部。夹细砂褐陶，侈口，圆唇，微束颈，溜肩，鼓腹，圜底，宽带耳，耳上部与口沿直接相连。耳部沿下有一穿孔，表面附着烟炱、水垢，有手抹痕迹。口径6.0、腹径7.4、通高8.0、壁厚0.4厘米（图三四，2；彩版一四，3）。

M7：5，单耳陶罐。出土位置不明。夹细砂褐陶，侈口，圆唇，微束颈，收腹，底部残缺，宽带耳，耳上部与口沿直接相连。肩部有附加堆纹，表面附着烟炱（彩版一四，4）。

2. 木器

1件。

M7：2，木盘。位于上层人头骨东北侧，靠近墓圹北壁处，距墓圹北壁约0.12、距墓圹东壁约0.40米。用木材切削而成，碎成数块，不可复原（彩版一四，5）。

3. 铜器

1件。

M7：3，铜环。出土位置不明。圆形，两端闭合，表面呈铜绿色，锈蚀较严重。直径1.2、厚0.15、铜片宽0.6厘米（图三四，3）。

八　M8

（一）墓葬形制

位于发掘区中部，M7西侧，M9东侧（图三五；彩版一五，1、2）。残存墓圹平面呈圆角长方形，长1.26、宽1.14、残深0.80米，墓向40°或220°。墓圹填充较疏松的黄褐色粗砂土，夹杂砾石，并出土陶片、黄牛骨骼等遗物。

　　墓圹底部置一具长方形石椁，长1.24、宽
1.10、高0.40米。石椁由多层卵石及石板垒砌而
成，四壁为竖立的石板，顶部铺有2～3层卵石或
较平的石块。石椁顶部用平行排列的原木封盖，
但大多腐朽。石椁内人骨凌乱且严重缺失，仅见
头骨残片、髋骨、股骨、肋骨、指骨。

　　墓葬内出土单耳陶罐2件，陶豆1件，铜环
1件。

（二）出土遗物

1. 陶器

3件。

　　M8:1，陶豆。出土位置不明。圜底，高
圈足。已残，仅存部分腹部和足。圈足直径
11.2厘米（图三六，1；彩版一六，1）。

　　M8:2，单耳陶罐。位于椁室东北部，距
墓圹东北壁0.50、距墓圹东南壁0.34米。夹细
砂褐陶，侈口，圆唇，沿外翻，溜肩，鼓腹，
圜底，宽带耳，耳上部与口沿直接相连。沿下
有手抹痕迹，表面附着烟炱。口径7.4、腹径
9.3、通高7.6、壁厚0.5厘米（图三六，3；彩
版一六，2）。

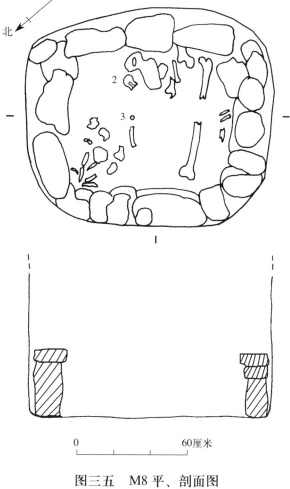

图三五　M8平、剖面图
2. 单耳陶罐　3. 铜环

　　M8:4，单耳陶罐。出土位置不明。夹细砂褐陶，直口，圆唇，鼓腹，圜底，宽带耳，耳上
部与口沿直接相连。沿下有手抹痕迹，表面附着烟炱、水垢。口径6.0、腹径8.5、通高7.2、壁
厚0.7厘米（图三六，2；彩版一六，3）。

2. 铜器

1件。

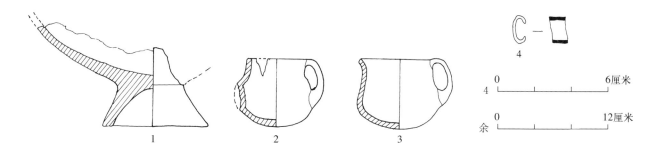

图三六　M8出土器物
1. 陶豆M8:1　2、3. 单耳陶罐M8:4、2　4. 铜环M8:3

M8：3，铜环。位于椁室中部，距墓圹东北壁0.56、距墓圹东南壁0.56米。由铜片弯曲成环形，两端未相交，表面呈铜绿色，锈蚀较严重。直径1.5、厚0.1、铜片宽0.9厘米（图三六，4；彩版一六，4）。

九　M9

（一）墓葬形制

位于发掘区中部，M8西侧（图三七；彩版一六，5；彩版一七，1、2）。残存墓圹平面呈椭圆形，长径1.70、短径1.40、残深0.35米，墓向2°。墓圹填充较疏松的黄色粗砂土，出土有陶片、动物骨骼等遗物。

墓圹底部置一具椭圆形石椁，长径1.60、短径1.30、高0.35米。石椁由多层卵石及石板垒砌而成，四壁为竖立的较厚石板或数层卵石，顶部铺有2～3层较平的石块。石椁顶部用平行排列的原木封盖，东侧原木保存较好，现存5根，排列整齐有序，西侧原木塌陷缺失，分布散乱。石椁内人骨局部位移且缺失，不见部分肢骨和肋骨，右侧身屈肢，头向北，面向西。

墓葬内出土单耳陶罐3件，双乳丁陶壶1件，铜管1件，铜泡1件。

（二）出土遗物

1. 陶器

4件。

M9：2，双乳丁陶壶。位于椁室西部，距墓圹北壁约0.60、距墓圹西壁约0.30米。夹细砂红陶，敞口，方唇，高颈，鼓腹，圜底，双乳丁对称分布于腹部两侧。表面较光滑，有手抹痕迹，部分剥落，附着烟炱、水垢。口径6.0、腹径9.4、通高9.8、壁厚0.4厘

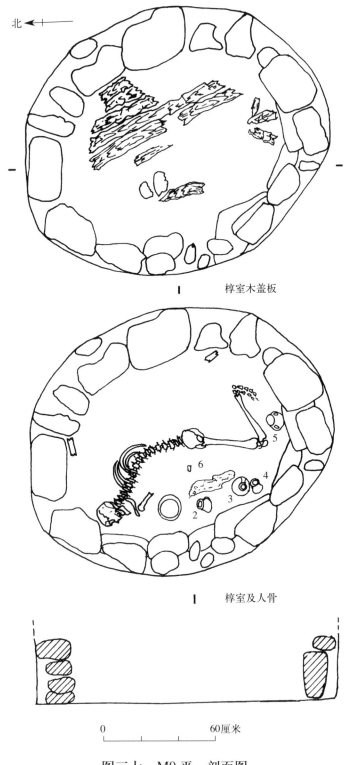

椁室木盖板

椁室及人骨

0　　　　　　　60厘米

图三七　M9平、剖面图
2. 双乳丁陶壶　3～5. 单耳陶罐　6. 铜管

米（图三八，4；彩版一八，1）。

M9：3，单耳陶罐。位于椁室西部，距墓圹北壁约1.10、距墓圹西壁约0.30米。夹细砂红陶，侈口，圆唇，束颈，鼓腹，圜底，宽带耳，耳上部与口沿直接相连。沿下有手抹痕迹，表面有少量烟炱。口径7.2、腹径12.0、通高9.6、壁厚0.5厘米（图三八，2；彩版一八，2）。

M9：4，单耳陶罐。位于椁室西部，距墓圹北壁约1.20、距墓圹西壁约0.30米。夹细砂褐陶，侈口，圆唇，微束颈，溜肩，鼓腹，平底，宽带耳，耳上部与口沿直接相连。表面有烟炱、水垢，沿下有手抹痕迹。口径8.0、腹径10.0、底径6.0、通高7.6、壁厚0.6厘米（图三八，3；彩版一八，3）。

M9：5，单耳陶罐。位于椁室南部，距墓圹北壁约1.30、距墓圹西壁约0.50米。泥质褐陶，侈口，圆唇，束颈，鼓腹，圜底，宽带耳，耳上部与口沿直接相连。器腹对称分布四个乳丁。表面附着烟炱、水垢。口径8.0、腹径10.5、通高8.3、壁厚0.5厘米（图三八，1；彩版一八，4）。

2. 铜器

2件。

M9：1，铜泡。出土位置不明。平面圆形，正面呈凸镜状，背面呈凹镜状，背面焊接一桥形纽，一角略有残损。直径1.5、高0.4、厚0.15厘米（图三八，6；彩版一八，5）。

M9：6，铜管。位于椁室西部，人骨附近，距墓圹北壁约0.80、距墓圹西壁约0.50米。由铜片卷成筒形，表面呈铜绿色，略有残损，锈蚀严重。长1.7、直径1.1、厚0.1厘米（图三八，5；彩版一八，6）。

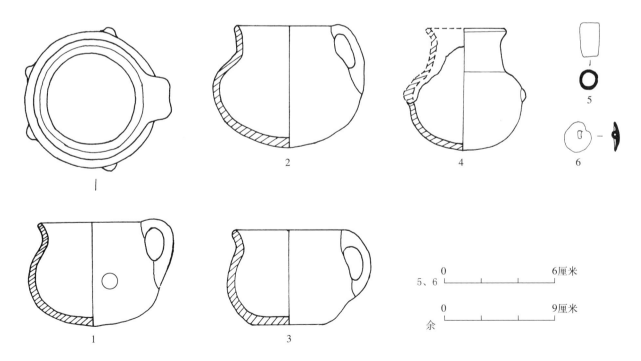

图三八　M9 出土器物

1～3. 单耳陶罐M9：5、3、4　4. 双乳丁陶壶M9：2　5. 铜管M9：6　6. 铜泡M9：1

一○　M10

（一）墓葬形制

位于发掘区中部，M2北侧，M56东侧，M55南侧（图三九；彩版一九，1、2）。残存墓圹平面呈圆角长方形，长1.70、宽1.24、残深1.47米，墓向15°或195°。墓圹填充较疏松的黄褐色粗砂土，夹杂卵石，并出土陶片、动物骨骼等遗物。

墓圹底部置一具圆角长方形石椁，长1.58、宽1.00、高0.60米。石椁由多层卵石垒砌而成。石椁顶部用平行排列的原木封盖，原木大多呈南北向排列，仅有南端的1根东西向放置，大多已朽。石椁内人骨凌乱且严重缺失，仅见零星碎骨。

墓葬内出土铜泡1件，木盘1件，木纺轮1件，玛瑙珠1件。

（二）出土遗物

1. 木器

2件。

M10：1，木盘。出土位置不明。用木材切削掏挖成形，敞口，方唇，平底，底面有四个柱状足，表面有加工痕迹。

M10：4，木纺轮。位于椁室东部，距墓圹南壁约0.60、距墓圹东壁约0.30米。用木材切削磨制成圆台形，形状规整，表面有加工痕迹。黄褐色，中间钻孔，孔内残留有木杆。直径4.0、高2.5、孔径0.7厘米（图四○，1；彩版一九，3）。

2. 玉石器

1件。

M10：2，玛瑙珠。位于椁室南部，距墓圹南壁约0.30、距墓圹东壁约0.60米。用石髓磨制成扁圆体。通体红色，表面较光滑，中间有钻孔。直径0.75、高0.3、孔径0.1厘米（图四○，3；彩版一九，4）。

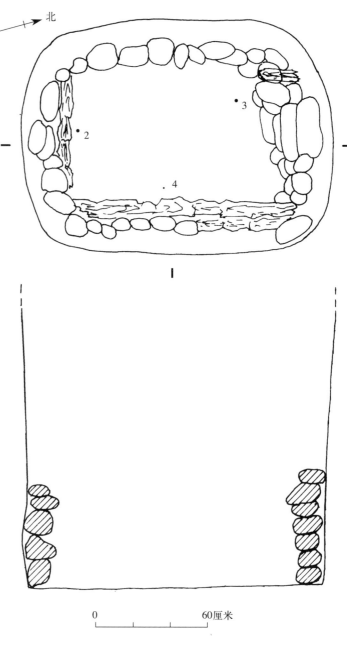

0　　　　　　　　60厘米

图三九　M10平、剖面图

2. 玛瑙珠　3. 铜泡　4. 木纺轮

3. 铜器

1件。

M10：3，铜泡。位于椁室西北部，距墓圹南壁约1.20、距墓圹东壁约0.80米。平面呈圆形，正面呈凸镜状，背面呈凹镜状，背面焊接一字形纽，一边有残损。直径1.2、高0.6、厚0.15厘米（图四〇，2；彩版一九，5）。

一一　M11

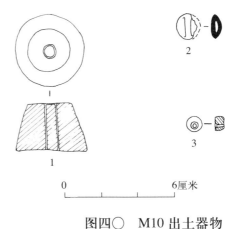

图四〇　M10 出土器物
1. 木纺轮M10：4　2. 铜泡M10：3　3. 玛瑙珠M10：2

（一）墓葬形制

位于发掘区东部，M51东侧（图四一；彩版二〇，1）。残存墓圹平面呈长方形，长1.60、宽1.04、残深1.30米，墓向5°或185°。墓圹填充较疏松的黄褐色粗砂土，夹杂砾石。

墓葬内未见葬具，墓圹底部人骨凌乱且严重缺失，仅存零星碎骨。

墓葬内出土单耳圈足陶罐1件，单耳陶杯1件。

（二）出土遗物

陶器

2件。

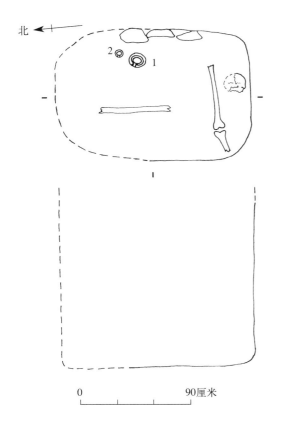

图四一　M11 及出土器物
1. 单耳圈足陶罐　2. 单耳陶杯

M11：1，单耳圈足陶罐。位于椁室东部，距墓圹北壁约0.66、距墓圹东壁约0.26米。泥质红陶，侈口，圆唇，微束颈，鼓腹，圜底，圈足呈喇叭状，宽带耳，耳上部与口沿直接相连，与耳相对的陶器上腹部有一乳丁。表面较光滑，饰橙红色陶衣，上绘黑彩，沿下一周为斜线纹，颈腹部及耳为条带纹。表面附着少量烟炱、水垢。口径14.0、腹径15.2、圈足高1.6、通高11.0、壁厚0.4厘米（图四一，1；彩版二〇，2）。

M11：2，单耳陶杯。位于椁室东部，距墓圹北壁约0.54、距墓圹东壁约0.20米。泥质红陶，侈口，圆唇，平底，宽带耳。表面有手抹痕迹，附着少量烟炱、水垢。口径6.0、底径5.0、通高5.4、壁厚0.4厘米（图四一，2；彩版二〇，3）。

一二　M12

（一）墓葬形制

位于发掘区东部，M4南侧（图四二；彩版二一，1、2）。残存墓圹平面略呈椭圆形，长径2.04、短径1.24、残深1.10米，墓向8°或188°。墓圹填充较疏松的黄色粗砂土，夹有砾石，并出土陶片、动物骨骼等遗物。

墓圹底部置一具长方形石椁，长1.70、宽1.30、高0.60米。石椁由多层卵石及石板垒砌而成，四壁竖立较厚的石板，其上垒叠若干层扁平的石块。石椁顶部用平行排列的原木封盖，原木直径0.10～0.20米，多为南北向平行排列，其中一根东西向横放在其他原木之上。椁室内人骨凌乱且严重缺失，仅存头骨碎片、胫骨、股骨、髋骨、下颌骨等。

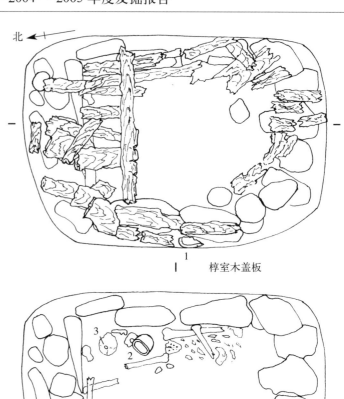

北

1　椁室木盖板

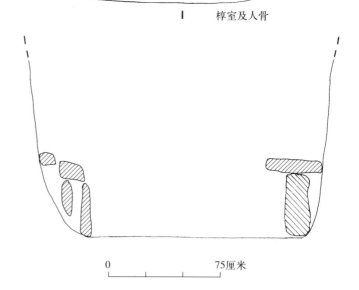

椁室及人骨

0　　　　　　　75厘米

图四二　M12平、剖面图
1. 木盘　2. 陶杯　3、5. 铜泡　4. 木纺轮

墓葬内出土陶杯1件，铜泡2件，木纺轮1件，木盘1件，陶片1件。

（二）出土遗物

1. 陶器

2件。

M12：2，陶杯。位于椁室东部，距墓圹北壁约0.25、距墓圹东壁约0.40米。泥质红陶，侈口，方唇，圜底略平。表面较光滑，有手抹痕迹，附着烟炱、水垢。口径10.2、腹径9.6、底径4.7、通高8.0、壁厚1.0厘米（图四三，1；彩版二二，1）。

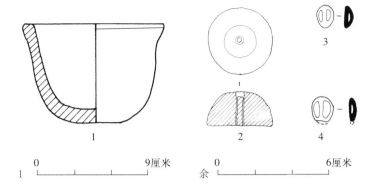

图四三　M12出土器物

1. 陶杯M12：2　2. 木纺轮M12：4　3、4. 铜泡M12：5、3

M12：6，陶片，1件。出土位置不明。夹细砂红陶，为器物口沿，侈口，圆唇，微束颈。表面施有黑色竖条状黑彩（彩版二二，2）。

2. 木器

2件。

M12：1，木盘。位于椁室木盖板表面，碎为一大块，数小块，不可复原（彩版二二，3）。

M12：4，木纺轮。位于椁室西南部，距墓圹南壁约0.43、距墓圹西壁约1.50米。用木材切削磨制成圆台形，形状规整，表面有加工痕迹，黄褐色，中间钻孔，孔内残留有木杆。直径3.5、高1.2、孔径0.4厘米（图四三，2；彩版二二，4）。

3. 铜器

2件。

M12：3，铜泡。位于椁室西北部，距墓圹北壁约0.38、距墓圹东壁约0.60米。平面近圆形，正面呈凸镜状，背面呈凹镜状，背面焊接一字形纽。直径1.9、高0.4、厚0.15厘米（图四三，4；彩版二二，5）。

M12：5，铜泡。位于椁室东南部，距墓圹南壁约0.14、距墓圹东壁约0.14米。平面近圆形，正面呈凸镜状，背面呈凹镜状，背面焊接一字形纽。直径1.1、高0.4、厚0.15厘米（图四三，3；彩版二二，6）。

一三　M13

（一）墓葬形制

位于发掘区中部，M17东侧，M14南侧（图四四；彩版二三，1、2）。残存墓圹平面呈长方形，长1.70、宽1.50、残深1.00米，墓向35°或215°。墓圹填充较疏松的黄褐色粗砂土，夹有砾石，并出土陶片、动物骨骼等遗物（彩版二四，1、2）。

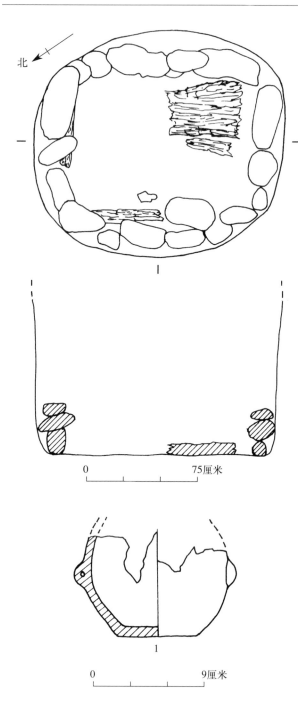

北

0   75厘米

1

0   9厘米

图四四　M13及出土双系陶壶
1. 双系陶壶

墓圹底部置一具长方形石椁，长1.66、宽1.36、高0.35米。石椁由2～3层卵石垒砌而成，椁室底部有少量朽木。椁室内人骨共3具，均凌乱且严重缺失，头骨均残损，其他部分已缺失。

墓葬内出土双系陶壶1件。

（二）出土遗物

陶器

1件。

M13：1，双系陶壶。出土位置不明。夹细砂褐陶，上半部残损，仅余下腹部和底部。鼓腹，平底，双系对称分布于腹部两侧，一系上有孔，另一系无孔。表面有手抹痕迹，上附着大量烟炱、水垢。腹径11.8、底径6.6、残高8.4、壁厚0.6厘米（图四四，1）。

一四　M14

（一）墓葬形制

位于发掘区中部，M13北侧，M15东北侧，M19东侧（图四五；彩版二四，3；彩版二五，1、2；彩版二六，1）。残存墓圹平面呈长方形，长1.30、宽1.00、残深1.40米，墓向0°。墓圹填充较疏松的黄褐色粗砂土，并出土陶片、动物骨骼等遗物。

墓圹底部置一具长方形石椁，长1.28、宽1.00、高0.56米。石椁由多层卵石垒砌而成，石椁北壁上部盖有一大石板，将椁室半边遮盖。墓葬内人骨共2具，其中一具位于石椁北壁封盖的大石板上，人骨凌乱且严重缺失，仅有两节椎骨和两根肢骨。另一具位于椁室底部，人骨基本完整有序，右侧身屈肢，头向东北，面向西北。

墓葬内出土单耳陶罐1件，柱腹陶罐1件，单耳陶钵2件，双系陶壶1件，单耳陶杯1件，三耳陶罐1件，泥塑十字形器1件，铜镞1件，铜带扣1件，铜泡2件，单耳石杯1件，玛瑙珠1组。

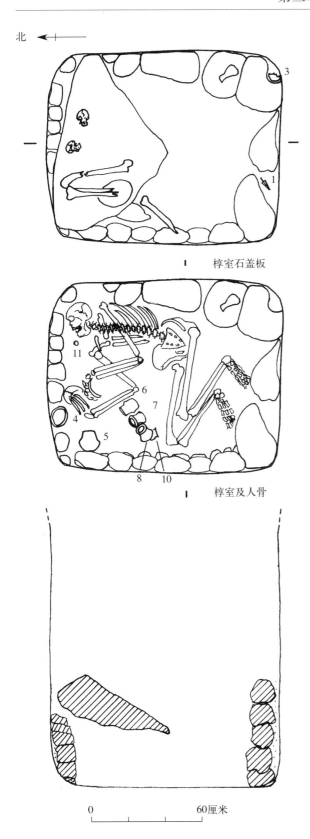

樟室石盖板

樟室及人骨

0   60厘米

图四五 M14平、剖面图

1. 铜镞 3、4. 单耳陶钵 5. 柱腹陶罐 6. 双系陶壶 7. 单耳陶罐 8. 单耳陶杯 10. 三耳陶罐 11. 玛瑙珠

（二）出土遗物

1. 陶器

7件。

M14：3，单耳陶钵。位于石椁顶部东南角。夹细砂褐陶，敛口，圆唇，圜底较平，宽带耳。表面较光滑，有手抹痕迹，附着少量烟炱、水垢（彩版二四，4）。

M14：4，单耳陶钵。位于椁室北部，人骨西侧，距墓圹北壁约0.15、距墓圹西壁约0.40米。夹细砂红陶，侈口，圆唇，鼓腹，下腹内收，平底，宽带耳，耳上部与口沿直接相连。表面较光滑，有手抹痕迹，附着少量烟炱、水垢。口径14.0、腹径15.0、底径9.0、通高7.3、壁厚0.6厘米（图四六，7；彩版二四，5）。

M14：5，柱腹陶罐。位于椁室西北部，人骨西侧，距墓圹北壁约0.25、距墓圹西壁约0.15米。泥质褐陶，直口微侈，圆唇，上腹微鼓，下腹呈反弧形收成柱状，平底，宽带耳，耳上端两侧及中间凸起。表面有手抹痕迹，附着大量烟炱、少量水垢。口径13.0、腹径20.2、底径10.0、通高19.4、壁厚0.8厘米（图四六，1；彩版二六，2）。

M14：6，双系陶壶。位于椁室西部，人骨西侧，距墓圹北壁约0.45、距墓圹西壁约0.36米。泥质红陶，口沿及部分颈部残损，略加打磨后继续使用。直口微敛，圆唇，溜肩，鼓腹，平底。双系有孔，对称分布于腹部两侧。表面较光滑，少许剥落，有手抹痕迹，上附着大量烟炱、水垢。口径7.2、腹径11.4、底径0.6、通高10.6、壁厚0.4厘米（图四六，2；彩版二六，3）。

M14：7，单耳陶罐。位于椁室西部，人骨西侧，距墓圹北壁约0.55、距墓圹西壁约0.26米。夹细砂褐陶，侈口，圆唇，微束颈，溜肩，腹微鼓，近平底，宽带耳，耳上部与口沿直接相连。沿下有手抹痕迹，表面有少量烟炱、水垢。口径

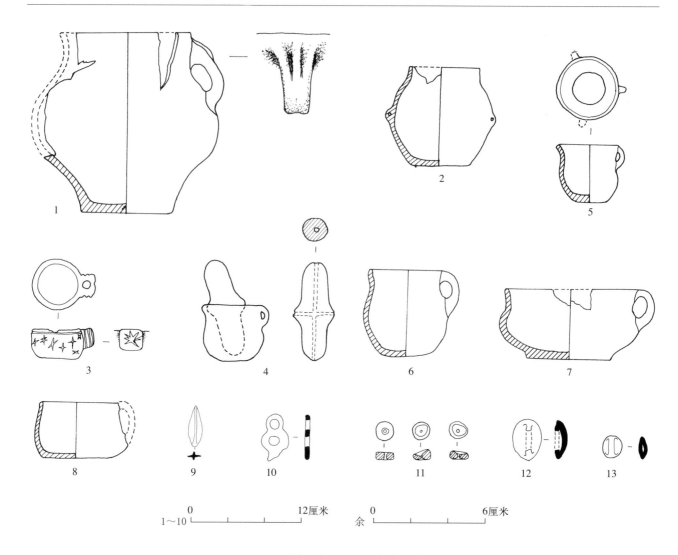

图四六　M14 出土器物

1. 柱腹陶罐M14∶5　2. 双系陶壶M14∶6　3. 单耳石杯M14∶2　4. 泥塑十字形器M14∶14　5. 三耳陶罐M14∶10　6. 单耳陶罐M14∶7
7. 单耳陶体M14∶4　8. 单耳陶杯M14∶8　9. 铜镞M14∶1　10. 铜带扣M14∶9　11. 玛瑙珠M14∶11　12、13. 铜泡M14∶12、13

7.2、腹径9.0、通高9.4、壁厚0.4厘米（图四六，6；彩版二六，4）。

　　M14∶8，单耳陶杯。位于椁室西部，人骨西侧，距墓圹北壁约0.50、距墓圹西壁约0.20米。夹细砂褐陶，敛口，圆唇，腹微鼓，平底，单耳较细，耳上部与口沿直接相连。表面较光滑，有手抹痕迹，附着少量烟炱、水垢。口径7.8、底径7.0、通高6、壁厚0.4厘米（图四六，8；彩版二六，5）。

　　M14∶10，三耳陶罐。位于椁室西部，人骨西侧，M14∶8之下，距墓圹北壁约0.58、距墓圹西壁约0.16米。夹细砂褐陶，侈口，方唇，束颈，鼓腹，平底，三耳均匀分布于口沿与肩之间，耳上部与口沿直接相连。表面有手抹痕迹，附着少量烟炱、水垢。口径6.0、腹径6.4、底径3.6、通高6.0、壁厚0.4厘米。罐内倾斜放置一泥塑十字形器（M14∶14；彩版二七，1）。

　　2. 泥器

　　1件。

M14:14，泥塑十字形器。放置在三耳陶罐（M14:10）内。为黏土捏塑而成，整体呈近十字形，两端较长，另两端较短，内有十字形穿孔。长10.4、宽4.2、孔径1.0厘米（图四六，4；彩版二七，1）。

3. 玉石器

2件（组）。

M14:2，单耳石杯。出土位置不明。用石材打制成形，略经磨制，形状规整。直口微敛，圆唇，平底，横向宽带耳。器表刻有数个大小不一的十字星型纹饰，耳两侧有两道纵向较深的刻槽及略细较浅的折线状刻槽，耳中部有多角星形纹饰，沿下外侧刻有一圈凹弦纹。表面较光滑，上附着大量烟炱。通高3.2、口径4.4、底径4.0、壁厚0.5厘米（图四六，3；彩版二七，2）。

M14:11，玛瑙珠，1组3件。位于椁室北部，头骨附近，距墓圹北壁约0.10、距墓圹西壁约0.65米。用石髓磨制成扁圆体。通体红色，表面较光滑，中间有钻孔。直径1.0~1.1、高0.4~0.6、孔径0.15厘米（图四六，11；彩版二七，3）。

4. 铜器

4件。

M14:1，铜镞。位于石椁南壁石缝之间。柳叶状，双翼，脊部凸出，镞尖较尖，镞尾略有残损。通长4.3、宽1.2、铤长1.8厘米（图四六，9；彩版二七，4）。

M14:9，铜带扣。出土位置不明。整体呈"8"字形，一端较小，一端较大，较大一端外侧有一凸出。长4.9、宽2.3厘米（图四六，10；彩版二七，5）。

M14:12，铜泡。出土位置不明。平面呈椭圆形，正面呈凸镜状，背面呈凹镜状，背面焊接一字形纽，略有残损。直径2.0、高0.6、厚0.2厘米（图四六，12）。

M14:13，铜泡。出土位置不明。平面呈圆形，正面呈凸镜状，背面呈凹镜状，背面有一字形纽。直径1.3、高0.5、厚0.2厘米（图四六，13）。

一五 M15

（一）墓葬形制

位于发掘区中部，M14西南侧（图四七；彩版二八，1、2）。残存墓圹平面

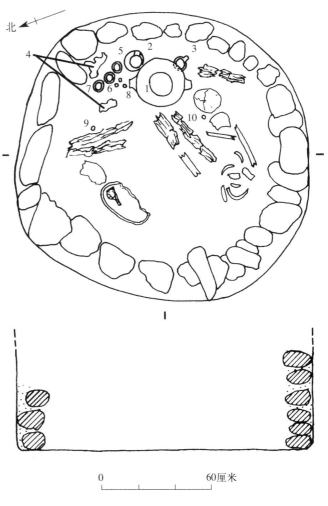

图四七 M15平、剖面图

1. 双耳陶罐 2. 单耳陶罐 3. 单耳陶杯 4. 毛织带 5~7. 木杯 8. 玛瑙珠 9. 金饰件 10. 铜泡

近圆形，直径1.60、残深0.54米，墓向20°或200°。墓圹填充较疏松的黄褐色粗砂土，杂有卵石，并出土朽木、动物骨骼等遗物。

墓圹底部置一具近圆形石椁，直径1.50～1.60、高0.54米。石椁由多层卵石垒砌而成。石椁顶部用平行排列的原木封盖，原木腐朽严重。石椁内人骨凌乱且缺失严重。

墓葬内出土单耳陶罐1件，单耳陶杯1件，双耳陶罐1件，金饰件1件，铜泡1件，玛瑙珠1组，木杯3件，毛织带1件。

（二）出土遗物

1. 陶器

3件。

M15：1，双耳陶罐。位于椁室东部，距墓圹北壁约0.60、距墓圹东壁约0.40米。泥质褐陶，直口，圆唇，高颈，鼓腹，平底，宽带耳。两耳位于腹部长径的两端。表面较光滑，有手抹痕迹，附着烟炱、水垢。口径12.6、腹径23.4、底径10.2、通高29.4、壁厚1.0厘米（图四八，1；彩版二九，1）。

M15：2，单耳陶罐。位于椁室东部，M15：1北侧，距墓圹北壁约0.40、距墓圹东壁约0.20米。夹细砂红陶，直口，圆唇，高颈，鼓腹，圜底，宽带耳，耳上部与口沿直接相连且略高于口沿。口沿下有手抹痕迹，表面有烟炱。口径5.4、腹径9.6、通高10.4、壁厚0.5厘米（图四八，2；彩版二九，2）。

M15：3，单耳陶杯。位于椁室东部，M15：1东侧，距墓圹北壁约0.70、距墓圹东壁约0.24米。夹细砂褐陶，敞口，方唇，平底，宽带耳，耳上部与口沿直接相连且略高于口沿。表面有手抹痕迹，附着少量烟炱、水垢。通高7.2、口径9.0、底径7.7、壁厚0.6厘米（图四八，3；彩版二九，3）。

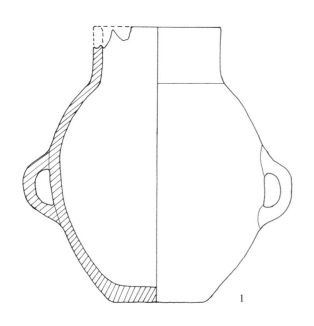

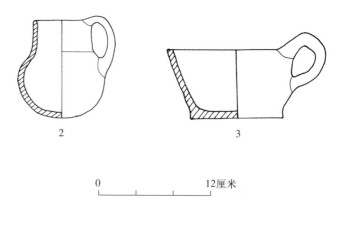

0　　　　　　　　12厘米

图四八　M15出土器物（一）

1. 双耳陶罐M15：1　2. 单耳陶罐M15：2　3. 单耳陶杯M15：3

2. 木器

3件。

M15：5，木杯。位于椁室东北部，距墓圹北壁约0.40、距墓圹东壁约0.24米。碎成残渣，不可复原。

M15：6，木杯。位于椁室东北部，距墓圹北壁约0.38、距墓圹东壁约0.28米。碎成残渣，不可复原。

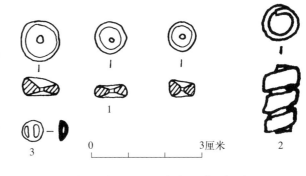

图四九　M15 出土器物（二）
1. 玛瑙珠M15：8　2. 金饰件M15：9　3. 铜泡M15：10

M15：7，木杯。位于椁室东北部，距墓圹北壁约0.45、距墓圹东壁约0.30米。碎成残渣，不可复原。

3. 玉石器

1组。

M15：8，玛瑙珠，1组3件。位于椁室东北部，M15：1北侧，距墓圹北壁约0.50、距墓圹东壁约0.40米。用石髓磨制成扁圆体。通体红色，表面较光滑，中间有穿孔。直径0.73～0.85、高0.2～0.4、孔径0.1～0.15厘米（图四九，1；彩版二九，4）。

4. 金器

1件。

M15：9，金饰件。位于椁室北部，距墓圹北壁约0.30、距墓圹东壁约0.60米。带状金箔片弯曲成三圈螺旋形。长3.8、宽0.9、厚0.6厘米（图四九，2；彩版二九，5）。

5. 铜器

1件。

M15：10，铜泡。位于椁室东南部，距墓圹南壁约0.60、距墓圹东壁约0.50米。俯视呈圆形，正面呈凸镜状，背面呈凹镜状，背面焊接一字形组。直径0.55、高0.3、厚0.1厘米（图四九，3）。

6. 其他

1件。

M15：4，毛织带。位于椁室东北部，距墓圹北壁约0.30、距墓圹东壁约0.20米。用羊毛搓成细线，纺织而成，表面纹路清晰（彩版二九，6）。

一六　M16

（一）墓葬形制

位于发掘区东部，M3北侧（图五〇；彩版三〇，1、2）。残存墓圹平面呈圆角长方形，长1.84、宽1.66、残深0.38米，墓向67°或247°。墓圹填充较疏松的黄褐色粗砂土。

墓圹底部置一具长方形石椁，长1.75、宽1.60、高0.38米。石椁由多层卵石及石板垒砌，石椁四壁竖立较厚的石板，其上铺有卵石或较平的石块。石椁顶部用10根平行排列的原木封盖，

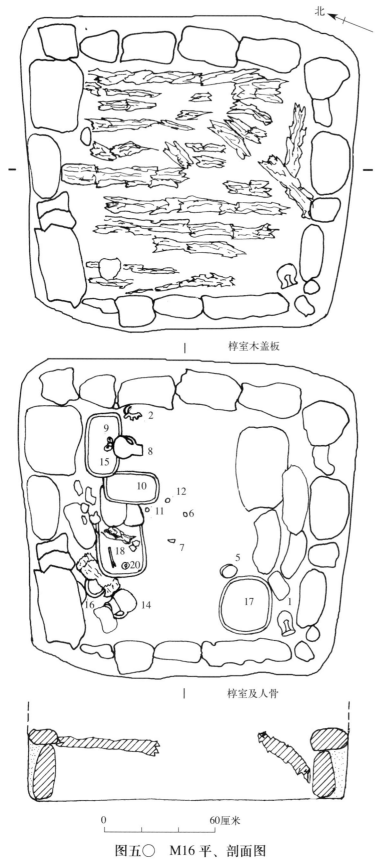

北

樟室木盖板

樟室及人骨

0　　　　　　　60厘米

图五○　M16平、剖面图

1、8、14.单耳陶罐　2.北山羊形铜饰件　5.木桶　6.铜泡　7.铜锥　9.动物
纹铜饰件　10、15、17.木盘　11、12、20.铜环　16.单耳陶杯　18.铜器

原木中部已朽。石樟内人骨凌乱且严重缺失，葬式不明。

墓葬内出土单耳陶罐3件，单耳陶杯1件，陶器耳1件，北山羊形铜饰件1件，木盘4件，木纺轮1件，木桶1件，铜泡2件，铜锥2件，动物纹铜饰件1件，铜环6件，木器2件，铜器1件，铜饰件1件，砺石1件，铁锥2件，泥塑十字形器1件。

（二）出土遗物

1.陶器

5件。

M16∶1，单耳陶罐。位于樟室西南部，距墓圹南壁约0.30、距墓圹西壁约0.30米。泥质红陶，侈口，方唇，微束颈，鼓腹，圜底，宽带耳，耳上部与口沿直接相连。表面有手抹痕迹，上附着少量烟炱、水垢。口径8.0、腹径13.8、通高12.0、壁厚0.5厘米（图五一，3；彩版三一，1）。

M16∶8，单耳陶罐。位于樟室东北部，距墓圹北壁约0.60、距墓圹东壁0.40米。泥质红陶，侈口，方唇，高颈，鼓腹，圜底，宽带耳。表面较光滑，有手抹痕迹，附着少量烟炱、大量水垢。口径6.2、腹径11.2、通高13.8、壁厚0.5厘米（图五一，5；彩版三一，2）。

M16∶14，单耳陶罐。位于樟室西北部，距墓圹北壁约0.50、距墓圹西壁约0.44米。泥质红陶，侈口，方唇，高颈，鼓腹，圜底，

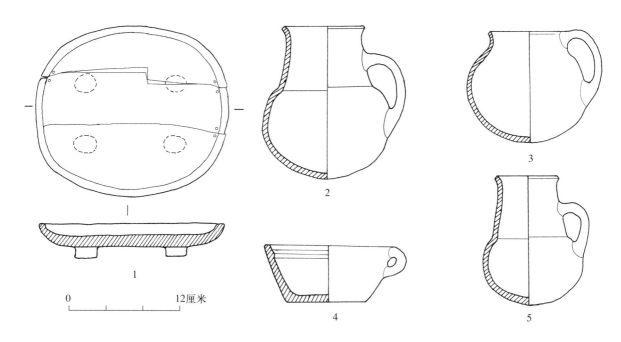

图五一　M16 出土器物（一）

1. 木盘M16：17　2、3、5. 单耳陶罐M16：14、1、8　4. 单耳陶杯M16：16

宽带耳。表面有手抹痕迹，大量剥落，上附着烟炱、水垢。器物顶部有一石板作为器盖。口径8.0、腹径14.2、通高16.2、壁厚0.5厘米（图五一，2；彩版三一，3）。

M16：16，单耳陶杯。位于椁室西北部，距墓圹北壁约0.34、距墓圹西壁约0.50米。夹细砂褐陶，敞口，方唇，平底，宽带耳，耳上部与口沿直接相连，沿下内侧一周凸起。表面有手抹痕迹，附着烟炱、水垢。口径13.4、底径8.8、通高6.2、壁厚0.6厘米（图五一，4；彩版三一，4）。

M16：31，陶器耳。出土位置不明。陶器耳残部，宽带耳，耳上部有三个乳丁（彩版三一，5）。

2. 泥器

1件。

M16：29，泥塑十字形器。出土位置不明。由夹细砂黏土捏塑成形。整体呈棒状，两端较长，略尖，内有穿孔；中间较粗，有一周凸起。残长16.5、宽4.4、壁厚1.8、孔径1.1厘米（图五三，1；彩版三一，6）。

3. 木器

8件。

M16：3，木盘。出土位置不明。用木材切削掏挖而成。表面呈黄褐色，碎成数块，不可复原（彩版三二，1）。

M16：4，木纺轮。位于椁室南部，距墓圹南壁约0.90、距墓圹西壁约0.94米。用木材切削磨制成圆台形。形状规整，表面有加工痕迹。黄褐色，中间钻孔，孔内有一截木杆，直径3.5、高2.0、孔径0.7厘米（图五二，4；彩版三二，2）。

M16：5，木桶。位于椁室南部，距墓圹南壁约0.60、距墓圹西壁约0.56米。仅存一片，略呈

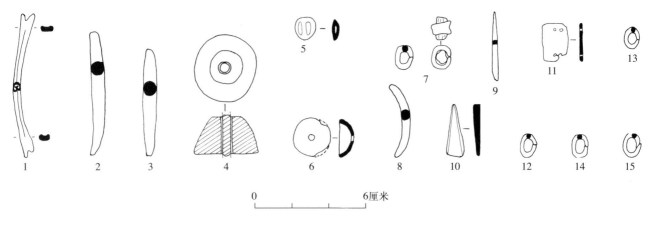

图五二　M16 出土器物（二）

1. 铜器M16：18　2. 木器M16：21　3. 铁锥M16：23　4. 木纺轮M16：4　5、6. 铜泡M16：27、6　7、8、12～15. 铜环M16：30、26、12、20、28、11　9、10. 铜锥M16：25、7　11. 铜饰件M16：19

桶形，沿下内壁有刻槽。长8.0、宽7.5、厚0.7厘米（彩版三二，3）。

　　M16：10，木盘。位于椁室中部，距墓圹北壁约0.50、距墓圹东壁约0.70米。碎为数块，其中三块上有柱状足，一块边缘向外凸起，不可复原（彩版三二，4）。

　　M16：13，木器。位于椁室北部，碎成数块，不可辨认（彩版三二，5）。

　　M16：15，木盘。位于椁室东北部，距墓圹北壁约0.40、距墓圹东壁约0.30米。呈盘状，用木材切削掏挖而成。表面呈黄褐色，边缘凸起呈盘状，敞口，平底，表面有裂痕和加工痕迹（彩版三二，6）。

　　M16：17，木盘。位于椁室西南部，距墓圹南壁约0.76、距墓圹西壁约0.10米。用木材切削掏挖而成。表面呈黄褐色，边缘凸起呈盘状，敞口，平底。表面有2道裂缝，其中1道一端两侧有一对钻孔，另1道两端各有一对钻孔，推测为修补加固木盘之用。底面有四个柱状足。表面有加工痕迹。长21.0、宽18.0、高3.6厘米（图五一，1；彩版三二，7）。

　　M16：21，木器。位于木盘M16：10之下，用木材切削成棒状，表面呈褐色，修整较光滑。一端略弯较细，一端残损。残长6.0、直径0.8厘米（图五二，2；彩版三二，8）。

　　4. 玉石器

　　1件。

　　M16：22，砺石。位于木盘M16：10之下，用砂岩磨制成长方体，一端有孔，为两面对钻而成。长10.0、宽3.2、厚1.0、孔径0.9厘米（图五三，4；彩版三三，1）。

　　5. 铜器

　　14件。

　　M16：2，北山羊形铜饰件。位于椁室东北部，距墓圹北壁约0.60、距墓圹东壁约0.30米。北山羊用空心范浇铸而成，形态逼真，眉、眼、耳、须俱备，两角弯曲，上有八节圆弧形凸起，羊尾较短，前腿直立，后腿略微弯曲，因其重心偏前，在底座上斜放。长5.2、高8.0厘米。底座由铜片弯曲成拱形，上有四孔，北山羊四足底有纽插入其内。长6.3、宽2.9、厚0.1厘米（图五三，2、3；彩版三三，2～5）。

M16：6，铜泡。位于椁室中部，距墓圹北壁约0.86、距墓圹西壁约0.88米。平面呈圆形，中间有孔。直径2.1、高0.7、厚0.15、孔径0.5厘米（图五二，6；彩版三三，6）。

M16：7，铜锥。位于椁室中部，距墓圹北壁约0.78、距墓圹西壁约0.74米。整体呈长等腰三角形，底边较薄，顶端较厚，两面有槽。长2.6、宽0.9、厚0.5厘米（图五二，10；彩版三三，7）。

M16：9，动物纹铜饰件。位于椁室东北部，M16：8北部，距墓圹北壁约0.50、距墓圹东壁约0.56米。整体呈"8"字形，背部中间焊接一桥形纽，纽两侧对称分布两个格里芬头部形象，鹰状喙，表现出眼和耳的轮廓，颈部弯曲。长4.9、宽2.3厘米（图五三，5；彩版三三，8）。

M16：11，铜环。位于M16：10木盘之上。铜条弯曲成环形，两端相交，表面呈铜绿色，锈蚀较严重。直径1.3、铜片宽0.3、厚0.2厘米（图五二，15；彩版三四，1）。

M16：12，铜环。位于M16：10南侧，距墓圹北壁约0.88、距墓圹东壁约0.76米。铜条弯曲成环形，表面呈铜绿色，锈蚀较严重。直径1.2、铜片宽0.3、厚0.2厘米（图五二，12）。

M16：18，铜器。位于木盘M16：15之上。用铜片由两侧向内弯曲成棒状，一端中间开叉，另一端较平。长7.25、宽0.4、厚0.5厘米（图五二，1；彩版三四，2）。

M16：19，铜饰件。出土位置不明。平面长方形，一侧有两个穿孔，另一侧的两个穿孔已残，锈蚀严重。长1.4、宽2.4、厚0.15、孔径0.1～0.15厘米（图五二，11；彩版三四，3）。

M16：20，铜环。位于M16：15木盘之上。铜条弯曲成环形，表面呈铜绿色，锈蚀较严重。直径1.1、铜片宽0.3、厚0.2厘米（图五二，13）。

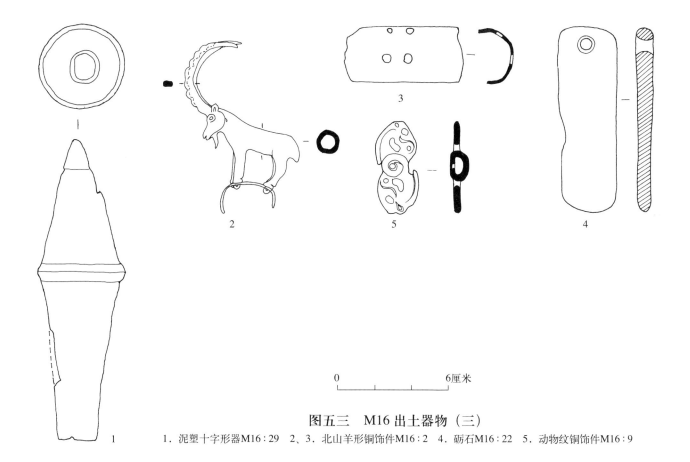

0　　　　　　6厘米

图五三　M16出土器物（三）

1. 泥塑十字形器M16：29　2、3. 北山羊形铜饰件M16：2　4. 砺石M16：22　5. 动物纹铜饰件M16：9

M16：25，铜锥。位于M16：10木盘之下。长条形，截面呈方形，锥尖较尖。长2.0、宽0.3、厚0.15厘米（图五二，9；彩版三四，4）。

M16：26，铜环。位于M16：10木盘之下。铜条弯曲成环形，仅存一截，表面呈铜绿色，锈蚀较严重。残长2.9、残宽0.7、厚0.4厘米（图五二，8；彩版三四，5）。

M16：27，铜泡。位于M16：10木盘之下。平面呈圆形，正面呈凸镜状，背面呈凹镜状，背面焊接一字形纽。直径1.15、高0.3、厚0.15厘米（图五二，5）。

M16：28，铜环。位于M16：10木盘之下。铜条弯曲成环形，表面呈铜绿色，锈蚀较严重。直径1.2、铜片宽0.3、厚0.2厘米（图五二，14；彩版三四，6）。

M16：30，铜环，1组2件。位于M16：10木盘之下。铜条弯曲成环形，其中1件孔内残留有皮带，铜环直径1.2～1.3、宽0.25～0.3、厚0.2～0.3厘米（图五二，7；彩版三四，7）。

6. 铁器

2件。

M16：23，铁锥。位于M16：10木盘之下。长条形，截面呈圆形，中间较粗，两端略尖，锈蚀严重。长5.4、宽1.2、厚0.7厘米（图五二，3；彩版三四，8）。

M16：24，铁锥。位于M16：10木盘之下。长条形，截面呈圆形，一端较尖，一端残损，锈蚀严重。长3.8、宽0.9、厚0.6厘米（彩版三四，9）。

一七　M17

（一）墓葬形制

位于发掘区中部，M13西侧（图五四；彩版三五，1；彩版三六，1、2）。残存墓圹平面近长方形，长1.68、宽1.33、残深1.3米，墓向0°。墓圹填充较疏松的黄褐色粗砂土。

墓圹底部置上下两层椁室。下层椁室由一层竖立的土坯砌筑而成，长1.46、宽1.03、高0.26米。土坯外以砂石填充。上层椁室由卵石和较平的石板垒砌而成，长1.65、宽1.30、高0.60米。下层椁室用木板封盖，已朽。上层石椁顶部用平行排列的原木封盖，已朽。

墓葬内共发现4具人骨，其中2具分别位于距残存墓圹顶部0.15米深的墓圹东北角和西南角，均仅存头骨。部分碎骨出土于上层石椁填土中。另外2具位于下层椁室中，相互叠压，1具基本完整且有序，右侧身屈肢，头向北；另1具局部缺失或位移。

墓葬内出土单耳陶罐3件，双耳陶壶1件，木柄铜锥1件，木柄铜刀1件，铜泡2件，双联铜泡1件，铜铃1件，砺石2件，兽牙1件，木饼1件，玛瑙珠1件，陶器盖石1件，泥塑十字形器1件。

（二）出土遗物

1. 陶器

4件。

M17：1，单耳陶罐。位于椁室西部，距墓圹北壁约0.70、距墓圹西壁约0.44米。泥质红陶，侈口，方唇，高颈，鼓腹，下腹内收，平底，宽带耳。表面较光滑，少许剥落，有手抹痕迹，

北 ←——

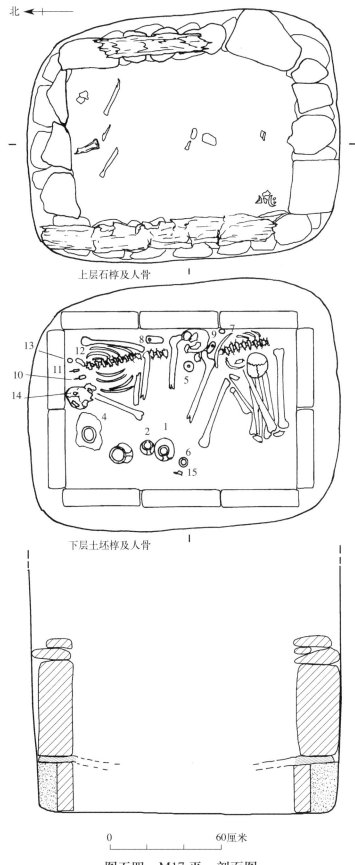

上层石椁及人骨

下层土坯椁及人骨

0   60厘米

图五四 M17 平、剖面图

1～3.单耳陶罐 4.双耳陶壶 5.木饼 6.双联铜泡 7、13.铜泡 8、9.砺石 10.木柄铜锥 11.木柄铜刀 12.兽牙 14.玛瑙珠 15.铜铃

附着少量烟炱、水垢。口径7.6、腹径11.8、底径4.4、通高13.6、壁厚0.4厘米（图五五，2；彩版三五，2）。

M17:2，单耳陶罐。位于椁室西部，M17:1北部，距墓圹北壁约0.60、距墓圹西壁约0.30米。泥质红陶，侈口，方唇，高颈，溜肩，鼓腹，圜底，宽带耳。沿下有手抹痕迹，表面大量剥落，上附着烟炱、水垢。口径5.2、腹径10.0、通高10.9、壁厚0.4厘米（图五五，4；彩版三五，3）。

M17:3，单耳陶罐。位于椁室西部，M17:1北部，距墓圹北壁约0.46、距墓圹西壁约0.42米。夹细砂红陶，侈口，方唇，高颈，鼓腹，圜底，宽带耳，耳上部与口沿直接相连且略高于口沿。表面较光滑，有剥落痕迹，附着少量烟炱、水垢。口径8.0、腹径12.8、通高11.0、壁厚0.6厘米（图五五，3；彩版三五，4）。

M17:4，双耳陶壶。位于椁室北部，M17:1北部，距墓圹北壁约0.30、距墓圹西壁约0.50米。泥质红陶，侈口，方唇，高颈，鼓腹，下腹内收，平底，双耳对称分布于腹部两侧，一耳已残。表面较光滑，有手抹痕迹，少许剥落，上附着少量烟炱、水垢。器物顶部盖有一石块作为器盖。口径8.4、腹径15.7、底径6.4、通高19.0、壁厚0.5厘米（图五五，1；彩版三五，5）。

2. 泥器

1件。

M17:17，泥塑十字形器。出土位置不明。用黏土手工捏制成形。整体呈棒状，已残成数截，两端较长，略尖，内有穿孔；中间较粗，一周略凸起（彩

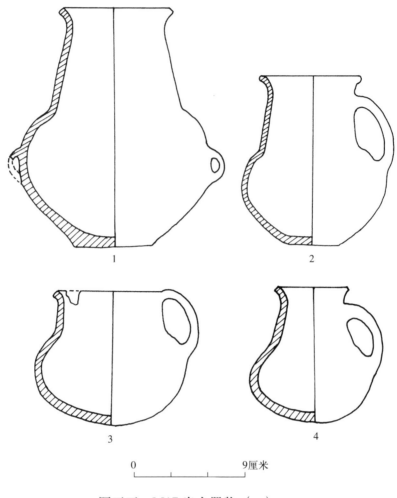

图五五　M17出土器物（一）
1. 双耳陶壶M17：4　2～4. 单耳陶罐M17：1、3、2

版三七，1）。

3. 木器

1件。

M17：5，木饼。位于椁室东部，人骨附近，距墓圹北壁约0.90、距墓圹东壁约0.40米。用木材切削磨制成扁圆形。表面呈黄褐色，形状规整，有加工痕迹。直径3.5、高2.0厘米（图五六，2；彩版三七，2）。

4. 玉石器

4件。

M17：8，砺石。位于椁室东部，距墓圹北壁约0.60、距墓圹东壁约0.30米。用砂岩磨制成圆角长方体，一端有孔，为双面对钻而成，现一端残损，一角略有残损。残长7.0、宽4.0、厚0.5厘米（图五六，6；彩版三七，3）。

M17：9，砺石。位于椁室东部，距墓圹北壁约0.60、距墓圹东壁约0.26米。用砂岩磨制成圆角长方体，一端有孔，为两面对钻而成，边缘略有残损。长9.6、宽3.1、厚0.8、孔径0.5厘米

（图五六，1；彩版三七，4）。

M17：14，玛瑙珠。位于椁室北部，距墓圹北壁约0.28、距墓圹东壁约0.40米。用石髓磨制成扁圆体。通体红色，表面较光滑，中间有穿孔。直径0.7、高0.25、孔径0.1厘米（图五六，5；彩版三七，5）。

M17：16，陶器盖石。位于椁室北部，双耳陶壶M17：4之上，平面呈不规则形、扁平状（彩版三七，6）。

5. 铜器

6件。

M17：6，双联铜泡。位于椁室西部，距墓圹北壁约0.80、距墓圹西壁约0.34米。两个单泡并列相连，整体呈"8"字形，铜泡为正面凸镜状，背面凹镜状，背面焊接一字形纽，表面被铜锈覆盖。长0.9、宽0.5、厚0.3厘米（图五六，11；彩版三八，1）。

M17：7，铜泡。位于椁室东南部，距墓圹南壁约0.60、距墓圹北壁约0.26米。平面呈圆形，一角残损，正面呈凸镜状，背面呈凹镜状，背面焊接桥形纽。直径1.2、高0.6、厚0.1厘米（图五六，9；彩版三八，2）。

M17：10，木柄铜锥。位于椁室东北部，距墓圹北壁约0.30、距墓圹东壁约0.40米。铜锥截面呈圆形，一端较尖，一端略有残损，其外套有圆柱形木柄，大多已腐朽。长2.5、宽0.2厘米（图五六，4；彩版三八，3）。

M17：11，木柄铜刀。位于椁室东北部，距墓圹北壁约0.30、距墓圹东壁约0.40米。弧刃，背微曲，刃部略卷，刀尖较尖，一端套接弧形木柄。木柄残长3.3、铜刀残长2.2、宽0.69、厚0.2厘米（图五六，3；彩版三八，4）。

M17：13，铜泡。位于椁室东北部，距墓圹北壁约0.40、距墓圹东壁约0.28米。平面呈圆形，正面呈凸镜状，背面呈凹镜状，背面焊接一字形纽。直径1.4、高0.3、厚0.1厘米（图五六，10；彩版三八，5）。

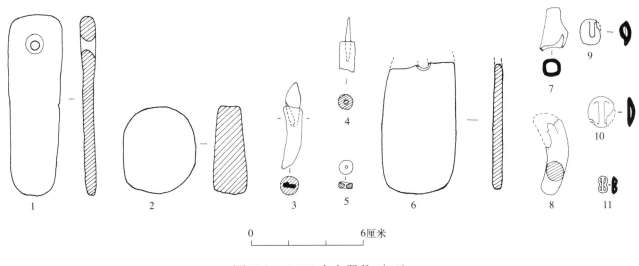

0　　　　　　6厘米

图五六　M17 出土器物（二）

1、6. 砺石M17：9、8　2. 木饼M17：5　3. 木柄铜刀M17：11　4. 木柄铜锥M17：10　5. 玛瑙珠M17：14　7. 铜铃M17：15　8. 兽牙M17：12　9、10. 铜泡M17：7、13　11. 双联铜泡M17：6

M17：15，铜铃。位于椁室西部，距墓圹北壁约0.80、距墓圹东壁0.26米。整体近似喇叭形，一端较宽，一端较窄，较宽的一端部分残损。长2.1、宽1.2、厚0.15、孔径0.5厘米（图五六，7；彩版三八，6）。

6. 其他

1件。

M17：12，兽牙。位于椁室东北部，距墓圹北壁约0.22、距墓圹东壁约0.28米。圆棒形，一端略有弯曲，现多已残损，无法辨认其原始形态。长4.3、直径1.1～1.3厘米（图五六，8）。

一八　M18

（一）墓葬形制

位于发掘区东部，M1南侧（图五七；彩版三九，1、2；彩版四〇，1）。残存墓圹平面呈长方形，长1.56、宽1.43、残深0.34米，墓向65°或245°。墓圹填充较疏松的黄褐色粗砂土，夹杂有较多的卵石。

墓圹底部置一具长方形的土坯椁，长1.44、宽1.14、高0.33米。土坯椁由多块竖立的土坯垒砌而成，土坯大小相近，长40、宽15、厚约16厘米。土坯外侧以砂石填充，土坯椁西侧顶部盖有一块石板。椁室内人骨凌乱且严重缺失，葬式不明。

墓葬内出土圈足陶钵1件，滑石管1件，铜片1件。

（二）出土遗物

1. 陶器

1件

M18：2，圈足陶钵。位于椁室东南部，距墓圹南壁约0.50、距墓圹东壁约0.40米。夹细砂褐陶，敛口，方唇，腹微鼓，圜底，圈足。表面较光滑，少许剥落，附着少量烟炱、水垢，沿下有手抹痕迹。口径14.0、腹径17.4、圈足高1.4、通高10.5、壁厚0.9厘米（图五八，1；彩版四〇，2）。

2. 玉石器

1件。

M18：3，滑石管。用滑石磨制成圆柱体，中间有钻孔，白色，表面较光滑。直径0.45、高0.7、孔径0.2厘米（图五八，3；彩

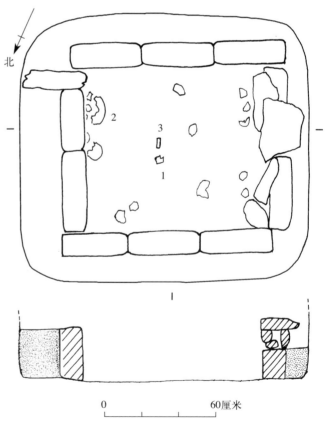

图五七　M18平、剖面图
1. 铜片　2. 圈足陶钵　3. 滑石管

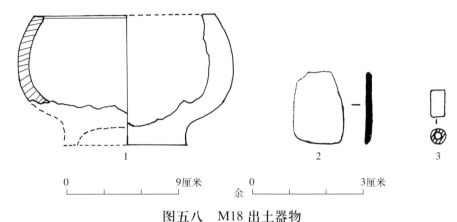

图五八　M18 出土器物
1. 圈足陶钵M18∶2　2. 铜片M18∶1　3. 滑石管M18∶3

版四○，3）。

3. 铜器

1件。

M18∶1，铜片。位于椁室中部，距墓圹北壁约0.68、距墓圹西壁约0.82米。平面近长方形，大部分已残损。长1.5、宽1.2、厚0.1厘米（图五八，2）。

一九　M19

（一）墓葬形制

位于发掘区中部，M14西侧，M21北侧（图五九；彩版四一，1、2）。残存墓圹平面呈长方形，长1.54、宽1.20、残深0.76米，墓向43°。墓圹填充较疏松的黄褐色粗砂土，并出土陶片、动物骨骼等遗物。

墓圹底部置一具长方形石椁，长1.54、宽1.20、高0.76米。石椁由多层卵石垒砌而成，四壁为较厚的竖立石板，其上垒砌多层卵石或较平的石块。石椁顶部用平行排列的原木封盖，大部分已朽。石椁内人骨基本完整且有序，右侧身屈肢，头向北，面向西。

墓葬内出土单耳陶罐2件，铜片1件，铜泡1组，陶器盖石1件。

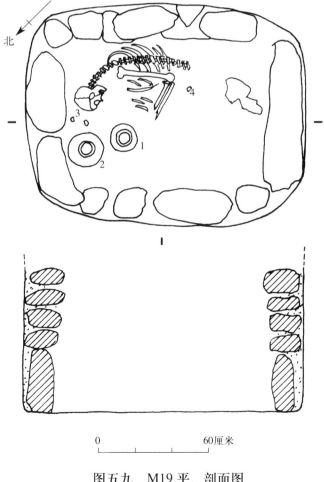

图五九　M19 平、剖面图
1、2. 单耳陶罐　3. 铜泡　4. 铜片

（二）出土遗物

1. 陶器

2件。

M19：1，单耳陶罐。位于椁室北部，距墓圹北壁约0.52、距墓圹西壁约0.46米。泥质红陶，口部残损，高颈，鼓腹，平底，宽带耳，耳上部中间略有凸起。表面较光滑，沿下有手抹痕迹，有少量烟炱、水垢。上盖有一条形较厚石块，可能为器盖。口径9.2、腹径18.8、底径10.4、通高22.0、壁厚0.6厘米（图六〇，1；彩版四〇，4）。

M19：2，单耳陶罐。位于椁室北部，距墓圹北壁约0.34、距墓圹西壁约0.40米。泥质红陶，直口微侈，方唇，鼓腹，圜底，可能有一耳，已残缺。表面较光滑，有手抹痕迹，局部剥落，上附着水垢、烟炱。口径9.4、腹径14.8、通高14.4、壁厚0.8厘米（图六〇，2；彩版四〇，5）。

2. 玉石器

1件。

M19：5，陶器盖石。位于椁室北部，单耳陶罐M19：2之上，平面呈长条形、扁平状（彩版四一，3）。

3. 铜器

2件（组）。

M19：3，铜泡，1组2件。位于椁室北部头骨附近，距墓圹北壁约0.24、距墓圹西壁约0.50米。俯视均呈圆形，正面呈凸镜状，背面呈凹镜状，背面焊接一字形纽。其中一件保存较好，直径1.2、高0.5、厚0.15厘米；另一件边缘略有残损，直径1.25、高0.5、厚0.15厘米（图六〇，3；彩版四一，4）。

M19：4，铜片。位于椁室南部，距墓圹南壁约0.60、距墓圹东壁约0.40米。平面圆角长方形。残长0.5、宽0.3、厚0.1厘米（图六〇，4；彩版四一，5）。

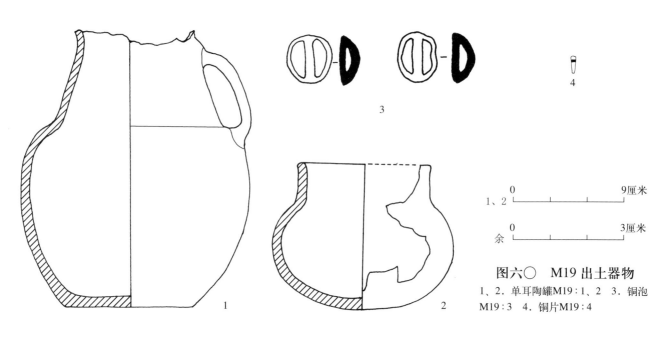

图六〇　M19 出土器物

1、2. 单耳陶罐M19：1、2　3. 铜泡M19：3　4. 铜片M19：4

二〇　M20

（一）墓葬形制

位于发掘区中部，M22北侧（图六一；彩版四二、四三）。残存墓圹平面呈椭圆形，长径1.80、短径1.40、残深1.10米，墓向235°。墓圹填充较疏松的黄褐色粗砂土。

墓圹底部置一具长方形石椁，长1.40、宽1.20、高0.40米。石椁由多层卵石及石板垒砌而成，四壁竖立较厚的石板，其上垒砌若干层石块。石椁顶部用11根平行排列的原木封盖，原木直径约0.15米，中部大多已塌陷。石椁内人骨基本完整且有序，右侧身屈肢，头向西南，面向东。

墓葬内出土陶器底1件，双耳陶罐1件，单耳陶罐8件，环首铜刀1件，木柄铜锥1件，铜泡1件，铜耳环1件，砺石1件，陶器盖石1件。

（二）出土遗物

1. 陶器

10件。

M20：1，陶器底。位于椁室盖板表面东南部，为陶器下腹部及底部残片。夹细砂褐陶，平底。底径9.0、残高9.2、壁厚0.8厘米（图六二，7）。

M20：2，单耳陶罐。位于椁室盖板表面西南部。仅存耳部及口沿，无法复原。泥质红陶，直口微侈，方唇，宽带耳，耳上部与口沿直接相连。

M20：3，单耳陶罐。位于椁室盖板表面西南部。夹细砂褐陶，直口，圆唇，溜肩，鼓腹，平底，宽带耳，耳上部与口沿直接相连但已残。表面有手抹痕迹，附着少量烟炱、水垢。口径3.8、腹径4.8、底径3.0、通高5.6、壁厚0.6厘米（图六二，4；彩版四四，1）。

M20：4，双耳陶罐。位于椁室盖板表面西南部。夹细砂褐陶，直口微侈，圆唇，束颈，鼓腹，下腹近底处有一周折棱，折棱以下腹部斜内收，平底，双耳，在口沿下对称分布，沿下及上腹部各有一圈附加堆纹，其上有压印纹，耳上下部分别与两圈附加堆纹相连。表面附着大量烟炱、少量水垢，有手抹痕迹。口径7.0、腹径8.5、底径3.5、通高7.9厘米（图六二，8；彩版四四，2）。

M20：5，单耳陶罐。位于椁室盖板表面西南。泥质红陶，侈口，尖圆唇，高颈，溜肩，鼓腹，圜底，宽带耳，耳上中部略有凸起。表面较光滑，附着有少量烟炱、水垢。口径7.6、腹径11.4、通高11.8、壁厚0.4厘米（图六二，5；彩版四四，3）。

M20：6，单耳陶罐。位于椁室南部人腿骨附近，距墓圹南壁约0.40、距墓圹东壁约0.36米。泥质红陶，侈口，方唇，高颈，鼓腹，平底，宽带耳。表面较光滑，有手抹痕迹，口部稍残，器表部分剥落，上附着有烟炱、水垢。器物顶部盖有一石块作为器盖。口径12.0、腹径20.0、底径10.6、通高25.0、壁厚0.9厘米（图六二，1；彩版四四，4）。

M20：7，单耳陶罐。位于椁室北部，距墓圹西壁约0.44、距墓圹南壁约0.30米。泥质红陶，侈口，方唇，高颈，鼓腹，圜底，表面较光滑，施红色陶衣，沿下有手抹痕迹。耳及口沿均有残损，附着有少量烟炱、水垢。口径7.8、腹径11.6、通高11.4、壁厚0.4厘米（图六二，2；彩版

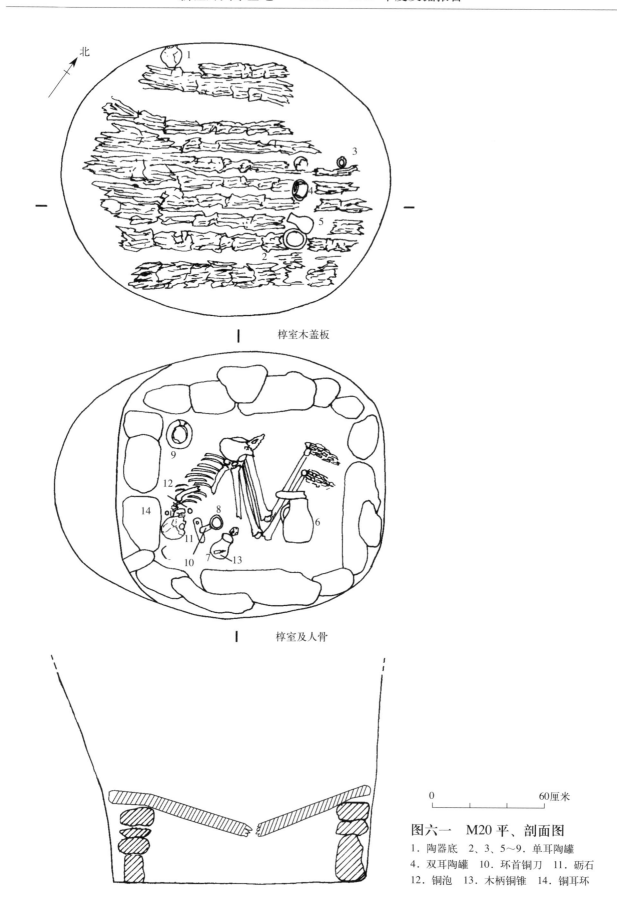

北

椁室木盖板

椁室及人骨

0　　　　　　　　　　　60厘米

图六一　M20平、剖面图

1. 陶器底　2、3、5～9. 单耳陶罐
4. 双耳陶罐　10. 环首铜刀　11. 砺石
12. 铜泡　13. 木柄铜锥　14. 铜耳环

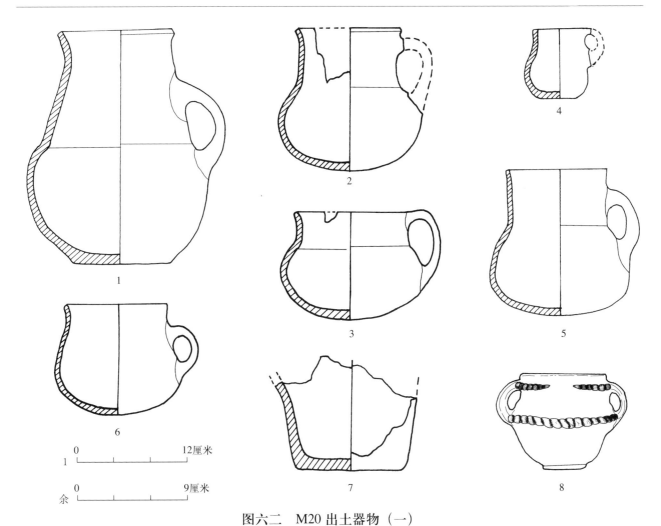

图六二　M20 出土器物（一）
1~6. 单耳陶罐M20：6、7、9、3、5、8　7. 陶器底M20：1　8. 双耳陶罐M20：4

四四，5）。

M20：8，单耳陶罐。位于椁室南部，距墓圹西壁约0.50、距墓圹南壁约0.50米。夹细砂红陶，侈口，圆唇，微束颈，溜肩，腹下垂微鼓，圜底，宽带耳，沿下有手抹痕迹。表面施红色陶衣，有烟炱。口径8.4、腹径10.5、通高8.9、壁厚0.4厘米（图六二，6；彩版四四，6）。

M20：9，单耳陶罐。位于椁室西北部，人骨北侧，距墓圹北壁约0.40、距墓圹西壁约0.30米。夹细砂红陶，侈口，圆唇，微束颈，鼓腹，圜底，宽带耳，两侧有打磨痕迹，耳上部与口沿直接相连，沿下有手抹痕迹。表面较光滑，施红色陶衣，有少量烟炱。口径8.6、腹径12.4、通高8.6、壁厚0.7厘米（图六二，3；彩版四五，1）。

M20：21，单耳陶罐。出土位置不明。夹细砂红陶，微侈口，圆唇，微束颈，鼓腹，宽带耳，耳上部与口沿直接相连。表面有少量烟炱。

2. 玉石器

2件。

M20：11，砺石。位于椁室南部，距墓圹西壁约0.40、距墓圹南壁约0.44米。用砂岩磨制成圆角长方形，两侧略弧，一端有圆孔，为双面对钻而成，表面有纹理。长18.6、宽3.3、厚1.1、

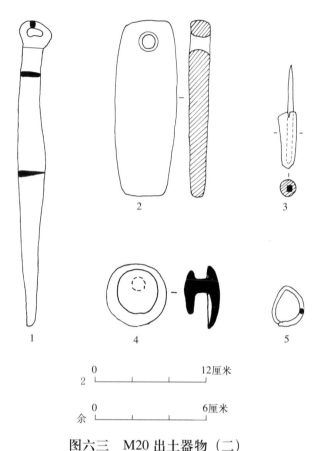

图六三　M20 出土器物（二）

1. 环首铜刀M20：10　2. 砺石M20：11　3. 木柄铜锥 M20：13　4. 铜泡M20：12　5. 铜耳环M20：14

孔径0.9厘米（图六三，2；彩版四五，2）。

M20：15，陶器盖石。位于椁室南部，单耳陶罐M20：6之上，平面呈椭圆形、扁平状（彩版四五，3）。

3. 铜器

4件。

M20：10，环首铜刀。位于椁室南部，距墓圹西壁约0.44、距墓圹南壁约0.42米。环首直柄，直背凹刃，刀尖较尖，略翘，刀柄与环的连接方式为刀柄末端穿过环并向内折卷接而成。通体表面略有锈蚀。残长16.3、宽2.5、环首外径2.3、孔径0.7厘米（图六三，1；彩版四五，4）。

M20：12，铜泡。位于椁室南部，人骨颈部附近，距墓圹西壁约0.40、距墓圹南壁约0.50米。平面呈圆形，正面呈凸镜状，背面呈凹镜状，背面偏中心处焊接一蘑菇形纽。直径3.4、高0.6、厚0.2厘米（图六三，4；彩版四五，5）。

M20：13，木柄铜锥。位于椁室北部，单耳罐M20：7之下，锥身呈四棱状，锥尖较尖，木柄近圆柱形，套在铜锥一端。通长5.5、木柄长3.0、锥长5.0、木柄宽0.9、锥宽0.2、厚0.2厘米（图六三，3）。

M20：14，铜耳环。位于椁室西部，距墓圹西壁约0.25、距墓圹南壁约0.46米。系由长条形铜丝弯曲成环形，截面圆形，表面呈铜绿色，锈蚀严重。位于墓主头部附近，故推测其为耳环。直径1.8～2.2、厚0.3厘米（图六三，5；彩版四五，6）。

二一　M21

（一）墓葬形制

位于发掘区中部，M19南侧（图六四；彩版四六，1、2）。残存墓圹平面呈圆角长方形，长1.66、宽1.40、残深0.75米，墓向25°或205°。墓圹填充较疏松的黄褐色砂石土。

墓圹底部置一具长方形石椁，长1.60、宽1.20、高0.60米。石椁由多层卵石及石板垒砌而成，下部竖立的石板，上层垒叠多层石块。石椁顶部用数块平铺的石板封盖，底部铺有一层木板，封盖石板南侧放有一根东西向原木。石椁内人骨凌乱且严重缺失，几乎完全朽损，葬式不明。

墓葬内出土环首铁刀1件，铁环1件，铜泡1件，铜渣1件，木梳1件，木器1件。

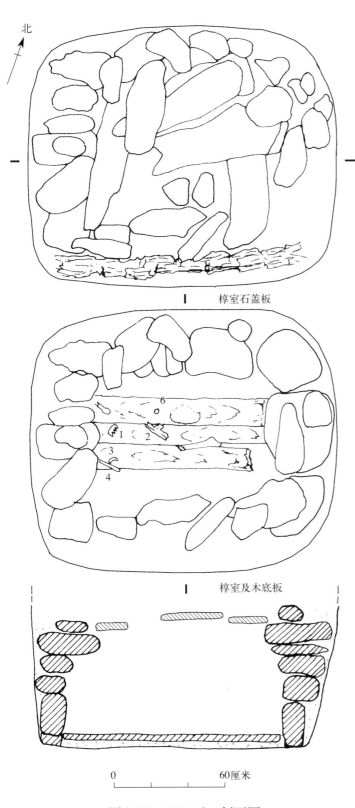

樟室石盖板

樟室及木底板

0　　　　　　60厘米

图六四　M21 平、剖面图

1. 木梳　2. 木器　3. 铁环　4. 环首铁刀　6. 铜泡

（二）出土遗物

1. 木器

2件。

M21：1，木梳。位于樟室东部，距墓圹东壁约0.42、距墓圹北壁约0.62米。用木材切削而成。中间有一较深的槽，槽内安插有木片，呈锯齿状。两端中间内凹，边缘各有一圈较浅的刻槽，表面修整较光滑，有裂纹，中间略残损。长7.6、宽1.1、厚0.8厘米（图六五，3；彩版四六，3）。

M21：2，木器。位于樟室北部，距墓圹东壁约0.90、距墓圹北壁约0.62米。用木材切削而成，整体近长方形，表面呈黄褐色，表面及边缘修整较光滑，一侧残损，残留三孔。长8.7、残宽3.0、厚1.2厘米（图六五，2；彩版四六，4）。

2. 铜器

2件。

M21：6，铜泡。位于樟室北部，距墓圹西壁约0.66、距墓圹北壁约0.82米。平面呈圆形，边缘略有残损，正面呈凸镜状，背面呈凹镜状，背面焊接一字形纽。直径3.1、高0.9厘米（图六五，4）。

M21：5，铜渣。出土位置不明。碎为多个形状不规则、形体较小的个体，不可复原。

3. 铁器

2件。

M21：4，环首铁刀。位于樟室东

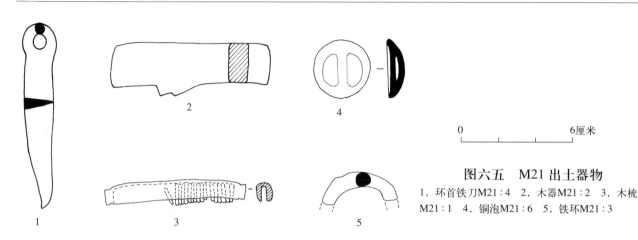

图六五　M21 出土器物

1. 环首铁刀M21：4　2. 木器M21：2　3. 木梳
M21：1　4. 铜泡M21：6　5. 铁环M21：3

部，距墓圹东壁约0.40、距墓圹北壁约0.54米。环首直柄，刀身残损。长9.5、宽1.5、孔径0.6厘米（图六五，1）

M21：3，铁环。位于椁室东部，距墓圹东壁约0.42、距墓圹北壁约0.54米。环形，仅残存一段，表面锈蚀严重。长4.0、宽1.8、厚0.7厘米（图六五，5）。

二二　M22

（一）墓葬形制

位于发掘区中部，M20南侧（图六六；彩版四七，1、2）。残存墓圹平面呈椭圆形，长径2.00、短径1.70、残深1.40米，墓向30°或210°。墓圹填充较疏松的黄褐色粗砂土，夹杂较多砾石。

墓圹底部置内外两重长方形椁室。内重椁室为木椁，长1.10、宽1.00、高0.50米，四壁以2～3层竖立的厚木板构筑而成。外重椁室为石椁，长1.48、宽1.20、深0.60米，在木椁外四周用较平的石块垒砌而成。石椁顶部用平行排列的原木封盖，但中部朽损严重。木椁内人骨凌乱且严重缺失，葬式不明。

墓葬内出土单耳陶罐4件，单耳带注陶罐1件，带柄铜刀1件，木盘1件，铜泡1件。

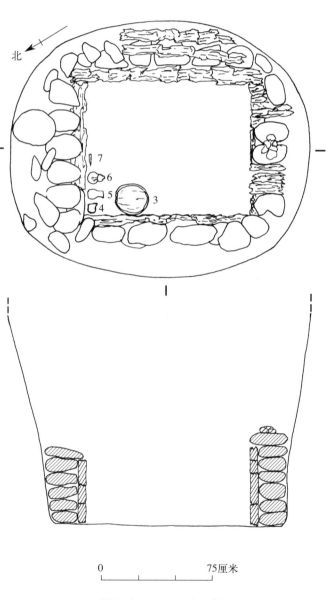

图六六　M22 平、剖面图

3. 木盘　4、6. 单耳陶罐　5. 单耳带注陶罐　7. 带柄铜刀

（二）出土遗物

1.陶器

5件。

M22：1，单耳陶罐。出土位置不明。夹细砂红陶，侈口，圆唇，束颈，鼓腹，圜底，宽带耳，耳上部与口沿直接相连且高于口沿。沿下有手抹痕迹，表面有烟炱和少量水垢。口径6.2、腹径9.5、通高9.4、壁厚0.5厘米（图六七，4；彩版四八，1）。

M22：2，单耳陶罐。出土位置不明。泥质红陶，侈口，方圆唇，高颈，鼓腹，下腹略内收，平底，宽带耳。耳上中间有凸起。沿下有手抹痕迹，表面较光滑，附着烟炱、水垢。口径13.0、腹径21.6、底径10.6、通高23.9、壁厚0.9厘米（图六七，2；彩版四八，2）。

M22：4，单耳陶罐。位于椁室西北角，距墓圹北壁约0.45、距墓圹西壁约0.33米。泥质红陶，直口微侈，方圆唇，高颈，溜肩，鼓腹，下腹内收，平底，宽带耳。沿下有手抹痕迹，表

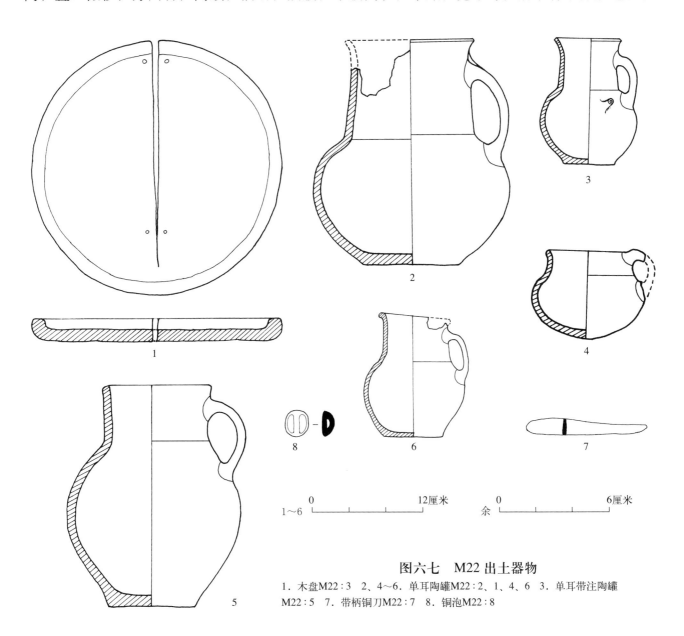

图六七　M22 出土器物

1. 木盘M22：3　2、4～6.单耳陶罐M22：2、1、4、6　3.单耳带注陶罐 M22：5　7.带柄铜刀M22：7　8.铜泡M22：8

面附着少量烟炱、水垢。口径10.8、腹径18.8、底径9.4、通高23.6、壁厚1.0厘米（图六七，5；彩版四八，3）。

M22∶5，单耳带注陶罐。位于椁室西北角，距墓圹北壁约0.47、距墓圹西壁约0.41米。泥质红陶，侈口，方唇，高颈，鼓腹，平底，宽带耳，耳侧腹上部有一管状流，流与耳夹角小于90°。表面有手抹痕迹，较光滑，少许剥落，附着少量烟炱、水垢。口径6.6、腹径10.6、底径5.6、通高13.4、壁厚0.5厘米（图六七，3；彩版四八，4）。

M22∶6，单耳陶罐。位于椁室西北角，距墓圹北壁约0.50、距墓圹西壁约0.52米。泥质红陶，直口微侈，圆唇，沿外翻，高颈，鼓腹，平底，宽带耳。表面有烟炱、水垢。口径6.6、腹径10.6、底径5.4、通高13.4、壁厚0.5厘米（图六七，6；彩版四八，5）。

2. 木器

1件。

M22∶3，木盘。位于椁室西北角，距墓圹北壁约0.67、距墓圹西壁约0.37米。用木材切削掏挖成形，边缘略高，方唇，平底。表面有加工痕迹，中部有一较大的裂缝，裂缝两端分别有一对钻孔，推测为修补加固木盘之用。直径27.0、高2.5、厚1.2厘米（图六七，1；彩版四七，3）。

3. 铜器

2件。

M22∶7，带柄铜刀。位于椁室西北角，距墓圹北壁约0.52、距墓圹西壁约0.66米。柄部窄而尖，其外应套有木柄，现已朽，直背弧刃，刀尖较圆。长6.5、宽0.8、厚0.15厘米（图六七，7；彩版四七，4）。

M22∶8，铜泡。位于墓葬填土之中。平面呈圆形，正面呈凸镜状，背面呈凹镜状，背面焊接一字形纽，边缘略有残损。直径1.4、高0.5厘米（图六七，8；彩版四七，5）。

二三　M23

（一）墓葬形制

位于发掘区中部，M25北侧，M24南侧（图六八；彩版四九，1、2）。残存墓圹平面呈圆角长方形，长1.60、宽1.30、残深0.40米，墓向45°或225°。墓圹填充较疏松的黄褐色粗砂土。

墓圹底部置一具长方形石椁，长1.50、宽1.28、高0.40米。石椁由多层卵石及石板垒砌而成。石椁顶部用平行排列的原木封盖，原木大多已朽。石椁内人骨凌乱且严重缺失，葬式不明。

墓葬内出土单耳带注陶罐1件，铜锥2件，铜泡2件，铜片1件，铜环1件，砺石1件，绿松石珠1件。

（二）出土遗物

1. 陶器

1件。

　　M23：1，单耳带注陶罐。位于椁室东南部，距墓圹东壁约0.40、距墓圹南壁约0.06米。泥质红陶，侈口，方圆唇，高颈，鼓腹，平底，宽带耳，与耳部相对的陶罐上腹部有一管状流。耳部、颈部及上腹部施带状黑彩，表面较光滑，有手抹痕迹，上附着少量烟炱、水垢。口径5.0、腹径8.6、底径4.4、通高11.6、壁厚0.3厘米（图六九，2；彩版四八，6）。

　　2. 玉石器

　　2件。

　　M23：4，砺石。位于椁室南部，距墓圹西南壁约0.70、距墓圹东南壁约0.20米。用砂岩磨制成圆角长方形，一端有一圆孔，为双面对钻而成。长12.8、宽3.2、厚0.7、孔径0.8厘米（图六九，1；彩版五○，1）。

　　M23：8，绿松石珠。位于椁室东部，距墓圹东南壁约0.32、距墓圹西北壁约0.38米。用绿松石磨制成扁圆形。通体绿色，表面较光滑，中间有穿孔。直径0.45、高0.1、孔径0.18厘米（图六九，9；彩版五○，2）。

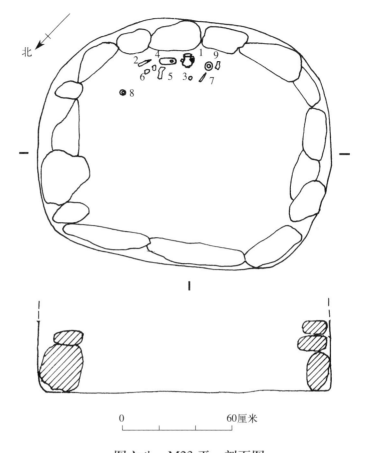

图六八　M23 平、剖面图

1. 单耳带注陶罐　2、7. 铜锥　3. 铜环　4. 砺石　5. 铜片　6、9. 铜泡　8. 绿松石珠

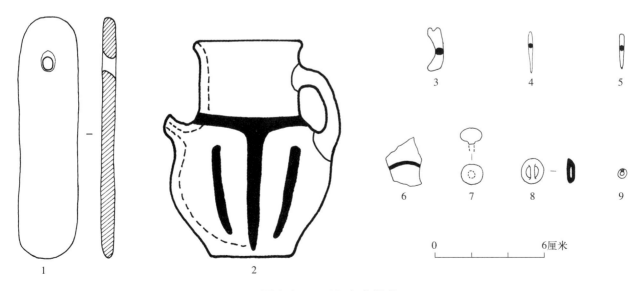

图六九　M23 出土器物

1. 砺石M23：4　2. 单耳带注陶罐M23：1　3. 铜环M23：3　4、5. 铜锥M23：2、7　6. 铜片M23：5　7、8. 铜泡M23：6、9　9. 绿松石珠M23：8

3. 铜器

6件。

M23:2，铜锥。位于椁室东南部，距墓圹西北壁约0.85、距墓圹东南壁约0.20米。锥身呈四棱锥状，锥尖较尖。长2.2、宽0.4、厚0.2厘米（图六九，4；彩版五〇，3）。

M23:3，铜环。位于椁室南部，距墓圹西北壁约0.68、距墓圹东南壁约0.28米。环形，仅残存一段，表面呈铜绿色，锈蚀较严重。残长2.4、宽0.8、厚0.15厘米（图六九，3；彩版五〇，4）。

M23:5，铜片。位于椁室南部，距墓圹东南壁约0.25、距墓圹东北壁约0.33米。平面呈不规则形，仅存部分残片。残长1.9、残宽1.9、厚0.15厘米（图六九，6；彩版五〇，5）。

M23:6，铜泡。位于椁室东南部，距椁室东南壁约0.25、距椁室东北壁约0.46米。平面呈圆形，中部大多已残损，纽亦残损。直径1.2、高0.4、厚0.15厘米（图六九，7；彩版五〇，6）。

M23:7，铜锥。位于椁室东南部，距墓圹东南壁约0.28、距椁室西南壁约0.68米。两端均残损。残长1.1、厚0.2厘米（图六九，5；彩版五〇，7）。

M23:9，铜泡。位于椁室南部，距墓圹东南壁约0.47、距墓圹西北壁约0.19米。平面呈圆形，正面呈凸镜状，背面呈凹镜状，锈蚀严重。直径1.2、高0.9、厚0.3厘米（图六九，8；彩版五〇，8）。

二四　M24

（一）墓葬形制

位于发掘区中部，M75南侧，M23北侧，M26东侧（图七〇；彩版五一，1）。残存墓圹平面呈长方形，长1.50、宽1.22、残深1.40米，墓向50°。墓圹填充较疏松的黄褐色粗砂土。

墓圹底部置一具长方形石椁，长1.46、宽1.14、高0.60米。石椁由多层卵石及石板垒砌而成，下部竖立较厚的石板，上部铺有较平的石块。石椁顶部用平行排列的原木封盖，盖板腐朽严重。石椁内人骨保存基本完整且有序，右侧身屈肢，头向北，面向西。

墓葬内出土单耳陶罐1件，双系陶壶1件，铜刀1件。

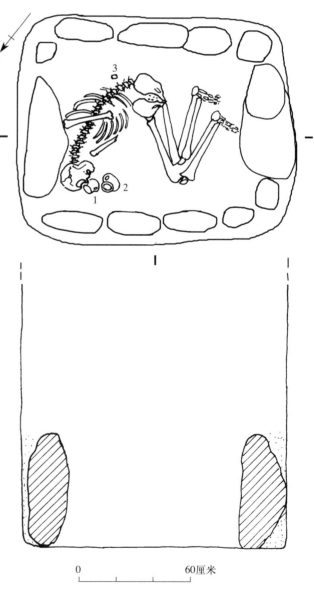

图七〇　M24平、剖面图

1. 双系陶壶　2. 单耳陶罐　3. 铜刀

（二）出土遗物

1. 陶器

2件。

M24：1，双系陶壶。位于人骨西侧，距墓圹西北壁约0.34、距墓圹西南壁约0.26米。泥质红陶，侈口，圆唇，高颈，鼓腹，平底，腹部对称分布两系，一系已残，另一系有孔。表面较光滑，有手抹痕迹，部分剥落，附着烟炱、水垢。口径8.8、腹径15.0、底径6.8、通高20.2、壁厚1.0厘米（图七一，1；彩版五一，2）。

M24：2，单耳陶罐。位于人骨西侧，M24：1西部，距墓圹西南壁约0.44、距墓圹西北壁约0.28米。夹细砂褐陶，口部残损，高颈，鼓腹，平底，宽带耳，耳侧有一乳丁。颈部有手抹痕迹，表面有烟炱。腹径11.4、底径5.0、残高12.5、壁厚0.4厘米（图七一，2；彩版五一，3）。

2. 铜器

1件。

M24：3，铜刀。位于人骨东侧，距墓圹西北壁约0.50、距墓圹西南壁约0.86米。两端均残，平面呈不规则形，一侧有刃。残长0.7、宽0.6、厚0.15厘米（图七一，3；彩版五一，4）。

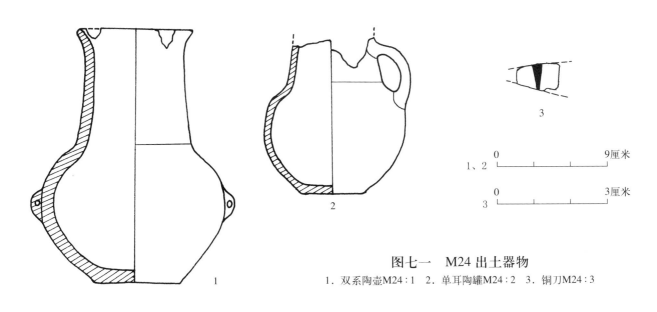

图七一　M24出土器物

1. 双系陶壶M24：1　2. 单耳陶罐M24：2　3. 铜刀M24：3

二五　M25

（一）墓葬形制

位于发掘区中南部，M23南侧（图七二；彩版五二、五三）。残存墓圹平面呈椭圆形，长径1.96、短径1.76、残深1.10米，墓向25°或205°。墓圹填充较疏松的黄褐色粗砂土，并出土马上颌颊齿、朽木、陶片等遗物。

墓圹底部置一具圆角长方形石椁，长1.52、宽1.24、高0.56米。石椁由多层卵石垒砌而成，石椁外以砂石填充。石椁顶部用平行排列的原木封盖，但中部已塌陷。原木多东西向排列，仅1

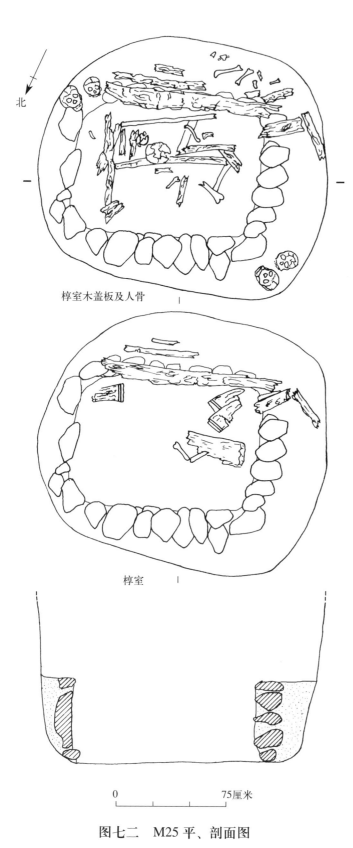

椁室木盖板及人骨

椁室

0　　　　　　75厘米

图七二　M25平、剖面图

根南北向置于其他原木之上。墓葬内共发现5具人骨，其中原木盖板西北侧和东南侧各有2具，石椁底部1具，均凌乱且严重缺失，仅存头骨。

墓葬内出土双耳陶罐1件，单耳陶罐2件，木盘1件，木桶1件，铜泡2件，铜片1件，骨划齿1件，陶器口沿残片1件。

（二）出土遗物

1. 陶器

4件。

M25：1，双耳陶罐。出土位置不明。夹细砂褐陶，侈口，方唇，高颈，溜肩，鼓腹斜下收，底部残缺，宽带耳，对称分布于腹中部。口沿下有9个穿孔，分为上下两排横向分布，上面一排有4个，下面一排有5个，均为烧成后由外向内的钻孔。沿下有手抹痕迹，表面附着大量烟炱和少量水垢。口径10.4、腹径23.0、底径约14.4、通高32.0、壁厚1.0厘米（图七三，1；彩版五四，3）。

M25：2，单耳陶罐。出土位置不明。泥质红陶，侈口，圆唇，单耳，损毁严重，不可复原（彩版五四，4）。

M25：3，单耳陶罐。出土位置不明。夹细砂红陶，侈口，方唇，高颈，鼓腹，圜底，宽带耳，耳上部与口沿直接相连。沿下有手抹痕迹，表面有烟炱和少量水垢。口径7.0、腹径10.8、通高8.6、壁厚0.5厘米（图七三，3；彩版五四，5）。

M25：10，陶器口沿残片，1件。出土位置不明。夹细砂红陶，方唇，束颈，溜肩，鼓腹。肩部施有一横条带纹，腹部施有竖条带纹（彩版五四，6）。

2. 木器

2件。

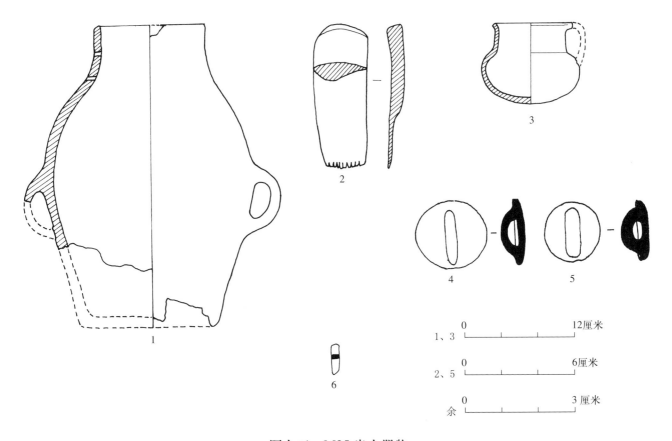

图七三　M25 出土器物

1. 双耳陶罐M25：1　2. 骨划齿M25：9　3. 单耳陶罐M25：3　4、5. 铜泡M25：6、7　6. 铜片M25：8

M25：4，木盘。出土位置不明。木材切削成形，碎为两片，不可复原（彩版五四，1）。

M25：5，木桶。出土位置不明。碎成数块，不可复原（彩版五四，2）。

3. 铜器

3件。

M25：6，铜泡。出土位置不明。平面呈圆形，边缘向下微折，正面呈凸镜状，背面呈凹镜状，背面焊接一桥形纽，边缘略有残损。直径1.8、通高1.0、厚0.2厘米（图七三，4；彩版五五，1）。

M25：7，铜泡。出土位置不明。平面呈圆形，正面呈凸镜状，背面呈凹镜状，背面焊接一桥形纽，表面略有锈蚀。直径3.4、通高0.6、厚0.2厘米（图七三，5；彩版五五，2）。

M25：8，铜片。出土位置不明。长条形。长0.9、宽0.3、厚0.15厘米（图七三，6；彩版五五，3）。

4. 骨角贝器

1件。

M25：9，骨划齿。出土位置不明。系由动物骨骼切削磨制而成。形状规整，表面光滑。一端较厚，另一端和两侧均较薄，较薄的一端为齿部且齿较短。长7.65、宽2.9、齿长0.3厘米（图七三，2；彩版五五，4）。

二六　M26

（一）墓葬形制

位于发掘区中部，M24西侧，M27东侧，西侧被M27打破（图七四；彩版五五，5）。残存墓圹平面呈椭圆形，长径2.24、短径1.70、残深1.40米，墓向67°或247°。墓圹填充较疏松的黄褐色粗砂土。

墓圹底部置一具圆角长方形石椁，长1.34、宽1.20、高0.80米。石椁由多层卵石及石板垒砌而成，石椁外以砂石填充。椁室内人骨凌乱且严重缺失。

墓葬内出土单耳陶罐3件，陶罐1件，单耳陶钵1件，单耳陶杯1件，具柄铜镜1件，木盘1件。

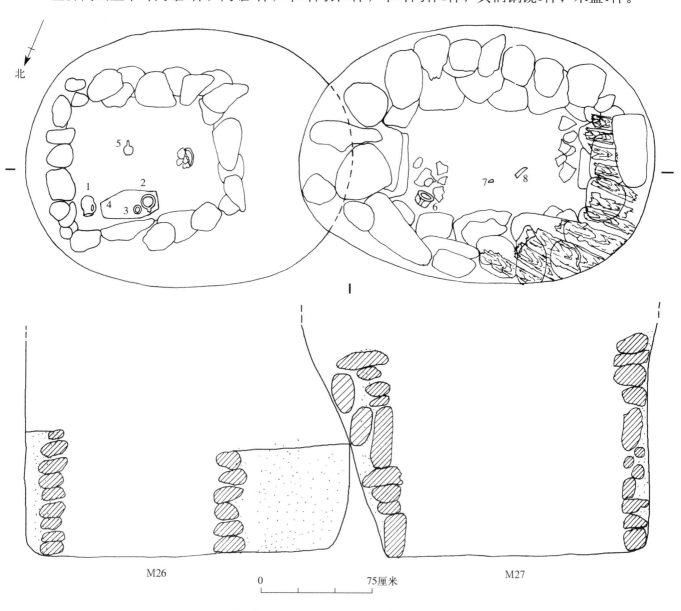

北

M26　　　　　0　　　　　75厘米　　　　　M27

图七四　M26、M27 平、剖面图

1. 单耳陶罐M26：1　2. 单耳陶钵M26：2　3、6. 单耳陶杯M26：3、M27：1　4. 木盘M26：4　5. 具柄铜镜M26：5　7. 铜饰件M27：2　8. 铜刀M27：3

（二）出土遗物

1. 陶器

6件。

M26：1，单耳陶罐。位于椁室北部，距墓圹北壁约0.33、距墓圹东壁约0.30米。夹细砂褐陶，直口微侈，圆唇，鼓腹，圜底略平，宽带耳，耳上部与口沿直接相连且略高于口沿。沿下有手抹痕迹，表面有烟炱、水垢。口径6.4、腹径10.6、通高10.4、壁厚0.4厘米（图七五，2；彩版五六，1）。

M26：2，单耳陶钵。位于椁室北部木盆之上。夹细砂褐陶，直口微敞，方唇，平底，宽带耳，耳上部与口沿直接相连且略高于口沿。表面有手抹痕迹，附着少量烟炱、水垢。口径10.8、底径7.0、通高6.5、壁厚0.4厘米（图七五，4；彩版五六，2）。

M26：3，单耳陶杯。位于椁室北部木盆之上，M26：2东侧。夹细砂褐陶，直口，圆唇，圜底较平，单耳已残。表面附着少量烟炱、水垢。制作粗糙，形体较小（彩版五六，3）。

M26：6，单耳陶罐。出土位置不明。夹细砂红陶，束颈，溜肩，鼓腹。耳部施有松针纹，肩部施有一圈横条纹，腹部施有垂带纹。表面附着少量烟炱。破损严重，无法复原（彩版五六，4）。

M26：7，单耳陶罐。出土位置不明。夹细砂红陶，直口，方圆唇，束颈，溜肩，鼓腹，宽带耳，耳上部与口沿直接相连。肩部施有一圈横条纹，耳部施有一条垂带纹。表面附着少量烟炱。破损严重，无法复原（彩版五六，5）。

M26：8，陶罐。出土位置不明。夹细砂红陶，微侈口，圆唇，束颈，溜肩，鼓腹。肩部施有一圈横条纹。表面附着少量烟炱。破损严重，无法复原（彩版五六，6）。

2. 木器

1件。

M26：4，木盘。位于椁室北部，距墓圹北壁约0.40、距墓圹东壁约0.45米。用木材切削掏挖而成，平面呈船形，敞口，两端口沿较平且厚，两侧外弧，口沿较圆且略薄，平底。表面留有

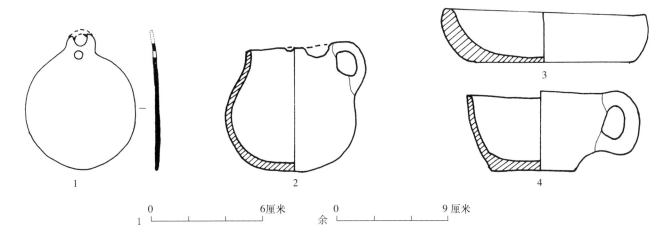

图七五　M26 出土器物

1. 具柄铜镜M26：5　2. 单耳陶罐M26：1　3. 木盘M26：4　4. 单耳陶钵M26：2

木材纹理及加工痕迹。长16.5、高4.0、厚2.2厘米（图七五，3；彩版五六，7）。

3. 铜器

1件。

M26：5，具柄铜镜。位于椁室中部，距墓圹北壁约0.82、距墓圹东壁约0.52米。由青铜铸造成形，镜身圆形，一侧有一短柄，柄上有一穿孔且残损，柄与镜身连接处亦有一圆形穿孔。表面平整，锈蚀较严重。镜身直径6.1、柄残长1.2、宽1.5、厚0.2厘米（图七五，1；彩版五六，8）。

二七　M27

（一）墓葬形制

位于发掘区中部，M26西侧，M28北侧，M29东侧，打破M26（图七四；彩版五七，1）。残存墓圹平面呈椭圆形，长2.40、宽1.70、残深1.60米，墓向67°或247°。墓圹填充较疏松的黄褐色粗砂土，夹杂砾石。

墓圹底部置一具椭圆形石椁，长径2.00、短径1.60、高1.54米。石椁由多层卵石及石板垒砌而成。石椁顶部由平行排列的原木封盖，盖板边缘保存较好，中部多已塌入椁室，原木直径约0.15米。石椁内人骨凌乱且严重缺失，几乎完全朽损，葬式不明。

墓葬内出土单耳陶杯1件，铜饰件1件，铜刀1件。

（二）出土遗物

1. 陶器

1件。

M27：1，单耳陶杯。位于椁室北部，距墓圹北壁约0.42、距墓圹东壁约0.72米。夹细砂褐陶，直口微侈，圆唇，微束颈，腹微鼓，平底，宽带耳，耳上部与口沿直接相连。表面有手抹痕迹，附着大量烟炱、水垢。口径11.0、腹径12.0、底径7.4、通高8.4、壁厚0.5厘米（图七六，1；彩版五七，2）。

2. 铜器

2件。

M27：2，铜饰件。位于椁室中部，距墓圹北壁约0.65、距墓圹东壁约1.25米。平面近椭圆

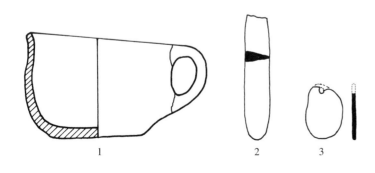

图七六　M27 出土器物

1. 单耳陶杯M27：1　2. 铜刀M27：3　3. 铜饰件M27：2

形，一端有孔，已残损。残长径2.4、短径
2.0、厚0.1厘米（图七六，3；彩版五七，
3）。

　　M27：3，铜刀。位于椁室西北部，距墓
圹北壁约0.68、距墓圹西壁约0.87米。直背直
刃，柄部残缺，刀尖略圆。残长6.7、宽1.4、
厚0.5厘米（图七六，2；彩版五七，4）。

二八　M28

（一）墓葬形制

　　位于发掘区中部，M27南侧（图七七；
彩版五八，1、2）。残存墓圹平面呈椭圆
形，长径2.04、短径1.86、残深约0.68米，墓
向166°或346°。墓圹填土为较疏松的黄褐
色粗砂土，夹杂砾石。

　　墓圹底部置一具长方形石椁，长约1.60、
宽约1.40、高约0.70米。石椁由多层卵石及
石板垒砌而成。石椁顶部用平行排列的原木
封盖，盖板之上铺有扁平的石块，原木长约
1.65、直径约0.15米，大多断裂。石椁内人
骨凌乱且严重缺失，几乎完全朽损，葬式不
明。

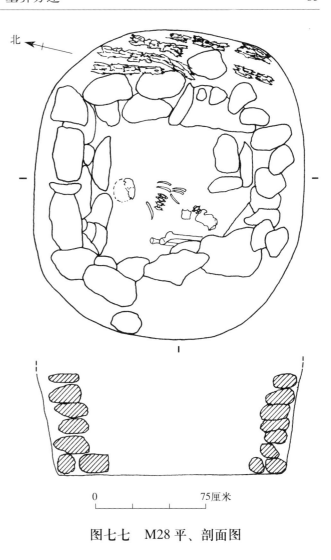

图七七　M28平、剖面图

（二）出土遗物

　　墓葬内未出土遗物。

二九　M29

（一）墓葬形制

　　位于发掘区中部，M27西侧，M31东侧（图七八；彩版五九，1）。残存墓圹平面呈椭圆
形，长径1.62、短径1.40、残深1.60米，墓向55°或235°。墓圹填充较疏松的黄褐色粗砂土，
夹杂砾石。

　　墓圹底部置一具长方形石椁，长1.46、宽1.20、高0.60米。石椁由多层卵石及石板垒砌而
成，下部为竖立较厚的石板，上部为垒叠数层扁平的石块。石椁顶部用平行排列的原木封盖，

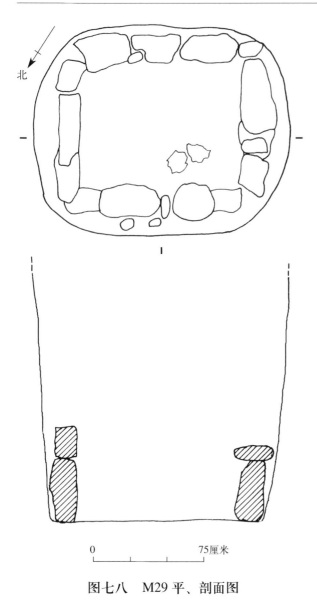

图七八　M29平、剖面图

大多腐朽，出土时仅余边缘部分原木。椁室内不见人骨。

（二）出土遗物
墓葬内未出土遗物。

三〇　M30

被破坏严重，无法辨明墓葬形制，葬具情况不明，未发现人骨和任何遗物（彩版五九，2）。

三一　M31

（一）墓葬形制
位于发掘区西部，M29西侧，M32东侧（图七九；彩版六〇，1、2）。残存墓圹平面呈椭圆形，长径1.70、短径1.40、残深1.30米，墓向80°。墓圹填充较疏松的黄褐色粗砂土，夹杂有砾石，并出土陶片、碎骨及朽木等遗物。

墓圹底部置一具长方形石椁，长1.30、宽1.06、高0.50米。石椁由多层卵石垒砌而成，石椁外以砂石填充。石椁顶部由平行排列的原木封盖，原木长约1.20、直径约0.10米，大多断裂，中部多塌入椁室。石椁内人骨局部位移且缺失，椎骨、肋骨和部分下肢骨位移，右侧身屈肢，头向西南，面向东南。

墓葬内出土单耳陶罐2件，单耳陶钵1件，铜器残件1件，铁刀1件，木盘1件，木纺轮1件，玛瑙珠1件。

（二）出土遗物
1. 陶器
3件。

M31：1，单耳陶罐。位于椁室南部，距墓圹南壁约0.37、距墓圹西壁约0.41米。夹细砂褐陶，直口微侈，圆唇，束颈，鼓腹，平底，宽带耳，耳上部与口沿直接相连且高于口沿。沿下有手抹痕迹，表面有烟炱、水垢。口径8.0、腹径13.0、底径6.0、通高10.4、壁厚0.5厘米（图八〇，6；彩版六一，1）。

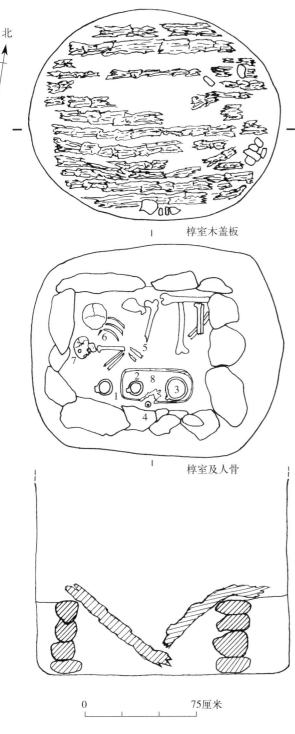

北

椁室木盖板

椁室及人骨

0   75厘米

图七九 M31 平、剖面图

1. 单耳陶罐   2. 单耳陶罐   3. 单耳陶钵   4. 木纺轮   5. 铁刀
6. 铜器   7. 玛瑙珠   8. 木盘

4. 铜器

1件。

M31：6，铜器残件。位于椁室北部，距墓圹北壁约0.28、距墓圹西壁约0.22米。残损严重，

M31：2，单耳陶罐。位于椁室南部，M31：8木盘之上。夹细砂红陶，侈口，方唇，高颈，鼓腹，平底，宽带耳，耳上部与口沿直接相连且略高于口沿。沿下有手抹痕迹，表面有少量烟炱、水垢。口径9.2、腹径14.4、底径7.0、通高12.4、壁厚0.5厘米（图八〇，5；彩版六一，2）。

M31：3，单耳陶钵。位于椁室南部，M31：8木盘之上，M31：2东侧。夹粗砂褐陶，直口，方圆唇，平底，宽带耳，耳上部与口沿直接相连。表面有手抹痕迹，剥落严重，耳下稍有残损。附着少量烟炱、水垢。口径15.2、底径11.0、通高7.0、壁厚1.0厘米（图八〇，7；彩版六一，3）。

2. 木器

2件。

M31：4，木纺轮。位于椁室南部，距墓圹南壁约0.30、距墓圹西壁约0.75米。用木材切削磨制成圆台形，表面黄褐色，中间有一圆形钻孔。直径2.0～3.7、高2.0、孔径0.6厘米（图八〇，3；彩版六一，4）。

M31：8，木盘。位于椁室南部，距墓圹南壁约0.35、距墓圹西壁约0.62米。现仅存木盘一角，边缘略高，底较平，底部有一残损的柱状足。残长10.8、高4.4、底厚1.3、足高1.5厘米（图八〇，1；彩版六一，5）。

3. 玉石器

1件。

M31：7，玛瑙珠。位于椁室西部，距墓圹南壁约0.62、距墓圹西壁约0.32米。用石髓磨制成扁圆体。通体红色，表面较光滑，中间有一钻孔。直径0.5、高0.3、孔径0.3～0.4厘米（图八〇，4；彩版六一，6）。

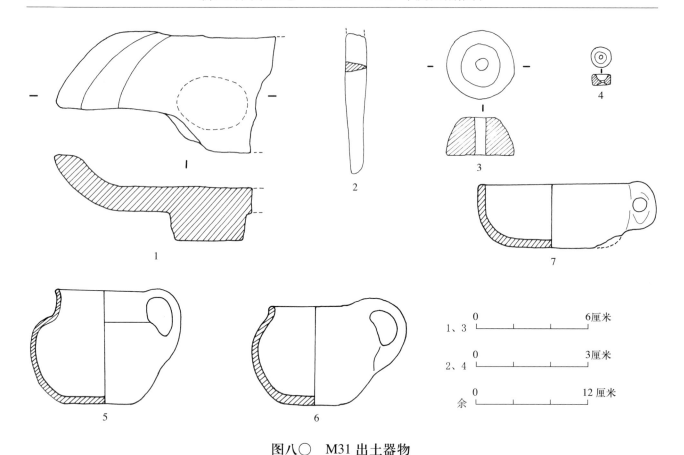

图八〇　M31 出土器物

1. 木盘M31：8　2. 铁刀M31：5　3. 木纺轮M31：4　4. 玛瑙珠M31：7　5、6. 单耳陶罐M31：2、1　7. 单耳陶钵M31：3

器形无法辨认（彩版六一，7）。

5. 铁器

1件。

M31：5，铁刀。位于椁室中部，距墓圹南壁约0.62、距墓圹西壁约0.65米。仅存刃部，直背，刃稍内弧，锈蚀严重。残长3.8、宽0.9、厚0.6厘米（图八〇，2；彩版六一，8）。

三二　M32

（一）墓葬形制

位于发掘区西部，M31西侧（图八一；彩版六二～六六）。残存墓圹平面呈椭圆形，长径2.12、短径1.82、残深1.00米，墓向62°。墓圹填充较疏松黄褐色粗砂土，夹杂较多砾石。

墓圹内置上下两层椁室。上层椁室建于下层椁室盖板之上，平面近方形，边长1.54、残高0.50米，由多层卵石垒砌而成。上层椁室顶部用东西向平行排列的原木封盖，两端分别与一根呈南北向放置的原木以榫卯结构相连，原木盖板边缘保存较好，中部多已塌陷。下层椁室为长方形木椁，长1.46、宽0.98、高0.35米。木椁四壁由上下两块厚木板搭建，木椁4角以及上下木板之间均由

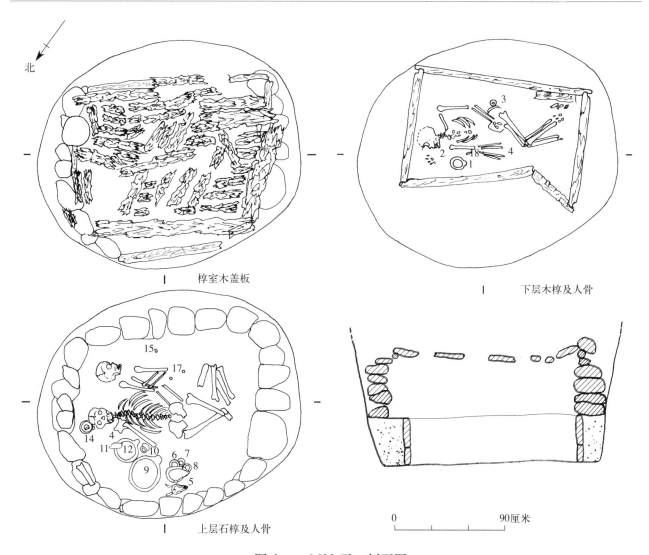

椁室木盖板

下层木椁及人骨

上层石椁及人骨

0　　　　　　　90厘米

图八一　M32 平、剖面图

1、12. 单耳陶罐　2. 串饰　3. 铜镜　4、11. 木器　5. 木盘　6～8. 陶杯　9. 单耳陶钵　10. 双乳丁陶壶　14. 石杯　15. 铜饰件
17. 铜泡　18. 铜镞

榫卯相连，木板长0.90～1.40、宽0.14～0.22、厚0.06米（图八二）。墓葬内共发现人骨3具，上层椁室2具，北侧个体局部位移且缺失，仰身屈肢；南部个体局部位移且缺失，左侧身屈肢，头均向东北。下层椁室1具，基本完整且有序，右侧身屈肢，头向东北。

墓葬内出土陶杯3件，单耳陶杯1件，单耳陶钵1件，单耳陶罐2件，双乳丁陶壶1件，铜饰件1件，铜泡1件，砺石1件，石杯1件，木盘1件，木器3件，铜镜1件，铜镞1件，串饰1组。

（二）出土遗物

1. 陶器

8件。

M32：1，单耳陶罐。位于椁室北部，距墓圹西北壁约0.78、距墓圹东北壁约0.75米。泥质红陶，直口微侈，圆唇，鼓腹，平底，宽带耳，耳上部与口沿直接相连且高于口沿，与耳部相

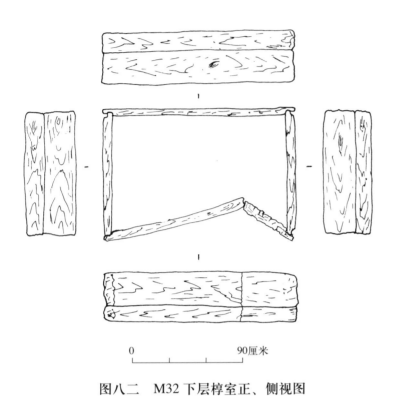

图八二　M32下层椁室正、侧视图

对的一侧下腹部有一穿孔。沿下有手抹痕迹，表面附着少量烟炱、水垢。口径7.4、腹径11.0、底径5.8、通高10.8、壁厚0.4厘米（图八三，6；彩版六七，1）。

M32：6，陶杯。位于M32：5木盘之下。夹细砂褐陶，直口，方唇，腹微鼓，平底，表面有手抹痕迹，附着少量烟炱、水垢。口径4.6、底径4.2、高4.4、壁厚1.0厘米（图八三，7；彩版六七，4）。

M32：7，陶杯。位于M32：5木盘之下。夹细砂褐陶，直口微敞，方唇，斜直腹，平底，表面有手抹痕迹，上附着水垢、烟炱。口径4.4、底径3.2、高4.6、壁厚0.7厘米（图八三，9；彩版六七，5）。

M32：8，陶杯。位于M32：5木盘之下。夹细砂褐陶，敛口，方唇，腹微鼓，平底，无耳，表面附着烟炱、水垢。口径4.0、腹径6.0、底径3.7、高4.5、壁厚0.7厘米（图八三，4；彩版六七，6）。

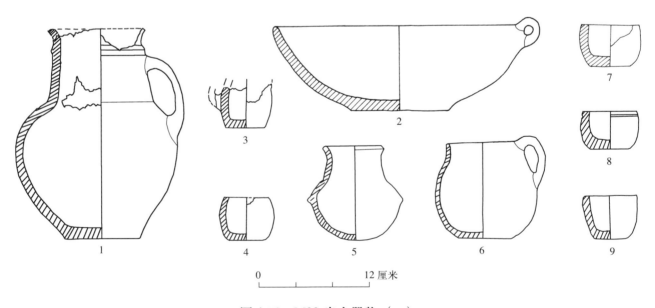

图八三　M32出土器物（一）

1、6.单耳陶罐M32：12、1　2.单耳陶钵M32：9　3.单耳陶杯M32：13　4、7、9.陶杯M32：8、6、7　5.双乳丁陶壶M32：10
8.石杯M32：14

M32：9，单耳陶钵。位于椁室北部，距墓圹西北壁约0.15、距墓圹东北壁约0.60米。夹细砂红陶，敞口，圆唇，斜腹下收，平底，宽带耳，耳上部与口沿直接相连且略高于口沿。表面较光滑，有手抹痕迹，少许剥落，上附着少量烟炱、水垢。口径26.0、底径10.4、通高10.0、壁厚0.8厘米（图八三，2；彩版六七，7）。

M32：10，双乳丁陶壶。位于椁室北部，M32：9南侧，距墓圹西北壁约0.51、距墓圹东北壁约0.72米。泥质红陶，侈口，方唇，高颈，鼓腹，圜底，双乳丁对称分布于腹部两侧。表面较光滑，有手抹痕迹，部分剥落，上附着烟炱、水垢。口径5.6、腹径9.4、通高10.0、壁厚0.6厘米（图八三，5；彩版六七，3）。

M32：12，单耳陶罐。位于椁室北部，M32：9东南，距墓圹西北壁约0.38、距墓圹东北壁约0.54米。泥质红陶，敞口，方唇，高颈，鼓腹，下腹微收，平底，宽带耳。颈上部有一圈凸棱。表面较光滑，沿下有手抹痕迹，有少量烟炱、水垢。口径9.4、腹径17.6、底径8.2、通高22.2、壁厚0.6厘米（图八三，1；彩版六七，2）。

M32：13，单耳陶杯。位于椁室北部，M32：10双乳丁陶壶之下。夹细砂褐陶，口部残损，平底，单耳。表面有手抹痕迹，附着少量烟炱、水垢。腹径5.6、底径4.4、残高4.6、壁厚0.8厘米（图八三，3；彩版六七，8）。

2. 木器

4件。

M32：4，木器。位于椁室北部，距墓圹西北壁约0.63、距墓圹东北壁约0.68米。用木材切削磨制而成，整体呈棒形，表面褐色，略有弯曲，一端较圆，一端残损。残长4.2、直径0.3～0.5厘米（彩版六八，1）。

M32：5，木盘。位于椁室北部，距墓圹西北壁约0.30、距墓圹北壁约0.60米。用木材切削掏挖而成。表面呈褐色，敞口，方圆唇，沿较厚，浅腹，平底。残长17.5、残宽10.5、高3.8厘米（彩版六八，2）。

M32：11，木器。位于椁室北部，M32：12单耳陶罐之上。碎成两片，具体形态无法辨认（彩版六八，3）。

M32：19，木器。表面褐色，一边有加工痕迹。破损严重，具体形态无法辨认。

3. 玉石器

3件（组）。

M32：2，串饰，1组27件串联而成。位于椁室北部，距墓圹西北壁约0.75、距墓圹东北壁约0.60米。其中26件为滑石管，用滑石磨制而成，通体白色，表面较光滑，中间有穿孔。1件为绿松石珠，用绿松石磨制成形，通体绿色，表面较光滑，中间有孔。长0.5～1.2、孔径0.3厘米（图八四，2；彩版六八，4）。

M32：14，石杯。位于椁室东部，距墓圹西北壁约0.48、距墓圹东北壁约0.30米。用花岗岩琢制成形，通体磨制，形状规整，直口，方唇，腹微鼓，平底。口沿下有一圈凹槽，表面附着大量烟炱，内表面附着大量水垢。口径4.8、通高4.6、壁厚0.6厘米（图八三，8；彩版六八，5）。

M32：16，砺石。位于椁室南部，人骨南侧，距墓圹东南壁约0.05、距墓圹东北壁约0.66

米。用砂岩磨制而成，一端有孔，为双面对钻而成，边缘略有残损。长8.8、宽3.5、厚0.8、孔径0.6厘米（图八四，1；彩版六八，6）。

4. 铜器

4件。

M32：3，铜镜。位于椁室南部，人骨南侧，距墓圹东南壁约0.46、距墓圹东北壁约0.90米。平面呈圆形，表面平整，背面中间焊接一桥形纽，但已残损，仅存纽痕。直径5.2厘米（图八四，3；彩版六八，7、8）。

M32：15，铜饰件。位于椁室南部，人骨南侧，距墓圹东南壁约0.45、距墓圹东北壁约0.78米。整体呈鸟形，背面焊接一桥形纽，纽已断裂。长1.7、宽1.0、厚0.3厘米（图八四，5）。

M32：17，铜泡，1组2件。位于椁室南部，人骨南侧，距墓圹东南壁约0.63、距墓圹东北壁约1.08米。俯视均呈圆形，正面呈凸镜状，背面呈凹镜状，背面焊接一字形纽。其中一件边缘略有残损，表面锈蚀，长1.3、宽0.4、厚0.2厘米；另一件中部残损，长1.2、宽0.4、厚0.2厘米（图八四，4）。

M32：18，铜镞。位于椁室北部，距墓圹西北壁约0.93、距墓圹东北壁约0.90米。镞身已残，仅存一翼，圆柱形铤，镞尖残损。残长1.7、残宽0.9、厚0.4厘米（图八四，6）。

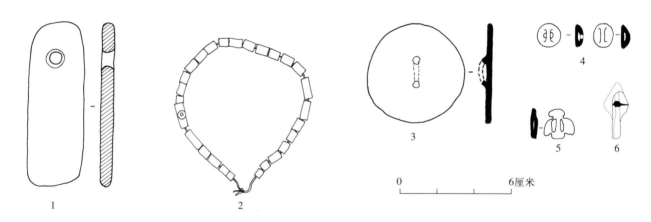

图八四　M32 出土器物（二）

1. 砺石M32：16　2. 串饰M32：2　3. 铜镜M32：3　4. 铜泡M32：17　5. 铜饰件M32：15　6. 铜镞M32：18

三三　M33

（一）墓葬形制

位于发掘区西部，M34北侧（彩版六九，1）。墓圹及椁室遭严重破坏，形制不明。墓葬内出土单耳陶罐1件，陶钵1件，带柄铜刀1件，木桶1件。

（二）出土遗物

1. 陶器

2件。

M33∶1，单耳陶罐。出土位置不明。夹细砂红陶，侈口，方唇，高颈，溜肩，鼓腹，圆底，宽带耳，耳顶部有附加堆纹。沿下有手抹痕迹，表面有少量烟炱、水垢。口径7.8、腹径11.0、通高14.0、壁厚0.6厘米（图八五，1；彩版六九，2）。

M33∶3，陶钵。出土位置不明。夹细砂褐陶，直口微敛，圆唇，上腹微鼓，下腹内弧，平底。表面有手抹痕迹，少许剥落。附着少量烟炱、水垢。口径14.0、底径9.6、通高6.2、壁厚0.8厘米（图八五，2；彩版六九，3）。

2. 木器

1件。

M33∶4，木桶。出土位置不明。碎成数块，不可辨认（彩版六九，4）。

3. 铜器

1件。

M33∶2，带柄铜刀。出土位置不明。现仅存刀柄部分，锈蚀严重，木柄已朽。残长1.75、宽0.35、厚0.15厘米（图八五，3；彩版六九，5）。

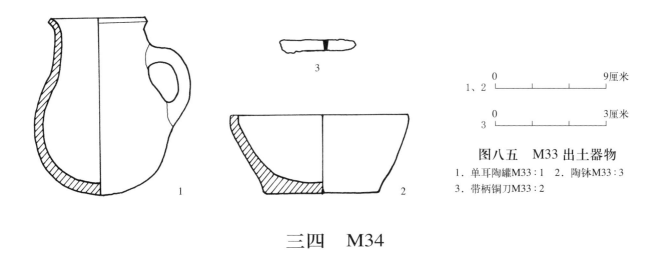

图八五　M33 出土器物
1. 单耳陶罐M33∶1　2. 陶钵M33∶3
3. 带柄铜刀M33∶2

三四　M34

（一）墓葬形制

位于发掘区西部，M37东侧（图八六；彩版七〇，1）。残存墓圹平面呈圆角长方形，长1.46、宽1.10、残深0.46米，墓向70°或250°。墓圹填充较疏松的黄褐色粗砂土，夹杂较多砾石。

墓圹底部置一具椭圆形石椁，长径1.40、短径1.10、高0.46米。石椁由多层卵石及石板垒砌而成。石椁内人骨凌乱且严重缺失，仅见少量破碎的肢骨。

墓葬内出土单耳陶罐1件。

（二）出土遗物

陶器

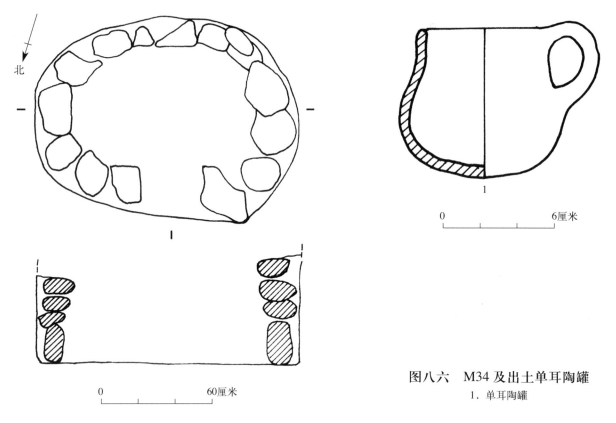

图八六　M34 及出土单耳陶罐

1. 单耳陶罐

1件。

M34：1，单耳陶罐。出土位置不明。夹细砂褐陶，直口，圆唇，溜肩，鼓腹，圜底，宽带耳，耳上部与口沿直接相连且略高于口沿。表面有手抹痕迹，附着少量烟炱、水垢。口径7.0、腹径8.8、通高8.2、壁厚0.5厘米（图八六，1；彩版七一，1）。

三五　M35

（一）墓葬形制

位于发掘区西部，M36南侧（图八七；彩版七〇，2）。残存墓圹平面呈椭圆形，长径1.48、短径1.34、残深0.38米，墓向0°或180°。墓圹填充较疏松的黄褐色粗砂土，夹杂较多砾石。

墓圹底部置一具椭圆形石椁，长径1.40、短径1.28、残高0.38米。石椁由多块竖立的石板垒砌而成。椁室内未见人骨。

墓葬内出土铜环1件，铜片1件，陶罐3件。

（二）出土遗物

1. 陶器

3件。

M35：3，带耳陶罐。口沿及耳部残片各1片。夹粗砂褐陶，手制，圆唇，口沿微侈，束颈，

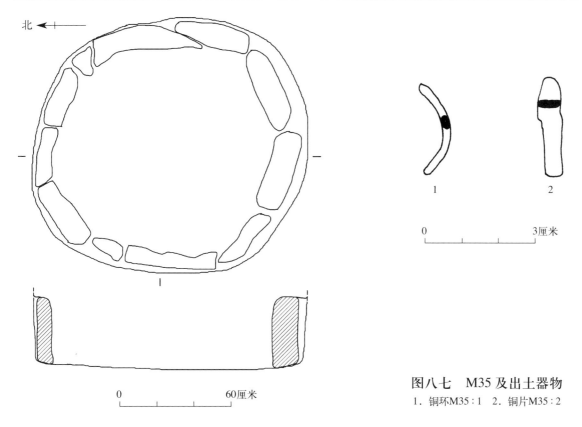

图八七　M35 及出土器物
1. 铜环M35：1　2. 铜片M35：2

鼓腹，腹耳，耳部上塑有鸡冠状装饰（彩版七一，2）。

　　M35：4，带耳陶罐。耳部残片，1片。夹粗砂褐陶，手制，方唇，侈口，颈肩宽带状耳，陶片表面施有红衣（彩版七一，3）。

　　M35：5，陶罐。口沿残片，1片。夹粗砂褐陶，手制，圆唇，侈口，鼓腹。陶片表面施有红衣。

　　2. 铜器

　　2件。

　　M35：1，铜环。出土位置不明。平面环形，两端均残，仅存一截，残长2.5、宽0.3、厚0.5厘米（图八七，1；彩版七一，4）。

　　M35：2，铜片。出土位置不明。平面近长方形，较扁平，一端略有残损，残长2.7、宽0.6、厚0.2厘米（图八七，2）。

三六　M36

（一）墓葬形制

　　位于发掘区西部，M35北侧，M38东侧（图八八；彩版七二，1、2）。残存墓圹平面呈椭圆形，长径1.52、短径1.34、残深0.80米，墓向45°或225°。墓圹填充较疏松的黄褐色粗砂土，夹杂砾石。

　　墓圹底部置一具圆角长方形石椁。长1.48、宽1.20、高0.76米。石椁由多层卵石及石板垒砌而成。石椁顶部用平行排列的原木封盖，原木大多南北向排列，少量东西向排列，大多断裂，中部多塌入椁室。石椁内人骨凌乱且严重缺失，保存较差，朽损严重。

墓葬内出土单耳陶罐2件，陶豆1件。

（二）出土遗物

陶器

3件。

M36：1，陶豆。位于椁室南部，距墓圹东南壁约0.38、距墓圹西北壁约0.69米。夹细砂褐陶，仅存下腹部及圈足部分，表面有手抹痕迹，上附着烟炱、水垢。残高5.0、壁厚0.9厘米（图八九，3）。

M36：2，单耳陶罐。位于椁室中部偏西，距墓圹西北壁约0.70、距墓圹西南壁约0.50米。夹细砂褐陶，侈口，尖圆唇，腹微鼓，平底，宽带耳，耳上部与口沿直接相连且略高于口沿。沿下有手抹痕迹，表面有烟炱、水垢。口径7、腹径9.0、底径6.0、通高8.0、壁厚0.6厘米（图八九，2；彩版七一，5）。

M36：3，单耳陶罐。位于椁室中部偏西，距墓圹西北壁约0.60、距墓圹西南壁约0.52米。夹细砂红陶，侈口，圆唇，鼓腹，平底，宽带耳，耳上部与口沿直接相连。表面有烟炱，沿下有手抹痕迹。口径9.0、腹径10.0、底径4.6、通高9.0、壁厚0.4厘米（图八九，1；彩版七一，6）。

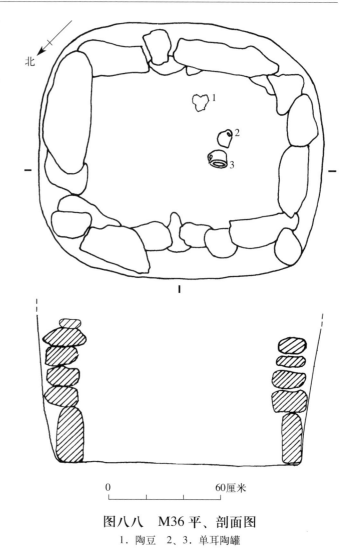

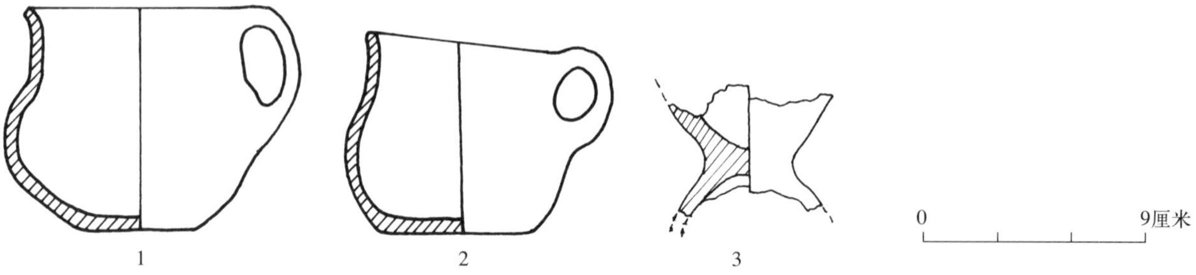

0　　　　　　　60厘米

图八八　M36平、剖面图

1. 陶豆　2、3. 单耳陶罐

0　　　　　　　9厘米

图八九　M36 出土器物

1、2. 单耳陶罐M36：3、2　3. 陶豆M36：1

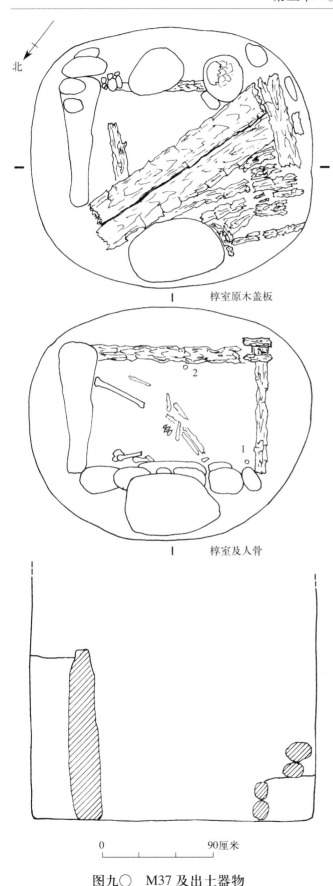

椁室原木盖板

椁室及人骨

0　　　　　　　　90厘米

图九〇　M37 及出土器物
1. 铜泡　2. 滑石管

0　　　　　　3厘米

三七　M37

（一）墓葬形制

位于发掘区西部，M34西侧，M39东侧（图九〇；彩版七三，1～3）。残存墓圹平面呈椭圆形，长径2.30、短径2.07、残深1.94米，墓向52°或232°。墓圹填充较疏松的黄褐色粗砂土，夹杂有砾石，并出土陶片、碎骨和朽木等遗物。

墓圹底部置一具长方形木石混筑椁，长1.70、宽1.16、高0.50米。椁室东壁为一块竖立的大石板，石板长1.04、宽0.14～0.34、厚0.10～0.30米；北壁由多层卵石垒砌而成，东壁为一块竖立的石板；西壁、南壁由原木搭建而成，原木之间以榫卯相连。椁室顶部用平行排列的原木封盖，原木长约1.40、直径约0.15米，多残断塌陷入椁室内，残存两根较完整原木斜向右下插入椁室。椁室内人骨凌乱且严重缺失，仅见少量破碎的肢骨。

墓葬内出土铜泡1件，滑石管1件，陶豆1件，陶罐1件。

（二）出土遗物

1. 陶器

2件。

M37：3，陶罐。出土位置不明。陶器残片。夹细砂褐陶，手制，圆唇，侈口，束颈，鼓腹，圜底。表面施有红衣（彩版七四，1）。

M37：4，陶豆。出土位置不明。残陶豆底。夹粗砂红陶，手制，喇叭口状（彩版七四，2）。

2. 玉石器

1件。

M37：2，滑石管。位于椁室南部，距墓圹东南壁约0.45、距墓圹西南壁约0.96米。用滑石磨制成扁圆形。通体白色，表面较光滑，中间有穿孔。直径0.85、高0.7、孔径0.2～0.5厘米（图九○，2；彩版七四，3）。

3. 铜器

1件。

M37：1，铜泡。位于椁室西南角，距墓圹北壁约0.06、距墓圹西壁约0.06米。平面呈圆形，边缘一处有残损，正面呈凸镜状，背面呈凹镜状，背面焊接一桥形纽，因锈蚀严重，桥纽的孔已无法辨认；正面边缘略凸起，上有放射状的压印纹。直径2.6、高0.5、厚0.2厘米（图九○，1；彩版七四，4、5）。

三八　M38

（一）墓葬形制

位于发掘区西部，M35西侧（图九一；彩版七五，1）。残存墓圹平面呈圆角长方形，长1.54、宽1.22、残深0.36米，墓向163°或343°。墓圹填充较疏松的黄褐色粗砂土。

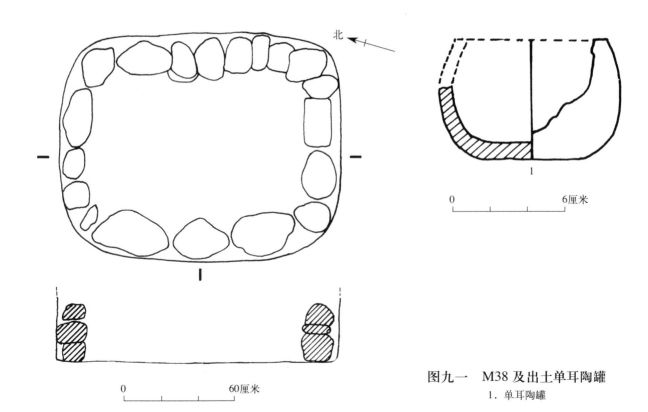

图九一　M38 及出土单耳陶罐

1. 单耳陶罐

墓圹底部置一具圆角长方形石椁，长1.46、宽1.16、残高0.30米。石椁由多层卵石垒砌而成。石椁内人骨凌乱且严重缺失，仅见少量破碎的肢骨。

墓葬内出土单耳陶罐1件。

（二）出土遗物

陶器

1件。

M38：1，单耳陶罐。出土位置不明。夹细砂褐陶，侈口，方唇，鼓腹，平底，单耳已残。表面有手抹痕迹，附着少量烟炱、水垢。口径8.2、腹径9.8、底径5.4、通高6.4、壁厚0.7厘米（图九一，1；彩版七四，6）。

三九　M39

（一）墓葬形制

位于发掘区西部，M37西侧，M40南侧（图九二；彩版七五，2）。残存墓圹平面呈长方形，长1.66、宽1.10、残深0.50米，墓向40°或220°。墓圹填充较疏松的黄褐色粗砂土，夹杂卵石，并出土陶片、碎骨、朽木等遗物。

墓圹底部置一具长方形土坯与石块混筑椁，长1.60、宽1.10、高0.40米。椁室南壁下部为

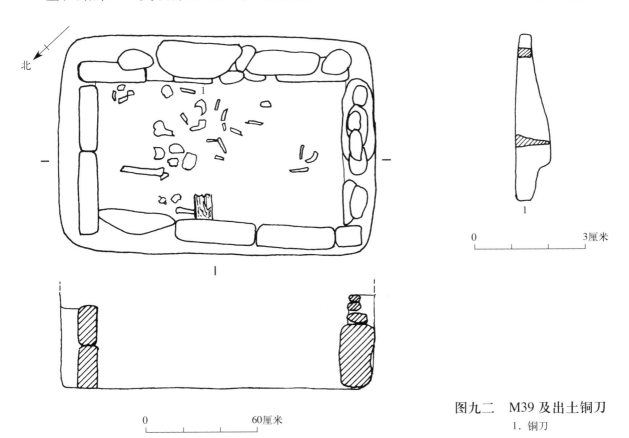

图九二　M39 及出土铜刀

1. 铜刀

竖立的石板，上部垒砌多层卵石；东、西、北三壁由上下两层竖立的土坯砌筑，东壁土坯之上垒叠一层卵石，椁室外以砂石填充。椁室内人骨凌乱且严重缺失，仅见少量破碎的肢骨，朽损严重。

墓葬内出土带柄铜刀1件。

（二）出土遗物

铜器

1件。

M39：1，带柄铜刀。位于椁室东部，距墓圹北壁约0.26、距墓圹东壁约0.08米。直柄，直背，刃部残损，木柄已朽。残长4.4、宽1.1、厚0.3厘米（图九二，1）。

四〇　M40

（一）墓葬形制

位于发掘区西部，M39北侧，M43东侧（图九三；彩版七六，1、2）。残存墓圹平面呈长方形，长1.39、宽1.10、残深0.56米，墓向15°或195°。墓圹填充较疏松的黄褐色粗砂土，夹杂砾石。

墓圹底部置一具长方形石椁。长1.34、宽1.00、残高0.56米。石椁由多层卵石垒砌而成。石椁顶部由数根平行排列的原木封盖，盖板保存较差，部分塌陷入椁室，仅余边缘部分原木。原木封盖之上铺有扁平状石块。椁室内人骨凌乱且严重缺失，朽损严重。

墓葬内出土铜锥1件，砺石1件。

（二）出土遗物

1. 玉石器

1件。

M40：1，砺石。位于椁室中部，距墓圹北壁约0.70、距墓圹西壁约0.60米。用砂岩磨制而

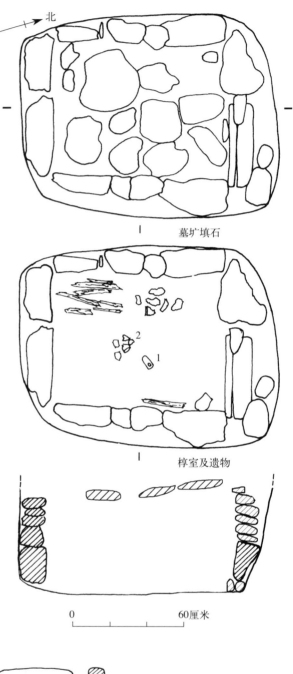

墓圹填石

椁室及遗物

0　　　　　　　　60厘米

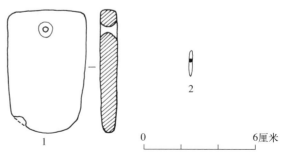

0　　　　　　　　6厘米

图九三　M40及出土器物
1. 砺石　2. 铜锥

成，一端有孔，为两面对钻而成，一角残损。长6.3、宽4.3、厚0.9、孔径0.25厘米（图九三，1；彩版七六，3）。

2. 铜器

1件。

M40：2，铜锥。位于椁室中部，距墓圹北壁约0.78、距墓圹东壁约0.40米。表面锈蚀严重，两端残损。残长1.3、厚0.15厘米（图九三，2）。

四一　M41

（一）墓葬形制

位于发掘区西部，M40北侧（图九四；彩版七七，1、2）。残存墓圹平面呈长方形，长1.50、宽1.18、残深1.00米，墓向52°或232°。墓圹填充较疏松的黄褐色粗砂土，夹杂砾石，并出土陶片、碎骨、朽木等遗物。

墓圹底部置一具长方形土坯椁。长1.40、宽0.90、残高0.50米。椁室由上下两层竖立的土坯垒砌而成。土坯长42、宽26、厚10厘米。土坯外以砂石填充。椁室顶部以平行排列的原木封盖，原木直径约0.10米，多残断塌入墓室。椁室内人骨凌乱且严重缺失，仅见少量破碎的股骨、盆骨、肋骨、椎骨等。

墓葬内出土陶豆1件，铜锥1件，海贝1件，双乳丁陶壶1件。

（二）出土遗物

1. 陶器

2件。

M41：2，陶豆。位于椁室南部，距墓圹东南壁约0.32、距墓圹西南壁约0.44米。泥质红陶，仅存豆柄，底座呈喇叭形。底径6.8、残高3.6厘米（图九五，3；彩版七八，1）。

M41：4，双乳丁陶壶。位于墓葬填土之中，泥质红陶，口部、颈部及部分腹部、底部残

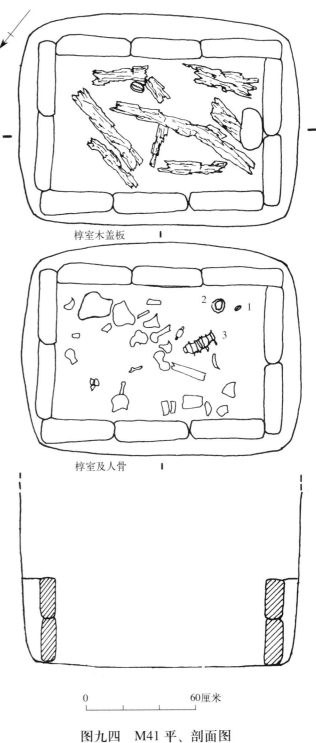

椁室木盖板

椁室及人骨

0　　　　　　　60厘米

图九四　M41 平、剖面图
1. 海贝　2. 陶豆　3. 铜锥

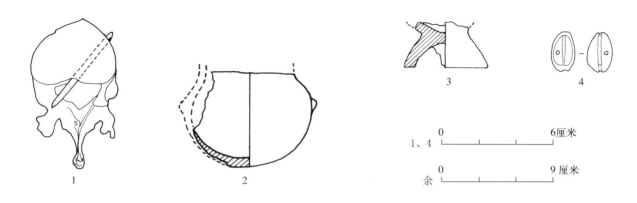

图九五　M41 出土器物
1. 铜锥M41:3　2. 双乳丁陶壶M41:4　3. 陶豆M41:2　4. 海贝M41:1

损，鼓腹，圜底，仅存一乳丁。表面较光滑，有手抹痕迹，上附着少量烟炱、水垢。残高7.6、壁厚0.6厘米（图九五，2；彩版七八，2）。

2. 铜器

1件。

M41:3，铜锥。位于椁室南部，距墓圹东南壁约0.50、距墓圹西南壁约0.50米。长条形，锥状，锥尖较尖，斜插入墓主腰椎骨内。长5.3、直径0.15厘米（图九五，1；彩版七八，3）。

3. 骨角贝器

1件。

M41:1，海贝。位于椁室南部，距墓圹东南壁约0.30、距墓圹西南壁约0.32米。平面近椭圆形，一面略经磨制，其上有孔。长2.0、宽1.0、厚0.1厘米（图九五，4；彩版七八，4、5）。

四二　M42

（一）墓葬形制

位于发掘区西部，M44东北侧（图九六；彩版七九、八〇）。残存墓圹平面呈圆角长方形，长1.60、宽1.20、残深1.10米，墓向66°或246°。墓圹填充较疏松的黄褐色粗砂土，夹杂砾石，并出土陶片等遗物。

墓圹底部置内外两重长方形椁室，长1.30、宽0.90、高0.40米。外重椁室为石椁，由多层卵石垒砌而成，石椁外以砂石填充。内重椁室为木椁，由上下2层厚木板搭建而成，木板之间以榫卯相连。

石椁顶部用多根东西向平行排列的原木封盖，原木两端分别有1根南北向放置的原木以榫卯结构相连。原木直径约0.10米，保存较好，中间向下塌陷。木椁内人骨凌乱且严重缺失，仅见椎骨、盆骨、肢骨等。椁室底部多灰黑痕迹。

墓葬内出土单耳陶罐1件，双联铜泡1组，骨料1件，骨纺轮2件，木器1件，木桶1件。

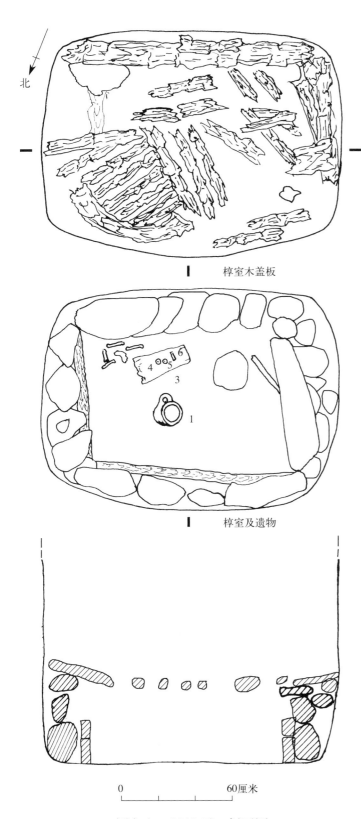

椁室木盖板

椁室及遗物

0　　　　　　60厘米

图九六　M42 平、剖面图

1. 单耳陶罐　3. 木桶　4. 双联铜泡　5. 骨纺轮　6. 骨料

（二）出土遗物

1. 陶器

1件。

M42：1，单耳陶罐。位于椁室西北部，距墓圹北壁约0.50、距墓圹东壁约0.70米。泥质红陶，侈口，方唇，微束颈，鼓腹，圜底，宽带耳，耳上部与口沿直接相连。沿下有手抹痕迹，表面有少量烟炱、水垢。口径9.6、腹径13.0、通高11.2、壁厚0.5厘米（图九七，1；彩版八一，1）。

2. 木器

2件。

M42：2，木器。出土位置不明。残损严重，现存3根，呈木棍状（彩版八一，2、3）。

M42：3，木桶。位于椁室东南，距墓圹南壁约0.30、距墓圹东壁约0.40米。现已残损，不可复原。

3. 铜器

1件。

M42：4，双联铜泡，1组2件。位于椁室东南部，距墓圹南壁约0.38、距墓圹东壁约0.66米。两个单泡并列相连，整体呈“8”字形，均为正面凸镜状，背面凹镜状，背面焊接一字形纽连接两个铜泡，锈蚀严重。一件长1.2、宽0.6、厚0.3厘米；另一件长1.25、宽0.7、厚0.35厘米（图九七，2；彩版八一，4）。

4. 骨角贝器

3件。

M42：5，骨纺轮。位于椁室东南部，距墓圹南壁约0.20、距墓圹东壁约0.45米。圆台形，表面呈黄褐色，形制规整，磨制光滑，中间钻孔。上附着少量水

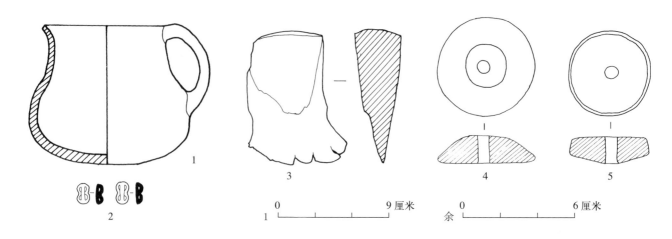

图九七　M42 出土器物

1. 单耳陶罐M42∶1　2. 双联铜泡M42∶4　3. 骨料M42∶6　4、5. 骨纺轮M42∶5、7

垢。直径5.3、高1.5、孔径0.6厘米（图九七，4；彩版八一，5右）。

M42∶7，骨纺轮。出土位置不明。用动物骨骼切削磨制成圆饼状，上端微鼓，表面附着水垢。直径4.2、高1.5、孔径0.65厘米（图九七，5；彩版八一，5左）。

M42∶6，骨料。位于椁室东南部，距墓圹南壁约0.37、距墓圹东壁约0.70米。用动物骨骼切削成形，略经磨制，平面近长方形，一端略宽，剖面呈楔形。长7.0、宽5.0、厚2.7厘米（图九七，3；彩版八一，6）。

四三　M43

（一）墓葬形制

位于发掘区西部，M40西侧，M44东南（图九八；彩版八二、八三）。残存墓圹平面呈长方形，长1.36、宽1.00、残深0.90米，墓向160°或340°。墓圹填充较疏松的黄褐色粗砂土，夹杂砾石，并出土陶片等遗物。

墓圹底部置一具长方形土坯与石块混筑椁，长1.00、宽0.94、高0.50米。椁室东、西两壁由多层卵石垒砌而成，南、北两壁由上下2层竖立的土坯砌筑而成。椁室外以砂石填充。石椁顶部用平行排列的原木封盖，盖板保存较差，朽损严重，仅余边缘部分原木，原木盖板之上铺有扁平状石块。椁室内人骨凌乱且严重缺失，朽损严重。

墓葬内出土单耳陶罐3件，单耳陶杯1件，铜刀3件，铜锥2件，铜泡1件，砺石2件，骨纺轮1件。

（二）出土遗物

1. 陶器

4件。

M43∶1，单耳陶杯。位于椁室东南部，距墓圹南壁约0.34、距墓圹东壁约0.38米。夹细砂褐陶，斜口，尖圆唇，直腹，平底，耳残，从残损痕迹来看耳上部与口沿直接相连且略高于口沿。表面有手抹痕迹，附着烟炱。口径6.0、底径5.8、通高6.0、壁厚0.4厘米（图九九，4；彩版八四，1）。

M43：2，单耳陶罐。位于椁室东南部，距墓圹南壁约0.40、距墓圹东壁约0.30米。夹细砂褐陶，侈口，圆唇，束颈，鼓腹，圜底，宽带耳，耳上部与口沿直接相连。表面光滑，有手抹痕迹，少许剥落，上附着少量水垢。口径9.8、腹径12.6、通高8.2、壁厚0.4厘米（图九九，2；彩版八四，2）。

M43：4，单耳陶罐。位于椁室东南部，距墓圹南壁约0.44、距墓圹东壁约0.10米。夹细砂红陶，直口微侈，圆唇，高颈，鼓腹，圜底，宽带耳。沿下有手抹痕迹，表面有少量烟炱、水垢。口径5.6、腹径10.0、通高10.2、壁厚0.6厘米（图九九，1；彩版八四，3）。

M43：5，单耳陶罐。位于椁室东南部，距墓圹南壁约0.53、距墓圹东壁约0.22米。泥质红陶，直口微侈，圆唇，束颈，鼓腹下垂，平底内凹，宽带耳。表面较光滑，沿下有手抹痕迹，附着有烟炱、水垢。口径8.8、腹径11.6、通高8.0、壁厚0.6厘米（图九九，3；彩版八四，4）。

2. 玉石器

2件。

M43：6，砺石。位于椁室东南部，距墓圹南壁约0.40、距墓圹西壁约0.40米。用砂岩磨制成圆角长方体，青灰色，一端有孔，为双面对钻而成。长9.5、宽2.2、厚0.8、孔径0.5厘米（图九九，6；彩版八四，5）。

M43：13，砺石。出土位置不明。用砂岩磨制成圆角长方体，一端有孔，为双面对钻而成（彩版八四，6）。

3. 铜器

6件。

M43：3，铜泡。位于椁室东南角，距墓圹南壁约0.36、距墓圹东壁约0.14米。平面呈圆形，

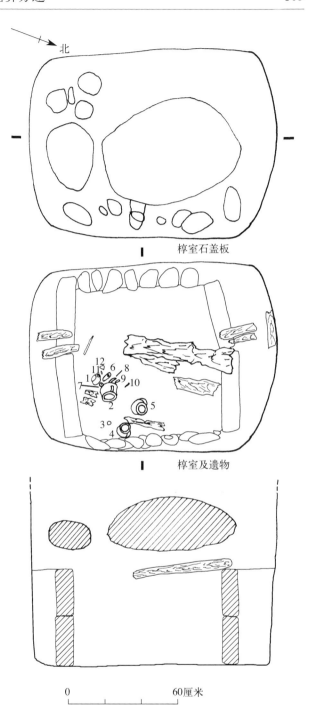

图九八 M43平、剖面图

1. 单耳陶杯 2、4、5. 单耳陶罐 3. 铜泡 6. 砺石 7. 骨纺轮 8. 穿孔铜刀 9、12. 铜刀 10、11. 铜锥

正面呈凸镜状，背面呈凹镜状，背面焊接一字形纽。直径1.3、高0.6、厚0.2厘米（图九九，11；彩版八五，1）。

M43：8，穿孔铜刀。位于椁室东南部，距墓圹南壁约0.42、距墓圹东壁约0.38米。短柄，末端有穿孔，直背弧刃，刀尖较尖。通长8.6、宽1.9、厚0.35厘米（图九九，5；彩版八五，2）。

M43：9，铜刀。位于椁室东南部，距墓圹南壁约0.48、距墓圹东壁约0.38米。仅存刀尖，直背弧刃，刀尖较尖。残长2.2、宽1.4、厚0.2厘米（图九九，7；彩版八五，3）。

M43：10，铜锥。位于椁室东南部，距墓圹南壁约0.52、距墓圹东壁约0.34米。尾端残损，锥尖较尖。残长3.3、宽0.3、厚0.3厘米（图九九，9；彩版八五，4）。

M43：11，铜锥。位于椁室东南部，距墓圹南壁约0.36、距墓圹东壁约0.40米。四棱锥状，一端残损，锥尖较尖。残长2.2、宽0.2、厚0.3厘米（图九九，12；彩版八五，5）。

M43：12，铜刀。位于椁室东南部，距墓圹南壁约0.38、距墓圹东壁约0.44米。仅存刃部一段，平面近呈梯形，直背弧刃，残长0.9、宽0.9、厚0.25厘米（图九九，10）。

4. 骨角贝器

1件。

M43：7，骨纺轮。位于椁室东南部，距墓圹南壁约0.36、距墓圹西壁约0.36米。用骨骼切削磨制成半球形，表面呈黄褐色，中间有钻孔，形状规整，磨制光滑。直径1.7、高0.5、孔径0.5厘米（图九九，8；彩版八五，6）。

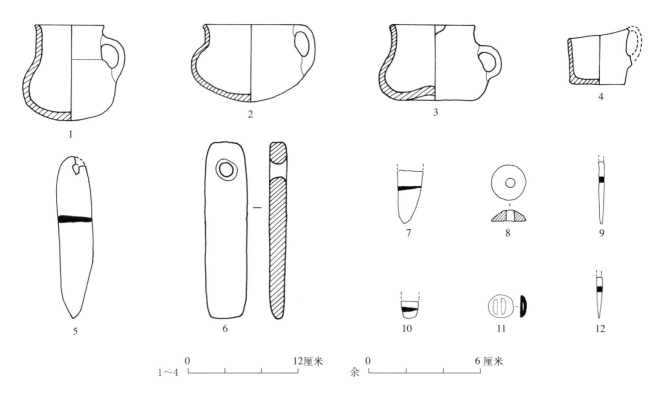

图九九　M43 出土器物

1～3. 单耳陶罐M43：4、2、5　4. 单耳陶杯M43：1　5. 穿孔铜刀M43：8　6. 砺石M43：6　7、10. 铜刀 M43：9、12　8. 骨纺轮 M43：7　9、12. 铜锥M43：10、11　11. 铜泡M43：3

四四　M44

（一）墓葬形制

位于发掘区西部，M43西北侧，M42南侧（图一〇〇；彩版八六、八七）。残存墓圹平面呈椭圆形，长径1.80、短径1.50、残深0.90米，墓向10°或190°。墓圹填充较疏松的黄褐色粗砂土。

墓圹底部置一具圆角长方形石椁，长1.74、宽1.48、高0.50米。石椁由多层卵石垒砌而成，石椁外以砂石填充。石椁顶部用平行排列的原木封盖，多断裂坍塌入椁室。石椁内人骨凌乱且严重缺失，朽损严重。

墓葬内出土单耳陶罐3件，柱腹陶罐1件，陶杯1件，铜刀2件，木杯1件，木碗1件，木盘1件，木桶1件，木器2件，玛瑙珠1件，滑石管1组。

（二）出土遗物

1.陶器

5件。

M44：1，柱腹陶罐。位于椁室西北角，距墓圹北壁约0.76、距墓圹西壁约0.15米。夹细砂褐陶，侈口，圆唇，高颈，上腹微鼓，下腹呈反弧形收成柱状，平底，宽带耳，耳上部与口沿直接相连，器物上腹部均匀分布3组6个乳丁。表面有手抹痕迹，少许剥落，附着少量烟炱、水垢。口径13.0、腹径20.0、底径7.6、通高19.4、壁厚0.8厘米（图一〇一，1；彩版八八，1）。

M44：2，单耳陶罐。位于椁室西北角，距墓圹北壁约0.72、距墓圹西壁约0.39米。泥质红陶，侈口，圆唇，高颈，鼓腹，圜底，宽带耳，耳上部与口沿直接相连，耳侧沿下有两个穿孔，与其相对的一侧口沿下亦有两个穿孔。沿下有手抹痕迹，表面有烟炱及少量水垢。口径7.4、腹径9.6、通高7.8、壁厚0.4厘米（图一〇一，3；彩版八八，2）。

M44：3，单耳陶罐。位于椁室西北角，距墓圹北壁约0.76、距墓圹西壁约0.35米。夹细砂褐陶，残损严重，不可复原（彩版八八，3）。

M44：4，陶杯。位于椁室西北角，距墓圹北壁约0.56、距墓圹西壁约0.38米。泥质红陶，直口微侈，方

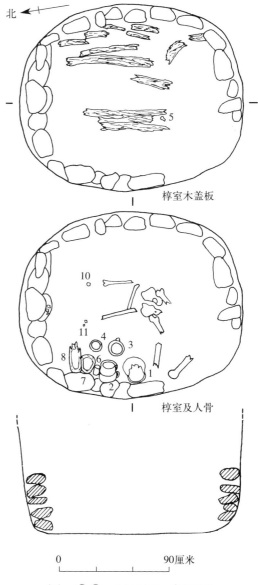

北

椁室木盖板

椁室及人骨

0　　　　　　90厘米

图一〇〇　M44平、剖面图

1.柱腹陶罐　2、3、6.单耳陶罐　4.陶杯　5.铜刀
7.木杯　8.木盘　9.木碗　10.玛瑙珠　11.滑石管

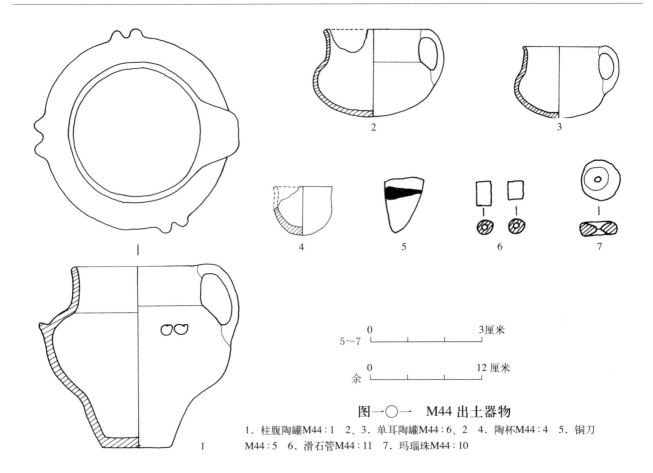

图一○一　M44 出土器物

1. 柱腹陶罐M44：1　2、3. 单耳陶罐M44：6、2　4. 陶杯M44：4　5. 铜刀
M44：5　6. 滑石管M44：11　7. 玛瑙珠M44：10

唇，圜底，表面附着少量烟炱、水垢。口径5.4、腹径6.2、通高5.2、壁厚0.5厘米（图一○一，4；彩版八八，4）。

M44：6，单耳陶罐。位于椁室西北角，单耳陶罐M44：2之下，泥质红陶，侈口，尖圆唇，高颈，鼓腹，圜底，宽带耳，耳上部与口沿直接相连，沿下有手抹痕迹，表面较光滑，附着烟炱、水垢。口径10.2、腹径13.0、通高9.4、壁厚0.4厘米（图一○一，2）。

2. 木器

6件。

M44：7，木杯。位于椁室西北角，距墓圹北壁约0.46、距墓圹西壁约0.16米。碎成数块，不可复原，其中一片内壁沿下有一刻槽。

M44：8，木盘。位于椁室西北角，距墓圹北壁约0.32、距墓圹西壁约0.20米。碎成数块，不可复原。

M44：9，木碗。位于椁室东北部，距墓圹北壁约0.54、距墓圹西壁约0.87米。碎为数块，不可复原（彩版八八，5）。

M44：13，木桶。残碎数块，不可复原。

M44：14，木器。腐朽严重，器形不明。

M44：15，木器。腐朽严重，器形不明。

3. 玉石器

2件（组）。

M44：10，玛瑙珠。位于椁室西北部，距墓圹北壁约0.45、距墓圹西壁约0.40米。用石髓磨制成扁圆形，通体红色，表面较光滑，中间有一对钻的穿孔。直径1.2、高0.5、孔径0.1厘米（图一〇一，7；彩版八八，6）。

M44：11，滑石管，1组2件。位于椁室北部，距墓圹北壁约0.42、距墓圹西壁约0.50米。用滑石磨制成圆柱体，通体白色，表面较光滑，中间有一钻孔。其中一件直径0.4、高0.5、孔径0.15厘米；另一件直径0.47、高0.65、孔径0.2厘米（图一〇一，6；彩版八八，7）。

4. 铜器

2件。

M44：5，铜刀。位于椁室西南部，距墓圹南壁约0.64、距墓圹西壁约0.50米。仅存刀尖，直背弧刃。残长1.4、宽0.9、厚0.2厘米（图一〇一，5）。

M44：12，铜刀。位于椁室西南，仅存刀尖，直背。

四五　M45

（一）墓葬形制

位于发掘区东部，M46东北侧（图一〇二；彩版八九，1）。残存墓圹平面呈长方形，长1.44、宽1.14、残深0.60米，墓向15°或195°。墓圹填充较疏松的黄褐色粗砂土，夹杂砾石，

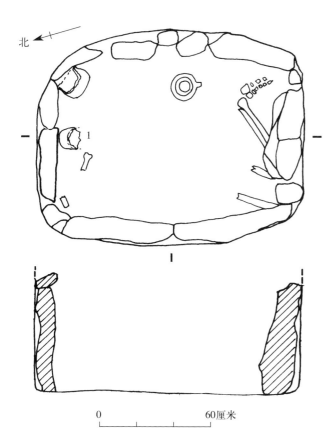

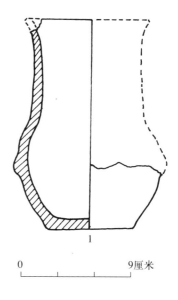

图一〇二　M45 及出土双乳丁陶壶
1. 双乳丁陶壶

并出土陶片等遗物。

　　墓圹底部置一具长方形石椁，长1.40、宽1.12、高0.60米。石椁下部为竖立的石板，上部铺设一层扁平状石块。石椁内人骨凌乱且严重缺失，残存破碎头骨及少量肢骨，头骨位于椁室东北角，头向北。

　　墓葬内出土双乳丁陶壶1件，陶豆1件。

（二）出土遗物

陶器

2件。

　　M45：1，双乳丁陶壶。位于椁室北部，距墓圹北壁约0.05、距墓圹西壁约0.42米。夹细砂红陶，侈口，方唇，高颈，腹微鼓，平底，双乳丁对称分布于腹部两侧，一乳丁残损，另一乳丁略残。表面较光滑，有手抹痕迹，少许剥落，附着少量烟炱、水垢。口径7.2、腹径11.6、底径7.2、通高17.0、壁厚0.8厘米（图一〇二，1）。

　　M45：2，陶豆。出土位置不明。残陶豆底，手制。夹细砂红陶，喇叭口状（彩版八九，2）。

四六　M46

（一）墓葬形制

位于发掘区东部，M1东侧，M47南侧（图一〇三；彩版八九，3、4）。残存墓圹平面呈圆

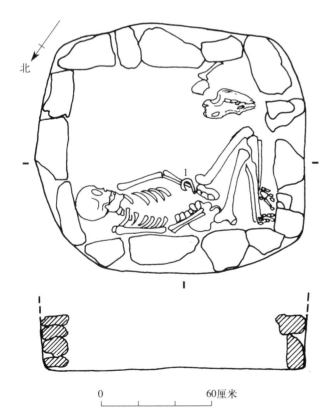

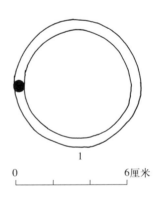

图一〇三　M46及出土铜镯

1. 铜镯

角长方形，长1.46、宽1.32、残深0.30米，墓向55°。墓圹填充较疏松的黄褐色粗砂土，夹杂砾石。

墓圹底部置一具圆角长方形石椁，长1.44、宽1.30、高0.30米。石椁由2～3层卵石垒砌而成。石椁内人骨基本完整且有序，左侧身屈肢，头向东北，面南向。椁室南侧出土羊头骨一颗。

墓葬内出土铜镯1件。

（二）出土遗物

铜器

1件。

M46：1，铜镯。位于死者左手腕上，系由青铜铸造成形，平面环形，截面圆形。直径6.8、厚0.6厘米（图一○三，1；彩版八九，4、5）。

四七 M47

（一）墓葬形制

位于发掘区东部，M46西北侧，M1东侧（图一○四；彩版九○，1）。残存墓圹平面呈长方形，长1.60、宽1.20、残深0.70米，墓向60°或240°。墓圹填充较疏松的黄褐色粗砂土，夹杂砾石，并出土陶片、碎骨及马牙等遗物。

墓圹底部置一具长方形石椁。长1.36、宽1.06、高0.50米。石椁由多层石块垒砌而成，椁室外以砂石填充，形成二层台结构，二层台顶部局部平铺扁平状石块。椁室顶部由平行排列的原木封盖，多已残毁。石椁内人骨凌乱且严重缺失，朽损严重。

墓葬内出土单耳陶罐1件，陶罐1件，铁刀1件，钻火板1件，木桶1件。

（二）出土遗物

1. 陶器

2件。

M47：2，陶罐。出土位置不明。

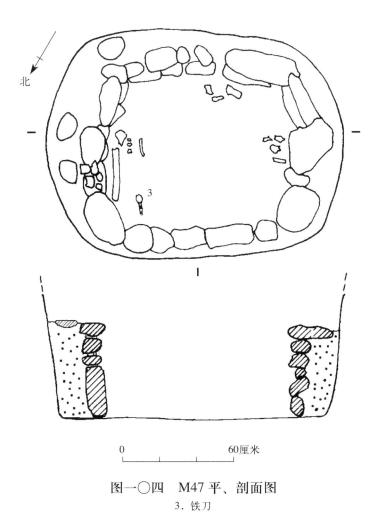

图一○四 M47平、剖面图

3. 铁刀

0   60厘米

夹细砂褐陶，方唇，束颈，腹微鼓，平底。表面较光滑，有手抹痕迹，附着大量烟炱、少量水垢。口径9.4、腹径10.4、底径6.6、通高7.6、壁厚0.7厘米（图一〇五，1；彩版九〇，2）。

M47：4，单耳陶罐。出土位置不明。夹细砂褐陶，侈口，方唇，束颈，腹微鼓，平底，宽带耳，已残，耳上部与口沿直接相连。表面附着烟炱、水垢。口径5.6、腹径8.2、底径6.4、通高7.0、壁厚0.7厘米（图一〇五，2；彩版九〇，3）。

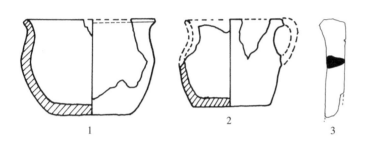

图一〇五　M47 出土器物
1. 陶罐M47：2　2. 单耳陶罐M47：4　3. 铁刀M47：3

2. 木器

2件。

M47：1，钻火板。出土位置不明。用木材切削而成。表面呈黄褐色，一侧较直，一侧呈弧形，长9.2、宽2.5、厚1.3厘米。较直的一侧有两个未钻透的孔，其中一个较深，另一个较浅，较浅的孔内有烧灼痕迹，孔径0.6厘米（彩版九〇，4）。

M47：5，木桶。出土位置不明。碎成数块，不可复原。

3. 铁器

1件。

M47：3，铁刀。位于椁室西北，距墓圹北壁约0.30、距墓圹西壁约0.10米。碎为两个不可拼接的个体。其中较长的两端均残，一侧较薄，一侧较厚，残长8.3、宽2.1、厚1.4厘米；较短的残损严重，残长4.4、宽2.2、厚1.2厘米（图一〇五，3；彩版九〇，5）。

四八　M48

（一）墓葬形制

位于发掘区东部，M4西北侧，M50东北侧（图一〇六；彩版九一，1、2）。残存墓圹平面呈圆角长方形，长1.30、宽1.20、残深0.60米，墓向70°或250°。墓圹填充较疏松的黄褐色粗砂土，夹杂有卵石，并出土有陶片，碎骨，马牙等遗物。

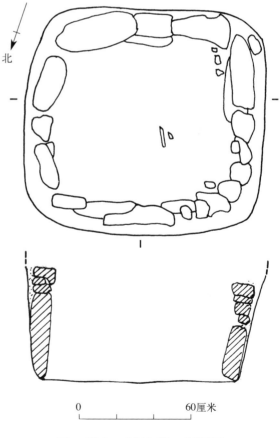

图一〇六　M48 平、剖面图

墓圹底部置一圆角方形石椁，长1.20、宽1.20、高0.60米。石椁下部为竖立的石板，上部铺设2～3层扁平状石块。石椁内人骨凌乱且严重缺失。

（二）出土遗物

无出土遗物。

四九　M49

（一）墓葬形制

位于发掘区东部，M50南侧（图一○七；彩版九一，3）。残存墓圹平面呈椭圆形，口小底大，口部长径1.00、短径0.74米，底部长径1.18、短径0.90、残深1.20米，墓向31°或211°。墓圹填充较疏松的黄褐色粗砂土，夹杂较多砾石。

墓圹底部置一具长方形石椁，长1.16、宽0.88、高1.06米。石椁四壁由多层卵石垒砌而成，石椁顶部用平行排列的原木封盖，但多已塌陷，石椁底部铺有一层约0.05米厚的黄沙。石椁内人骨凌乱且严重缺失，有3颗头骨，其余骨骼朽损严重，葬式不明。

墓葬内出土四耳陶罐1件，陶埙1件，环首铜刀1件，铜泡1件，铜环1件，铜锥1件，木桶1件，砺石1件，串饰1件。

（二）出土遗物

1. 陶器

2件。

M49:3，四耳陶罐。位于椁室东南角，距墓圹东南壁约0.22、距墓圹东北壁约0.22米。夹细砂褐陶，直口微侈，方唇，高颈，鼓腹，平底，四耳均匀的分布于口沿一周，耳顶部与口沿相连，一耳下端一侧有三个未戳透的孔。表面有手抹痕迹，附着少量烟炱、水垢。口径10.0、腹径12.0、底径5.0、高14.8、壁厚0.5厘米（图一○八，8；彩版九二，1）。

M49:8，陶埙。位于椁室东南角，距墓圹东北壁约0.20、距墓圹东南壁约0.28米。夹细砂褐陶，呈橄榄形，中空。两端较尖，一端有一通向内部的孔，应为吹奏口，另一端上有一孔，可能为穿绳之用；腹部有一排4个分部较均匀的音孔，应为烧制前由外向内戳刺而成。表面有手抹痕迹，少许剥落。长10.15、宽5.1、厚0.8厘米（图一○八，2；彩版九二，2）。

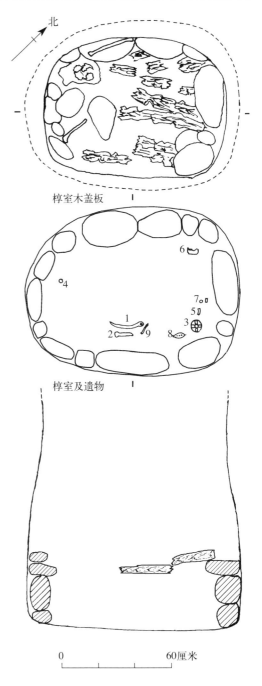

椁室木盖板

椁室及遗物

0　　　　　　　　　　　60厘米

图一○七　M49 平、剖面图
1. 环首铜刀　2. 砺石　3. 四耳陶罐　4. 铜泡　5. 铜环　6. 木桶　7. 串饰　8. 陶埙　9. 铜锥

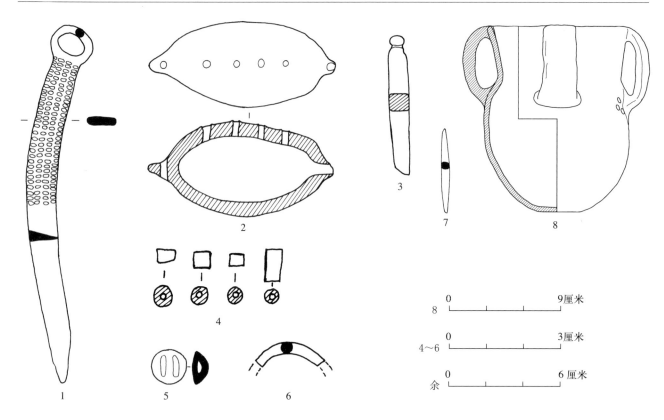

0　　　　　　　　9厘米
8

0　　　　　　　3厘米
4～6

0　　　　　　　6厘米
余

图一〇八　M49 出土器物

1.环首铜刀M49：1　2.陶埙M49：8　3.砺石M49：2　4.串饰M49：7　5.铜泡M49：4　6.铜环M49：5　7.铜锥M49：9　8.四耳陶罐M49：3

2. 木器

1件。

M49：6，木桶。位于椁室东北角，距墓圹西北壁约0.20、距墓圹东北壁约0.24米。碎成数块，不可复原。

3. 玉石器

2件。

M49：2，砺石。位于椁室南部，距墓圹东北壁约0.60、距墓圹东南壁约0.20米。用砂岩磨制成四棱柱体，一端有一圈较深的刻槽，使顶部形成一蘑菇状纽，应为系绳之用。长7.4、宽1.1、厚0.9厘米（图一〇八，3；彩版九二，3）。

M49：7，串饰。位于椁室东南角，距墓圹东南壁约0.36、距墓圹东北壁约0.18米。现存四枚，其中两件为滑石管，用滑石磨制呈扁圆形，通体白色，表面较光滑，中间有钻孔，直径0.4～0.5、高0.3、孔径0.17厘米；另外两件为绿松石珠，用绿松石磨制成圆柱形，通体绿色，表面较光滑，中间有钻孔，直径0.4～0.5、高0.3～1.0、孔径0.17～0.18厘米（图一〇八，4；彩版九二，4）。

4. 铜器

4件。

M49：1，环首铜刀。位于椁室东部，距墓圹东南壁约0.22、距墓圹东北壁约0.60米。环首、曲柄、弧背、凹刃，柄部装饰横向四排凸点纹，刀尖较尖，表面略有锈蚀。通长19.1、宽1.6、环首径2.1厘米（图一〇八，1；彩版九二，5）。

M49：4，铜泡。位于椁室西部，距墓圹西南壁约0.18、距墓圹东南壁约0.42米。平面呈圆形，正面呈凸镜状，背面呈凹镜状，背面有一字形纽，锈蚀严重。直径0.9、高0.4、厚0.2厘米（图一〇八，5）。

M49：5，铜环。位于椁室东南部，距墓圹东南壁约0.32、距墓圹东北壁约0.22米。环形，仅残存一段，表面呈铜绿色，锈蚀较严重。残长1.9、直径1.3厘米（图一〇八，6）。

M49：9，铜锥。位于椁室东南部，距墓圹南壁约0.24、距墓圹东北壁约0.50米。四棱锥形，中部略粗，两端较尖。长4.5、宽0.4、厚0.4厘米（图一〇八，7；彩版九二，6）。

五〇　M50

（一）墓葬形制

位于发掘区东部，M4西侧，M48西南侧，M49北侧，M55东侧（图一〇九；彩版九三～九五）。残存墓圹平面近长方形，口小底大，口长1.28、宽1.04米，底长1.68、宽1.30、残深1.50米，墓向4°或184°。墓圹填充较疏松的黄褐色粗砂土，夹杂有卵石，并出土陶片、动物牙齿、朽木等遗物。

墓圹底部置一具长方形土坯和石块混筑椁，长1.50、宽1.06、高0.60米。椁室东、西壁由上下2层竖立的土坯砌筑，但已坍塌不存；北壁下部有一层竖立的土坯，上部则以石板和石块垒砌；南壁则由上下两层横向竖立的土坯和一块纵向竖立的土坯构成。土坯长40、宽24、厚10厘米。椁室外以砂石填充。椁室顶部用十余根南北向平行排列的原木封盖，少量西南－东北向排列斜置于其他原木之上，原木长0.50～1.10、直径约0.08米（图一一〇）。墓葬中共发现4具人骨，第一具位于填土0.40米深度

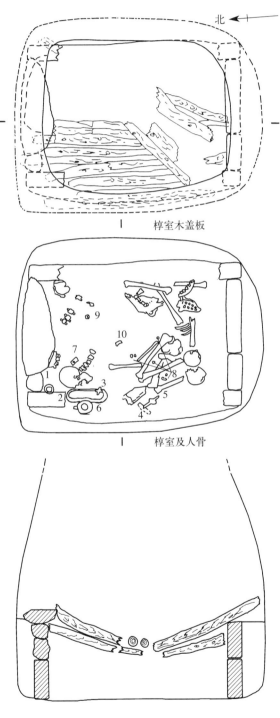

I　　椁室木盖板

I　　椁室及人骨

0　　　　　　　　　75厘米

图一〇九　M50平、剖面图

1. 单耳带注陶罐　2. 木盘　3. 泥塑十字形器　4. 木桶　5. 木纺轮　6. 单耳陶罐　7. 砺石　8. 铜饰件　9. 铜耳环　10. 铜铃

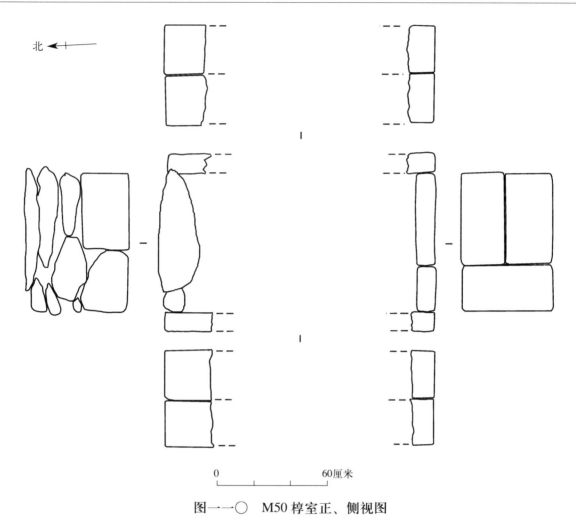

北 ←

0　　　　　　　60厘米

图一一〇　M50椁室正、侧视图

处，人骨凌乱且严重缺失，仅存头骨。第二具位于填土0.70米深度处，骨骼凌乱且严重缺失，头骨在墓圹西南角，锁骨、足骨等则在东北角。第三、第四具均在椁室内，第三具位于椁室西侧，局部位移且缺失，上半身较为凌乱，下半身保存较好，右侧身屈肢，头向北，面向西。第四具位于椁室南侧，骨骼凌乱且严重缺失，头骨在西南角，肋骨和肢骨分布于椁室东南角，肢骨北侧分布一马头骨。

　　墓葬内出土单耳陶罐1件，单耳带注陶罐1件，单耳陶杯1件，双乳丁陶壶1件，泥塑十字形器1件，木盆1件，木桶1件，木纺轮1件，铜饰件1组，铜铃1件，铜耳环1件，砺石1件。

（二）出土遗物

1. 陶器

4件。

M50：1，单耳带注陶罐。位于椁室西北角，距墓圹北壁约0.20、距墓圹西壁约0.26米。夹细砂红陶，侈口，方唇，高颈，鼓腹，圜底，宽带耳，耳上有"十"字形刻划纹，耳侧上腹部有一管状流。表面较光滑，有手抹痕迹，少许剥落，附着少量烟炱、水垢。口径6.4、腹径8.4、通高9.8、壁厚0.7厘米（图一一一，2；彩版九六，1）。

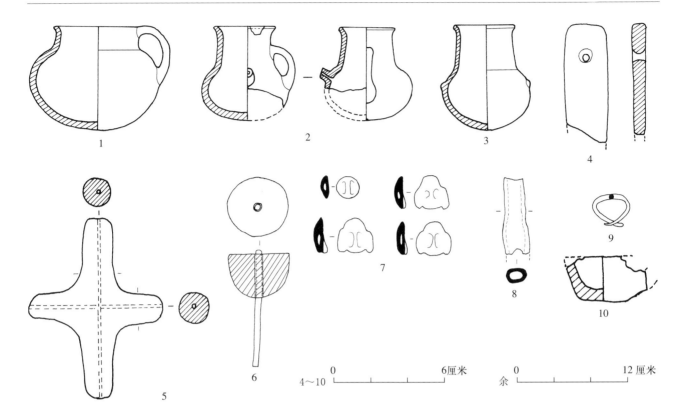

图一一一　M50 出土器物

1. 单耳陶罐M50：6　2. 单耳带注陶罐M50：1　3. 双乳丁陶壶M50：12　4. 砺石M50：7　5. 泥塑十字形器M50：3　6. 木纺轮M50：5
7. 铜饰件M50：8　8. 铜铃M50：10　9. 铜耳环M50：9　10. 单耳陶杯M50：11

M50：6，单耳陶罐。位于椁室西北角，距墓圹北壁约0.45、距墓圹西壁约0.15米。夹细砂红陶，侈口，圆唇，束颈，鼓腹，圜底，宽带耳，耳上部与口沿直接相连，耳一侧颈部有两钻孔，为修补加固之用。沿下有手抹痕迹，表面有烟炱、水垢。口径8.6、腹径14.0、通高11.2、壁厚0.6厘米（图一一一，1；彩版九六，2、3）。

M50：11，单耳陶杯。出土位置不明。夹细砂褐陶，敞口，方唇，平底，单耳上部及口部已残。表面较粗糙，附着少量烟炱、水垢。底径3.0、残高2.4、壁厚0.5厘米（图一一一，10；彩版九六，4）。

M50：12，双乳丁陶壶。位于墓葬填土中，泥质红陶，侈口，方唇，高颈，鼓腹，圜底，双乳丁对称分布于腹部两侧。表面较光滑，有手抹痕迹，部分剥落，上附着大量烟炱、少量水垢。口径6.0、腹径9.4、通高11.2、壁厚0.5厘米（图一一一，3；彩版九六，5）。

2. 泥器

1件。

M50：3，泥塑十字形器。位于椁室西北角，M50：2木盆之内，由夹粗砂黏土捏塑成十字形，中有十字形穿孔。长9.4、宽5.2、孔径1.5～2.5厘米（图一一一，5；彩版九六，6）。

3. 木器

3件。

M50：2，木盘。位于椁室西北角，距墓圹北壁约0.50、距墓圹西壁约0.25米。碎成数块，不可复原，其中一块边缘较高、较厚，有穿孔（彩版九七，1）。

M50：4，木桶。位于椁室西侧，距墓圹北壁约0.80、距墓圹西壁约0.16米。碎成数块不可复原。

M50：5，木纺轮。位于椁室西侧，距墓圹北壁约0.86、距墓圹西壁约0.16米。用木材切削磨制成半球形，表面呈黄褐色，中间有钻孔，形状规整，表面有加工痕迹。直径3.5、高2.5、孔径0.7厘米。孔内插有一残长约6.0厘米的木杆，杆径0.65厘米（图一一一，6；彩版九七，2）。

4. 玉石器

1件。

M50：7，砺石。出土位置不明。用砂岩磨制成扁平的圆角长方体，一端有孔，为两面对钻而成，另一端残损。长6.3、宽2.45、厚0.6、孔径0.5厘米（图一一一，4；彩版九七，3）。

5. 铜器

3件（组）。

M50：8，铜饰件，1组8件。散布于墓室西侧人骨附近，4件保存较好，其中3件呈鸟形，正面凸起，鸟首偏向一侧，鸟翼下垂，背面内凹，焊接一桥形纽；另一件为圆形，正面凸镜状，背面凹镜状，背面焊接一桥形纽。其余4件已残损。长1.6～2.0、宽1.1～1.8、高0.3～0.5、厚0.15～0.2厘米（图一一一，7；彩版九七，4）。

M50：9，铜耳环。位于椁室东北部，距北壁约0.50、距东壁约0.50米。铜丝弯曲，两端交叉成环形，一端较尖，一端较粗，锈蚀较严重。直径1.95、铜丝直径0.15厘米（图一一一，9；彩版九七，5）。

M50：10，铜铃。位于椁室中部，距北壁约0.70、距东壁约0.70米。扁圆形管状，一端较粗，略有残损，两侧各有一长约1.0厘米的裂缝，另一端表面有两周凸棱。长4.2、宽1.6、厚0.8厘米（图一一一，8；彩版九七，6）。

五一　M51

（一）墓葬形制

位于发掘区东部，M53东侧（图一一二；彩版九八，1）。残存墓圹平面近圆角长方形，长1.82、宽1.40、残深0.62米，墓向170°或350°。墓圹填充较疏松的黄褐色粗砂土，夹杂较多砾石。

墓圹底部置一具长方形土坯椁，长1.77、宽1.40、高0.62米。椁室由上下2层竖立的土坯垒砌，椁室外以砂石填充，形成二层台结构，二层台顶部平铺1～2层土坯。土坯长40、宽26、厚10厘米。椁室内人骨凌乱且严重缺失，朽损严重。

墓葬内出土单耳陶罐1件，铜泡1件，铜管1件。

（二）出土遗物

1. 陶器

1件。

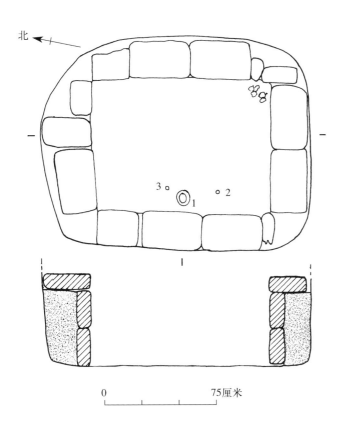

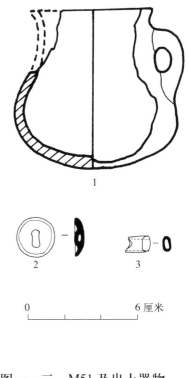

图一一二　M51及出土器物

1. 单耳陶罐　2. 铜泡　3. 铜管

M51:1，单耳陶罐。位于椁室西部，距墓圹北壁约0.85、距墓圹西壁约0.05米。夹细砂褐陶，侈口，圆唇，束颈，鼓腹，圜底，宽带耳。沿下有手抹痕迹，表面有烟炱、水垢。口径6.0、腹径9.0、通高8.7、壁厚0.6厘米（图一一二，1；彩版九八，2）。

2. 铜器

2件。

M51:2，铜泡。位于椁室西部，距墓圹南壁约0.63、距墓圹西壁约0.40米。平面呈圆形，正面呈凸镜状，背面呈凹镜状，背面焊接一桥形纽，锈蚀较严重，纽一侧有一宽0.4厘米的凹槽；正面边缘略凸起，上有放射状的压印纹。直径2.1、高0.5、厚0.3厘米（图一一二，2；彩版九八，3、4）。

M51:3，铜管。位于椁室西部，距墓圹北壁约0.98、距墓圹西壁约0.40米。由铜片卷压成筒形，表面呈铜绿色，两端略有残损，锈蚀严重。直径0.4～0.9、长1.3、厚0.2厘米（图一一二，3；彩版九八，5）。

五二　M52

（一）墓葬形制

位于发掘区东部，M53南侧（图一一三；彩版九九，1）。残存墓圹平面近长方形，长1.18、宽0.96、残深0.30米，墓向38°。墓圹填充较疏松的黄褐色粗砂土，夹杂较多卵石。

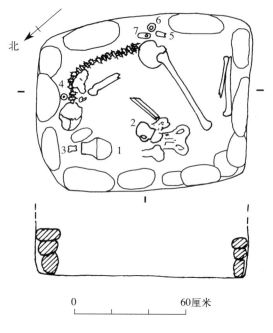

图一一三　M52平、剖面图

1、2. 单耳陶罐　3. 羊距骨　4. 玛瑙串饰　5. 铁带扣
6. 铜泡　7. 砺石

墓圹底部置一具长方形石椁，长1.14、宽0.96、高0.26米。石椁由石板及多层卵石垒砌而成，椁室顶部用平行排列的原木封盖，原木封盖之上铺有一层扁平的卵石。石椁内人骨基本完整且有序，右侧身屈肢，头向北，面向西。人骨西侧出土羊头3颗（彩版九九，2、3）。

墓葬内出土单耳陶罐2件，铜泡1件，铁带扣1件，砺石1件，玛瑙串饰1件，羊距骨1件。

（二）出土遗物

1. 陶器

2件。

M52：1，单耳陶罐。位于椁室北部，人骨西侧，距墓圹东北壁约0.30、距墓圹西北壁约0.20米。夹细砂褐陶，直口，圆唇，高颈，鼓腹下收，平底，宽带耳。沿下有手抹痕迹，表面附着烟炱、水垢。上有一椭圆形石块作为器盖。口径8.4、腹径16.6、底径10.0、通高20.0、壁厚0.6厘米（图一一四，1；彩版一○○，1）。

M52：2，单耳陶罐。位于椁室中部，人骨西侧，距墓圹东北壁约0.50、距墓圹西北壁约0.26米。夹细砂红陶，侈口，圆唇，高颈，鼓腹，平底，宽带耳。表面较光滑，沿下有手抹痕迹，部分剥落，附着少量烟炱。口径8.0、腹径12.0、底径6.4、通高13.2、壁厚0.4厘米（图一一四，2；彩版一○○，2）。

2. 玉石器

2件。

M52：4，玛瑙串饰，1件10颗。位于椁室北部，头骨附近，距墓圹东北壁约0.12、距墓圹西北壁约0.50米。由10枚玛瑙珠串联而成。玛瑙珠用石髓磨制成扁圆体，通体红色，表面较光滑，中间有对钻而成的穿孔。直径0.5～1.2、高0.3～0.6、孔径0.3厘米（图一一四，3；彩版一○○，3）。

M52：7，砺石。位于椁室东部，人骨东侧腰部附近，距墓圹东北壁约0.54、距墓圹东南壁约0.12米。用砂岩磨制而成，呈扁平的圆角长方体，一端有对钻而成的穿孔。长4.1、宽2.0、厚0.8、孔径0.6厘米（图一一四，5；彩版一○○，4）。

3. 铜器

1件。

M52：6，铜泡。位于椁室东部，人骨东侧腰部附近，距墓圹东北壁约0.54、距墓圹东南壁约0.04米。圆形，喇叭状，中部有孔，功能不明，可能为装饰品。直径3.7、高1.5、孔径0.75厘米（图一一四，4；彩版一○○，5）。

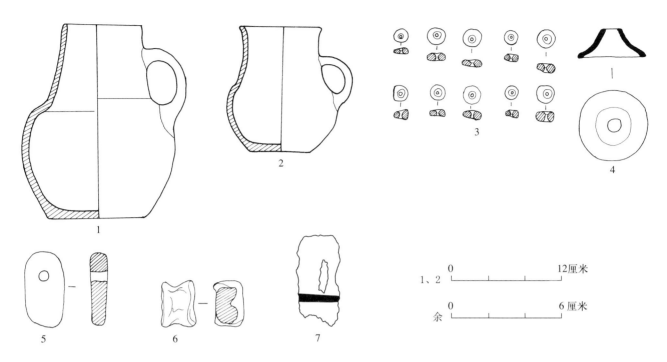

图一一四　M52 出土器物

1、2. 单耳陶罐M52：1、2　3. 玛瑙串饰M52：4　4. 铜泡M52：6　5. 砺石M52：7　6. 羊距骨M52：3　7. 铁带扣M52：5

4. 铁器

1件。

M52：5，铁带扣。位于椁室东部，人骨东侧腰部附近，距墓圹东北壁约0.62、距墓圹东南壁约0.10米。残存部分近长方形，锈蚀严重。长5.0、宽2.3、厚0.5厘米；中间有一长方形孔，孔长1.7、孔宽0.4厘米（图一一四，7；彩版一〇〇，6）。

5. 骨角贝器

1件。

M52：3，羊距骨。位于椁室北部，人骨西侧，M52：1北部，距墓圹东北壁约0.12、距墓圹西北壁约0.20米。表面呈黄白色，其中一角有切割痕迹。长2.7、宽1.9、高1.6厘米（图一一四，6；彩版九九，4、5）。

五三　M53

（一）墓葬形制

位于发掘区东部，M51西侧，M52北侧（图一一五；彩版一〇一，1）。残存墓圹平面呈圆角长方形，长1.78、宽1.36、残深1.10米，墓向55°或235°。墓圹填充较疏松黄褐色粗砂土。

墓圹底部置一具圆角长方形石椁，长1.70、宽1.26、高1.10米。石椁由多层卵石垒砌而成。石椁内人骨凌乱且严重缺失，朽损严重。

墓葬内出土单耳陶罐1件。

（二）出土遗物

陶器

1件。

M53：1，单耳陶罐。出土位置不明。泥质红陶，侈口，方唇，鼓腹，平底，宽带耳，不可复原。

五四　M54

（一）墓葬形制

位于发掘区中部，M49南侧，M2东侧（图一一六；彩版一〇一，2）。残存墓圹平面近长方形，长1.68、宽1.30、残深1.80米，墓向15°或195°。墓圹填充较疏松的黄褐色粗砂土，夹杂有较多卵石，并出土有陶片、马牙、马骨等遗物。

墓圹底部置一具圆角长方形石椁，石椁由多层石块垒砌而成，长1.36、宽1.24、高0.90米。椁室顶部用木板封盖，出土时仅存2块，一端置于石椁上，一端斜塌入椁室内。椁室内人骨凌乱且严重缺失，朽损严重。

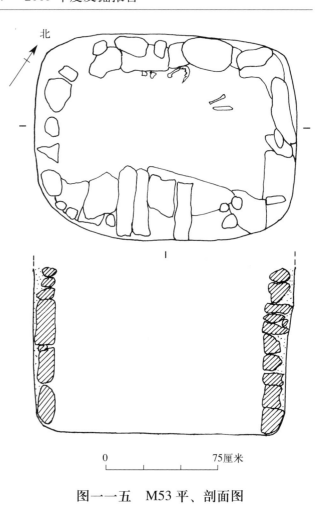

图一一五　M53平、剖面图

墓葬中出土单耳陶罐4件，双耳陶罐1件，单耳陶杯1件，陶器底1件，有孔棒状陶器1件，陶纺轮1件。

（二）出土遗物

陶器

9件。

M54：1，陶纺轮。位于椁室西南部，距墓圹西壁约0.32、距墓圹南壁约0.50米。由陶容器残片打磨而成，呈圆饼形，边缘较规整，一面较光滑，另一面有手抹痕迹，中部有一钻孔，为两面对钻而成。直径4.7、壁厚1.5、孔径0.5厘米（图一一七，6；彩版一〇二，1）。

M54：2，单耳陶罐。位于椁室北部距墓圹北壁约0.50、距墓圹西面壁约0.62米。夹细砂褐陶，直口微侈，圆唇，束颈，鼓腹，平底，宽带耳，耳部有抛物线形的旋纹，耳顶部与口沿相连且略高于口沿。沿下有手抹痕迹，表面有少量烟炱、水垢。口径6.5、腹径10.0、底径4.2、通高9.2、壁厚0.6厘米（图一一七，3；彩版一〇二，2）。

M54：3，单耳陶罐。位于椁室北部，距墓圹北壁约0.35、距墓圹东壁约0.45米。夹细砂褐陶，口部残损，鼓腹，圜底，宽带耳。表面附着烟炱、水垢。腹径13.0、残高10.8、壁厚0.5厘米（图一一七，5；彩版一○二，3）。

　　M54：4，单耳陶罐。位于椁室中部，距墓圹西壁约0.72、距墓圹北壁约0.75米。泥质红陶，直口微侈，方唇，束颈，鼓腹，平底，宽带耳，耳顶部与口沿直接相连。表面较光滑，有手抹痕迹，附着少量烟炱、水垢。口径6、腹径9.2、底径7.2、通高10.8、壁厚0.7厘米（图一一七，2；彩版一○二，4）。

　　M54：5，单耳陶杯。位于椁室西北部，距墓圹北壁约0.45、距墓圹西壁约0.35米。夹细砂褐陶，直口微敛，圆唇，腹微鼓，平底，宽带耳，耳上部与口沿直接相连。表面有手抹痕迹，附着烟炱、水垢。口径7.2、底径5.0、通高6.6、壁厚0.4厘米（图一一七，4；彩版一○二，5）。

　　M54：6，有孔棒状陶器。位于椁室西北角，距墓圹北壁约0.25、距墓圹西壁约0.20米。夹细砂褐陶，整体呈扁圆柱形，两端边缘有压印纹，器身穿孔，两组，每组各有3个，这些穿孔均为烧制前戳刺而成。长11.0、宽2.8、孔径0.2～0.7、壁厚1.2厘米（图一一七，7；彩版一○二，6）。

　　M54：7，单耳陶罐。位于椁室西北角，距墓圹北壁约0.22、距墓圹西壁约0.17米。夹细砂褐陶，侈口，方圆唇，高颈，鼓腹，平底，宽带耳，耳顶部与口沿直接相连。沿下有手抹痕迹，表面有烟炱、水垢。口径10.0、腹径16.2、底径8.6、通高16.4、壁厚0.6厘米（图一一七，1；彩版一○二，7）。

　　M54：8，陶器底。出土位置不明。夹细砂褐陶，圈足，陶器底部残片，不可复原。

　　M54：9，双耳陶罐。出土位置不明。夹细砂褐陶，鼓腹，腹耳，平底。残损严重，不可复原。

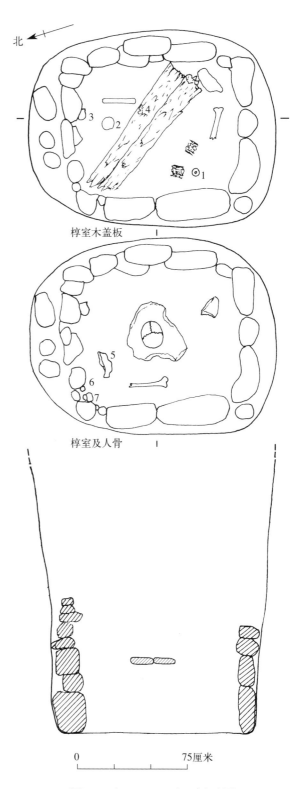

椁室木盖板

椁室及人骨

0　　　　　　　　　75厘米

图一一六　M54平、剖面图

1．陶纺轮　2～4、7．单耳陶罐　5．单耳陶杯　6．有孔棒状陶器

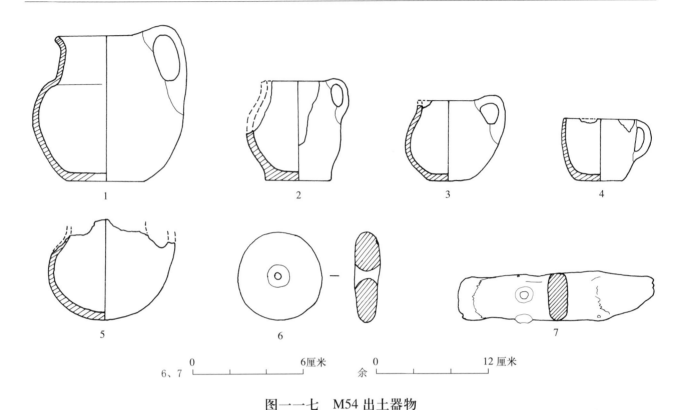

6、7 ├─────────────┤ 0   6厘米

余 ├─────────────┤ 0   12厘米

图一一七　M54 出土器物

1～3、5. 单耳陶罐M54：7、4、2、3　4. 单耳陶杯M54：5　6. 陶纺轮M54：1　7. 有孔棒状陶器M54：6

五五　M55

（一）墓葬形制

位于发掘区东北部，M50西侧，M57东侧（图一一八；彩版一〇三，1、2）。残存墓圹平面呈圆角长方形，长1.50、宽1.20、残深0.86米，墓向42°。墓葬填充较疏松的粗砂土，并出土大量碎木、陶片、马骨、破损严重的人头骨、木桶残片、木器足以及铜器残片等遗物。

墓圹底部置一具长方形石椁，长1.40、宽1.10、高0.60米。石椁下部为竖立石板，上部垒砌多层扁平状石块。石椁顶部用11根南北向平行排列的原木和南端一根东西向原木封盖。原木长约1.50、直径0.08～0.10米，边缘部分保存较好，中部分多已塌入椁室。石椁内人骨基本完整且有序，右侧身屈肢，头向东北，面向西，四肢保存尚好，头骨破损严重。

墓葬内出土双乳丁陶壶1件，单耳陶罐2件，单耳陶钵1件，陶杯1件，木盘1件，木杖1件，木桶1件，铜锥1件，泥塑十字形器1件，砺石1件，陶器盖石2件。

（二）出土遗物

1. 陶器

5件。

M55：1，双乳丁陶壶。位于椁室北部，距墓圹东北壁约0.20、距墓圹西北壁约0.16米。泥质红陶，敞口，圆唇，高颈，鼓腹，平底，腹部对称分布两乳丁。沿下有手抹痕迹，表面较光滑，部分剥落，附着大量烟炱、少量水垢，口沿处覆盖一石块作为器盖。口径10.4、腹径16.8、底径7.0、通高17.6、壁厚0.5厘米（图一一九，1；彩版一〇四，1）。

M55：2，单耳陶罐。位于M55：1北侧，距墓圹东北壁约0.30、距墓圹西北壁约0.34米。夹细砂褐陶，侈口，方唇，高颈，鼓腹，平底，宽带耳。沿下有手抹痕迹，表面有烟炱、水垢，口沿处覆盖一石块作为器盖。口径6.2、腹径8.4、底径4.7、通高9.6、壁厚0.4厘米（图一一九，3；彩版一〇四，2）。

M55：3，单耳陶钵。位于M55：1东侧，距墓圹东北壁约0.20、距墓圹西北壁约0.34米。泥质红陶，敞口，方唇，平底，宽带耳，耳上部与口沿直接相连。表面较光滑，有手抹痕迹，部分剥落，上附着少量烟炱、水垢。口径18.0、底径10.0、通高6.0、壁厚0.6厘米（图一一九，4；彩版一〇四，4）。

M55：5，陶杯。位于木盘之上中部，距墓圹东北壁约0.62、距墓圹西北壁约0.22米。夹细砂褐陶，形体较小，敞口，尖圆唇，圜底略平。表面较粗糙，上附着水垢。口径3.4、底径1.2、通高2.4厘米（图一一九，5；彩版一〇四，5）。

M55：11，单耳陶罐。位于墓葬填土中，泥质红陶，侈口，圆唇，高颈，鼓腹，圜底，耳部残损，沿下、颈部、腹部施有带状黑彩。表面较光滑，有手抹痕迹，上附着少量烟炱、水垢。口径8.4、腹径9.3、底径2.2、通高11.0、壁厚0.3厘米（图一一九，2；彩版一〇四，3）。

2. 泥器

1件。

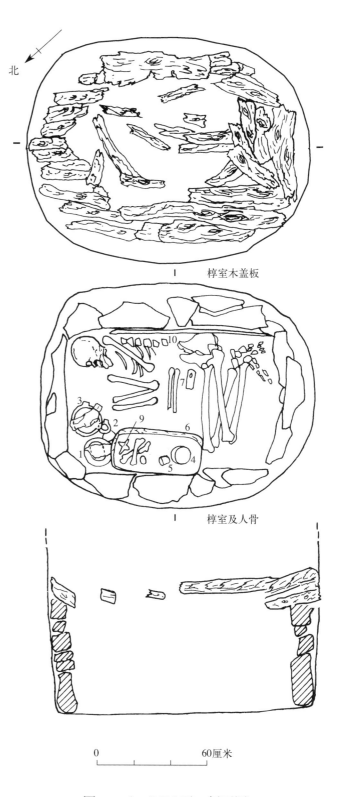

椁室木盖板

椁室及人骨

0　　　　　　　　60厘米

图一一八　M55平、剖面图

1. 双乳丁陶壶　2、3. 单耳陶罐　4. 木桶　5. 陶杯　6. 木盘
7. 砺石　9. 泥塑十字形器　10. 木杖

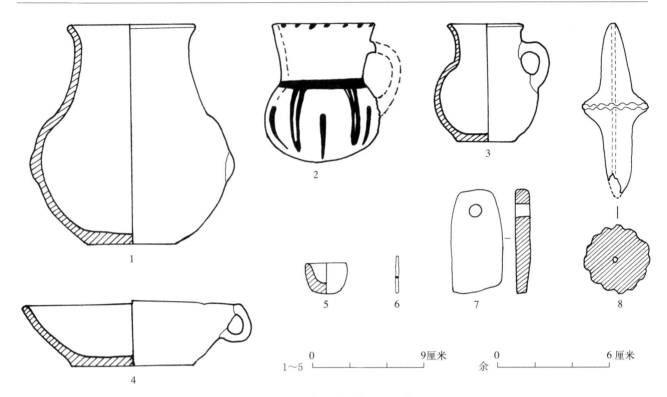

图一一九　M55 出土器物（一）

1. 双乳丁陶壶M55：1　2、3. 单耳陶罐M55：11、2　4. 单耳陶钵M55：3　5. 陶杯M55：5　6. 铜锥M55：8　7. 砺石M55：7　8. 泥塑
十字形器M55：9

　　M55：9，泥塑十字形器。位于木盘之上东侧，距墓圹东北壁约0.40、距墓圹西北壁约0.28
米。夹粗砂褐陶，整体呈梭形，中部有一周较高的凸棱，棱上有压印纹，两端略尖，稍残损，
有穿孔。残长8.8、中部直径3.6、孔径0.25厘米（图一一九，8；彩版一〇四，6）。

　　3. 木器

　　3件。

　　M55：4，木桶。位于木盘之上西侧，距墓圹东北壁约0.68、距墓圹西北壁约0.22米。黄褐
色，碎为数块，不可复原，其中一块较完整，为桶底，圆饼形。长径8.3、短径7.3、厚0.8厘米
（彩版一〇五，1）。

　　M55：6，木盘。位于椁室北部，距墓圹东北壁约0.54、距墓圹西北壁约0.16米。碎为4
块，最大的一块边缘凸起，呈盘状，中间有一圆形浅槽，一侧边缘有一孔。长4.5、宽3.2、厚
0.3～1.3厘米。此外，木盘之内还有羊骨若干（图一二〇，1；彩版一〇五，2、3）。

　　M55：10，木杖。位于墓主背部与石椁之间，距墓圹东南壁约0.24、距墓圹西南壁约0.14
米。用木材刮削成棒状，表面呈黄褐色，一端弯曲作为手柄之用，另一端残损。残长33.0、直
径1.4厘米（图一二〇，2；彩版一〇五，4）。

　　4. 玉石器

　　3件。

　　M55：7，砺石。位于墓主腰部附近，距墓圹东南壁约0.44、距墓圹西南壁约0.68米。黄褐

色，平面呈圆角长方形，用砂岩磨制而成，一端有双面钻孔，一角略有残损，通体平整光滑。长5.2、宽2.7、厚1.0、孔径0.6厘米（图一一九，7）。

M55：12，陶器盖石。出土时位于M55：1上，作为陶器器盖之用，表面呈黄褐色，平面呈不规则长方形、扁平状（彩版一〇五，5）。

M55：13，陶器盖石。出土时位于M55：2上，作为陶器器盖之用，表面呈黄褐色，平面呈长条形、扁平状（彩版一〇五，6）。

5. 铜器

1件。

M55：8，铜锥。出土位置不明。四棱长条形，两端均残，表面锈蚀严重。残长2.2、厚0.15厘米（图一一九，6）。

五六 M56

（一）墓葬形制

位于发掘区东北部，M10西侧（图一二一；

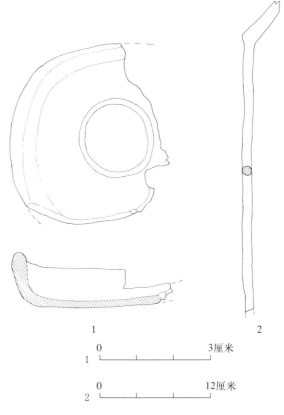

图一二〇 M55出土器物（二）
1. 木盘M55：6 2. 木杖M55：10

彩版一〇六，1、2）。残存墓圹平面呈圆角长方形，长1.68、宽1.30、残深1.54米，墓向9°或189°。墓圹填充较疏松的黄色粗砂土，夹杂有卵石，并出土有陶片、朽木、动物骨骼、铜器碎块、木器残片、毛织品残片等遗物。

墓圹底部置一长方形石椁，长1.65、宽1.15、深0.62米。石椁用石块和土坯混合砌筑而成，椁室北壁用多层石块垒砌；南壁下部为竖立石板，上部铺设一层扁平状石块；西壁下部为2层竖立的土坯，上部覆盖一层扁平状石块；东壁下部为竖立的土坯，上部为竖立的石块。椁室顶部用平行排列的原木封盖，盖板腐朽严重，现存4根，多已塌入椁室（图一二二）。盖板之上还铺有扁平状石板。墓葬中发现人骨3具，均凌乱且严重缺失，其中2具位于填土中，均仅存颅骨；另1具位于椁室底部西北角，残存颅骨、盆骨、肢骨、椎骨、锁骨等，分布散乱。

墓葬内出土铜铃1组，铜饰件1件，铜泡1组，双联铜泡1组，铜刀1件，骨划齿1件，木器1件，滑石管2件。

（二）出土遗物

1. 木器

1件。

M56：6，木器。位于椁室西北角，M56：5北部，距墓圹西壁约0.25米、距墓圹北壁约0.25

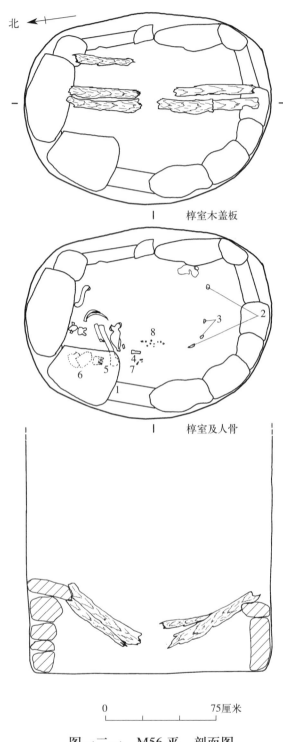

图一二一　M56平、剖面图

1. 铜铃　2. 铜泡　3. 滑石管　4. 铜饰件　5. 骨划齿
6. 木器　7. 铜刀　8. 双联铜泡

米。碎成数块，其中一块上施有红彩，不可复原。

2. 玉石器

2件。

M56：3，滑石管，1件3颗。散布于墓室西南部，用滑石磨制成圆柱体。通体白色，表面较光滑，中间有钻孔。直径0.45～0.5、高0.35～0.9、孔径0.15～0.18厘米（图一二三，4；彩版一〇七，1）。

M56：9，滑石管。位于墓葬填土中，用滑石磨制成圆柱体。通体白色，表面较光滑，中间有钻孔。直径0.5、高0.73、孔径0.2厘米（图一二三，8；彩版一〇七，2）。

3. 铜器

5件（组）。

M56：1，铜铃，1组2件。位于椁室西北部。其中1件距墓圹北壁约0.44、距墓圹西壁约0.25米。呈圆柱形，中空，两端均残损，残长2.3、直径0.9、壁厚0.1厘米；另一件距北壁约0.50、距西壁约0.10米。整体近似喇叭形，一端较粗，一端较细，较细的一端有一圆孔，两端均残损，残长2.8、直径0.9～1.4、壁厚0.1厘米（图一二三，5；彩版一〇七，3）。

M56：2，铜泡，1组2件。俯视均呈圆形，正面呈凸镜状，背面呈凹镜状，背面焊接一桥形纽。其中1件位于椁室西南部，距墓圹南壁约0.47、距墓圹西壁约0.42米。保存较好，直径1.6、高0.4厘米。另一件位于椁室东南部，距墓圹南壁约0.42、距墓圹东壁约0.33米。桥形纽中段残损，直径1.4、高0.5厘米（图一二三，3；彩版一〇七，4）。

M56：4，铜饰件。位于椁室西部，距墓圹北壁约0.67、距墓圹西壁约0.42米。平面呈哑铃型，表面锈蚀，一端略有残损。长1.75、宽0.4、厚0.15厘米（图一二三，6）。

M56：7，铜刀。位于椁室西部，距墓圹北壁约0.70、距墓圹西壁约0.35米。长条形，表面锈蚀，一端略尖，一端残损。残长1.3、宽0.4、厚0.2厘米（图一二三，7；彩版一〇七，5）。

　　M56：8，双联铜泡，1组11件。位于椁室中部，距墓圹北壁约0.75、距墓圹西壁约0.5米。其中6件保存较完整，两个单泡并列相连，整体呈"8"字形，背面焊接一字形组，表面被铜锈覆盖。长1.1～1.4、宽0.5～0.7、高0.2～0.3厘米。另外5件均残损严重（图一二三，2）。

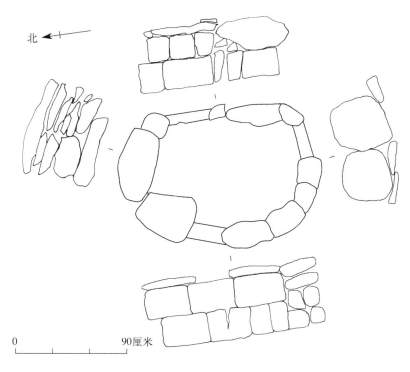

图一二二　M56椁室正、侧视图

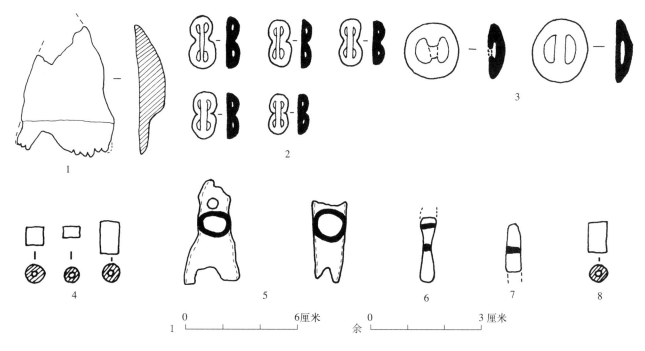

图一二三　M56出土器物

1. 骨划齿M56：5　2. 双联铜泡M56：8　3. 铜泡M56：2　4、8. 滑石管M56：3、9　5. 铜铃M56：1　6. 铜饰件M56：4　7. 铜刀M56：7

4. 骨角贝器

1件。

M56：5，骨划齿。位于椁室西北角，距北壁约0.32米。紧邻西壁，黄褐色，由动物骨骼切割磨制而成，表面较光滑，一端呈锯齿状，较薄，齿端略残，另一端较厚且残损。残长6.8、宽5.1、厚1.5厘米（图一二三，1；彩版一○七，6）。

五七　M57

（一）墓葬形制

位于发掘区中部，M55西侧，M59东侧（图一二四；彩版一○八，1、2）。残存墓圹平面近圆角长方形，口小底大，口长1.32、口宽1.24米，底长1.70、底宽1.24、残深1.46米，墓向18°。墓圹填充较疏松的黄色粗砂土，夹杂卵石，并出土动物骨骼。

墓圹底部置内外两重长方形椁室，长1.46、宽0.70、高0.56米。外重椁室的北、南、西壁以石板和石块垒砌而成，东部依托墓；南壁下部为竖立的石板，上部垒叠一层石块，外重椁室顶部用10根南北向平行排列的原木封盖，盖板保存较好。内重椁室的东、西、北三壁用2～3层原木垒叠而成，内重椁室南端依托外重椁室南壁竖立的石板，内重椁室顶部用4根南北向平行排列的原木封盖，盖板保存较好。椁室内人骨基本完整且有序，右侧身屈肢，头向北，面向西。

墓葬内出土单耳陶罐3件，陶钵1件，双系陶壶1件，双乳丁陶壶1件，铜泡1组，铜锥1件，铜耳环1件，铜刀1件，木盘1件，木杯1件，钻火板1件，绿松石珠1件，陶器盖石1件。

（二）出土遗物

1. 陶器

6件。

M57：1，双乳丁陶壶。位于椁室西北角，紧挨椁室西壁和北壁，泥质红陶，侈口，方圆唇，高颈，鼓腹，平底，双乳丁对称分布于腹部两侧。表面较光滑，有手抹痕迹，少许剥落，上附着烟炱、水垢。口径8.4、底径6.2、腹径15.0、通高19.6、壁厚0.6厘米（图一二五，1；彩版一○九，1）。

M57：2，单耳陶罐。位于M57：1南侧，距椁室北壁约0.14米，紧挨椁室西壁。夹细砂褐陶，侈口，方唇，束颈，鼓腹，圜底，耳顶部与口沿直接相连且略高于口沿，且残损。沿下有手抹痕迹，表面附着烟炱、水垢。口径6.0、腹径10.0、通高9.4、壁厚0.8厘米（图一二五，4；彩版一○九，2）。

M57：9，双系陶壶。位于椁室西部，距椁室北壁约0.3、距椁室西壁约0.05米。夹细砂红陶，侈口，方圆唇，高颈，鼓腹，下腹部稍内收，平底，双系分布于腹部两侧，不甚对称，系上有孔。沿下有明显手抹痕迹，表面较光滑，部分剥落，附着大量烟炱、水垢。口径6.8、底径4.4、腹径10.8、通高13.4、壁厚0.6厘米（图一二五，5；彩版一○九，5）。

M57：11，单耳陶罐。位于椁室西北角，距椁室北壁约0.01、距椁室西壁约0.06米。泥质红

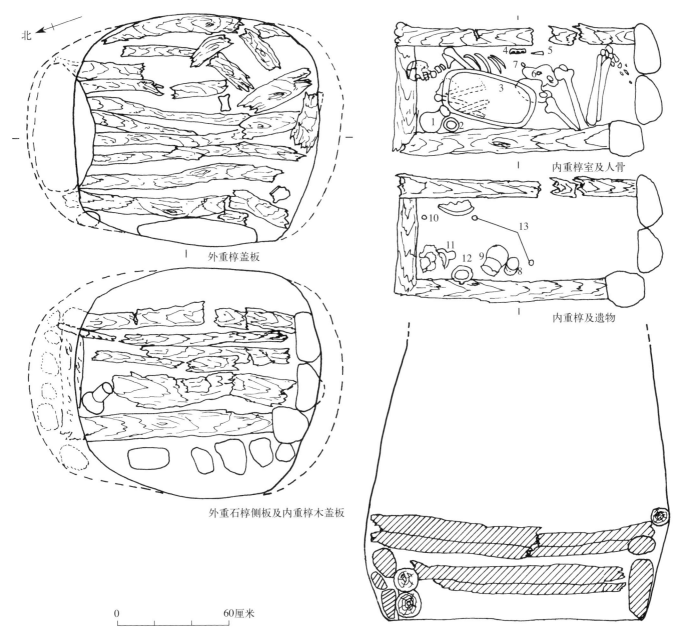

北

外重椁盖板

外重石椁侧板及内重椁木盖板

内重椁室及人骨

内重椁及遗物

0　　　　　　　　60厘米

图一二四　M57平、剖面图

1. 双乳丁陶壶　2、11、12. 单耳陶罐　3. 木盘　4. 钻火板　5. 木柄铜锥　6. 铜刀　7. 绿松石珠　8. 木杯　9. 双系陶壶　10. 铜耳环　13. 铜泡

陶，侈口，方唇，束颈，鼓腹，圜底，宽带耳，耳上部与口沿直接相连，其上盖一石块作为器盖沿下有手抹痕迹，表面较光滑，附着有烟炱、水垢。口径11.2、腹径16.8、通高14.2、壁厚0.8厘米（图一二五，2；彩版一〇九，3）。

　　M57：12，单耳陶罐。位于M57：11南侧，距椁室北壁约0.20米，紧挨椁室西壁。泥质褐陶，侈口，圆唇，束颈，鼓腹，圜底，耳上部与口沿直接相连，已残损。沿下有手抹痕迹，表面较光滑，附着大量烟炱、少量水垢。口径7.6、腹径11.0、通高9.0、壁厚0.6厘米（图一二五，3；彩版一〇九，4）。

M57：15，陶钵。出土位置不明。夹细砂褐陶，敞口，圆唇，腹微鼓，圜底略平（彩版一○九，6）。

2. 木器

3件。

M57：3，木盘。位于椁室中部偏西，木盘中心距椁室北壁约0.40、距椁室西壁约0.16米。碎为数块，不可复原（彩版一一○，1）。

M57：4，钻火板。位于人骨腰部附近，距椁室北壁约0.5、距椁室东壁约0.03米。用木材切削而成，表面呈黄褐色，整体呈月牙形，内侧有4个钻孔，两端的2个钻孔较深，有烧灼痕迹；另2个较浅，表面有加工痕迹。长7.7、宽1.3厘米（图一二五，6；彩版一一○，2）。

M57：8，木杯。位于木盘之下，M57：9南侧，距椁室北壁约0.50、距椁室西壁约0.05米。保存较差，不可复原（彩版一一○，3）。

3. 玉石器

2件。

M57：7，绿松石珠。位于人骨腰部附近，距椁室北壁约0.60、距椁室东壁约0.10米。用绿松石磨制成扁圆体，通体绿色，表面较光滑，中间有钻孔。直径0.4、高0.1、孔径0.15厘米（图一二五，11；彩版一一○，4）。

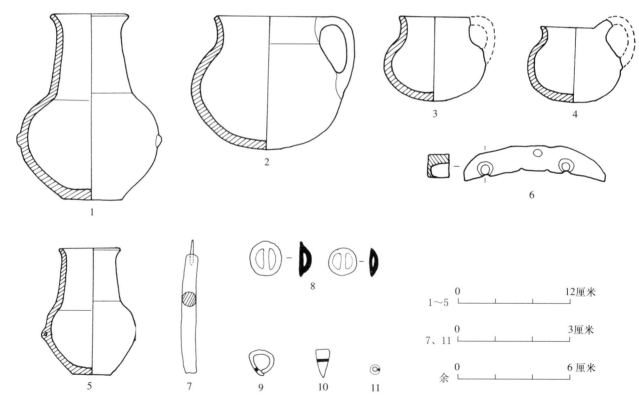

图一二五　M57出土器物

1. 双乳丁陶壶M57：1　2～4. 单耳陶罐M57：11、12、2　5. 双系陶壶M57：9　6. 钻火板M57：4　7. 木柄铜锥M57：5　8. 铜泡M57：13　9. 铜耳环M57：10　10. 铜刀M57：6　11. 绿松石珠M57：7

M57：14，陶器盖石。出土于M57：11，单耳陶罐之上，作为陶器盖石之用。平面呈不规则形，扁平状。

4. 铜器

4件。

M57：5，木柄铜锥。位于人骨腰部附近，距椁室北壁约0.62、距椁室东壁约0.05米。铜锥套入木柄之中，锥身呈四棱状，锥尖较尖。锥长0.8、宽0.2厘米；木柄长3.2、直径0.4厘米（图一二五，7；彩版一一〇，5）。

M57：6，铜刀。位于墓主盆骨之下，距椁室北壁约0.67、距椁室东壁约0.15米。平面三角形，表面锈蚀严重。长1.5、宽0.7、厚0.15厘米（图一二五，10；彩版一一〇，6）。

M57：10，铜耳环。位于墓主头骨之下，距椁室北壁约0.05、距椁室东壁约0.10米。用铜丝弯曲成环形，两端相交，表面呈铜绿色，锈蚀较严重。直径1.5、铜丝直径0.15厘米（图一二五，9；彩版一一〇，7）。

M57：13，铜泡，1组2件。位于椁室内人骨与东壁之间，距椁室北壁约0.60、距椁室东壁约0.10米。俯视均呈圆形，正面呈凸镜状，背面呈凹镜状，背面焊接一桥形纽。其中1件直径1.5、高0.6、壁厚0.15厘米。另一件直径1.9、高0.5、壁厚0.2厘米（图一二五，8；彩版一一〇，8）。

五八　M58

（一）墓葬形制

位于发掘区中部，M60东侧（图一二六；彩版一一一，1）。残存墓圹平面呈圆角长方形，长2.00、宽1.46、残深1.15米，墓向70°或250°。墓圹填充黄褐色粗砂土，夹杂有卵石，并出土陶片、马骨、羊骨、马牙、人骨等遗物。

墓圹底部置一具长方形石椁。石椁用多层石块垒砌而成，长1.70、宽1.30、高0.58米。椁室底部有细黄砂土。石椁内人骨局部位移且缺失，盆骨及骶骨位于椁室中部，股骨位于椁室西北角，不见头骨。椁室北壁出土一具山羊头骨，仅有左侧羊角保存较好。

墓葬内出土双乳丁陶壶1件，单耳陶

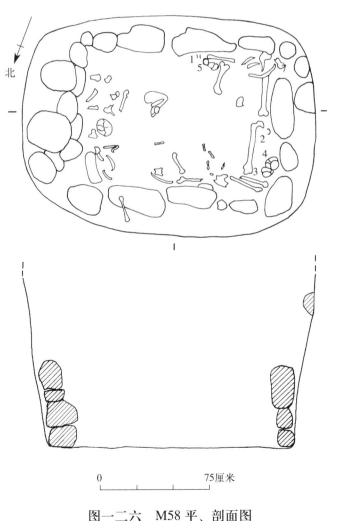

图一二六　M58 平、剖面图

1、2. 铜耳环　3. 单耳圈足陶罐　4. 单耳陶罐　5. 单耳陶杯　7. 陶豆罐1件，单耳圈足陶罐1件，单耳陶杯1件，陶豆1件，铜耳环2件，泥塑十字形器1件。

（二）出土遗物

1. 陶器

5件。

M58：3，单耳圈足陶罐。位于椁室西北角，M58：4北侧，距墓圹北壁约0.32、距墓圹东壁约1.6米。夹细砂红陶，侈口，圆唇，束颈，鼓腹，圜底，假圈足，宽带耳，耳上部与口沿直接相连且略高于口沿，腹部均匀分布五个乳丁。表面较光滑，有手抹痕迹，少许剥落，附着烟炱、水垢。口径10.2、腹径11.8、底径4.6、通高9.4、壁厚0.6厘米（图一二七，1；彩版一一一，2、3）。

M58：4，单耳陶罐。位于椁室西北角，距墓圹北壁约0.35、距墓圹东壁约1.62米。泥质红陶，直口微侈，圆唇，束颈，鼓腹，圜底，宽带耳，耳上部与口沿直接相连。表面较光滑，有手抹痕迹，附着烟炱、水垢。口径8.6、腹径10.8、通高7.8、壁厚0.6厘米（图一二七，2；彩版一一一，4）。

M58：5，单耳陶杯。位于椁室西南角，M58：7东侧，距墓圹西壁约0.60、距墓圹南壁约0.30米。夹细砂褐陶，直口，圆唇，圜底，单耳，耳上部与口沿直接相连且略高于口沿。表面较粗糙，附着少量烟炱。腹径5.2、通高5.0、壁厚0.3厘米（图一二七，5）。

M58：7，陶豆。位于椁室西南角，距墓圹西壁约0.17、距墓圹南壁约0.20米。仅存豆座，泥质红陶，圆形，喇叭状，高圈足，表面较光滑，有手抹痕迹，少许剥落，上附着少量烟炱、水垢。底径6.6、残高5.4、壁厚0.6厘米（图一二七，4）。

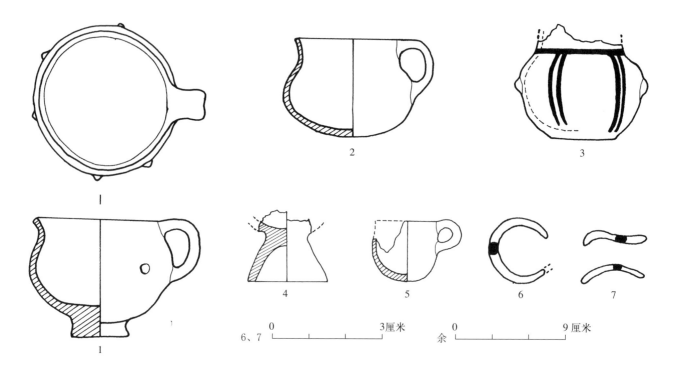

图一二七　M58 出土器物

1. 单耳圈足陶罐M58：3　2. 单耳陶罐M58：4　3. 双乳丁陶壶M58：8　4. 陶豆M58：7　5. 单耳陶杯M58：5　6、7. 铜耳环M58：2、1

M58：8，双乳丁陶壶。出土位置不明。泥质红陶，口颈部残损，鼓腹，平底，双乳丁对称分布于腹部两侧。颈肩之间施一周黑彩，腹部施竖向多组宽带状黑彩。表面较光滑，有手抹痕迹，少许剥落，上附着少量烟炱、水垢。腹径10.0、底径5.2、残高9.2、壁厚0.2厘米（图一二七，3；彩版一一一，5）。

2. 泥器

1件。

M58：6，泥塑十字形器。出土时置于单耳陶杯M58：5内，整体呈棒状，中空，残损严重，不可复原。

3. 铜器

2件。

M58：1，铜耳环。位于椁室西南部，距西壁约0.70、距南壁约0.25米。断为两段，表面呈铜绿色，锈蚀较严重。一段弯曲成勾形，残长1.8、直径0.15～0.3厘米；另一段略弯成半环形，残长1.7、直径0.15～0.2厘米（图一二七，7）。

M58：2，铜耳环。位于椁室西部，距西壁约0.22、距南壁约0.67米。弯曲成环形，一端较平，一端略有残损，表面呈铜绿色，锈蚀较严重。直径1.75、铜丝直径0.2～0.4厘米（图一二七，6）。

五九　M59

（一）墓葬形制

位于发掘区中部，M61东北侧，M57西侧（图一二八；彩版一一二、一一三）。残存墓圹平面呈圆角长方形，口小底大，口长1.44、宽1.16米，底长1.60、宽1.16、残深0.9米，墓向0°。墓葬填充较疏松的黄色粗砂土，夹杂砾石，并出土陶片、朽木、动物骨骼等遗物。

墓圹底部置一圆角长方形石椁，长1.52、宽1.14、高0.3米。石椁由2～3层卵石及少量扁平状石块垒砌而成，石椁顶部用11根南北向平行排列的原木和南端1根东西向原木封盖。盖板保存较好，东西两侧略高，中间整体向下凹陷。墓葬中共有人骨5具。第一具人骨位于墓圹中部0.35米深度处，凌乱且严重缺失，仅存盆骨，其东南侧有一羊头；第二、三、四具人骨均位于0.60米深度处的盖板上，其中第二具位于墓圹南部，第三具位于墓圹东南角，第四具位于墓圹东部，3具人骨均凌乱且严重缺失，同一深度的墓圹中部还发现残缺的马肢骨及下颌骨，马骨之上覆盖一小片毛毡，马骨东北出土一残陶罐；第五具人骨位于椁室底部，基本完整且有序（彩版一一四，1），右向侧身屈肢，头向北，面向西。

墓葬内出土单耳陶罐2件，带耳陶罐1件，木柄铜锥1件，木柄铜刀1件，铜泡2件，铜片1件，砺石1件，毛毡1件。

（二）出土遗物

1. 陶器

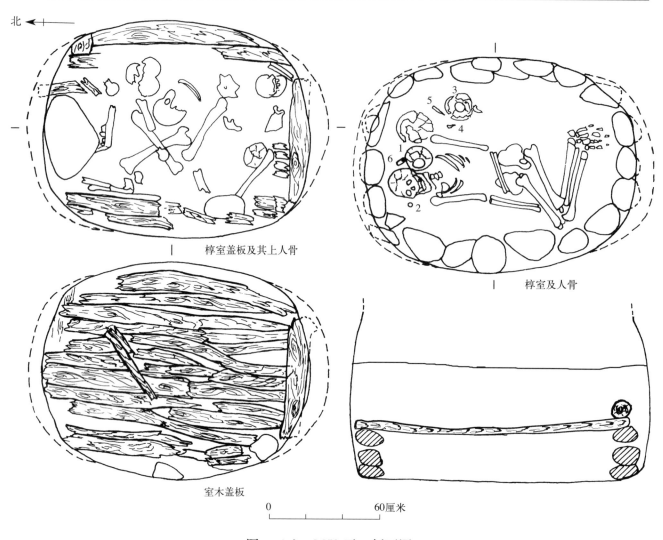

北 ←

椁室盖板及其上人骨

椁室及人骨

室木盖板

0　　　　　　　　60厘米

图一二八　M59平、剖面图

1、3. 单耳陶罐　2. 铜泡　4. 铜片　5. 木柄铜锥　6. 砺石

3件。

M59：1，单耳陶罐。位于椁室东部，墓主左肩附近，距墓圹北壁约0.28、距墓圹东壁约0.62米。泥质红陶，侈口，圆唇，高颈，鼓腹，平底，宽带耳，耳上中间有一竖向棱状凸起。表面较光滑，沿下有手抹痕迹，附着少量烟炱、水垢。口径8.4、腹径14.4、底径6.0、通高20.0、壁厚0.8厘米（图一二九，1；彩版一一四，2）。

M59：3，单耳陶罐。位于M59：1东南侧，距墓圹北壁约0.40、距墓圹东壁约0.1米。泥质红陶，侈口，方唇，高颈，鼓腹，圜底，宽带耳，耳上部与口沿直接相连。表面较光滑，有少量烟炱、水垢。口径10.0、腹径14.4、通高11.6、壁厚0.8厘米（图一二九，2；彩版一一四，3）。

M59：8，带耳陶罐。位于M59：3单耳陶罐东侧，仅剩颈腹部及耳部残片。夹细砂褐陶，束颈，溜肩，鼓腹，宽带耳，不可复原（彩版一一四，4）。

2. 玉石器

1件。

M59：6，砺石。位于M59：1北侧，距墓圹北壁约0.24、距墓圹东壁约0.44米。用砂岩通体

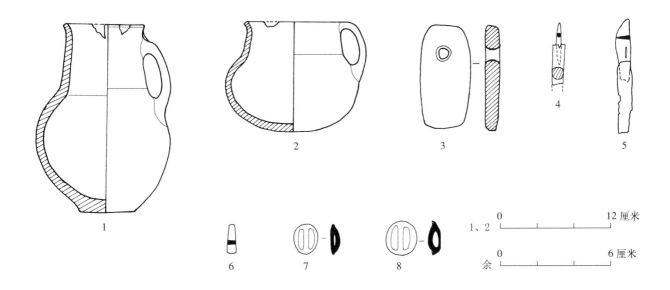

图一二九　M59 出土器物

1、2. 单耳陶罐M59∶1、3　3. 砺石M59∶6　4. 木柄铜锥M59∶5　5. 木柄铜刀M59∶7　6. 铜片M59∶4　7、8. 铜泡M59∶2、9

磨制成圆角长方形，平整光滑，一端有孔，为两面对钻而成。长5.5、宽2.7、厚0.8、孔径0.5厘米（图一二九，3；彩版一一四，5）。

3. 铜器

5件。

M59∶2，铜泡。位于墓主头骨西侧，距墓圹北壁约0.34、距墓圹西壁约0.72米。平面圆形，正面呈凸镜状，背面呈凹镜状，背面焊接一字形纽。直径1.6、高0.5、厚0.2厘米（图一二九，7；彩版一一五，1）。

M59∶4，铜片。位于M59∶3西北侧，距墓圹北壁约0.46、距墓圹东壁约0.34米。平面近长方形，表面锈蚀严重。长1.55、宽0.45、厚0.15厘米（图一二九，6；彩版一一五，2）。

M59∶5，木柄铜锥。位于M59∶3北侧，距墓圹北壁约0.34、距墓圹东壁约0.34米。四棱锥状，表面锈蚀，一端嵌入木柄之中，木柄末端残损。锥长2.2、宽0.25、厚0.2厘米，木柄残长2.1、直径0.7厘米（图一二九，4；彩版一一五，3）。

M59∶7，木柄铜刀。位于M59∶1单耳陶罐内，锻打成形，直背微曲，弧刃，刀尖较尖，略上翘，另一端较平嵌于木柄之中。铜刀长3.4、宽0.85、厚0.15厘米，木柄长3.8厘米（图一二九，5；彩版一一五，4）。

M59∶9，铜泡。位于墓葬填土中，平面呈圆形，正面呈凸镜状，背面呈凹镜状，背面焊接一字形纽。直径1.8、高0.7、厚0.2厘米（图一二九，8；彩版一一五，5）。

4. 其他

1件。

M59∶10，毛毡。位于墓圹中部0.6米深度处，出土时覆盖于马骨上，表面呈棕色，用动物毛制成，平面呈不规则形，其中一边较为齐整（彩版一一五，6）。

六〇　M60

（一）墓葬形制

位于发掘区中部，M58西侧（图一三〇；彩版一一六，1）。残存平面近圆角方形，边长约1.50米、残深0.90米，墓向0°或180°。墓圹填充黄色粗砂土，夹杂卵石，并出土有陶片、碎骨等遗物。

墓圹底部置一具圆角长方形石椁，南北长1.34、东西宽1.24、高0.70米。石椁由多层石块垒砌而成。石椁顶部用数根原木封盖，盖板保存较差，大多塌陷在椁室内。此外，原木周围还有大量的芨芨草茎杆。石椁内人骨凌乱且严重缺失，朽损严重，仅见头骨、肩胛骨、肋骨、股骨等。

墓葬内出土双耳陶罐1件，木器1件，滑石管1件，皮革1件。

（二）出土遗物

1.陶器

1件。

M60:1，双耳陶罐。位于墓主头骨东侧，距墓圹北壁约0.40、距墓圹东壁约0.30米。夹细砂褐陶，侈口，束颈，鼓腹，双宽带耳，位于腹部。表面附着大量烟炱，不可复原（彩版一一六，2）。

2.木器

1件。

M60:2，木器。位于墓主头部和颈部之上，距墓圹北壁约0.22、距墓圹东壁约0.56米。碎成数块，不可复原，其中一块上有一孔，孔径0.5厘米（彩版一一六，3）。

3.玉石器

1件。

M60:4，滑石管，1件3颗。位于墓主头骨之下，距墓圹北壁约0.24、距墓圹东壁

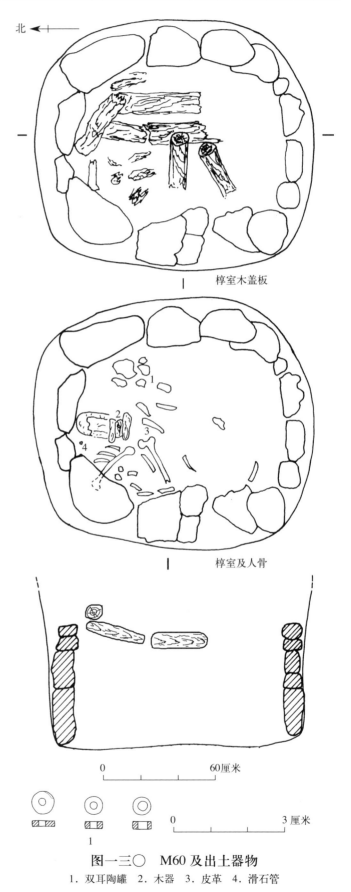

图一三〇　M60及出土器物
1.双耳陶罐　2.木器　3.皮革　4.滑石管

约0.64米。用滑石磨制成圆柱体。通体白色，表面较光滑，中间有钻孔。其中1件直径0.6、高0.15、孔径0.2厘米；另外2件直径0.45、高0.2、孔径0.25厘米（图一三〇，4；彩版一一六，4）。

4.其他

1件。

M60：3，皮革。位于墓主股骨之上，距墓圹北壁约0.60、距墓圹东壁约0.50米。残损严重（彩版一一六，5）。

六一　M61

（一）墓葬形制

位于发掘区中部，M59西南侧（图一三一；彩版一一七，1、2）。残存墓圹呈圆角长方形，长2.10、宽1.56、残深1.60米，墓向30°或210°。墓圹填充较疏松的黄色粗砂土，夹杂卵石，并出土陶片、马牙等遗物。

墓圹底部置内外两重长方形椁。外重石椁，长1.95、宽1.55、高0.60米，由多层卵石垒砌而成。内重木椁，长1.78、宽1.06、高0.60米。木椁四壁由竖立的木板围砌而成，木椁北、西、南三壁各由一块木板构成，东壁由三块木板构成。南、北壁木板长1.00、宽0.20、厚0.04米；东、西壁木板长1.78、宽0.20～0.22、厚0.04米。木板之间以榫卯相连，东西两壁木板两端长出南北壁0.06～0.10米。椁室南壁向北0.30米处有两块竖立的石板将椁室分隔为两个部分，石板高约0.20米。椁室内人骨凌乱且严重残缺，残存有股骨、椎骨、指骨等。

墓内出土柱腹陶罐1件，单耳陶罐3件，双联铜泡4件（组），铜泡1件（组），铜铃1件，铜耳环1件，铜镜1件，绿松石珠1件，陶器盖石1件。

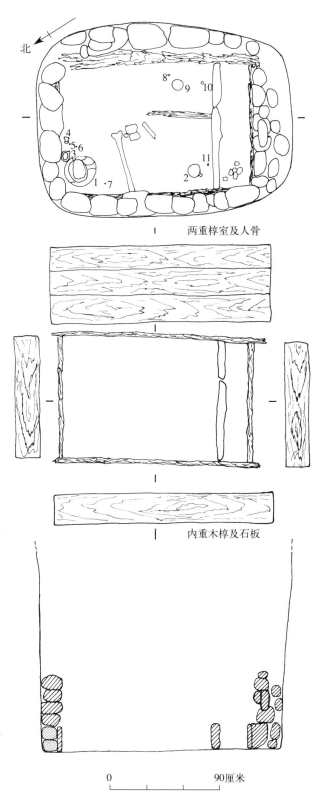

两重椁室及人骨

内重木椁及石板

0　　　　　　　　90厘米

图一三一　M61平、剖面图

1.柱腹陶罐　2～4.单耳陶罐　5.绿松石珠　8.铜铃　9.铜镜　10.铜耳环　11.双联铜泡

（二）出土遗物

1. 陶器

4件。

M61：1，柱腹陶罐。位于椁室底部西北角，距墓圹东北壁约0.36、距墓圹西北壁约0.30米。泥质红陶，直口微侈，圆唇，高颈，上腹微鼓，下腹向内折收成柱状，平底，双宽带耳，一耳较大，一耳较小，较大一耳上部与口沿直接相连，耳下部中间有一凸棱；较小一耳位于与其相对一侧的腹部最大径处，在两耳之间的上腹部两侧有三个较尖锐的乳突。表面较光滑，有手抹痕迹，少许剥落，上附着少量烟炱、水垢，顶部盖一扁平状石块作为器盖。口径17.2、腹径25.2、底径9.6、通高21.6、壁厚0.8厘米（图一三二，1；彩版一一八，1）。

M61：2，单耳陶罐。位于椁室西侧，立石板北部，距墓圹西壁约0.30、距立石板约0.16米。泥质红陶，侈口，圆唇，高颈，鼓腹，平底，宽带耳，耳上中间有一凸棱，沿下有手抹痕迹表，表面有少量烟炱、水垢。口径11.6、腹径16.6、底径7.8、通高20.6、壁厚0.4厘米（图一三二，2；彩版一一八，2）。

M61：3，单耳陶罐。位于椁室西北角，M61：1东侧，紧贴椁室北壁，距墓圹西北壁约0.45米。泥质红陶，侈口，圆唇，高颈，鼓腹，圜底，宽带耳，耳上部与口沿直接相连。沿下有手抹痕迹，表面较光滑，有少量烟炱、水垢。口径9.6、腹径12.8、通高10.2、壁厚0.6厘米（图一三二，3；彩版一一八，3）。

M61：4，单耳陶罐。位于椁室西北角，M61：1东侧，距墓圹北壁约0.15、距墓圹西壁约0.6米。夹细砂褐陶，直口，圆唇，溜肩，鼓腹，圜底，宽带耳，耳上部与口沿直接相连且略高于口沿。表面脱落较严重，附着少量烟炱、水垢。口径5.4、腹径7.6、底径2.0、通高7.2、壁厚0.6厘米（图一三二，4；彩版一一八，4）。

2. 玉石器

2件。

M61：5，绿松石珠。位于椁室西北角，M61：1东侧，距墓圹北壁约0.3、距墓圹西北壁约0.60米。扁圆体，由绿松石磨制而成，通体绿色，表面较光滑，中间有钻孔。直径1.0、孔径0.4、高0.2、厚0.15厘米（图一三二，12；彩版一一八，5）。

M61：14，陶器盖石。出土时位于M61：1之上，作为陶器器盖之用，表面呈黄褐色，平面呈不规则形、扁平状（彩版一一八，6）。

3. 铜器

8件（组）。

M61：6，双联铜泡。位于椁室西北角，M61：1东侧，距墓圹北壁约0.30、距墓圹西北壁约0.54米。两个单泡并列相连，平面呈“8”字形，正面呈凸镜状，背面呈凹镜状，背面焊接一字形组连接两个铜泡。残长1.4、宽0.6、厚0.3厘米（图一三二，8；彩版一一九，1）。

M61：7，双联铜泡。位于椁室西北角，M61：1南侧，距墓圹东北壁约0.45、距墓圹西北壁约0.27米。两个单泡并列相连，平面呈“8”字形，正面呈凸镜状，背面呈凹镜状，背面焊接一字形组连接两个铜泡。表面锈蚀严重。残长0.9、宽0.6、厚0.2厘米（图一三二，9；彩版

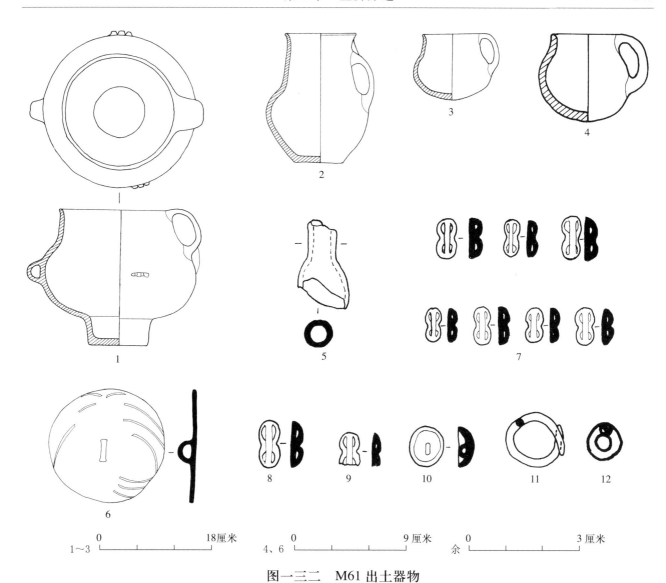

图一三二　M61 出土器物

1. 柱腹陶罐M61：1　2～4. 单耳陶罐M61：2～4　5. 铜铃M61：8　6. 铜镜M61：9　7～9. 双联铜泡M61：11、6、7　10. 铜泡M61：12
11. 铜耳环M61：10　12. 绿松石珠M61：5

一一九，2）。

M61：8，铜铃。位于椁室东部，立石板北部，距墓圹东南壁约0.45、距立石板约0.36米。两端均残损，一端为圆柱体，一端为喇叭口形，中空。表面锈蚀。残长2.3、宽1.4、厚0.2厘米（图一三二，5；彩版一一九，3）。

M61：9，铜镜。位于椁室东南部，立石板北部，距墓圹东南壁约0.45、距立石板约0.24米。圆形，背面施有数道凹弦纹，正中焊接一拱形纽。直径9.3、高1.5、厚0.3厘米（图一三二，6；彩版一一九，4、5）。

M61：10，铜耳环。位于椁室东南部，立石板北部，距墓圹东南壁约0.42、距立石板约0.08米。由铜丝弯曲成环形，两端相交，较尖，表面呈铜绿色，锈蚀较严重。直径1.6、厚0.25厘米（图一三二，11；彩版一一九，6）。

M61：11，双联铜泡，1组8件。位于椁室西南部，立石板北部，距墓圹西南壁约0.42、距立石板约0.04米。其中7件较完整，另外1件残损严重。两个单泡并列相连，整体呈"8"字形，正面呈凸镜状，背面呈凹镜状，背面焊接一字形纽连接两个铜泡。表面锈蚀严重。长0.4～1.1、宽0.4～0.6厘米（图一三二，7）。

M61：12，铜泡。位于墓葬填土中，平面呈圆形，正面呈凸镜状，背面呈凹镜状，背面正中焊接一桥形纽。直径1.1、高0.4、厚0.2厘米（图一三二，10）。

M61：13，双联铜泡，1组2件。位于墓葬填土中，1件较完整，两个单泡并列相连，平面呈"8"字形，正面呈凸镜状，背面呈凹镜状，背面焊接一字形纽连接两个铜泡；另一件残存一半，平面呈圆形，正面呈凸镜状，背面呈凹镜状，背面焊接一字形纽。长0.6～1.0、宽0.25厘米。

六二 M62

（一）墓葬形制

位于发掘区中部，M63北侧，M65东北侧（图一三三；彩版一二○，1、2）。残存墓圹呈椭圆形，长径约1.46、短径约0.92、残深1.30米，墓向65°或245°。墓圹填充较疏松的粗砂土，夹杂少量卵石。

墓圹底部置一具椭圆形石椁，长径1.44、短径1.12、高约0.50米。石椁由多层卵石垒砌而成，其中西北部卵石缺失。石椁内人骨凌乱且严重缺失，朽损严重。

墓葬内出土单耳陶罐2件，双乳丁陶壶1件，带耳陶罐1件，单耳陶杯1件，泥塑十字形器1件，泥杯1件，铜泡1件，双联铜泡1组，玛瑙珠1件。

（二）出土遗物

1. 陶器

5件。

M62：2，双乳丁陶壶。位于椁室北部，距墓圹东北壁约0.25、距墓圹东南壁约0.90米。泥质红陶，口沿及颈部残损，鼓腹，下腹内收，平底，双乳丁对称分布于腹部两侧。表面较光滑，有手抹痕迹，少许剥

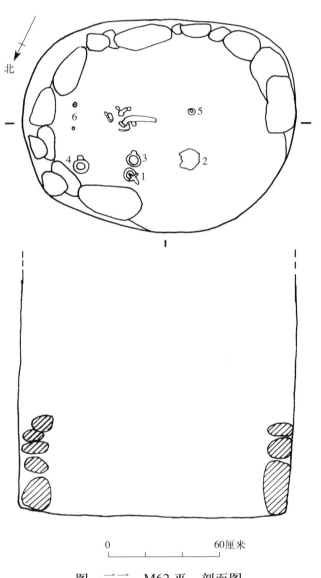

图一三三　M62平、剖面图

1. 泥塑十字形器　2. 双乳丁陶壶　3. 单耳陶杯　4. 单耳陶罐　5. 铜泡　6. 玛瑙珠

落，上附着烟炱、水垢。残高11.0、腹径14.2、底径6.4、壁厚0.4厘米（图一三四，1；彩版一二一，1）。

M62：3，单耳陶杯。位于椁室北部，距墓圹东北壁约0.13、距墓圹东南壁约0.70米。夹细砂褐陶，敛口，圆唇，鼓腹，平底，宽带耳，耳上部与口沿直接相连且略高于口沿。表面有手抹痕迹，附着大量烟炱、水垢。口径6.0、腹径7.8、底径6.0、通高5.6、壁厚0.6厘米（图一三四，3；彩版一二一，2）。

M62：4，单耳陶罐。位于椁室东北角，距墓圹北壁约0.12、距墓圹西北壁约0.50米。泥质红陶，口及耳上部残损，高颈，鼓腹，平底，单耳已残。表面附着少量烟炱、水垢，沿下有手抹痕迹。腹径10.2、底径6.0、残高8.8、壁厚0.4厘米（图一三四，2；彩版一二一，3）。

M62：8，单耳陶罐。位于墓葬填土中，泥质红陶，直口微敛，方唇，溜肩，腹微鼓，平底，宽带耳，耳部与口沿直接相连。沿下有手抹痕迹，表面较光滑，但部分剥落，上附着少量烟炱、水垢。口径7.0、腹径10.0、底径4.0、通高10.2、壁厚0.5厘米（图一三四，4；彩版一二一，4）。

M62：10，带耳陶罐。出土位置不明。夹粗砂褐陶，微侈口，方唇，溜肩，鼓腹，耳部已残，宽带耳，根据残痕判断耳上部与口沿直接相连。表面较光滑，但部分剥落，上附着少量烟炱、水垢。不可复原。

2. 泥器

2件。

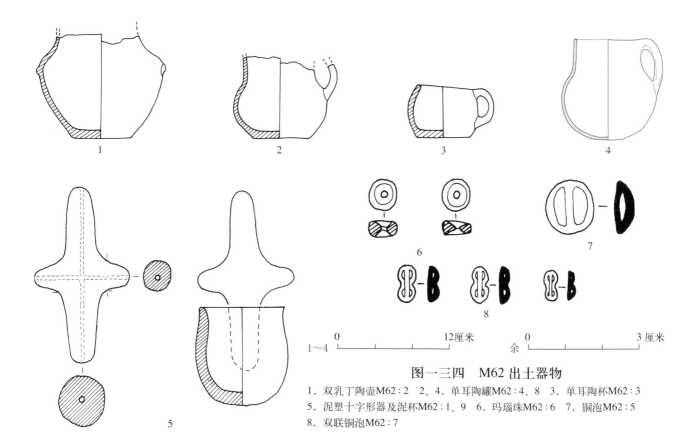

图一三四　M62 出土器物

1. 双乳丁陶壶M62：2　2、4. 单耳陶罐M62：4、8　3. 单耳陶杯M62：3
5. 泥塑十字形器及泥杯M62：1、9　6. 玛瑙珠M62：6　7. 铜泡M62：5
8. 双联铜泡M62：7

M62：1，泥塑十字形器。位于椁室北部，出土时一端插入泥杯中，距墓圹西北壁约0.30、距墓圹东壁约0.65米。由夹粗砂黏土捏塑而成。整体呈十字形，中部有十字形穿孔。纵向较长，较粗，横向较短，两端略尖，较细。长9.4、宽5.2、孔径0.2厘米（图一三四，5；彩版一二一，5）。

M62：9，泥杯。泥杯为黏土捏塑而成，直口微侈，腹略鼓，圜底。单耳杯口径4.6、腹径5.0、通高5.2、壁厚0.6厘米（图一三四，5；彩版一二一，5）。

3. 玉石器

1件。

M62：6，玛瑙珠，1件2颗。位于椁室东部，用石髓磨制成扁圆体，通体红色，表面较光滑，中间有穿孔。1件距北壁约0.32、距东壁约0.30米。直径0.8、高0.4、孔径0.1厘米；另一件距北壁约0.32、距东壁约0.10米。直径0.9、高0.4、孔径0.1厘米（图一三四，6；彩版一二一，6）。

4. 铜器

2件（组）。

M62：5，铜泡。位于椁室中部，距墓圹东北壁约0.60、距墓圹西南壁约0.60米。平面呈圆形，正面呈凸镜状，背面呈凹镜状，背面焊接一字形纽。直径1.5、高0.5、厚0.15厘米（图一三四，7）。

M62：7，双联铜泡，1组3件。出土位置不明。两个单泡并列相连，整体呈"8"字形，两个铜泡正面均呈凸镜状，背面呈凹镜状，背面焊接一字形纽连接两个铜泡。表面被铜锈覆盖，使用痕迹不明显。长0.9～1.1、宽0.4～0.5、厚0.2厘米（图一三四，8）。

六三　M63

（一）墓葬形制

位于发掘区中部，M62南侧，M64东北侧（图一三五；彩版一二二、一二三）。残存墓圹平面呈椭圆形，长径1.80、短径1.40、残深1.5米，墓向75°或255°。墓圹填充较疏松的粗砂土。

墓圹底部置一具近方形土坯椁，长约1.14、宽约1.04、高约0.48米。椁室南、北两壁由两层横向竖立的土坯垒砌，东、西两壁由两块横向竖立的土坯和一块纵向竖立的土坯垒砌。土坯均为长方形，形状规整，大小相近，长约54、宽约25、厚约10厘米。椁室外以砂石填充，椁室顶部用平行排列的原木盖板（图一三六）。墓葬中共发现上下2具人骨，第一具人骨位于封盖之上，凌乱且严重缺失，仅见头骨和少量肢骨，头骨东侧有一陶壶，头骨西侧有一陶豆。第二具人骨位于椁室底部，凌乱且严重缺失，头骨位于椁室北壁内侧，破损严重，股骨位于头骨南侧。椁室底部西南角出土有马的下颌骨。

墓葬内出土单耳陶罐4件，陶壶1件，陶豆1件，带耳陶器1件，泥杯1件，泥塑十字形器1件，铜泡2件（组），铜片1件，玛瑙珠1件。

（二）出土遗物

1. 陶器

7件。

M63：1，陶壶。位于第一具人骨头骨东侧。夹细砂褐陶，侈口，圆唇，高颈，鼓腹下垂，圜底。表面有手抹痕迹，上附着少量烟炱、水垢。口径6.0、腹径7.2、底径6.0、通高8.8、壁厚0.5厘米（图一三七，5）。

M63：2，单耳陶罐。位于墓圹西北部，泥质红陶，侈口，方唇，高颈，鼓腹，下腹内收，平底，宽带耳。表面较光滑，附着烟炱、水垢，沿下有手抹痕迹。口径7、腹径11.8、底径6.0、通高13.3、壁厚0.6厘米（图一三七，6；彩版一二四，1）。

M63：3，单耳陶罐。位于椁室北部，距墓圹北壁约0.36、距墓圹西壁约0.30米。泥质红陶，侈口，圆唇，高颈，鼓腹，圜底，宽带耳，耳上部与口沿直接相连。表面较光滑，附着烟炱、水垢，沿下有手抹痕迹。口径8.0、腹径11.0、通高9.6、壁厚0.6厘米（图一三七，2；彩版一二四，2）。

M63：5，单耳陶罐。位于椁室西部，距墓圹北壁约0.60、距墓圹西壁约0.36米。夹细砂褐陶，侈口，方唇，高颈，鼓腹，圜底，宽带耳，耳上部与口沿直接相连。表面附着大量烟炱、水垢。口径7.4、腹径10.0、通高7.2、壁厚0.4厘米（图一三七，3；彩版一二四，3）。

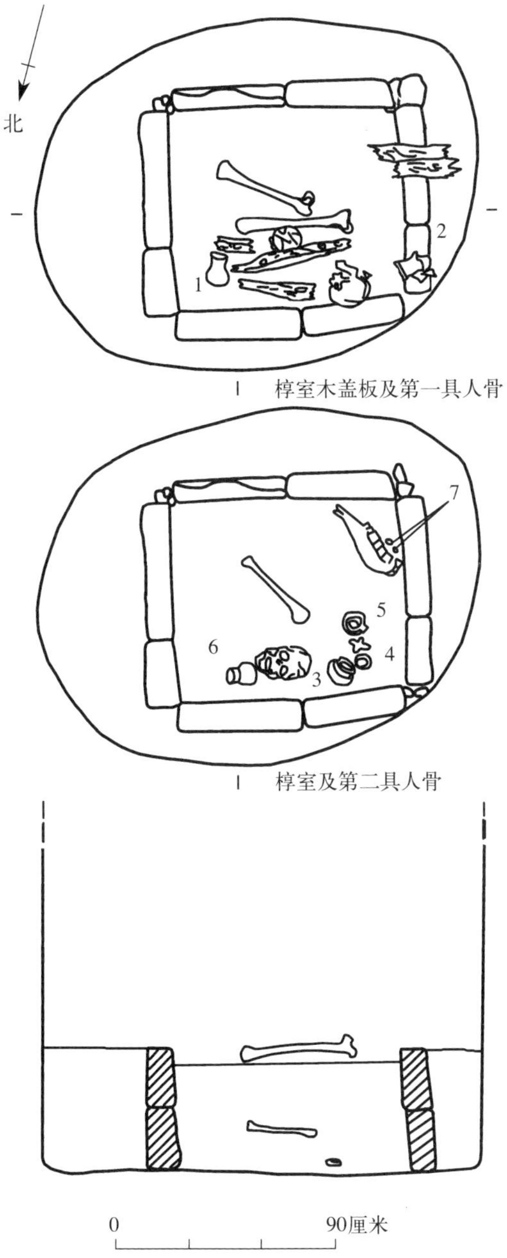

M63：6，单耳陶罐。位于椁室东北部，距墓圹北壁约0.33、距墓圹东壁约0.90米。泥质红陶，侈口，方唇，高颈，鼓腹，下腹内收，平底，宽带耳。表面较光滑，沿下有手抹痕迹，大部分剥落，上附着少量烟炱、水垢。口径7.2、腹径11.2、底径5.2、通高14.0、壁厚0.8厘米（图一三七，1）。

M63：9，陶豆。位于墓圹西南部，残存部分为陶豆足。夹细砂褐陶，表面附着水垢，残损严重，不可复原。

M63：13，带耳陶器。出土位置不明。现有4块残片。夹细砂褐陶，宽带耳。颈肩之间施一周黑彩，肩部施竖向多组宽带状黑彩，不可复原（彩版一二四，4）。

2. 泥器

2件。

图一三五　M63 平、剖面图

1. 陶壶　2、3、5、6. 单耳陶罐　4. 泥杯　7. 铜泡

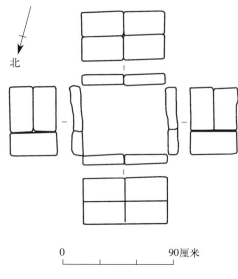

图一三六　M63椁室正、侧视图

M63：4，泥杯。位于椁室西部，距墓圹北壁约0.30、距墓圹西壁约0.30米。由黏土捏塑成形，土黄色，直口，圆唇，圜底较平，内装泥塑十字形器。口径11.2、底径6.0、通高8.0、口沿厚0.8、底厚3.0厘米（图一三七，4）。

M63：11，泥塑十字形器。位于泥杯M63：4之内，由黏土捏塑成形，土黄色，残损不可复原。

3. 玉石器

1件。

M63：10，玛瑙珠。位于墓葬填土之中，用石髓磨制成扁圆体，通体红色，表面较光滑，中间有钻孔。直径1.0、高0.5、孔径0.2厘米（图一三七，10；彩版一二四，5）。

4. 铜器

3件（组）。

M63：8，铜泡。出土位置不明。平面呈圆形，边缘折平，正面呈凸镜状，背面呈凹镜状，背面焊接一较宽的一字形组。直径3.5、高0.8、厚0.25厘米（图一三七，7）。

M63：7，铜泡，1组3件。位于椁室西南部，距墓圹南壁0.45、距墓圹西壁约0.42米。其中2件保存较好，另外1件边缘略有残损。平面呈圆形，正面呈凸镜状，背面呈凹镜状，背面焊接一字形组。直径1.2～1.5、高0.4～0.5、厚0.15～0.2厘米（图一三七，8）。

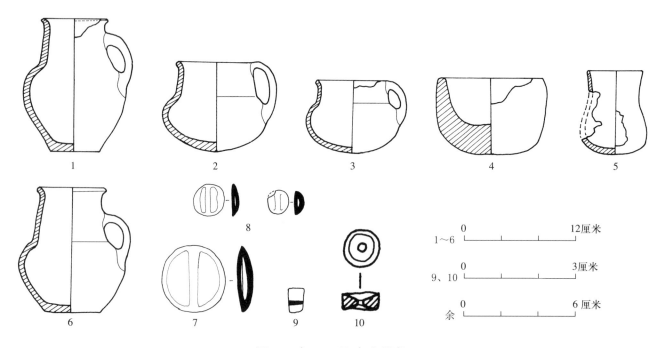

图一三七　M63出土器物

1～3、6. 单耳陶罐M63：6、3、5、2　4. 泥杯M63：4　5. 陶壶M63：1　7、8. 铜泡M63：8、7　9. 铜片M63：12　10. 玛瑙珠M63：10

M63：12，铜片。位于墓葬填土之中，方形，表面锈蚀较为严重。残长0.6、宽0.4、厚0.15厘米（图一三七，9）。

六四 M64

（一）墓葬形制

位于发掘区中部，M63西南侧，M65南侧（图一三八；彩版一二五～一二七）。残缺墓圹平面略呈椭圆形，长径2.04、短径1.53、残深1.50米，墓向62°。墓圹填充较疏松的黄色粗砂土。

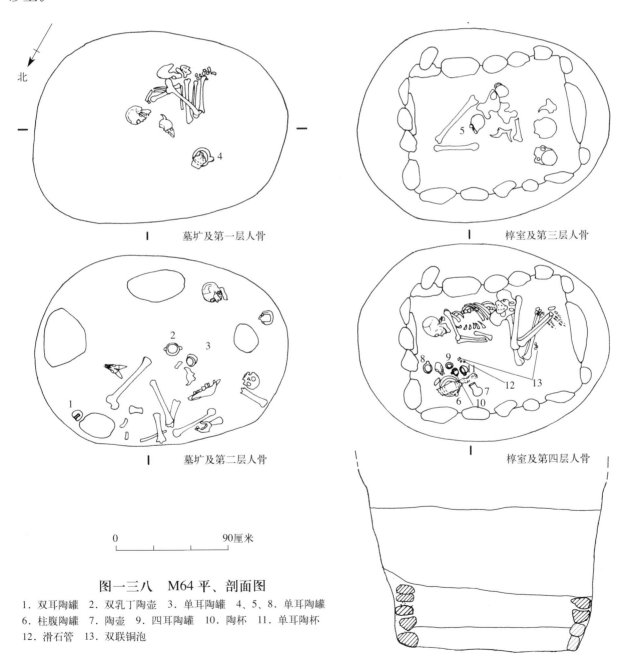

墓圹及第一层人骨

椁室及第三层人骨

墓圹及第二层人骨

椁室及第四层人骨

0　　　　　　　90厘米

图一三八 M64 平、剖面图

1. 双耳陶罐　2. 双乳丁陶壶　3. 单耳陶罐　4、5、8. 单耳陶罐
6. 柱腹陶罐　7. 陶壶　9. 四耳陶罐　10. 陶杯　11. 单耳陶杯
12. 滑石管　13. 双联铜泡

墓圹底部置一具长方形石椁，长1.53、宽1.14、高0.43米。石椁由2～4层卵石垒砌而成，卵石垒砌规整，大小相近，平均直径约0.12米。墓葬内共发现5具人骨，分4层分布。第一层人骨位于填土0.45米深度处，基本完整且有序，右侧身屈肢，头向东北，面向西北，头骨西0.15米处有一羊头骨，西0.45米处有一单耳陶罐。第二层人骨位于填土0.6～0.8米深度处，凌乱且严重缺失，发现颅骨2颗和凌乱的肢骨、下颌骨等，同层还有山羊头骨，鹿科动物、中大型哺乳动物肢骨等和双系陶壶、陶壶、单耳陶罐等陶器。第三层人骨位于墓圹1.35米深度处的椁室内，凌乱且严重缺失，发现有颅骨、盆骨、肢骨等，盆骨附近有一单耳陶罐，还发现有羊头骨。第四层人骨位于椁室底部东侧，基本完整且有序，右侧身屈肢，头向东北，面向西北，头骨西侧发现一颗羊头骨，人骨上身前发现有鹿角、羊的股骨等（彩版一二八，1～9）。

墓葬出土单耳陶罐4件，双耳陶罐1件，四耳陶罐1件，柱腹陶罐1件，单耳陶杯1件，陶杯1件，双乳丁陶壶2件，陶壶1件，泥塑十字形器2件，滑石管1件，骨纺轮1件，玛瑙珠1件，双联铜泡1组，铜泡1件。

（二）出土遗物

1. 陶器

12件。

M64：1，双耳陶罐。位于墓圹第二层。夹细砂灰褐陶，直口，圆唇，束颈，腹微鼓，平底，双宽带耳。表面有手抹痕迹，附着大量烟炱、少量水垢。口径7.6、腹径10、底径6、通高9.6、壁厚0.9厘米（图一三九，4；彩版一二九，1）。

M64：2，双乳丁陶壶。位于墓圹第二层，泥质红陶，侈口，方唇，高颈，鼓腹下垂，平底，双乳丁对称分布于腹部两侧。表面较光滑，有手抹痕迹，部分剥落，上附着烟炱、水垢。口径6.8、腹径9.6、底径5.6、通高8.8、壁厚0.5厘米（图一三九，8；彩版一二九，2）。

M64：3，单耳陶罐。位于墓圹第二层。夹细砂褐陶，直口微敛，圆唇，束颈，腹微鼓，圜底，宽带耳，耳上部与口沿直接相连且略高于口沿。表面附着大量烟炱，有手抹痕迹。口径5.2、腹径8.4、通高8.0、壁厚0.8厘米（图一三九，5；彩版一二九，3）。

M64：4，单耳陶罐。位于墓圹第一层，泥质红陶，侈口，方唇，束颈，鼓腹，圜底，宽带耳，耳上部与口沿直接相连。表面较光滑，有剥落痕迹，上附着水垢、烟炱，有手抹痕迹。口径8.4、腹径12.8、通高10.8、壁厚0.6厘米（图一三九，3；彩版一二九，4）。

M64：8，单耳陶罐。位于椁室北部。泥质红陶，侈口，尖圆唇，束颈，鼓腹，圜底，宽带耳，耳上部与口沿直接相连。表面较光滑，部分剥落，上附着水垢、烟炱。口径10.4、腹径13.6、通高12.0、壁厚0.8厘米（图一三九，2）。

M64：6，柱腹陶罐。位于椁室北部，距墓圹北壁约0.45、距墓圹东壁约0.60米。夹细砂褐陶，直口微侈，方唇，高颈，上腹微鼓，下腹向内折收成柱状，平底，宽带耳，耳上部与口沿直接相连，与耳相对最大腹径处另有一宽带耳，耳上部有三个较尖锐的乳丁，两耳之间的腹部对称分布两组乳丁，每组3个。表面有手抹痕迹，部分剥落，附着少量烟炱、水垢。陶器之上盖有扁平状石块作为器盖。口径16.4、腹径17.2、底径10.0、通高16.0、壁厚1.0厘米（图一三九，

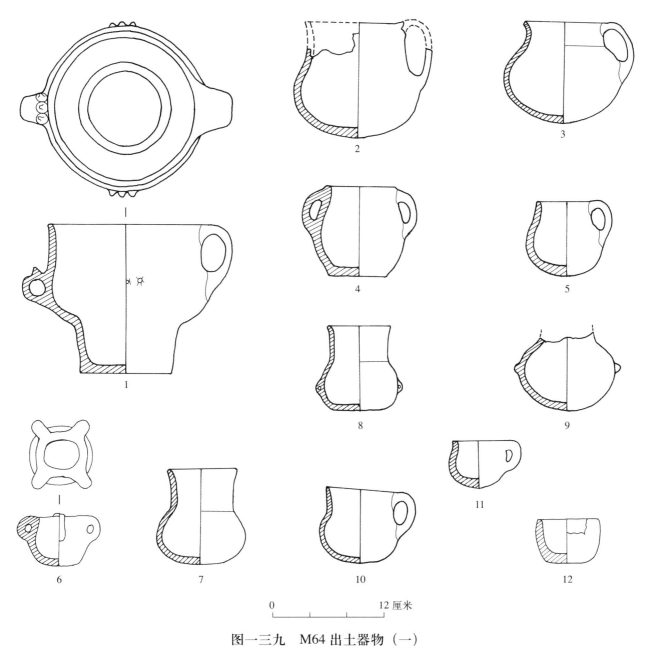

图一三九 M64 出土器物（一）

1. 柱腹陶罐 M64：6 2、3、5、10. 单耳陶罐 M64：8、4、3、5 4. 双耳陶罐 M64：1 6. 四耳陶罐 M64：9 7. 陶壶 M64：7 8、9. 双乳丁陶壶 M64：2、19 11. 单耳陶杯 M64：11 12. 陶杯 M64：10

1；彩版一二九，5）。

　　M64：7，陶壶。位于椁室西北角，M64：6西侧，距墓圹东北壁约0.26、距墓圹西南壁约0.90米。夹细砂红陶，侈口，圆唇，高颈，鼓腹，圜底。表面较光滑，有手抹痕迹，大部分剥落，上附着少量烟炱、水垢。口径7.2、腹径9.8、通高10.2、壁厚0.5厘米（图一三九，7；彩版一三〇，1）。

　　M64：5，单耳陶罐。位于椁室中部，距墓圹东北壁约0.95、距墓圹西南壁约1.20米。夹细砂红陶，侈口，尖圆唇，束颈，腹微鼓，圜底，宽带耳，耳上部与口沿直接相连。沿下有手抹痕迹，表面附着大量烟炱、少量水垢。口径7.2、腹径8.4、通高8.0、壁厚0.5厘米（图一三九，10；彩版一二九，6）。

　　M64∶9，四耳陶罐。位于椁室北部，M64∶6东南侧，距墓圹东北壁约0.81、距墓圹西南壁约1.23米。夹细砂褐陶，器形较小，直口微敛，方唇，腹微鼓，平底，四个宽带耳，耳上部与口沿直接相连，均匀分布于口沿一周。表面较粗糙，有手抹痕迹，附着少量烟炱、水垢。口径3.8、腹径6.4、底径4.0、通高5.2、壁厚0.8厘米（图一三九，6；彩版一三〇，2、3）。

　　M64∶10，陶杯。位于椁室西北部，M64∶6南侧，距墓圹北壁约0.30、距墓圹东壁约0.30米。夹细砂褐陶，直口，方唇，平底，表面附着烟炱、水垢。杯内有一滑石管。口径6.8、底径3.8、通高4.7、壁厚0.8厘米（图一三九，12；彩版一三〇，4）。

　　M64∶11，单耳陶杯。位于椁室南部，M64∶6北侧，距墓圹北壁约0.75、距墓圹西南壁约1.20米。夹细砂褐陶，直口微侈，腹微鼓，圜底，宽带耳，耳上部与口沿直接相连。表面附着烟炱，沿下有手抹痕迹。口径5.6、腹径6.2、通高5.0、壁厚0.8厘米（图一三九，11；彩版一三〇，5）。

　　M64∶19，双乳丁陶壶。出土位置不明。泥质红陶，口沿及颈部残损，鼓腹，圜底，双乳丁对称分布于腹部两侧。表面较光滑，有手抹痕迹，上附着少量烟炱、水垢。腹径11.6、残高8.4、壁厚0.6厘米（图一三九，9；彩版一三〇，6）。

2. 泥器

2件。

　　M64∶15，泥塑十字形器。出土位置不明。由夹粗砂黏土手工捏制而成，略经烘烤，整体略呈梭形，内有十字穿孔。表面附着烟炱。长9.2、宽4.25、孔径0.6～0.8厘米（图一四〇，1；彩版一三一，1）。

　　M64∶17，泥塑十字形器。出土位置不明。由黏土手工捏制而成。表面呈黄色，整体略呈十字形，内有十字穿孔。残长7.8、残宽4.5、孔径0.2～0.4厘米（图一四〇，2；彩版一三一，2）。

3. 玉石器

2件。

　　M64∶12，滑石管，1件6颗。1颗位于M64∶10陶杯中，2颗位于椁室北部，距墓圹东北壁约0.81、距墓圹西南壁约1.14米。其余出土位置不明，用滑石磨制成圆柱体，通体白色，表面较光滑，中间有穿孔。直径0.4～0.5、高0.45～0.68、孔径0.15～0.2厘米（图一四〇，5；彩版一三一，3）。

　　M64∶16，玛瑙珠。出土位置不明。用石髓磨制成扁圆体。通体红色，表面较光滑，中间有钻孔。直径0.8、高0.4、孔径0.1厘米（图一四〇，7；彩版一三一，4）。

4. 铜器

2件（组）。

　　M64∶13，双联铜泡，1组8件。1件位于椁室西南部，4件位于人骨腿部附近，其余位置不明。其中7件较完整，另一件一半残损。两个单泡并列相连，整体呈"8"字形，正面呈凸镜

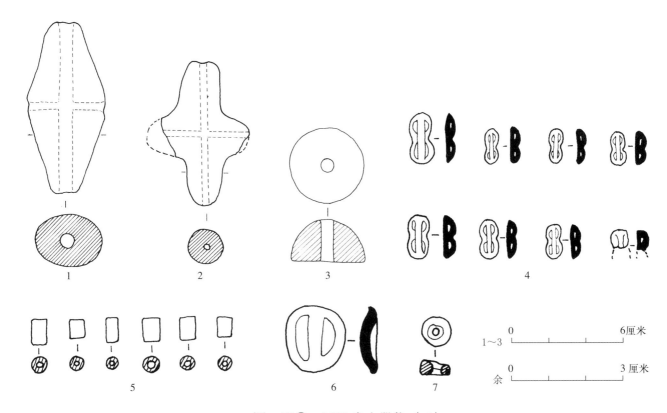

图一四〇　M64 出土器物（二）

1、2. 泥塑十字形器M64∶15、17　3. 骨纺轮M64∶14　4. 双联铜泡M64∶13　5. 滑石管M64∶12　6. 铜泡M64∶18　7. 玛瑙珠M64∶16

状，背面呈凹镜状，背面焊接一字形纽连接两个铜泡。此外，还有皮条一段，现已残为两截，上有针脚和针线痕迹。铜泡长0.5～1.5、宽0.4～0.6厘米；皮条长4.6、宽0.7、厚0.2厘米（图一四〇，4；彩版一三一，5）。

　　M64∶18，铜泡。出土位置不明。平面呈圆形，正面呈凸镜状，背面呈凹镜状，背面焊接一字形纽。直径1.8、高0.4、厚0.1厘米（图一四〇，6；彩版一三一，6）。

　　5. 骨角贝器

　　1件。

　　M64∶14，骨纺轮。出土具体位置不明。用动物长骨一端切削磨制成半球形，表面呈黄褐色，一侧略有残损，中间有钻孔，形状规整，磨制光滑。直径4.0、高2.2、孔径0.7厘米（图一四〇，3；彩版一三一，7）。

六五　M65

（一）墓葬形制

　　位于发掘区中部，M64北侧，M66东侧，M62西南侧（图一四一；彩版一三二，1、2，彩版一三三，1）。残存墓圹平面近椭圆形，长径1.85、短径1.32、残深1.00米，墓向86°。墓圹填充较疏松的黄色粗砂土，夹杂卵石，并出土有陶片、碎骨等遗物。

墓圹底部置一具长方形石椁，长1.50、宽1.26、高0.60米。石椁由2～3层卵石垒砌而成，石椁四壁以较大卵石作底、其上垒叠较小卵石或铺有较平石板。墓葬内共发现上下2具人骨。第一具人骨位于石椁之上的填土中，凌乱且严重缺失，仅存头骨碎片和少量肢骨、盆骨、肩胛骨等。第二具人骨位于石椁底中部偏北，基本完整且有序，右侧身屈肢，头向东北，面向西北。椁室北部上肢骨附近发现羊头骨1颗。

墓葬内出土单耳陶罐4件，滑石管1件，金饰件1件，铜铃1件，铜泡1件，陶器盖石1件。

（二）出土遗物

1.陶器

4件。

M65：1，单耳陶罐。位于椁室北部，距墓圹北壁约0.20、距墓圹东壁约0.75米。泥质红陶，侈口，圆唇，高颈，鼓腹，圜底，宽带耳，耳上部与口沿直接相连，表面较光滑，沿下有手抹痕迹，附着烟炱、水垢。陶器之上盖有一块石板作为器盖。口径13.2、腹径18.8、通高13.8、壁厚0.8厘米（图一四二，1；彩版一三四，1）。

M65：2，单耳陶罐。位于椁室北部，M65：1西侧，距墓圹北壁约0.20、距墓圹东壁约0.50米。泥质红陶，侈口，圆唇，束颈，鼓腹，圜底，宽带耳，耳部一侧下腹部有两个并列的穿孔，耳部相对一侧的腹部亦有两个并列的穿孔，应为修补陶器之用。表面较光滑，有手抹痕迹，附着少量烟炱、水垢。口径8.8、腹径11.4、通高8.4、壁厚0.7厘米（图一四二，3；彩版一三四，3、4）。

M65：3，单耳陶罐。位于椁室西南角人盆骨附近，距墓圹南壁约0.25、距墓圹西壁约0.50米。泥质红陶，侈口，尖圆唇，高颈，鼓腹，圜底，宽带耳，耳上部与口沿直接相连。表面较光滑，附着大量烟炱、水垢。口径9.6、腹径14.6、通高10.2、壁厚0.5厘米（图一四二，2；彩版

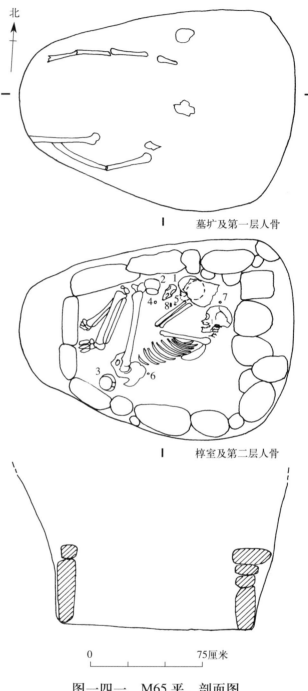

北

墓圹及第一层人骨

椁室及第二层人骨

0　　　　　　　　75厘米

图一四一　M65平、剖面图

1～4.单耳陶罐　5.铜泡　6.铜铃　7.滑石管　8.金饰件

一三四，2）。

M65：4，单耳陶罐。位于M65：1单耳陶罐之上，泥质红陶，侈口，圆唇，高颈，鼓腹，圆底，宽带耳，耳上部及口沿部分残损，应为口耳相连。表面较光滑，少许剥落，附着少量烟炱、水垢。口径11.5、腹颈14.5、底径11.6、通高14.0、壁厚0.6厘米（图一四二，4；彩版一三四，5）。

2. 玉石器

2件。

M65：7，滑石管，1件4颗。位于椁室东北角，人骨头骨附近，距墓圹北壁约0.42、距墓圹东壁约0.50米。用滑石磨制成圆柱体。通体白色，表面较光滑，中间有穿孔。直径0.4～0.45、高0.55～1.05、孔径0.18～0.2厘米（图一四二，5；彩版一三三，2）。

M65：9，陶器盖石。出土时位于M65：1上，作为陶器盖石之用，表面黄褐色，平面呈半椭圆形，表面较平坦，扁平状（彩版一三四，6）。

3. 金器

1件。

M65：8，金饰件。位于椁室北部，M65：1西南，人骨手臂附近，距墓圹北壁约0.38、距墓圹东壁约0.83米。长条形，两端较圆，各有一戳刺小孔。长2.8、宽0.4、孔径0.1、厚0.08厘米（图一四二，8；彩版一三三，3）。

4. 铜器

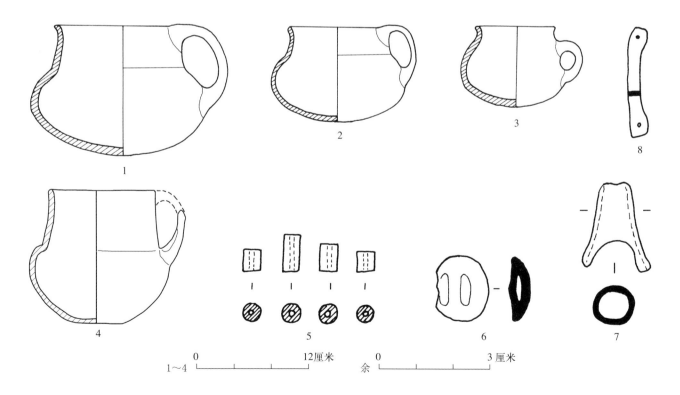

图一四二　M65 出土器物

1～4. 单耳陶罐M65：1、3、2、4　5. 滑石管M65：7　6. 铜泡M65：5　7. 铜铃M65：6　8. 金饰件M65：8

2件。

M65∶5，铜泡。位于椁室北部，M65∶2南侧，距墓圹北壁约0.25、距墓圹东壁约0.83米。平面呈圆形，正面呈凸镜状，背面呈凹镜状，背面焊接一桥形纽。直径1.8、高0.5、厚0.2厘米（图一四二，6；彩版一三三，4）。

M65∶6，铜铃。位于椁室南部，人骨盆骨南侧，距墓圹南壁约0.38、距墓圹西壁约0.83米。铸造成形，中空，上部呈管状，下部呈"8"字形。残长2.3、宽1.2厘米（图一四二，7；彩版一三三，5）。

六六　M66

（一）墓葬形制

位于发掘区中部，M65西侧，M67北侧，M70东侧（图一四三；彩版一三五，1、2）。残存墓圹平面近椭圆形，长径1.80、短径1.28、残深1.00米。墓向70°。墓圹填充较疏松的黄色粗砂土。

墓圹底部置一具长方形石椁，长1.60、宽1.10、高0.40米。石椁四壁用竖立的石板构筑，椁室外以砂石填充，形成二层台结构，二层台东、西两侧之上又平铺扁平状石块，石块之上再垒叠1～2层卵石。墓葬内共发现5具人骨，其中4具位于填土0.30米深度处，均凌乱且严重缺失，仅存头骨以及部分凌乱的肢骨、肋骨等，同层发现单耳陶罐2件。另1具人骨位于石椁底部，基本完整有序，右侧身屈肢，头向北，面向西。椁室底部出土有羊前侧肱骨。

墓葬内出土双系陶壶2件，双乳丁陶壶1件，单耳陶罐2件，柱腹陶罐1件，泥塑十字形器1件，骨料2件，羊距骨1件，铜片1件，玛瑙珠1件，陶器盖石1件。

（二）出土遗物

1. 陶器

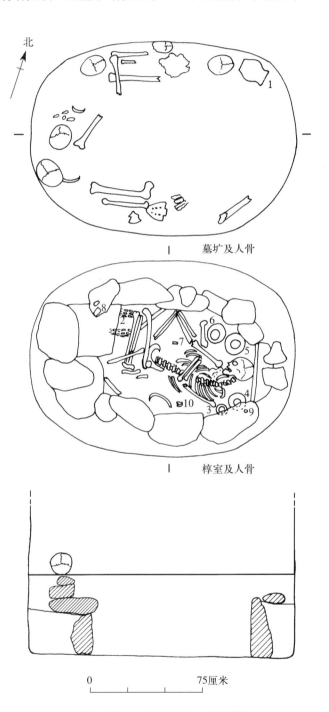

北

墓圹及人骨

椁室及人骨

0　　　　　　75厘米

图一四三　M66平、剖面图

1. 柱腹陶罐　3. 双乳丁陶壶　4、5. 双系陶罐　6. 单耳陶罐
7. 铜片　8. 泥塑十字形器　9. 玛瑙珠　10. 羊距骨　11. 骨器

6件。

M66：1，柱腹陶罐。位于墓圹填土内，泥质红陶，侈口，方唇，高颈，上腹微鼓，下腹呈反弧状收成柱状，平底，宽带耳，耳上部与口沿直接相连，相对一侧的陶器腹部有一鸡冠状耳，耳与耳之间的腹部两侧对称分布一乳丁，及一耳均匀分布在陶器一周。表面较光滑，有手抹痕迹，附着烟炱、水垢。口径14.0、底径10.0、通高16.0厘米（图一四四，11；彩版一三六，2、3）。

M66：2，单耳陶罐。位于墓圹填土内，泥质红陶，侈口，方唇，高颈，鼓腹，圆底，宽带耳，耳上部与口沿直接相连。表面较光滑，附着烟炱。口径9.8、腹径15.0、通高12.0、壁厚0.7厘米（图一四四，3；彩版一三六，4）。

M66：3，双乳丁陶壶。位于椁室东南角，人骨南侧，距墓圹北壁约0.20、距墓圹东壁约0.50米。泥质红陶，口沿及颈部残损，略经打磨后继续使用。敛口，圆唇，鼓腹下收，平底。双乳丁对称分布于腹上部两侧。表面较光滑，有手抹痕迹，少许剥落，上附着少量烟炱、水垢。口径3.8、腹径10.0、底径4.0、通高8.4、壁厚0.5厘米（图一四四，4；彩版一三六，5）。

M66：4，双系陶壶。位于椁室东南角，头骨南侧，距墓圹北壁约0.80、距墓圹东壁约0.30米。泥质红陶，口沿残损，高颈，鼓腹，平底，双系对称分布于腹部两侧，系上有孔。表面较光滑，有手抹痕迹，多处剥落，上附着烟炱、水垢。腹径14.8、底径5.4、残高14.0、壁厚0.6厘米（图一四四，2；彩版一三六，6）。

M66：5，双系陶壶。位于椁室东北角，人骨北侧，距墓圹北壁约0.50、距墓圹东壁约0.30米。夹细砂红陶，侈口，方唇，高颈，鼓腹，平底，腹部对称分布两系，系上有孔。表面光滑，有手抹痕迹，少许剥落，附着少量烟炱、大量水垢。口径7.8、腹径13.6、底径6.8、通高18.2、壁厚0.6厘米（图一四四，1；彩版一三七，1）。

M66：6，单耳陶罐。位于椁室东北角，人骨北侧，M65：5西北部，距墓圹北壁约0.40、距墓圹西壁约0.92米。泥质红陶，口及颈残损，鼓腹，圜底，单耳已残。表面较光滑，但大部分已剥落，上附着烟炱、水垢。腹径14.0、残高10.4、壁厚0.8厘米（图一四四，5；彩版一三七，2）。

2. 泥器

1件。

M66：8，泥塑十字形器。位于椁室西北角搭建椁室的扁平状石块之上，由夹细砂黏土捏塑成形，整体呈棒状，一端残损，一端略尖，内有穿孔。残长5.0、残宽2.8、壁厚1.0、孔径0.8厘米（图一四四，7；彩版一三七，3）。

3. 玉石器

2件。

M66：9，玛瑙珠。位于椁室东南角，头骨南侧，距墓圹北壁约0.88、距墓圹东壁约0.25米。用石髓磨制成扁圆体，通体红色，表面较光滑，略有残损，中间有一对钻穿孔。直径0.8、高0.38、孔径0.14厘米（图一四四，9；彩版一三七，4）。

M66：13，陶器盖石。出土位置不明。表面黄褐色，平面呈椭圆形，表面较为平坦，扁平状

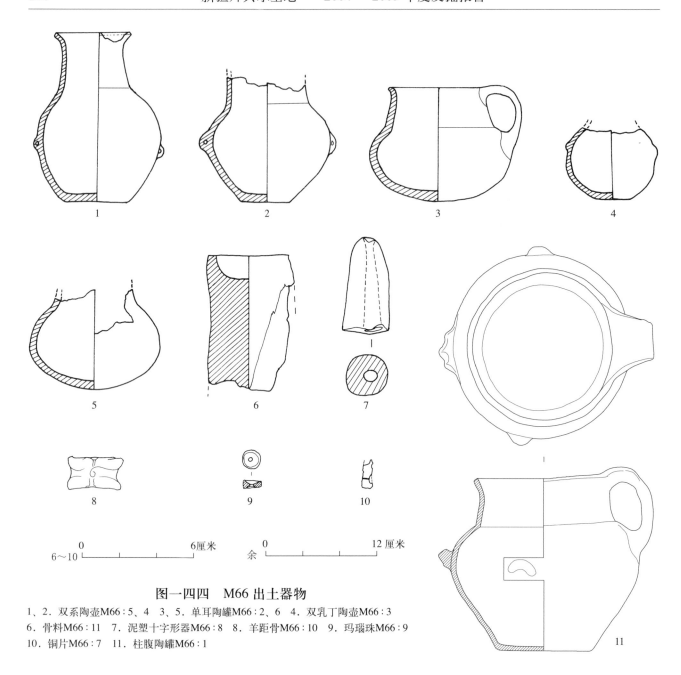

图一四四　M66出土器物

1、2. 双系陶壶M66∶5、4　3、5. 单耳陶罐M66∶2、6　4. 双乳丁陶壶M66∶3
6. 骨料M66∶11　7. 泥塑十字形器M66∶8　8. 羊距骨M66∶10　9. 玛瑙珠M66∶9
10. 铜片M66∶7　11. 柱腹陶罐M66∶1

（彩版一三七，5）。

4. 铜器

1件。

M66∶7，铜片。位于人骨腰部北侧附近，距墓圹北壁约0.55、距墓圹西壁1.00米。长方形，部分残损，锈蚀严重。长1.3、宽0.6、厚0.2厘米（图一四四，10；彩版一三七，6）。

5. 骨角贝器

3件。

M66∶10，羊距骨。位于椁室南部，人骨南侧手臂附近，距墓圹北壁约0.93、距墓圹东壁约0.63米。表面呈黄白色，其中一端两角被切除。长3.0、宽1.8、高1.6厘米（图一四四，8；彩版一三六，1）。

M66：11，骨料。位于人骨西侧膝盖附近，距墓圹南壁约0.75、距墓圹西壁约0.55米。由骨骼切削成圆柱形，一端顶部有一凹坑，另一端残损。残长6.5、直径5.0、厚4.0厘米；凹坑直径3.4、深1.2厘米（图一四四，6）。

M66：12，骨料。出土位置不明。由动物骨骼切割而成，表面呈黄白色，一端截面呈圆形，另一端呈不规则形。

六七　M67

（一）墓葬形制

位于发掘区中部，M66南侧，M68北侧，M69东侧（图一四五；彩版一三八，1、2）。残存墓圹平面椭圆形，长径1.70、短径1.30、残深1.50米，墓向5°。墓圹填充较疏松的黄色粗砂土，并出土有人骨及动物骨骼等遗物。

墓圹底部置一具椭圆形石椁，长径1.56、短径1.20、高0.50米。石椁由若干层卵石及石板垒砌而成，石块大小相近，垒叠规整。石椁内有上下2具人骨，第一具人骨位于填土1.10米深度处，凌乱且严重缺失，残存下肢骨、头骨、髋骨、骶骨等，附近还出土有马头骨；第二具人骨位于椁室底部，基本完整且有序，右侧身屈肢，头向北，面向西南，头骨残损。墓葬内出土动物角1件。

墓葬内出土单耳陶豆1件，单耳陶罐2件，双乳丁陶壶3件，铜片3件，铜泡6件，铜锥2件，铜刀1件，双联铜泡1件，单耳石杯1件，骨纺轮1件。

（二）出土遗物

1. 陶器

6件。

M67：1，单耳陶豆。位于人骨西侧，距墓圹北壁约0.38、距墓圹西壁约0.28米。仅存豆盘和

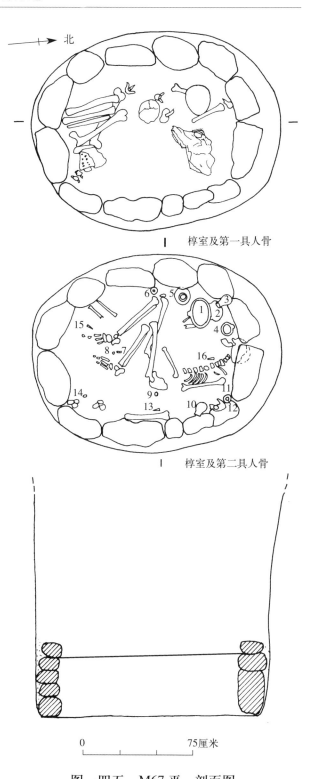

　　　　　　　　　　　　北

┠　　椁室及第一具人骨

┠　　椁室及第二具人骨

0　　　　　　　75厘米

图一四五　M67平、剖面图

1. 单耳陶豆　2、4. 单耳陶罐　3、5、10. 双乳丁陶壶　6. 骨纺轮　7. 双联铜泡　8、12. 铜片　9、14. 铜泡　11. 单耳石杯　13、15. 铜锥　16. 铜刀

豆柄上部，泥质红陶，豆盘直口微敛，尖圆唇，豆柄残损，宽带耳，耳上部与口沿直接相连，略高于口沿。表面较光滑，有手抹痕迹，少许剥落，附着少量烟炱、水垢。口径18.7、底径6.6、残高7.4、壁厚0.8厘米（图一四六，5；彩版一三九，1）。

M67：2，单耳陶罐。位于人骨西侧，M67：1之下，距墓圹北壁约0.28、距墓圹西壁约0.25米。泥质红陶，侈口，方圆唇，鼓腹，圜底，宽带耳，耳上部与口沿直接相连，耳上中间有一刻划纹。表面较光滑，沿下有手抹痕迹，有少量烟炱、水垢。口径8.4、腹径15.4、通高12.2、壁厚0.8厘米（图一四六，1；彩版一三九，2）。

M67：3，双乳丁陶壶。位于人骨西侧，M67：1西北，距墓圹北壁约0.25、距墓圹东壁约0.20米。泥质红陶，直口微侈，方唇，高颈，鼓腹，圜底，双乳丁对称分布腹部两侧。表面较光滑，有手抹痕迹，大部分剥落，上附着少量烟炱、水垢。口径5.6、腹径8.4、通高9.4、壁厚0.8厘米（图一四六，4；彩版一三九，4）。

M67：4，单耳陶罐。位于人骨西侧，M67：1东北，距墓圹北壁约0.27、距墓圹西壁约0.37米。泥质红陶，侈口，圆唇，束颈，鼓腹，圜底，宽带耳，耳上部与口沿直接相连。表面较光滑，上附着大量烟炱、少量水垢。口径6.2、腹径10.0、通高8.4、壁厚0.4厘米（图一四六，6；彩版一三九，3）。

M67：5，双乳丁陶壶。位于人骨西侧，M67：1西南，距墓圹北壁约0.38、距墓圹西壁约0.20米。泥质红陶，侈口，方唇，高颈，鼓腹，圜底，双乳丁对称分布腹部两侧。表面较光滑，有手抹痕迹，少许剥落，上附着少量烟炱、水垢。口径6.4、腹径11.2、通高11.4、壁厚0.6厘米（图一四六，3；彩版一三九，5）。

M67：10，双乳丁陶壶。位于人骨东侧，距墓圹北壁约0.37、距墓圹东壁约0.18米。泥质红陶，斜直口，圆唇，高颈，鼓腹，平底略弧，双乳丁对称分布于腹部两侧。表面较光滑，有手抹痕迹，上附着少量烟炱、水垢。口径7.0、腹径9.0、底径5.4、通高11.6、壁厚0.5厘米（图一四六，2；彩版一三九，6）。

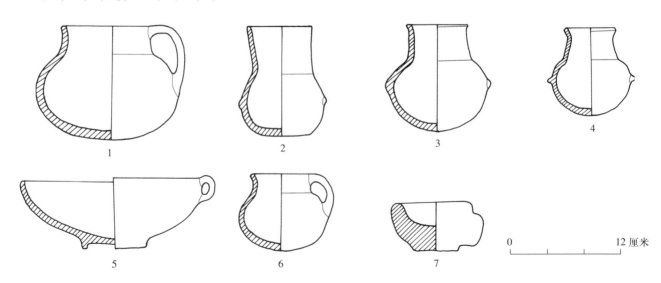

图一四六　M67 出土器物（一）

1、6. 单耳陶罐M67：2、4　2～4. 双乳丁陶壶M67：10、5、3　5. 单耳陶豆M67：1　7. 单耳石杯M67：11

2. 玉石器

1件。

M67:11，单耳石杯。位于人骨东侧，M67:10北部，距墓圹北壁约0.25、距墓圹西壁约0.83米。用花岗岩打制成形，通体略经磨制，形状规整。直口微敞，圆唇，腹微鼓，近底部内收，平底，单耳，竖向较扁平，表面较粗糙。口径8.4、底径4.5、通高5.4、壁厚0.5～1.2厘米（图一四六，7；彩版一四〇，1）。

3. 铜器

13件。

M67:7，双联铜泡。位于人骨两脚之间，距北壁约1.13、距西壁约0.63米。两个单泡并列相连，整体呈"8"字形，正面均为凸镜状，背面凹镜状，背面焊接一字形组连接两个铜泡。表面被铜锈覆盖，使用痕迹不明显。长1.0、宽0.45、厚0.2厘米（图一四七，6）。

M67:8，铜片。位于人骨两脚之间，距墓圹北壁约1.13、距墓圹西壁约0.63米。圆饼形，稍残，中部有一圆孔，表面锈蚀严重。直径0.7、厚0.1、孔径0.1厘米（图一四七，7）。

M67:9，铜泡。位于死者盆骨东侧，距墓圹北壁约0.75、距墓圹东壁约0.40米。平面呈圆形，正面呈凸镜状，背面呈凹镜状，背面焊接一字形组。直径1.5、高0.5、厚0.2厘米（图一四七，8；彩版一四〇，2）。

M67:12，铜片。位于M67:11单耳石杯内部，锻打成形，表面锈蚀严重。长1.3、宽0.5、厚0.1厘米（图一四七，5）。

M67:13，铜锥。位于人骨东侧，M67:10南部，距墓圹北壁约0.75、距墓圹东壁约0.30米。锻打成形，一端较尖，一端残损。长1.4、宽0.2、厚0.2厘米（图一四七，4）。

M67:14，铜泡。位于人骨东侧，墓室东南角，距墓圹南壁约0.30、距墓圹东壁约0.30米。锻打成形，铜泡表面已不存，现仅存条形组。长1.2、宽0.6、厚0.3厘米。

M67:15，铜锥。位于人骨西侧脚趾骨附近，M67:1南部，距墓圹北壁约1.25、距墓圹西壁

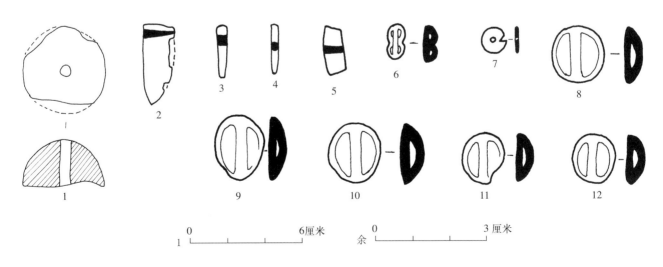

图一四七 M67 出土器物（二）

1. 骨纺轮M67:6　2. 铜刀M67:16　3、4. 铜锥M67:15、13　5、7. 铜片M67:12、8　6. 双联铜泡M67:7　8～12. 铜泡M67:9、19、21、20、17

约0.40米。锻打成形，表面锈蚀严重，锥尖残损。长1.5、宽0.4、厚0.3厘米（图一四七，3；彩版一四〇，3）。

M67：16，铜刀。位于死者脊椎骨西侧，距墓圹北壁约0.45、距墓圹西壁约0.63米。仅存刃部一段，直背弧刃，两端残损。残长2.2、宽0.8、厚0.2厘米（图一四七，2；彩版一四〇，4）。

M67：17，铜泡。出土位置不明。平面呈圆形，正面呈凸镜状，背面呈凹镜状，背面焊接一字形纽。直径1.2、高0.4、厚0.2厘米（图一四七，12）。

M67：18，铜片。出土位置不明。圆柱形，表面锈蚀严重。直径0.4、高0.8厘米。

M67：19，铜泡。出土位置不明。平面呈圆形，正面呈凸镜状，背面呈凹镜状，背面焊接一桥形纽。直径1.3～1.8、高0.5、厚0.2厘米（图一四七，9）。

M67：20，铜泡。出土位置不明。平面呈圆形，正面呈凸镜状，背面呈凹镜状，背面焊接一字形纽。直径1.3、高0.5、厚0.2厘米（图一四七，11；彩版一四〇，5）。

M67：21，铜泡。出土位置不明。平面呈圆形，正面呈凸镜状，背面呈凹镜状，北面焊接一字形纽。直径1.6、高0.8、厚0.3厘米（图一四七，10）。

4. 骨角贝器

1件。

M67：6，骨纺轮。位于人骨西侧膝盖附近，M67：1南部，距北壁约0.75、距西壁约0.25米。用动物长骨顶端切削成半球形，黄褐色，中间钻孔，表面略经磨制，边缘残损。直径4.6、高2.3、孔径0.5厘米（图一四七，1；彩版一四〇，6）。

六八　M68

（一）墓葬形制

位于发掘区中部，M67南侧（图一四八；彩版一四一，1、2）。残存墓圹平面近椭圆形，长径1.50、短径1.30、残深0.90米，墓向90°。墓圹填充较疏松的黄褐色粗砂土，夹杂有卵石，并出土有陶片、人骨和朽木等遗物。

墓圹底部置一具椭圆形形石椁，长径1.30、短径1.10、高0.50米。石椁由多层卵石及石板垒砌而成，石椁顶部用九根东西向平行排列的原木封盖，原木中间略有塌陷，两端保存较好，但朽损较为严重。石椁内人骨局部位移且缺失，右侧身屈肢，头向东北，面向西北，保存较差，略有朽损，部分肋骨、肢骨、盆骨缺失。

墓葬内出土单耳陶罐3件，陶罐1件，双耳陶杯1件，双乳丁陶壶1件，铜刀1件，铜锥2件，铜泡1件，铜耳环1组，砺石1件，单耳石杯1件。

（二）出土遗物

1. 陶器

6件。

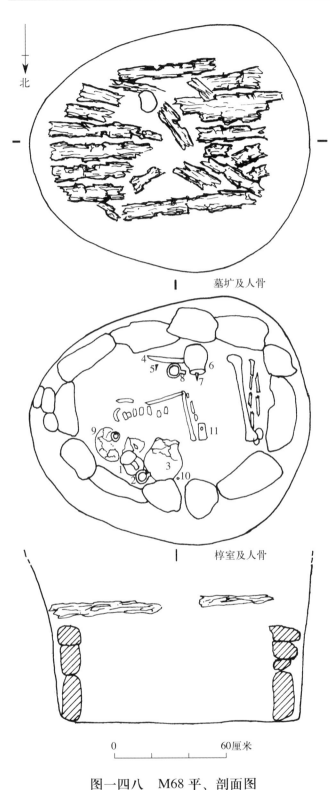

图一四八　M68平、剖面图

1、3. 单耳陶罐　2. 双耳陶杯　4. 穿孔铜刀　5、7. 铜锥　6. 双乳丁陶壶　8. 单耳石杯　9. 铜耳环　10. 铜泡　11. 砺石

M68：1，单耳陶罐。位于人骨北侧头部附近，距墓圹北壁约0.30、距墓圹东壁约0.60米。泥质红陶，侈口，方唇，高颈，鼓腹，圆底，宽带耳，耳上部与口沿直接相连。表面较光滑，有手抹痕迹，附着烟炱、水垢。口径9.6、腹径12.2、通高8.8、壁厚0.5厘米（图一四九，4；彩版一四二，1）。

M68：2，双耳陶杯。位于M68：1单耳陶罐西北，M68：3东北，距墓圹北壁约0.28、距墓圹东壁约0.48米。夹细砂褐陶，敞口，方唇，斜直腹下收，平底，双宽带耳，对称分布，耳上部与口沿直接相连。表面有手抹痕迹，附着大量烟炱、水垢。口径7.6、底径4.0、通高6.2、壁厚0.8厘米（图一四九，8；彩版一四二，4）。

M68：3，单耳陶罐。位于M68：1单耳陶罐西侧，距墓圹北壁约0.70、距墓圹东壁约0.45米。夹细砂红陶，直口，方唇，高颈，鼓腹，下腹内收，平底，宽带耳，耳上部与口沿直接相连。表面较光滑，沿下有手抹痕迹，附着烟炱、少量水垢。口径9.7、腹径16.4、底径7.6、通高18.4、壁厚1.0厘米（图一四九，1；彩版一四二，2）。

M68：6，双乳丁陶壶。位于人骨南侧腰部附近，距墓圹南壁约0.24、距墓圹东壁约0.70米。泥质红陶，直口微侈，圆唇，高颈，鼓腹，平底，双乳丁对称分布于腹部两侧，但已残损。表面较光滑，有手抹痕迹，上附着大量烟炱、少量水垢。口径8.6、腹径12.6、底径6.6、通高15.0、壁厚0.7厘米（图一四九，3；彩版一四二，5）。

M68：12，单耳陶罐。位于墓葬填土中，泥质红陶，侈口，方唇，高颈，鼓腹，平底，宽带耳。沿下有手抹痕迹，表面附着烟炱、水垢。口径9.4、腹径16.0、底径8.2、通高18.4、壁厚1.0厘米（图一四九，2；彩版一四二，3）。

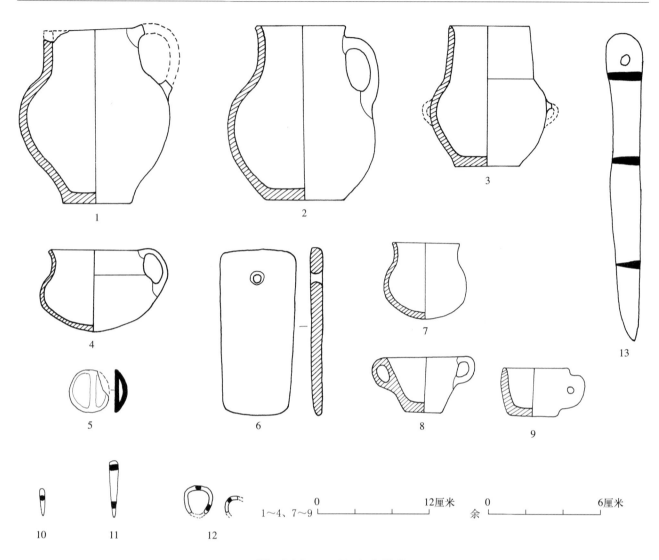

图一四九　M68 出土器物

1、2、4. 单耳陶罐M68：3、12、1　3. 双乳丁陶壶M68：6　5. 铜泡M68：10　6. 砺石M68：11　7. 陶罐M68：13　8. 双耳陶杯
M68：2　9. 单耳石杯M68：8　10、11. 铜锥M68：5、7　12. 铜耳环M68：9　13. 穿孔铜刀M68：4

　　M68：13，陶罐。位于墓葬填土中，泥质红陶，侈口，圆唇，束颈，鼓腹，圆底。表面较光
滑，有手抹痕迹，附着少量烟炱、水垢。口径7.0、腹径9.0、通高8.0厘米（图一四九，7；彩版
一四二，6）。

　　2. 玉石器

　　2件。

　　M68：8，单耳石杯。人骨南侧腰部附近，M68：6双乳丁陶壶东侧，M68：4穿孔铜刀北侧，
距南壁约0.38、距东壁约0.72米。用花岗岩磨制成形，形状规整。敛口，圆唇，平底，单耳，耳
部有孔，为对钻而成。外表面附着大量烟炱，内表面附着水垢。口径7.2、底径5.2、通高5.2、
壁厚1.0厘米（图一四九，9；彩版一四三，1）。

　　M68：11，砺石。位于人骨北侧，墓室中部，距墓圹北壁约0.60、距墓圹东壁约0.90米。用
砂岩磨制成长方形，一端略有残损，一端有孔，为两面对钻而成。长8.9、宽4.0、厚0.65、孔径

0.5厘米（图一四九，6；彩版一四三，2）。

3. 铜器

5件（组）。

M68：4，穿孔铜刀。位于人骨南侧腰部附近，M68：6双乳丁陶壶东侧，距墓圹南壁约0.30、距墓圹东壁约0.48、直柄，柄端有圆形穿孔，直背弧刃，表面略有锈蚀。残长16.3、宽2.0、孔径0.7厘米（图一四九，13；彩版一四三，3）。

M68：5，铜锥。位于人骨南侧腰部附近，M68：6双乳丁陶壶东侧，距墓圹南壁约0.30、距墓圹东壁约0.60米。锥尖较尖，但已残损，表面锈蚀。通长1.5、宽0.3、厚0.2厘米（图一四九，10）。

M68：7，铜锥。位于M68：6双乳丁陶壶之内，锥身呈四棱锥状，锥尖较平。长3.0、宽0.4、厚0.3厘米（图一四九，11；彩版一四三，4）。

M68：9，铜耳环，1组2件。位于人骨耳部附近，距墓圹北壁约0.46、距墓圹东壁约0.38米。表面呈铜绿色，锈蚀较严重。1件较完整，铜丝弯曲成环形，直径1.1～1.6、厚0.2～0.35厘米；另一件仅存一截，残长0.8、厚0.2厘米（图一四九，12）。

M68：10，铜泡。位于M68：1单耳陶罐西侧，距墓圹北壁约0.38、距墓圹东壁约0.70米。平面呈圆形，正面呈凸镜状，背面呈凹镜状，背面焊接一字形纽，边缘略有残损。直径2.4、高0.7、厚0.25厘米（图一四九，5；彩版一四三，5、6）。

六九　M69

（一）墓葬形制

位于发掘区中部，M67西侧，M70南侧（图一五〇；彩版一四四，1、2）。残存墓圹平面呈椭圆形，长径1.75、短径1.30、残深1.48米，墓向0°。墓圹填充较疏松的黄褐色粗砂土，夹杂卵石，并出土陶片、马牙等遗物。

墓圹底部置一具长方形石椁，长1.50、宽1.00、高0.40米。石椁由2～4层卵石及石板垒砌而成，石椁外以砂石填充。墓葬内有上下2具人骨。第一具人骨位于墓圹填土中，凌乱且严重缺失，仅见肱骨、肩胛骨、髋骨、骶骨、指骨。第二具人骨位于石椁底部，基本完整且有序，右侧身屈肢，头向东北，面向西北，人骨头部东侧还有一羊头骨。

墓葬内出土单耳陶罐3件，陶杯1件，穿孔铜刀1件，铜泡1件，双联铜泡1件，砺石1件，石球1件，骨纺轮1件。

（二）出土遗物

1. 陶器

4件。

M69：1，陶杯。位于人骨头部西侧，距墓圹北壁约0.43、距墓圹东壁约0.75米。夹细砂褐陶，敞口，圆唇，圜底，表面较粗糙，上附着水垢。口径3.5、通高2.5、壁厚0.4～0.9厘米（图

北 ←

0　　　　　　75厘米

图一五〇　M69平、剖面图

1. 陶杯　2～4. 单耳陶罐　5. 穿孔铜刀　6. 砺石

一五一，8；彩版一四五，1）。

M69：2，单耳陶罐。位于人骨头部西侧，M69：1陶杯西侧，距墓圹北壁约0.26、距墓圹东壁约0.77米。泥质红陶，侈口，圆唇，高颈，鼓腹，平底，宽带耳，表面较光滑，沿下有手抹痕迹，附着烟炱、水垢。口径7.2、腹径9.2、底径5.0、通高11.2、壁厚0.6厘米（图一五一，5；彩版一四五，2）。

M69：3，单耳陶罐。位于人骨头部东侧，距墓圹北壁约0.43、距墓圹东壁约0.35米。泥质红陶，侈口，圆唇，高颈，鼓腹，平底，宽带耳，耳上端中间有一竖向凸棱，器物之上盖有一扁平状石块作为器盖。表面较光滑，有少量烟炱、水垢。口径15、腹径21.4、底径14.0、通高21.8、壁厚0.5厘米（图一五一，1；彩版一四五，3）。

M69：4，单耳陶罐。位于人骨头部东侧，M69：3单耳陶罐南侧，距墓圹北壁约0.50、距墓圹东壁约0.37米。夹细砂红陶，侈口，圆唇，高颈，鼓腹，圜底，宽带耳，耳上部与口沿直接相连且略高于口沿。表面较光滑，附着少量烟炱、水垢。口径9.4、腹径16.0、通高10.4、壁厚0.5厘米（图一五一，4；彩版一四五，4）。

2. 玉石器

2件。

M69：6，砺石。位于人骨腰部附近，M69：5穿孔铜刀南侧，距北壁约0.90、距东壁约0.62米。用砂岩磨制成圆角梯形，颜色深灰，上端有孔，为双面对钻而成。长11.6、宽5.0、厚0.9、孔径0.6厘米（图一五一，2；彩版一四五，5）。

M69：9，石球。出土于墓葬填土，用砂岩磨制而成，球面光滑，保存完整，直径1.9～2.1厘米（图一五一，7）。

3. 铜器

3件。

M69：5，穿孔铜刀。位于人骨腰部附近，距墓圹北壁约0.60、距墓圹东壁约0.25、直柄，柄端有一椭圆形穿孔，直背弧刃，表面锈蚀。通长12.8、宽2.8、孔径0.7厘米（图一五一，3；彩版一四五，6）。

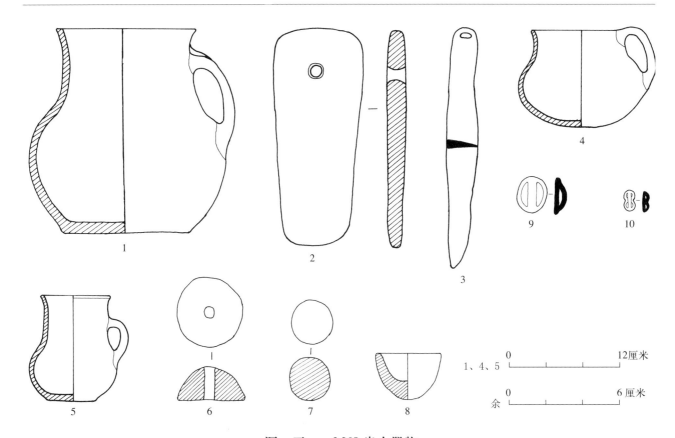

图一五一　M69 出土器物

1、4、5. 单耳陶罐M69：3、4、2　2. 砺石M69：6　3. 穿孔铜刀M69：5　6. 骨纺轮M69：10　7. 石球M69：9　8. 陶杯M69：1　9. 铜泡M69：7　10. 双联铜泡M69：8

M69：7，铜泡。出土于墓葬填土，平面呈圆形，正面呈凸镜状，背面呈凹镜状，背面焊接一字形纽。直径2.0、高0.7、厚0.2厘米（图一五一，9）。

M69：8，双联铜泡。出土于墓葬填土，平面呈"8"字形，两个铜泡并列相连，每个铜泡均为正面呈凸镜状，背面呈凹镜状，背面焊接一字形纽连接上下两个铜泡，两个铜泡上各有一个穿孔，表面被铜锈覆盖。长1.1、宽0.6、厚0.3厘米（图一五一，10）。

4. 骨角贝器

1件。

M69：10，骨纺轮。出土于墓葬填土，用动物长骨顶端切削成半球形，黄色，表面略经磨制，中间钻孔。直径3.4、高1.8、孔径0.5厘米（图一五一，6）。

七〇　M70

（一）墓葬形制

位于发掘区东部，M66西南侧，M69北侧，M71东南侧（图一五二；彩版一四六，1、2）。残存墓圹平面呈圆角长方形，长1.54、宽1.16、残深1.30米，墓向75°。墓圹填充较疏松的黄褐色粗砂土，出土有陶片、兽牙等遗物。兽牙为大型哺乳动物的犬齿及牙床构成，犬齿表面较光滑，有光泽。

墓圹底部置一具圆角长方形石椁，长1.30、宽1.06、高0.56米。石椁由多层卵石垒砌而成，石椁外以砂石填充。石椁内有2具人骨。第一具人骨位于椁室南部，第二具人骨之上，凌乱且严重缺失，仅见少量肢骨、躯干骨及头骨碎片。第二具人骨位于椁底中部，局部位移且缺失，肢骨和肋骨略被扰动，右侧身屈肢，头向东，面向北。

墓葬内出土陶罐2件，单耳陶豆1件，单耳陶罐2件，铜耳环1件，铜泡2件，双联铜泡1组，铜管1件，带柄铜刀1件，骨纺轮1件，泥杯1件，泥塑十字形器1件，兽牙1件，陶片1袋。

（二）出土遗物

1. 陶器

5件。

M70：1，陶罐。位于人骨北侧，距墓圹北壁约0.32、距墓圹东壁约0.52米。夹细砂褐陶，侈口，圆唇，束颈，腹微鼓，平底。表面有手抹痕迹，附着大量烟炱、水垢。口径10.4、腹径10.0、底径5.0、通高10.0、壁厚0.8厘米（图一五三，1；彩版一四七，1）。

M70：2，单耳陶豆。位于人骨北侧，M70：1陶罐东侧，距墓圹北壁约0.28、距墓圹东壁约0.70米。泥质红陶，直口微敛，尖圆唇，斜腹，圜底，圈足，宽带耳，耳上部与口沿直接相连，略高于口沿。表面较光滑，有手抹痕迹，少许剥落，附着大量烟炱、少量水垢。口径14.5、底径5.6、通高5.8、耳宽2.2、耳高2.8、壁厚0.5厘米（图一五三，2；彩版一四七，4）。

M70：3，单耳陶罐。位于人骨北侧，M70：1陶罐东侧，距墓圹北壁约0.38、距墓

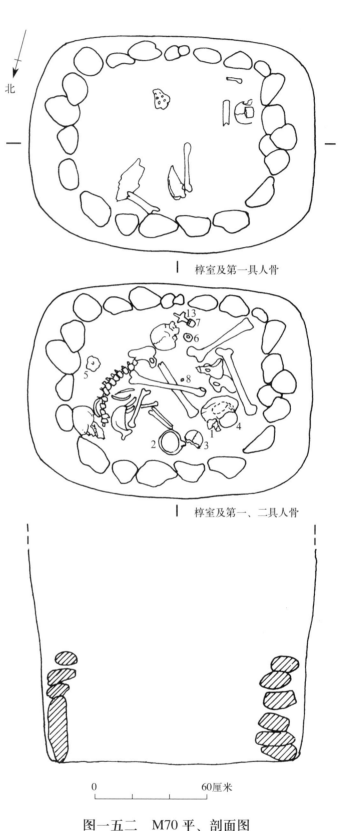

椁室及第一具人骨

椁室及第一、二具人骨

图一五二　M70平、剖面图

1. 陶罐　2. 单耳陶豆　3、4. 单耳陶罐　5. 铜耳环　6. 骨纺轮
7. 泥杯　8. 铜泡　13. 泥塑十字形器

圹东壁约0.82米。泥质红陶，敞口，方唇，高颈，鼓腹，圜底，宽带耳，表面较光滑，有手抹痕迹，附着少量烟炱、水垢。口径8.4、腹径10.6、通高12.5、壁厚0.6厘米（图一五三，3；彩版一四七，2）。

M70：4，单耳陶罐。位于人骨北侧，M70：1陶罐西侧，距墓圹北壁约0.36、距墓圹东壁约1.00米。泥质红陶，敞口，方唇，高颈，鼓腹，圜底，宽带耳，耳上部与口沿直接相连，表面较光滑，有手抹痕迹，少许剥落，附着大量烟炱、水垢。口径10.0、腹径13.4、通高10.6、壁厚0.5厘米（图一五三，4；彩版一四七，3）。

M70：14，陶罐。出土于墓葬填土，残存3片，均为夹细砂褐陶，保存较差，不可复原。其中一片器底残片，平底，腹斜收，另一片口沿，侈口，圆唇，微束颈。

2. 泥器

2件。

M70：7，泥杯。位于人骨南侧，距墓圹北壁约0.86、距墓圹东壁约0.70米。为黏土捏塑而成，腹略鼓，圜底。破损严重，不可复原。泥杯中装有一件泥塑十字形器（彩版一四七，5）。

M70：13，泥塑十字形器。位于人骨南侧，M70：7泥杯之内，距墓圹北壁约0.90、距墓圹东壁约0.80米。为黏土捏制而成，表面呈黄色，破损严重，不可复原（彩版一四七，5）。

3. 铜器

6件（组）。

M70：5，铜耳环。位于人骨南侧，距墓圹北壁约0.60、距墓圹东壁约0.30米。铜片弯曲成环形，一端较尖，一端残损，表面呈铜绿色，锈蚀较严重。直径2.1、厚0.15~0.3厘米（图一五三，6）。

M70：8，铜泡。位于人骨南侧，股骨附近，距墓圹北壁约0.60、距墓圹东壁约0.82米。平

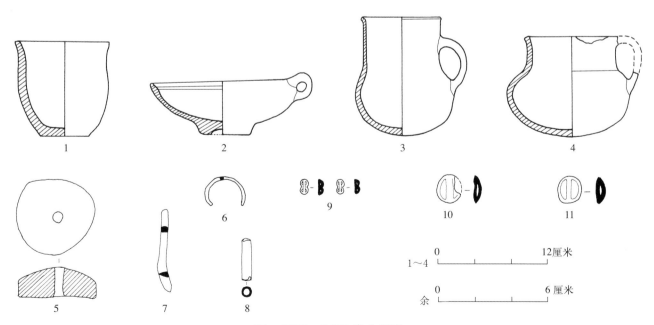

图一五三　M70 出土器物

1. 陶罐M70：1　2. 单耳陶豆M70：2　3、4. 单耳陶罐M70：3、4　5. 骨纺轮M70：6　6. 铜耳环M70：5　7. 带柄铜刀M70：12
8. 铜管M70：11　9. 双联铜泡M70：9　10、11. 铜泡M70：10、8

面圆形，正面呈凸镜状，背面呈凹镜状，背面焊接一字形纽。直径1.4、高0.6、厚0.3厘米（图一五三，11）。

M70：9，双联铜泡，1组2件。出土于墓葬填土，每件整体呈"8"字形，两个铜泡并列相连，每个铜泡均为正面呈凸镜状，背面呈凹镜状，背面焊接一字形纽连接两个铜泡，表面均被铜锈覆盖。1件长0.7、宽0.4、厚0.3厘米；另一件长0.8、宽0.5、厚0.25厘米（图一五三，9）。

M70：10，铜泡。出土于墓葬填土，正面呈凸镜状，一面呈凹镜状，背面焊接一字形纽，表面多处残损。直径1.5、高0.4、厚0.15厘米（图一五三，10）。

M70：11，铜管。出土于墓葬填土，锻打后卷成筒形，表面呈铜绿色，一端残损，锈蚀严重。根据形状推测其可能为装饰品。长2.1、宽0.6、厚0.1、孔径0.4厘米（图一五三，8）。

M70：12，带柄铜刀。出土于墓葬填土，锻打成形，折背弧刃，两端残损。长4.3、宽0.6、厚0.3厘米（图一五三，7）。

4. 骨角贝器

1件。

M70：6，骨纺轮。位于人骨南侧，距墓圹北壁约0.84、距墓圹东壁约0.80米。用动物骨骼切削磨制成圆饼形，黄褐色，中间钻孔，边缘略有残损。直径4.2、高1.5、孔径0.5厘米（图一五三，5；彩版一四七，6）。

七一　M71

（一）墓葬形制

位于发掘区中部，M66西侧，M70西北侧（图一五四；彩版一四八，1、2）。残存墓圹平面近圆角方形，直径1.60、残深0.56米，墓向160°。墓圹填充较疏松的黄褐色粗砂土，夹杂卵石，并出土陶片、动物骨骼、朽木等遗物。

墓圹底部置一具圆角方形石椁，直径1.60、高0.56米。石椁由多层卵石及石板垒砌而成，石椁外以砂石填充。椁室内有上下2具人骨，第一具人骨位于椁室上部，基本完整且有序，右侧身屈肢，头向北，面向西。第二具人骨位于椁室底部，凌乱且严重缺失，腐朽严重，仅见少量碎骨。

墓葬内上层人骨附近出土双系陶壶1件，单耳陶罐2件，铜泡1件，铜镞1件；下层人骨附近出土单耳陶罐2件，双乳丁陶壶1件，单耳圈足陶罐1件，铜泡1件，带柄铜刀1件，木柄铜刀1件，木柄铜锥1件，铜镞1件，砺石1件，玛瑙珠1件，陶器盖石1件；填土中出土彩陶片2袋（彩版一四九，1）。

（二）出土遗物

1. 陶器

9件。

M71：3，双系陶壶。位于上层人骨头部西侧，距墓圹北壁约0.17、距墓圹西壁约0.43米。夹细砂红陶，敞口，方唇，高颈，鼓腹，平底，腹部对称分布两系，系上有孔。表面光滑，有手抹痕迹，附着少量烟炱、水垢。其上有陶器盖石M71：19作为器盖。口径7.8、腹径15.0、底径5.2、通高17.2、壁厚0.8厘米（图一五五，1；彩版一五〇，1）。

M71：4，单耳陶罐。位于上层人骨头部西侧，M71：3双系壶西侧，距墓圹北壁约0.22、距墓圹西壁约0.35米。泥质红陶，敞口，方唇，鼓腹，圜底，宽带耳，耳上部与口沿直接相连，耳上有一十字形刻划纹，耳部下侧有三道平行的刻划纹，底部有四道平行的刻划纹，另有一道与其垂直并相交的刻划纹，表面较光滑，附着烟炱、水垢。口径8.8、腹径14.8、通高11.8、壁厚0.8厘米（图一五五，2；彩版一五〇，2）。

M71：5，单耳陶罐。位于上层人骨头部西侧，M71：3双系陶壶西南侧，距墓圹北壁约0.40、距墓圹西壁约0.30米。泥质红陶，侈口，方唇，束颈，鼓腹，圜底，宽带耳，耳上部与口沿直接相连。表面较光滑，有手抹痕迹，附着少量烟炱、水垢。口径6.8、腹径11.2、通高9.4、壁厚0.5厘米（图一五五，3；彩版一五〇，3）。

M71：6，单耳陶罐。位于下层人骨东侧，距墓圹东壁约0.20、距墓圹南壁约0.25米。泥质红陶，侈口，方唇，高颈，鼓腹，圜底，宽带耳。表面较光滑，有手抹痕迹，附着水垢。口径6.2、腹径8.2、通高8.8、壁厚0.4厘米（图一五五，7；彩版一五〇，4）。

M71：8，单耳圈足陶罐。位于下层人骨东侧，M71：6单耳陶罐北侧，距墓圹东壁约0.12、距墓圹南壁约0.40米。泥质红褐陶，侈口，方唇，束颈，鼓腹，圜底，喇叭口状圈足，宽带耳，上部与口沿直接相连。上腹部有三个系，系上有孔，三系与一耳均匀分布在陶器一周。表面光滑，有手抹痕迹，少许剥落，上附着少量水垢。口径5.0、腹径6.2、圈足高1.5、通高6.0、壁厚0.5厘米（图一五五，6；彩版一五〇，5）。

M71：12，单耳陶罐。位于下层人骨西侧，距墓圹西壁约0.37、距墓圹南壁约0.90米。泥质红陶，直口微侈，圆唇，高颈，鼓腹，圜底，宽带耳，耳上部与口沿直接相连。表面附着烟炱、水垢。口径7.6、腹径9.0、通高8.0、壁厚0.5厘米（图一五五，4；彩版一五〇，6）。

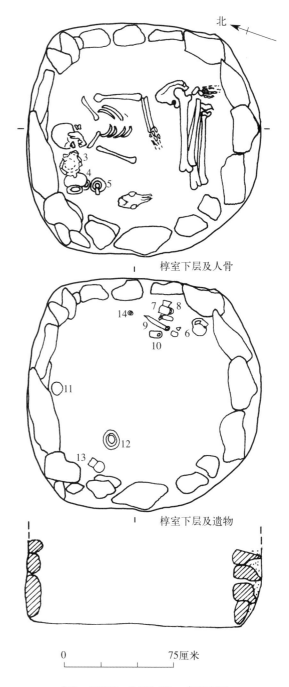

椁室下层及人骨

椁室下层及遗物

0　　　　　　　　　75厘米

图一五四　M71平、剖面图

3. 双系陶壶　4~6、12. 单耳陶罐　7. 木柄铜锥
8. 单耳圈足陶罐　9. 带柄铜刀　10. 砺石
11. 铜泡　13. 双乳丁陶壶　14. 玛瑙珠

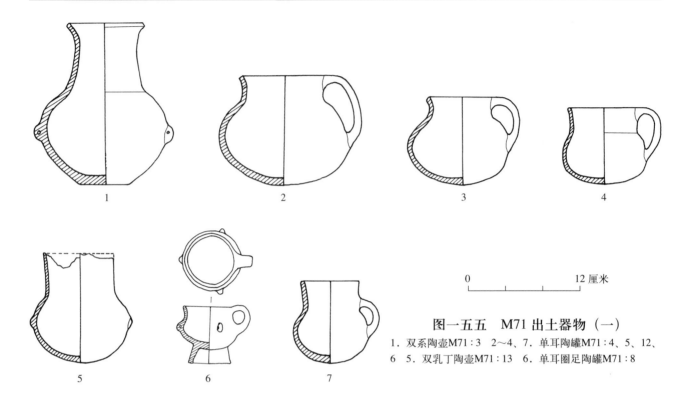

0　　　　　　　12厘米

图一五五　M71 出土器物（一）

1．双系陶壶M71：3　2～4、7．单耳陶罐M71：4、5、12、
6　5．双乳丁陶壶M71：13　6．单耳圈足陶罐M71：8

　　M71：13，双乳丁陶壶。位于下层人骨西侧，距墓圹西壁约0.22、距墓圹南壁约0.85米。夹细砂红陶，直口微侈，圆唇，高颈，鼓腹，腹部下垂，圜底，双乳丁对称分布腹部两侧。表面较光滑，有手抹痕迹，部分剥落，上附着少量烟炱、水垢。口径7.2、腹径10.8、通高11.4、壁厚0.7厘米（图一五五，5）。

　　M71：17，彩陶片。出土于墓葬填土，共3片，均为夹细砂红陶，红衣黑彩，纹饰为条带纹（彩版一四九，4）。

　　M71：18，彩陶片。出土于墓葬填土，共4片，均为夹细砂红陶，红衣黑彩，纹饰有条带纹、垂带纹、三角纹（彩版一四九，5）。

　　2. 玉石器

　　3件。

　　M71：10，砺石。位于下层人骨东侧，距墓圹东壁约0.32、距墓圹南壁约0.57米。用砂岩磨制成圆角长方形，上端有孔，为双面对钻而成。长6.5、宽2.8、厚1.0、孔径1～1.2厘米（图一五六，3；彩版一四九，2）。

　　M71：14，玛瑙珠。位于下层人骨东侧，距墓圹东壁约0.20、距墓圹南壁约0.96米。用石髓磨制成扁圆体，通体红色，表面较光滑，中间有钻孔。直径1.1、高0.6、孔径0.2厘米（图一五六，9；彩版一五一，1）。

　　M71：19，陶器盖石。出土时盖于M71：3双系陶壶之上，作为陶器盖石之用，深青色岩石，平面呈不规则形，扁平状（彩版一五一，2）。

　　3. 铜器

　　7件。

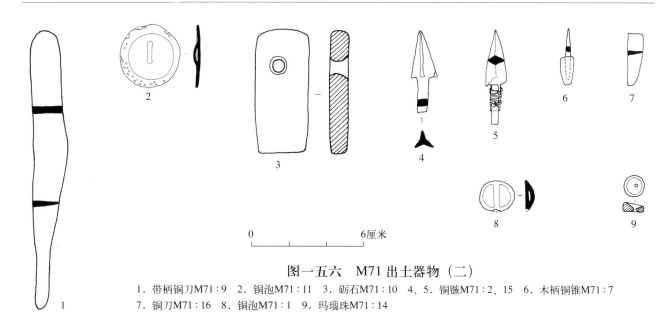

图一五六　M71出土器物（二）

1. 带柄铜刀M71：9　2. 铜泡M71：11　3. 砺石M71：10　4、5. 铜镞M71：2、15　6. 木柄铜锥M71：7
7. 铜刀M71：16　8. 铜泡M71：1　9. 玛瑙珠M71：14

M71：1，铜泡。出土位置不明。平面圆形，正面呈凸镜状，背面呈凹镜状，背面焊接一字形纽。直径1.9、高0.5、厚0.15厘米（图一五六，8）。

M71：2，铜镞。出土位置不明。铸造成形，三棱三翼，带铤，铤呈圆柱形，表面锈蚀严重。长4.2、宽1.3、铤长1.8厘米（图一五六，4；彩版一五一，3）。

M71：7，木柄铜锥。位于下层人骨东侧，M71：8单耳圈足陶罐内，木柄残损，铜锥一端较尖，一端较平，两侧略弧。锥长2.7、直径0.2～0.3厘米（图一五六，6）。

M71：9，带柄铜刀。位于下层人骨东侧，M71：6单耳陶罐北侧，距墓圹东壁约0.22、距墓圹南壁约0.50、直背弧刃，直柄，柄端较圆，表面略有锈蚀。通长14.75、柄长4.0、宽1.9、厚0.3厘米（图一五六，1；彩版一四九，3）。

M71：11，铜泡。位于下层人骨东侧，距墓圹西壁约0.62、距墓圹南壁约1.32米。铸造成圆形，背面焊接一桥形纽，边缘有两圈方形或圆形穿孔。直径3.4、高0.4、厚0.2厘米（图一五六，2；彩版一五一，4～6）。

M71：15，铜镞。出土位置不明。铸造成形，双翼，界面呈菱形，铤部较平，绑有木杆。木杆及铤部末端均有残损。残长5.0、铜镞长2.9、铤长2.1、宽0.8、厚0.2厘米（图一五六，5）。

M71：16，铜刀。出土位置不明。直背弧刃，刀尖较尖，另一端较平。铜刀残长2.8、宽0.8、厚0.2厘米（图一五六，7）。

七二　M72

（一）墓葬形制

位于发掘区中部，M70西侧，M73东侧（图一五七；彩版一五二，1、2）。残存墓圹平面呈圆形，直径约1.80、残深1.50米，墓向62°。墓圹填充较疏松的黄色粗砂土，夹杂卵石，并出土陶片、羊头等遗物。

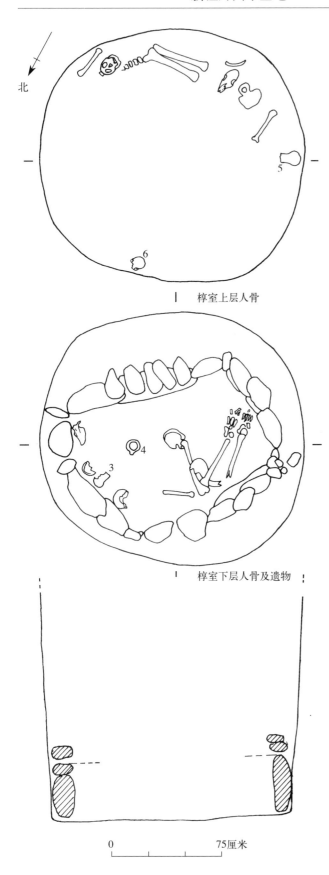

| 椁室上层人骨

| 椁室下层人骨及遗物 |

0 ———————— 75厘米

图一五七　M72 平、剖面图

3. 单耳陶罐　4. 贯耳陶杯　5、6. 双系陶壶

墓圹底部置一具长方形石椁，长1.50、宽1.25、高0.50米。石椁由卵石及石板垒砌而成，其下部为石板，上部垒砌2～4层卵石。石椁外以砂石填充。墓葬内有上下2具人骨，第一具人骨位于填土0.40米深度处，凌乱且严重缺失，仅见头骨、下颌骨以及少量肢骨。第二具人骨位于椁室底部，局部位移且缺失，上半身残缺凌乱，下半身较完整，右侧身屈肢。

墓葬内出土单耳陶罐2件，贯耳陶杯1件，陶罐1件，双系陶壶2件，陶器底1件，铜耳环1件，绿松石珠1件。

（二）出土遗物

1. 陶器

7件。

M72∶1，单耳陶罐。出土位置不明。泥质红陶，敞口，圆唇，高颈，鼓腹，圜底，宽带耳，表面较光滑，有手抹痕迹，附着少量烟炱、水垢。口径9.0、腹径12.0、通高12.6、壁厚0.5厘米（图一五八，1；彩版一五三，1、2）。

M72∶3，单耳陶罐。位于椁室东北侧。夹细砂褐陶，侈口，方唇，单耳，耳上有穿孔，平底，表面较粗糙，上附着水垢。腹径6.9、通高6.0（图一五八，4；彩版一五三，3）。

M72∶4，贯耳陶杯。位于椁室东北侧，距墓圹南壁约0.63、距墓圹西壁约1.10米。腹部及底部残片，贯耳残。夹细砂褐陶，鼓腹，圜底，表面较粗糙，上附着水垢。腹径4.5、残高3.9、孔径0.3厘米（图一五八，5；彩版一五三，4）。

M72∶5，双系陶壶。出土于墓葬填土。夹细砂红陶，直口，方唇，直颈，溜肩微折，鼓腹，平底，双系对称分布于腹部两侧，系上有孔。肩部及一系一侧有黑彩。表面较光滑，有

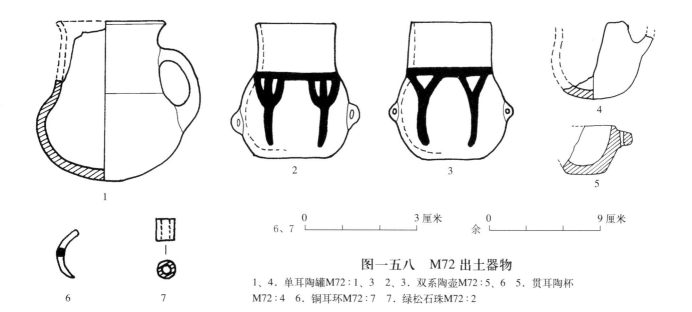

图一五八 M72 出土器物

1、4. 单耳陶罐M72：1，3　2、3. 双系陶壶M72：5，6　5. 贯耳陶杯
M72：4　6. 铜耳环M72：7　7. 绿松石珠M72：2

手抹痕迹，部分剥落，上附着少量烟炱、水垢。口径6.0、腹径9.0、底径56.0、通高10.8、壁厚0.5厘米（图一五八，2；彩版一五三，5）。

M72：6，双系陶壶。出土于墓葬填土。夹细砂红陶，直口微侈，方唇，直颈，溜肩微折，鼓腹，平底，双系对称分布于腹部两侧，系上有孔。颈部及腹部有黑彩，表面有手抹痕迹，较多剥落，上附着少量烟炱、水垢。口径6.6、腹径9.2、底径5.0、通高11.0、壁厚0.5厘米（图一五八，3）。

M72：8，陶器底。出土于墓葬填土。夹细砂红陶，平底，腹斜收。

M72：9，陶罐。出土于墓葬填土。夹细砂红陶，侈口，圆唇，束颈，溜肩微折，鼓腹，外表面施有红色陶衣。

2. 玉石器

1件。

M72：2，绿松石珠。出土位置不明。用绿松石磨制成扁圆体。通体绿色，表面较光滑，中间有穿孔。直径0.5、高0.6、孔径0.2～0.25厘米（图一五八，7）。

3. 铜器

1件。

M72：7，铜耳环。出土位置不明。一端残损较平，一端较尖，弯曲成半环形，两端未相交，表面呈铜绿色，锈蚀较严重。长1.3、宽0.15、厚0.15厘米（图一五八，6）。

七三　M73

（一）墓葬形制

位于发掘区中部，M72西侧，M76东侧（图一五九；彩版一五四，1）。残存墓圹平面呈圆

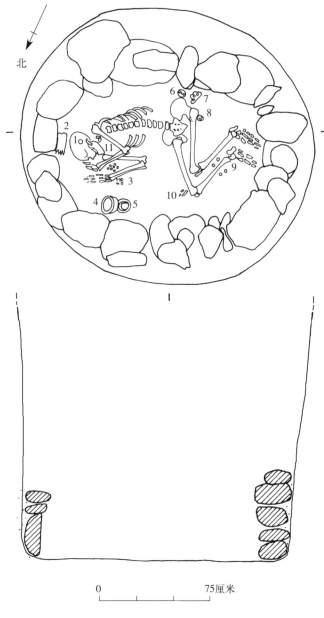

图一五九　M73 平、剖面图

1. 铜耳环　2. 骨划齿　3. 滑石管串饰　4、5. 单耳陶罐　6. 铜泡
7. 羊形铜牌饰　8. 铜铃　9. 铜泡　10. 铜管　11. 玛瑙珠

形，直径约2.00、残深1.70米，墓向65°。墓圹填充较疏松的黄褐色粗砂土，夹杂有卵石，并出土陶片及马牙、马腿骨等遗物（彩版一五四，2、3）。

墓圹底部置圆角长方形石椁，长约1.94、宽约1.60、高约0.64米。石椁由多层卵石垒砌而成。石椁顶部用数根平行排列的原木封盖，原木封盖四周保存较好，中部大多朽损。椁室内人骨基本完整且有序，右侧身屈肢，头向东，面向北。

墓葬内出土单耳陶罐3件，双耳陶罐1件，双乳丁陶壶1件，铜泡2组，铜铃1件，羊形铜牌饰1件，铜管1件，铜耳环1件，骨划齿1件，滑石管串饰1组，玛瑙珠1组。

（二）出土遗物

1. 陶器

5件。

M73：4，单耳陶罐。位于椁室北部，距墓圹北壁约0.35、距墓圹东壁约0.41米。泥质红陶，侈口，尖圆唇，溜肩，腹微鼓，圜底，宽带耳，已残，表面附着大量烟炱、少量水垢，沿下有手抹痕迹。口径6.8、腹径9.2、通高7.4、壁厚0.4厘米（图一六〇，5；彩版一五五，1）。

M73：5，单耳陶罐。位于椁室北部，距墓圹北壁约0.38、距墓圹东壁约0.82米。夹细砂褐陶，直口微侈，方唇，溜肩，鼓腹，下腹微收，平底，单耳已残，耳部与口沿直接相连。表面较粗糙，有手抹痕迹，附着少量烟炱、水垢。口径9.6、腹径13.2、通高12.0、壁厚0.5厘米（图一六〇，3；彩版一五五，2）。

M73：12，双乳丁陶壶。出土于墓葬填土。夹细砂红陶，敞口，圆唇，高颈，鼓腹，圜底，双乳丁对称分布于腹部两侧。表面较光滑，有手抹痕迹，部分剥落，附着少量水垢。口径6.4、腹径8.8、通高10.6、壁厚0.4厘米（图一六〇，4；彩版一五五，3）。

M73：13，单耳陶罐。出土于墓葬填土，泥质红陶，侈口，方唇，高颈，鼓腹，圜底，宽带耳，耳上部与口沿直接相连，表面较光滑，附着少量烟炱、水垢，部分剥落，有手抹痕迹。口径13.2、腹径17.2、通高12.2、壁厚0.8厘米（图一六〇，2；彩版一五五，4）。

0　　　　　　　75厘米

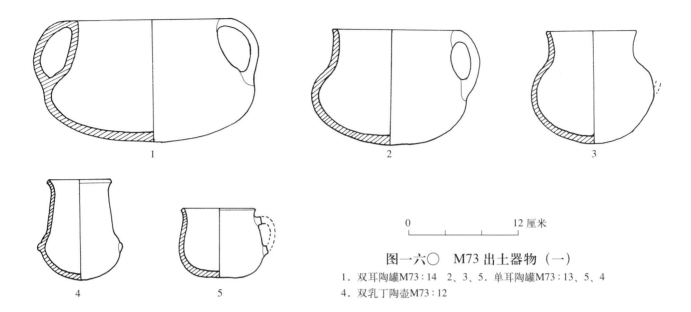

图一六〇　M73 出土器物（一）

1. 双耳陶罐M73：14　2、3、5. 单耳陶罐M73：13、5、4

4. 双乳丁陶壶M73：12

　　M73：14，双耳陶罐。出土于墓葬填土。夹细砂褐陶，敞口，方唇，高颈，鼓腹，圜底，双宽带耳，耳上部与口沿直接相连，对称分布于沿两侧。表面有手抹痕迹，附着大量烟炱、少量水垢。口径15.6、腹径22.6、通高13.0、壁厚0.7厘米（图一六〇，1；彩版一五五，5）。

　　2. 玉石器

　　2件。

　　M73：3，滑石管串饰，1组61颗。位于椁室东部，人骨手腕附近，距墓圹北壁约0.57、距墓圹东壁约0.58米。由60颗滑石管和1颗绿松石珠串联而成。其中滑石管，用滑石磨制而成。通体白色，表面较光滑，中间有穿孔。绿松石珠，用绿松石磨制成形。通体绿色，表面较光滑，中间有穿孔。长0.5～1.2、孔径0.3厘米（图一六一，1；彩版一五五，6）。

　　M73：11，玛瑙珠，1组3颗。位于椁室东部，人骨颈部附近，距墓圹北壁约0.80、距墓圹东壁约0.50米。用石髓磨制成扁圆体，通体红色，表面较光滑，中间有穿孔。直径0.9～1.05、高0.35～0.4、孔径0.1～0.15厘米（图一六一，7；彩版一五六，1）。

　　3. 铜器

　　6件（组）。

　　M73：1，铜耳环。位于椁室东部，头骨附近，距墓圹北壁约0.71、距墓圹东壁约0.37米。长条形，一端较尖，弯曲成环形，断裂成三截，表面呈铜绿色，锈蚀较严重。残长0.5～1.1、宽0.2厘米（图一六一，8）。

　　M73：6，铜泡。位于椁室南部，距墓圹南壁约0.50、距墓圹东壁约1.00米。平面呈圆形，正面凸镜状，背面呈凹镜状，背面焊接一条状桥形纽。直径3.2、高0.6、厚0.2厘米（图一六一，5；彩版一五六，2）。

　　M73：7，羊形铜牌饰。位于椁室南部，盆骨附近，距墓圹南壁约0.50、距墓圹东壁约1.08米。表面用浅浮雕及透雕手法表现北山羊形象。长5.0、宽3.1、厚0.4厘米（图一六一，4；彩版一五六，3）。

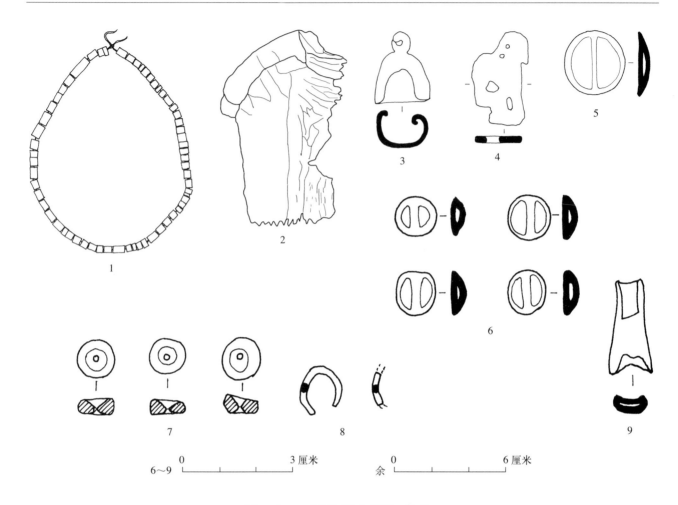

图一六一　M73 出土器物（二）

1. 滑石管串饰M73：3　2. 骨划齿M73：2　3. 铜铃M73：8　4. 羊形铜牌饰M73：7　5、6. 铜泡M73：6、9　7. 玛瑙珠M73：11　8. 铜耳环M73：1　9. 铜管M73：10

　　M73：8，铜铃。位于椁室南部，盆骨附近，距墓圹南壁约0.20、距墓圹西壁约0.40米。铸造成铃形，下部一侧残损，上部正中焊接一环形纽。直径2.8、高3.8、厚0.2厘米（图一六一，3；彩版一五六，4）。

　　M73：9，铜泡，1组4件。位于椁室西部，股骨附近，平面呈圆形，锈蚀较严重，正面呈凸镜状，背面呈凹镜状，背面焊接一字形纽。直径1.0～1.1、厚0.1～0.2厘米（图一六一，6）。

　　M73：10，铜管。位于椁室北部，骸骨附近，距墓圹北壁约0.15、距墓圹西壁约0.50米。平面呈梯形，两侧边缘卷起，呈管状。长2.5、上部宽0.6、下部宽1.2、厚0.4厘米（图一六一，9；彩版一五六，5）。

4. 骨角贝器

1件。

　　M73：2，骨划齿。位于椁室东部，头骨附近，距墓圹北壁约0.40、距墓圹东壁约0.10米。由动物骨骼切削成形，碎为4块，其中较大的1块一端呈锯齿状。长10.4、宽6.6、高0.6厘米（图一六一，2；彩版一五六，6）。

七四　M74

（一）墓葬形制

位于发掘区中部，M72南侧，M75东侧（图一六二；彩版一五七、一五八）。残存墓圹平面呈圆角长方形，长2.20、宽1.84、残深2.13米，墓向15°。墓圹填充较疏松的黄色粗砂土。

墓圹底部置内外两重长方形椁室。外重石椁长1.80、宽1.20、高0.64米，由多层卵石垒砌而成。石椁外以砂石填充。石椁顶部用数根平行排列的原木封盖，盖板大多腐朽。内重木椁由木板搭建而成，多已朽损，仅留朽木痕迹。木椁底部人骨基本完整且有序，右侧身屈肢，头向北，面向西。

墓葬内出土单耳陶罐3件，双系陶壶2件，双耳陶罐1件，铜泡2件，铜刀1件，骨珠1组，骨锥1件，玛瑙珠1组，海贝1组。

（二）出土遗物

1. 陶器

6件。

M74：1，单耳陶罐。位于椁室西北角，人骨西侧，距墓圹北壁约0.45、距墓圹西壁约0.96米。泥质红陶，直口微侈，方唇，溜肩，鼓腹，圜底，宽带耳，耳上部与口沿直接相连，表面较光滑，有手抹痕迹，少许剥落，附着少量烟炱、水垢。口径7.4、腹径11.6、通高10.2、壁厚0.4厘米（图一六三，3；彩版一五九，1）。

M74：2，双系陶壶。位于椁室西北角，人骨西侧，距墓圹北壁约0.60、距墓圹西壁约1.08米。夹细砂红陶，敞口，圆唇，高颈，鼓腹，平底，双系对称分布于腹部两侧，系上有孔。表面较光滑，有手抹痕迹，部分剥落，附着少量水垢。口径7.8、腹径10.6、底径5.2、通高13.0、壁厚0.5厘米（图一六三，2；彩版一五九，5）。

M74：3，单耳陶罐。位于椁室西北角，人骨西侧，距墓圹北壁约0.55、距墓圹西壁约0.90米。泥质红陶，侈口，方唇，腹微鼓，圜底，宽带耳，耳上部与口沿直接相

图一六二　M74平、剖面图

1、3、4. 单耳陶罐　2、5. 双系陶壶　6、7. 铜泡　8. 骨珠　9. 骨锥　10. 双耳陶罐　11. 铜刀　13. 海贝

连。表面较光滑，有手抹痕迹，附着烟炱、水垢。口径10.0、腹径16.4、通高11.6、壁厚0.7厘米（图一六三，1；彩版一五九，2）。

M74：4，单耳陶罐。位于椁室西部，人骨西侧，距墓圹北壁约0.60、距墓圹西壁约0.99米。泥质红陶，侈口，圆唇，溜肩，鼓腹，圜底，宽带耳，耳上部与口沿直接相连。表面较光滑，有手抹痕迹，附着少量烟炱、水垢。口径12.2、腹径12.2、通高11.2、壁厚0.4厘米（图一六三，4；彩版一五九，3）。

M74：5，双系陶壶。位于椁室南部，距墓圹南壁约0.60、距墓圹西壁约0.60米。夹细砂红陶，敞口，圆唇，高颈，鼓腹，平底，双系对称分布于腹部两侧，系上有孔。表面较光滑，有手抹痕迹，部分剥落，附着少量水垢。口径7.0、腹径10.6、底径6.8、通高13.0、壁厚0.5厘米（图一六三，6；彩版一五九，6）。

M74：10，双耳陶罐。位于椁室南部，距墓圹南壁约0.40、距墓圹东壁约0.53米。夹细砂褐陶，直口微侈，方唇，溜肩，腹微鼓，平底，双宽带耳，一耳已残。表面有手抹痕迹，少许剥落，附着大量烟炱、少量水垢。口径6.5、腹径8.6、底径5.8、通高8.2、壁厚0.5厘米（图一六三，5；彩版一五九，4）。

2. 玉石器

1组。

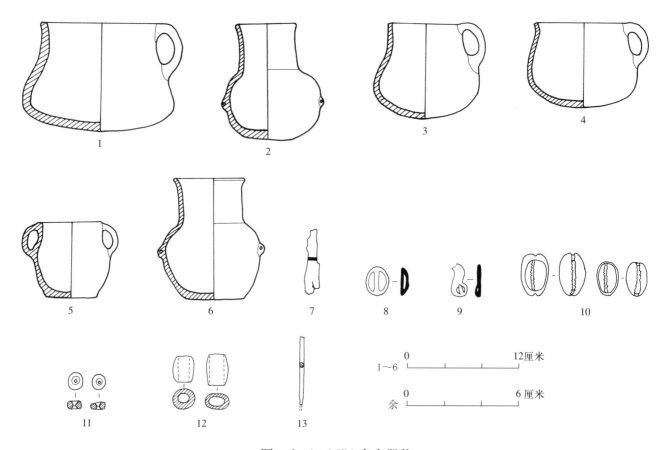

图一六三　M74 出土器物

1、3、4. 单耳陶罐M74：3、1、4　2、6. 双系陶壶M74：2、5　5. 双耳陶罐M74：10　7. 铜刀M74：11　8、9. 铜泡M74：7、6　10. 海贝M74：13　11. 玛瑙珠M74：12　12. 骨珠M74：8　13. 骨锥M74：9

M74：12，玛瑙珠，1组2件。位于椁室西部，M74：4单耳陶罐之下，白玛瑙珠1件，用白色玛瑙磨制成扁圆体。通体白色，表面较光滑，中间有钻孔，通高0.35、直径0.8、孔径0.15厘米。红玛瑙珠1件，用石髓磨制成扁圆体。通体红色，表面较光滑，中间有钻孔。通高0.2、直径0.75、孔径0.1厘米（图一六三，11；彩版一六〇，1）。

3. 铜器

3件。

M74：6，铜泡。位于椁室南部，距墓圹南壁约0.36、距墓圹东壁约0.75米。形状不规则，一圆形铜泡与一枚铜片锈蚀在一起，正面呈凸镜状，背面呈凹镜状，背面焊接一字形纽。长1.6、宽0.9、厚0.2厘米（图一六三，9）。

M74：7，铜泡。位于椁室东部，人骨东侧，距墓圹北壁约0.96、距墓圹东壁约0.57米。平面呈圆形，正面呈凸镜状，背面呈凹镜状，背面焊接一字形纽。直径1.6、高0.4、厚0.2厘米（图一六三，8；彩版一六〇，2）。

M74：11，铜刀。位于人骨耳部附近，长条形，两端均有残损，长3.5、宽0.9、厚0.2厘米（图一六三，7；彩版一六〇，3）。

4. 骨角贝器

3件（组）。

M74：8，骨珠，1组2件。位于椁室东部，人骨东侧，距墓圹北壁约0.90、距墓圹东壁约0.51米。用动物骨骼切削磨制成桶形，黄褐色，有汗浸痕迹，中间穿孔。一件较长，表面有裂纹，长1.7、宽1.4、孔径0.7厘米；另一件稍短，长1.4、宽1.2、孔径0.5厘米（图一六三，12；彩版一六〇，4）。

M74：9，骨锥。位于椁室东部，人骨东侧，距墓圹北壁约0.75、距墓圹东壁约0.15米。用动物骨骼切削磨制成锥形，表面呈黄褐色，两端残损。长3.6、宽0.2、厚0.2厘米（图一六三，13；彩版一六〇，5）。

M74：13，海贝，1组2件。位于椁室南部，距墓圹南壁约0.24、距墓圹东壁约0.35米。用海贝切削成形，表面略经磨制，较光滑。一件长1.8、宽1.1厘米；另一件长2.4、宽1.4厘米（图一六三，10；彩版一六〇，6）。

七五　M75

（一）墓葬形制

位于发掘区中部，M73南侧（图一六四；彩版一六一，1）。残存墓圹平面略呈圆角长方形，长1.76、宽1.30、残深1.90米，墓向170°或350°。墓圹填充较疏松的黄色粗砂土。

墓圹底部置一具圆角长方石椁，长1.64、宽1.20、高1.10米。石椁由多层卵石垒砌而成，石椁外以砂石填充。石椁顶部用较大的扁平状石块封盖。椁室底部人骨凌乱且严重缺失，仅见少量破碎的肢骨。

墓葬内出土单耳陶罐1件，陶纺轮1件。

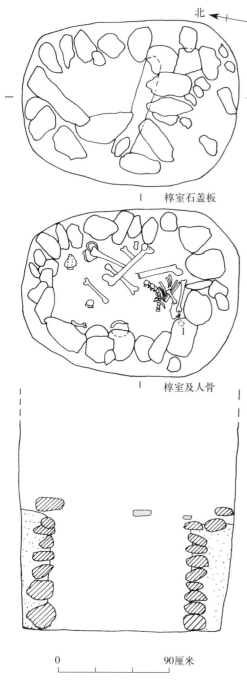

椁室石盖板

椁室及人骨

图一六四　M75 平、剖面图

1. 单耳陶罐

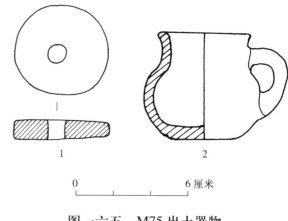

图一六五　M75 出土器物

1. 陶纺轮M75：2　2. 单耳陶罐M75：1

（二）出土遗物

陶器

2件。

M75：1，单耳陶罐。位于椁室底部西南角，距墓圹南壁约0.42、距墓圹西壁约0.90米。夹细砂褐陶，侈口，圆唇，鼓腹，平底，宽带耳。颈部有一道旋纹，表面有手抹痕迹，附着少量烟炱、水垢。口径5.0、腹径6.4、底径3.8、通高5.6、壁厚0.5厘米（图一六五，2；彩版一六一，2）。

M75：2，陶纺轮。出土位置不明。由陶容器残片打磨成圆饼形，边缘较规整，表面较光滑，中部有一钻孔。长径5.2、短径4.9、壁厚1.0、孔径0.5厘米（图一六五，1；彩版一六一，3）。

七六　M76

（一）墓葬形制

位于发掘区西北部，M73西侧（图一六六；彩版一六二，1、2）。残存墓圹平面呈圆角方形，长径1.88、短径1.80、残深2.00米，墓向69°或242°。墓圹填充较疏松的黄色粗砂土，出土有碎木、陶片、动物骨骼等遗物。

墓圹底部置一具椭圆形石椁，长径1.72、短径1.74、高0.76米。石椁由多层卵石及石板垒砌而成。石椁外以砂石填充。石椁顶部用数根平行排列的原木封盖，其中南北两侧原木保存较好，中间原木都已朽损。墓葬中未发现人骨。

墓葬内出土铁锥1件，滑石管1件，玛瑙珠1件，双联铜泡1件，单耳陶钵1件，彩陶片2片。

（二）出土遗物

1. 陶器

3件。

M76：5，单耳陶钵。出土于墓葬填土。夹粗砂褐陶，直口，方圆唇，平底，宽带耳，耳上部与口沿直接相连。表面有手抹痕迹，剥落严重，耳下稍有残损。附着少量烟炱、水垢。口径15.2、底径9.4、通高8.4、壁厚1.0厘米（图一六七，1）。

M76：6，彩陶片。出土于墓葬填土，为口沿残片。夹细砂红陶，直口，红衣黑彩，饰有垂带纹（彩版一六三，1）。

M76：7，彩陶片。出土于墓葬填土。夹细砂红陶，红衣黑彩，饰有条带纹（彩版一六三，2）。

2. 玉石器

2件。

M76：2，滑石管。出土位置不明。用滑石磨制成圆柱体，通体白色，表面较光滑，中间有穿孔。直径0.43、高0.9、孔径0.1厘米（图一六七，4；彩版一六三，3）。

M76：3，玛瑙珠，1件2颗。出土位置不明。用石髓磨制成扁圆体，通体红色，表面较光滑，中间有穿孔。直径0.8、高0.4、孔径0.2厘米（图一六七，3；彩版一六三，4）。

3. 铜器

1件。

M76：4，双联铜泡。出土位置不明。两个单泡并列相连，整体呈"8"字形。两个铜泡均正面呈凸镜状，背面呈凹镜状，背面焊接一字形纽连接两个铜扣，器物表面锈蚀较严重。长1.11、宽0.6、厚0.3厘米（图一六七，5；彩版一六三，5）。

4. 铁器

1件。

M76：1，铁锥。出土位置不明。长条形，一

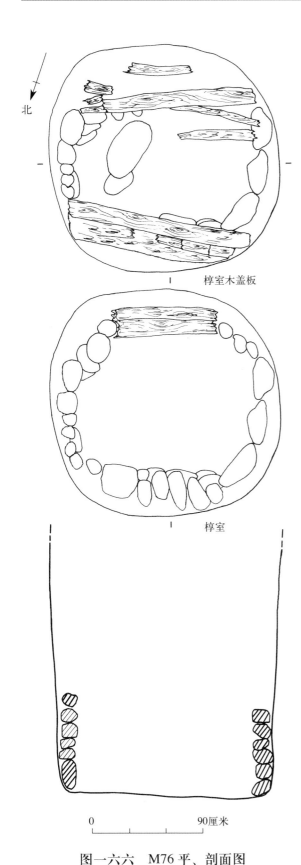

北

樟室木盖板

樟室

0　　　　　90厘米

图一六六　M76 平、剖面图

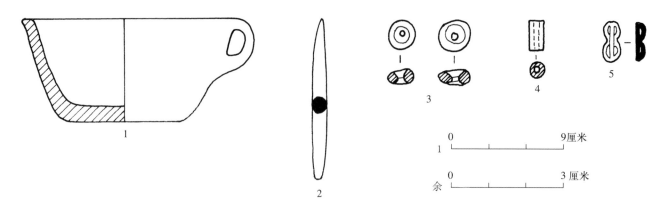

图一六七　M76 出土器物

1. 单耳陶钵M76:5　2. 铁锥M76:1　3. 玛瑙珠M76:3　4. 滑石管M76:2　5. 双联铜泡M76:4

端较尖，呈锥形，一端残损，表面锈蚀严重。长4.4、宽0.5、厚0.5厘米（图一六七，2；彩版一六三，6）。

七七　M77

（一）墓葬形制

位于墓地西北部，打破M78（图一六八；彩版一六四，1、2）。残存墓圹平面呈圆角长方形，长径0.94、短径0.70、残深0.20米，墓向62°或242°。墓圹填充较疏松的黄色粗砂土。

墓圹底部置一具椭圆形石椁，长径0.90、短径0.70、高0.20米。石椁由竖立的石板及卵石垒砌而成。墓葬中未发现人骨。

墓葬内出土单耳陶罐1件。

（二）出土遗物

陶器

1件。

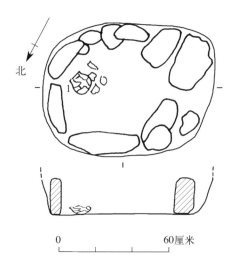

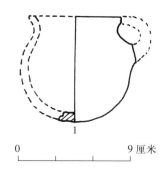

图一六八　M77 及出土单耳陶罐

1. 单耳陶罐

M77：1，单耳陶罐。位于椁室东部。夹细砂褐陶，侈口，方唇，束颈，鼓腹，圜底，单耳已残，耳部与口沿直接相连。表面附着少量烟炱、水垢。口径7.0、腹径9.0、通高8.2、壁厚0.3厘米（图一六八，1）。

七八 M78

（一）墓葬形制

位于发掘区西部，被M77打破（图一六九；彩版一六五，1、2）。残存墓圹平面呈椭圆形，长径2.00、短径1.86、残深1.20米，墓向62°或242°。墓圹填充较疏松的黄色粗砂土。

墓圹底部置一具圆角长方形石椁，长1.80、宽1.60、高0.80米。石椁由多层卵石垒砌而成。石椁顶部用扁平状石块封盖。椁室底部人骨凌乱且严重缺失，仅见头骨和肢骨碎片。

墓葬内出土双乳丁陶壶1件，单耳陶罐1件，彩陶片5片，骨划齿1件，玛瑙珠1件，穿孔陶片2片，铜管1件，铁刀1件。

（二）出土遗物

1.陶器

4件。

M78：1，双乳丁陶壶。位于椁室东南，距墓圹南壁约0.24、距墓圹东壁约0.3米。夹细砂褐陶，敞口，方唇，高颈，鼓腹，圜底，双乳丁对称分布于腹部两侧。表面较光滑，有手抹痕迹，部分剥落，上附着烟炱、水垢。口径6.6、腹径8.4、通高8.6、壁厚0.4厘米（图一七〇，5；彩版一六六，1）。

M78：2，单耳陶罐。位于椁室东南，距墓圹南壁约0.24、距墓圹东壁约0.51米。夹细砂红陶，侈口，方唇，高颈，溜肩，鼓腹，腹下垂，圜底，宽带耳，耳上部与口沿直接相连，表面有手抹痕迹，部分剥落，附着少量烟炱、水垢。口径11.0、腹径13.8、通高10.4、壁厚0.6厘米（图一七〇，6；彩版一六六，2）。

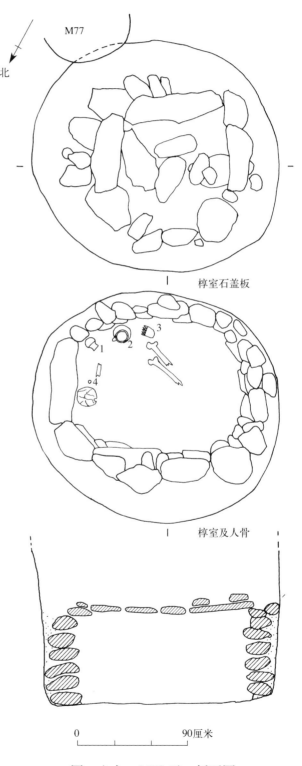

椁室石盖板

椁室及人骨

0　　　　　　　　　90厘米

图一六九 M78平、剖面图

1.双乳丁陶壶 2.单耳陶罐 3.骨划齿 4.玛瑙珠

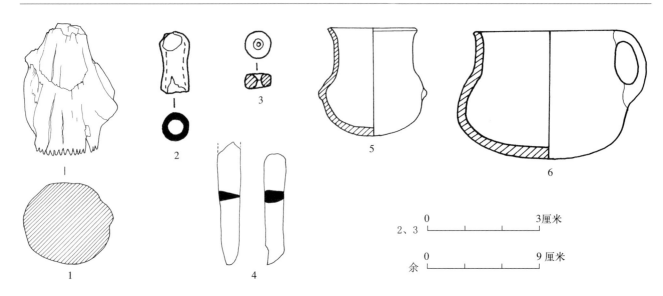

图一七〇　M78 出土器物

1. 骨划齿M78：3　2. 铜管M78：5　3. 玛瑙珠M78：4　4. 铁刀M78：6　5. 双乳丁陶壶M78：1　6. 单耳陶罐M78：2

M78：7，穿孔陶片，2片。夹细砂红陶，皆有单面钻形成的钻孔，剖面呈漏斗形。一片为口沿及颈腹部残片，侈口，圆唇，束颈，溜肩，颈部有1钻孔。另一片为陶器腹部残片（彩版一六六，3）。

M78：8，彩陶片，5片。夹细砂红陶，红衣黑彩，饰有条带纹。其中2片各有1　（彩版一六六，4）。

2. 玉石器

1件。

M78：4，玛瑙珠。用石髓磨制成扁圆体，通体红色，表面较光滑，中间有钻孔。直径0.7、高0.4、孔径0.1厘米（图一七〇，3；彩版一六六，5）。

3. 铜器

1件。

M78：5，铜管。整体呈圆柱形，一端略呈喇叭口体。长1.6、宽0.7、厚0.2、孔径0.4厘米（图一七〇，2）。

4. 铁器

1件。

M78：6，铁刀。断为两截，表面锈蚀严重。一截为刀尖，直背弧刃，长9.9、宽2.0、厚0.8厘米；一截为刀柄，柄端较圆，长8.8、宽2.1、厚1.0厘米（图一七〇，4；彩版一六六，6）。

5. 骨角贝器

1件。

M78：3，骨划齿。由动物骨骼切削成形，一端边缘部分突出，呈锯齿状。长10.0、宽7.0、厚7.2厘米（图一七〇，1；彩版一六六，7）。

七九　M79

（一）墓葬形制

位于发掘区西北部，M80南侧（图一七一；彩版一六七，1、2）。残存墓圹平面略呈圆角长方形，长1.80、宽1.26、残深1.14米，墓向68°或248°。墓圹填充较疏松的黄色粗砂土。

墓圹底部置一具圆角长方形石椁（彩版一六八，1），长1.60、宽1.10、高0.70米。石椁由多层卵石及石板垒砌而成，下部竖立石块，上部垒砌2～3层卵石。石椁顶部用扁平状石块封盖，石块之上再用平行排列的原木封盖，原木大多腐朽，仅西部保存较好，现存长度约0.80米。椁室底部人骨凌乱且严重缺失，仅见部分肢骨及头骨碎片。

墓葬内出土彩陶片3片，镜形铜牌1件，铁刀1件，铁器1件，铁环1件，木柄铁锥1组，木器1组，木杖1件，木桶1件，木纺轮1件，木勺1件。

（二）出土遗物

1. 陶器

1件。

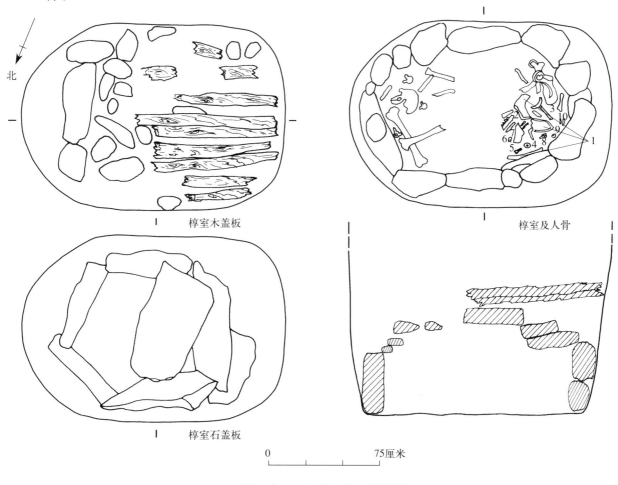

椁室木盖板　　　　　　　　　　　　　椁室及人骨

椁室石盖板

0　　　　　　　　75厘米

图一七一　M79 平、剖面图

1. 木桶　2. 木柄铜锥　3. 木器　4. 木纺轮　5. 木勺　6. 镜形铜牌　7. 铁刀　8. 铁器　9. 铁环　10. 木杖

M79：11，彩陶片，3片。出土于墓葬填土中，均为夹细砂红陶，红衣黑彩，纹饰有条带纹、垂带纹等（彩版一六八，2）。

2. 木器

5件（组）。

M79：1，木桶。位于椁室西北，距北壁约0.50、距西壁约0.50米。碎为数块，不可复原。较大一块呈桶状，沿下内侧有凹槽，另一块呈圆饼状，应为桶底（彩版一六八，3）。

M79：3，木器。位于椁室西北，距墓圹北壁约0.63、距墓圹西壁约0.50米。4件，第一件呈柳叶形，一端残损，一端较尖，中部较宽，一侧略厚，另一侧略薄，一面中间有一段刻划纹。长9.6、宽1.2、厚0.3厘米。第二件为一截略有弧度的长条形木板，四角均被部分切除，两端各有一钻孔，一端残损，表面修整较光滑。长11.1、宽1.1、厚0.35厘米。第三件呈圆柱形，保存较好，两端呈榫形，一端较粗，一端较细。长10.1、直径0.6厘米。第四件呈长条形，略有弧度，保存较好，两端呈三角形，各有一钻孔，侧面分别有一对刻槽，表面修整较光滑。长11.2、宽1.1、厚0.4厘米（图一七二，1；彩版一六八，4）。

M79：4，木纺轮。位于椁室西北，距墓圹北壁约0.45、距墓圹西壁约0.55米。用木材切削磨制成圆饼形，表面黄褐色，中间钻孔，表面有放射状刻划纹，另有一木棒与其一同出土，木棒朽损严重。纺轮直径3.5、高1.2、孔径0.4厘米（图一七二，5；彩版一六九，1、2）。

M79：5，木勺。位于椁室西北，距墓圹北壁约0.33、距墓圹西壁约0.63米。用木材切削掏挖

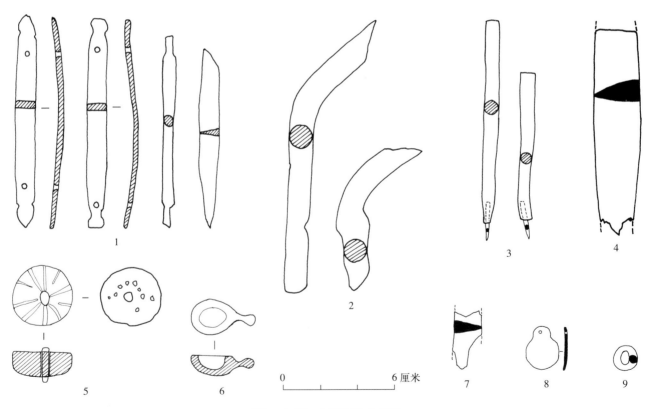

0　　　　　　　　6厘米

图一七二　M79 出土器物

1. 木器M79：3　2. 木杖M79：10　3. 木柄铁锥M79：2　4. 铁刀M79：7　5. 木纺轮M79：4　6. 木勺M79：5　7. 铁器M79：8　8. 镜形铜牌M79：6　9. 铁环M79：9

成形，直口，平唇，圜底，短柄。长3.5、宽1.9、厚0.8厘米（图一七二，6；彩版一六九，3、4）。

M79：10，木杖。位于椁室西北，距墓圹北壁约0.68、距墓圹西壁约0.33米。2件，呈棒状，一端弯曲。长7.6～14.7、宽1.3～1.8、厚1.2厘米（图一七二，2；彩版一六八，5）。

3. 铜器

1件。

M79：6，镜形铜牌。位于椁室西北，距墓圹北壁约0.48、距墓圹西壁约0.70米。平面呈圆形，直径1.8、厚0.3厘米，一侧有圆形凸起，有孔，直径1.0、孔径0.3厘米（图一七二，8；彩版一六九，5）。

4. 铁器

4件（组）。

M79：2，木柄铁锥，1组2件。位于椁室西北部，距墓圹北壁约0.65、距墓圹西壁约0.75米。均为狭长圆锥体，铁椎嵌入圆木棍中，铁锥锈蚀，另有残损木柄3件。一件通长11.7、柄长10.7厘米；另一件通长8.8、柄长7.8、锥径均为0.2厘米（图一七二，3；彩版一六九，6）。

M79：7，铁刀。位于椁室西北部，距墓圹北壁约0.52、距墓圹西壁约0.64米。长条形，两端均有残损。残长11.0、宽2.3、厚1.3厘米（图一七二，4）。

M79：8，铁器。位于椁室西北部，距墓圹北壁约0.48、距墓圹西壁约0.48米。两端残损，一侧较厚，锈蚀严重。残长3.3、宽1.6、厚0.1～0.5厘米（图一七二，7）。

M79：9，铁环。位于椁室西北部，距墓圹北壁约0.50、墓圹距西壁约0.40米。整体略呈圆形，中部有孔，锈蚀严重。直径1.3、厚0.5、孔径0.4厘米（图一七二，9）。

八〇 M80

（一）墓葬形制

位于发掘区西北部，M79北侧，M81南侧（图一七三；彩版一七〇，1、2）。残存墓圹平面近圆形，直径2.10、残深1.80米，墓向56°或

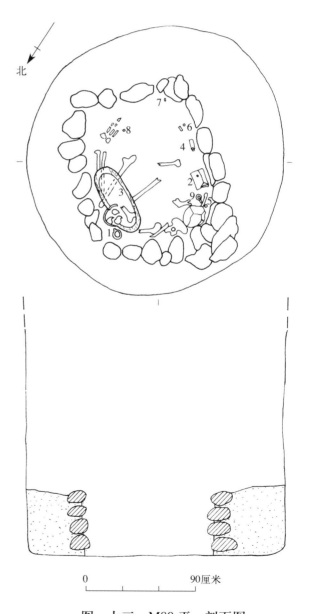

图一七三 M80 平、剖面图

1. 单耳陶罐 2. 木桶 3. 木盘 4. 木器 5. 铜泡 6. 铜刀
7. 滑石管 8. 双联铜泡 9. 泥杯

236°。墓圹填充较疏松的黄色粗砂土，夹杂较多卵石，并出土碎木、陶片、动物骨骼等遗物。

墓圹底部置一具长方形石椁，长1.50、宽1.30、高0.50米。石椁由多层卵石垒砌而成，石椁外以砂石填充。石椁顶部用9根平行排列的原木封盖，原木残长约0.60米，中部大多断裂陷入椁室，盖板之上封盖扁平状石块。椁室底部人骨凌乱且严重缺失，仅见少量头骨碎片（彩版一七一，1）。

墓葬出土单耳陶罐1件，彩陶片10片，陶罐1件，泥杯1件，滑石管1件，铜泡1件，铜刀1组，铜耳环1件，双联铜泡1件，木盘1件，木桶1件，木器1组。

（二）出土遗物

1. 陶器

7件。

M80：1，单耳陶罐。位于椁室东部，M80：3木盘北侧，距墓圹北壁约0.42、距墓圹东壁约0.92米。夹细砂红陶，直口微侈，圆唇，束颈，鼓腹，圜底，宽带耳，耳上部与口沿直接相连且略高于口沿，表面附着烟炱、水垢，有手抹痕迹。口径4.4、腹径6.6、通高6.6、壁厚0.6厘米（图一七四，3；彩版一七二，1）。

M80：11，陶罐。出土于墓葬填土。夹细砂红陶，侈口，圆唇，束颈，鼓腹，底部残。表面附有烟炱。

M80：12，彩陶片，1片。出土于墓葬填土。夹细砂红陶，红衣黑彩，饰有圆圈纹（彩版一七一，2）。

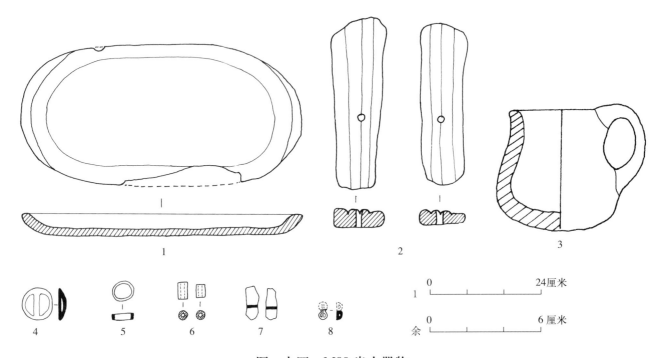

图一七四　M80 出土器物

1. 木盘M80：3　2. 木器M80：4　3. 单耳陶罐M80：1　4. 铜泡M80：5　5. 铜耳环M80：10　6. 滑石管M80：7　7. 铜刀M80：6
8. 双联铜泡M80：8

M80：13，彩陶片，2片。出土于墓葬填土中。夹细砂褐陶，黑彩，饰有垂带纹、条带纹。其中一片为口沿，直口，圆唇微翻（彩版一七一，3）。

M80：14，彩陶片，2片。出土于墓葬填土中。夹细砂褐陶，黑彩，饰有三角网格纹（彩版一七一，4）。

M80：15，彩陶片，1片。出土于墓葬填土中。夹细砂褐陶，黑彩，饰有三角网格纹（彩版一七一，5）。

M80：16，彩陶片，4片。出土于墓葬填土中。夹细砂褐陶，红衣黑彩，饰有三角纹、条带纹（彩版一七一，6）。

2. 泥器

1件。

M80：9，泥杯。位于椁室西部，距墓圹北壁约1.00、距墓圹西壁约0.70米。系由黏土捏制成形，黄褐色，已碎为若干小块，不可复原。其中一块为柄，长9.0厘米（彩版一七二，2）。

3. 木器

3件。

M80：2，木桶。位于椁室西部，距墓圹北壁约1.08、距墓圹西壁约0.60米。碎为数块，不可复原。较大一块呈桶状，沿下内侧有凹槽，表面有两个穿孔，长11.0、宽8.0、厚0.8厘米；其中一小片呈圆饼状，为桶底，一角残损，长7.0、宽5.8、厚0.5厘米（彩版一七二，3）。

M80：3，木盘。位于椁室东部，距墓圹北壁约0.60、距墓圹东壁约0.90米。用木材切削掏挖而成，表面呈黄褐色，敞口，方唇，平底，表面有加工痕迹。长61.0、宽26.5、厚3.0厘米（图一七四，1；彩版一七二，4、5）。

M80：4，木器，1组2件。位于椁室西部，距墓圹北壁约1.20、距墓圹西壁约0.90米。用木材切削而成，表面呈黄褐色，其中一面光滑，上有数道较细的刻划纹，另一面有刻槽。中间有钻孔。长8.5～9.0、宽2.5～3、厚0.8～1.0、孔径0.4厘米（图一七四，2；彩版一七二，6、7）。

4. 玉石器

1件。

M80：7，滑石管，1件2颗。位于椁室西南，距墓圹南壁约0.60、距墓圹西壁约1.20米。用滑石磨制成圆柱体，通体白色，表面较光滑，中间有穿孔。直径0.4～0.45、通高0.7～0.9、孔径0.15～0.2厘米（图一七四，6）。

5. 铜器

4件。

M80：5，铜泡。位于椁室西部，距墓圹北壁约1.05、距墓圹西壁约0.60米。平面呈圆形，正面呈凸镜状，背面呈凹镜状，背面焊接一字形组。直径1.6、通高0.4、厚0.15厘米（图一七四，4）。

M80：6，铜刀。位于椁室西南部，距南壁约0.30、距西壁约0.10米。圆角方形，表面锈蚀严重。残长1.7～1.8、宽0.7、厚0.2厘米（图一七四，7）。

M80：8，双联铜泡。位于椁室东南部，距墓圹南壁约0.70、距墓圹东壁约0.30米。有两个单泡并列相连，现仅残存一半，整体呈圆形。长0.7、宽0.6、厚0.25厘米（图一七四，8）。

M80：10，铜耳环。出土位置不明。铜片弯曲成环形，两端未相交，表面呈铜绿色，锈蚀较严重。直径1.2、铜片宽0.3、厚0.15厘米（图一七四，5）。

八一　M81

（一）墓葬形制

位于发掘区北部，M85东侧（图一七五；彩版一七三，1）。残存墓圹平面略呈圆形，剖面呈亚腰形，直径1.25、残深1.20米，墓向30°或210°。墓圹填充较疏松的黄褐色粗砂土，夹杂较多的卵石。

墓圹底部置一具椭圆形石椁，长径1.32、短径0.94、高约0.30米。石椁由2～3层卵石垒砌而成。椁室底部人骨凌乱且严重缺失，仅见少量髋骨残片。

墓葬内出土单耳陶罐1件，陶罐1件，器底1件，铜片1件，双联铜泡1件，滑石管1件。

（二）出土遗物

1. 陶器

3件。

M81：1，单耳陶罐。位于椁室北部，距墓圹西北壁约0.20、距墓圹东北壁约0.20米。泥质红陶，侈口，圆唇，高颈，鼓腹，圜底，宽带耳，耳上部与口沿直接相连，表面较光滑，有手抹痕迹，附着少量烟炱、水垢。口径9.8、腹径14.6、通高12.8、壁厚0.7厘米（图一七六，1；彩版一七三，2）。

M81：2，陶罐。位于椁室北部，M81：1单耳陶罐内。夹细砂褐陶，直口微侈，圆唇，腹微鼓，圜底，无耳，表面附着少量烟炱、水垢，有手抹痕迹。腹径7.0、残高5.8、壁厚0.3厘米（图一七六，2；彩版一七三，3）。

M81：6，器底。出土于墓葬填土。

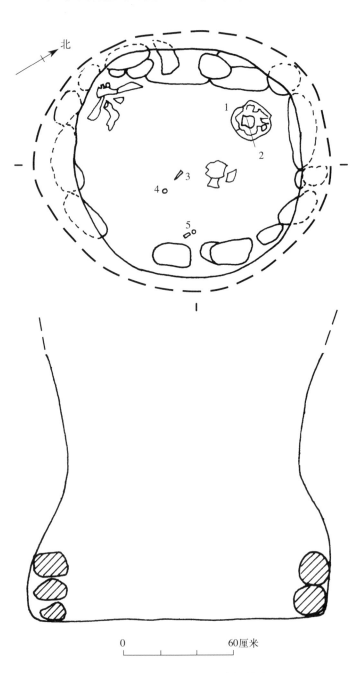

图一七五　M81平、剖面图

1. 单耳陶罐　2. 陶罐　3. 铜片　4. 双联铜泡　5. 滑石管

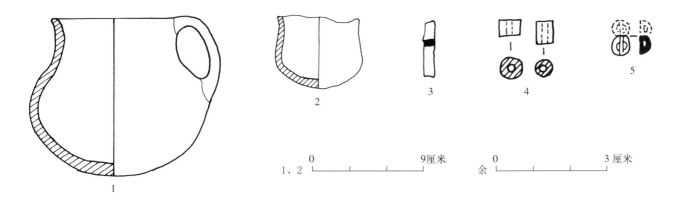

图一七六 M81 出土器物

1. 单耳陶罐M81：1 2. 陶罐M81：2 3. 铜片M81：3 4. 滑石管M81：5 5. 双联铜泡M81：4

夹细砂红陶，平底腹斜收，红衣黑彩，饰有松针纹。

2. 玉石器

1件。

M81：5，滑石管，1件2颗。位于椁室东部，距墓圹北壁约0.45、距墓圹东壁约0.42米。用滑石磨制成圆柱体，通体白色，表面较光滑，中间有穿孔。直径0.4～0.6、高0.35～0.6、孔径0.15～0.2厘米（图一七六，4；彩版一七三，4）。

3. 铜器

2件。

M81：3，铜片。位于椁室中部，距墓圹北壁约0.54、距墓圹西壁约0.34米。呈长条形，表面锈蚀严重。长1.5、宽0.4、厚0.15厘米（图一七六，3）。

M81：4，双联铜泡，位于椁室中部，距墓圹北壁约0.60、距墓圹西壁约0.38米。两个半球形铜泡并列相连，现仅存一半，呈圆形。长0.5、宽0.5、厚0.1厘米（图一七六，5；彩版一七三，5）。

八二 M82

（一）墓葬形制

位于发掘区中部，M79西南（图一七七；彩版一七四，1、2）。残存墓圹平面近圆形，直径1.00、残深0.20米，墓向55°或235°。

墓圹底部置一具石椁，由卵石垒砌而成，保存情况较差，大多坍塌。石椁顶部用数根原木封盖，腐朽严重，仅有4根保存较好。椁室内人骨凌乱且严重缺失，仅见股骨和头骨碎片。

墓葬内出土单耳陶罐2件，单耳陶钵1件，带耳陶罐1件，陶器盖石1件，木盘1件。墓葬内另出土陶器数件，不可复原。

（二）出土遗物

1. 陶器

4件。

M82：1，单耳陶罐。位于椁室东部，距墓圹北壁约0.45、距墓圹西壁约0.14米。泥质红陶，直口微侈，圆唇，直颈，鼓腹下垂，圜底，宽带耳。表面较光滑，有手抹痕迹，少许剥落，附着少量烟炱、水垢。口径8.0、腹径12.0、通高12.5、壁厚0.8厘米（图一七七，1；彩版一七四，3）。

M82：3，单耳陶罐。出土位置不明。泥质红陶，侈口，圆唇，直颈，鼓腹，底残缺，宽带耳。表面附着少量烟炱。

M82：5，单耳陶钵。出土时仅存4片残片，位于椁室东部，距北壁约0.25、距东壁约0.16米。泥质红陶，侈口，斜腹下收，平底，宽带耳。

M82：6，带耳陶罐。下腹部及耳残片，共4片，出土位置不明。泥质红陶，侈口，斜腹下收，平底，宽带耳，表面有抹泥痕迹。

2. 木器

1件。

M82：2，木盘。位于墓葬填土之中，现存3块，不可复原，其中较大的1块一角凸起，呈盘状。长23.0、宽10.5、厚1.8厘米。

3. 玉石器

1件。

M82：4，陶器盖石。位于椁室东部，出土时盖于M82：1单耳陶罐之上。距北壁约0.20、距东壁约0.14米。作为陶器盖石之用，黄褐色扁平状石块，平面呈不规则状（彩版一七四，4）。

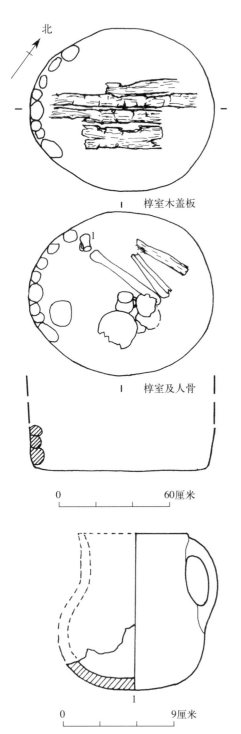

图一七七　M82及出土单耳陶罐
1. 单耳陶罐

八三　M83

（一）墓葬形制

位于发掘区西部，M82西侧（图一七八；彩版一七五，1）。残余墓圹平面近圆角方形，长径1.68、短径1.40、残深1.00米，墓向55°或235°。墓圹填充较疏松的黄色粗砂土。

墓圹底部置一具圆形石椁，直径约1.30～1.50、高约0.50米。石椁由多层卵石垒砌而成。石椁顶部用数根平行排列的原木封盖，多已朽损。椁室内人骨凌乱且严重缺失，仅在椁室西侧见一股骨。

墓葬内出土单耳陶罐3件，彩陶片2片，带耳陶罐1件，铜刀2件，铜片1件，铜泡1件，铜锥1组，双联铜泡1件。

（二）出土遗物

1. 陶器

5件。

M83：3，单耳陶罐。位于椁室东北，距墓圹北壁约0.40、距墓圹东壁约0.25米。夹细砂褐陶，直口微侈，方唇，鼓腹，圜底较平，宽带耳，耳上部与口沿直接相连，表面有手抹痕迹，附着少量烟炱、水垢。口径6.0、腹径7.6、通高6.5、壁厚0.6厘米（图一七九，3）。

M83：4，单耳陶罐。位于椁室南部，距墓圹南壁约0.50、距墓圹东壁约0.48米。泥质红陶，侈口，圆唇，高颈，鼓腹，平底，宽带耳，表面较光滑，沿下有手抹痕迹，部分剥落，附着少量烟炱、水垢。口径13.2、腹径18.0、底径10.8、通高21.6、壁厚0.8厘米（图一七九，1；彩版一七五，2）。

M83：9，单耳陶罐。出土于墓葬填土，泥质红陶，侈口，圆唇，微束颈，长斜肩，鼓腹下垂，圜底，底部中间内凹，宽带耳。下腹部一周及与耳部相对的一侧有附加堆纹，上有压印纹。表面较光滑，有手抹痕迹，少许剥落，附着烟炱、水垢。整体造型仿皮囊壶。口径6.8、腹径9.6、残高10.4、壁厚0.6厘米（图一七九，2；彩版一七五，3）。

M83：10，彩陶片，2片。出土位置不明。均为夹细砂红陶，红底黑彩，饰有条带纹。一片为器底残片，平底，腹斜收，不可复原。

M83：11，带耳陶罐。出土位置不明。现存3片，均为夹细砂红陶，饰有条带纹黑彩。一片为陶耳，宽带状耳，不可复原。

2. 铜器

6件。

M83：1，铜片。出土位置不明。平面近方形。残长0.65、宽0.5、厚0.3厘米。

M83：2，铜泡。位于椁室西北部，距墓圹北壁约0.32、距墓圹西壁约0.35米。平面呈圆形，

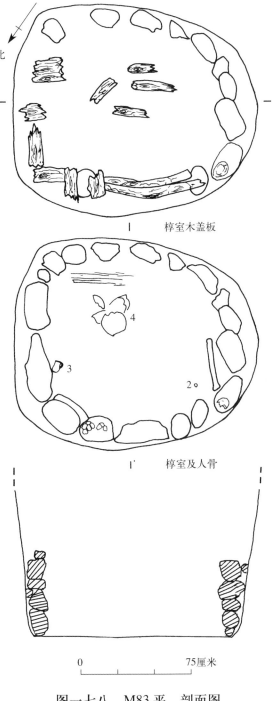

北

椁室木盖板

椁室及人骨

0　　　　　　75厘米

图一七八　M83平、剖面图

2. 铜泡　3. 单耳陶罐　4. 单耳陶罐

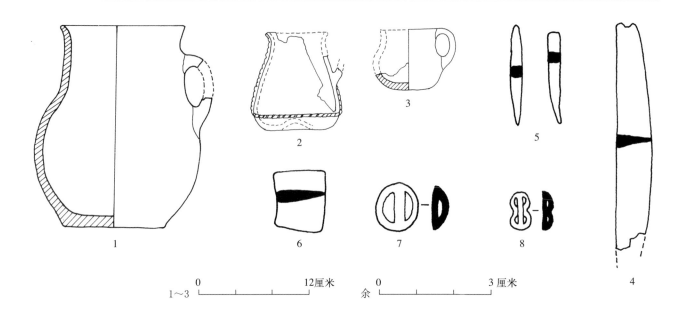

1～3
0　　　　　　　　　12厘米
余　0　　　　　　　　3厘米

4

图一七九　M83 出土器物

1～3. 单耳陶罐M83：4、9、3　4、6. 铜刀M83：7、6　5. 铜锥M83：5　7. 铜泡M83：2　8. 双联铜泡M83：8

正面呈凸镜状，背面呈凹镜状，背面焊接一字形纽。直径1.1、高0.4、厚0.15厘米（图一七九，7；彩版一七五，4）。

M83：5，铜锥，1组2件。出土位置不明。一件略呈柳叶形，两端较尖，长2.7、宽0.3、厚0.3厘米。另一件一端较平，一端较尖，略弯。长2.2、宽0.35、厚0.2厘米（图一七九，5）。

M83：6，铜刀。出土位置不明。直背弧刃，两端残损。残长1.6、宽1.4、厚0.3厘米（图一七九，6）。

M83：7，铜刀。出土位置不明。直背弧刃，两端残损，一侧略卷。残长5.0、宽1.0、厚0.3厘米（图一七九，4；彩版一七五，5）。

M83：8，双联铜泡。出土位置不明。两个铜泡并列相连，平面呈"8"字形，正面凸镜状，背面凹镜状，背面焊接一字形纽连接两个铜泡。长1.0、宽0.5、厚0.3厘米（图一七九，8）。

八四　M84

（一）墓葬形制

位于发掘区西部，M86西南侧，M82西北侧，被M86打破（图一八〇；彩版一七六，1、2）。残存墓圹平面略呈椭圆形，长径1.80、短径1.50、残深1.80米，墓向70°。墓圹填充较疏松的黄褐色粗砂土，夹杂较多的卵石。

墓圹底部置一具圆角长方形石椁，长1.50、宽1.30、高0.60米。石椁由卵石及石板垒砌而成，下部竖立石板，上部垒砌多层卵石。石椁外以砂石填充。石椁顶部用数根平行排列的原木封盖，原木残损严重，仅边缘保存较好。石椁底部人骨局部位移且缺失，不见头骨，右侧身屈肢（彩版一七七，1）。

墓葬内出土单耳陶罐2件，单耳陶杯1件，环首铜刀1件，木柄铜锥1件，木柄铜刀1件，木瓢1件，砺石1件，串饰1件。

（二）出土遗物

1. 陶器

3件。

M84：3，单耳陶罐。位于椁室南部，人骨南侧，距墓圹南壁约0.36、距墓圹东壁约0.54米。泥质红陶，侈口，方唇，鼓腹，圜底，宽带耳，耳上部与口沿直接相连。表面较光滑，有手抹痕迹，附着少量烟炱、水垢。口径10.6、腹径13.6、通高9.2、壁厚0.4厘米（图一八一，8；彩版一七七，2）。

M84：4，单耳陶杯。位于椁室东北，人骨北侧，距墓圹北壁约0.36、距墓圹东壁约0.45米。夹细砂红陶，直口微敛，圆唇，平底，宽带耳，耳上部与口沿直接相连且略高于口沿。表面较光滑，有手抹痕迹，附着少量烟炱、水垢。口径7.4、底径6.0、通高7.2、壁厚0.5厘米（图一八一，9；彩版一七七，3）。

M84：5，单耳陶罐。位于椁室南部，人骨南侧，距墓圹南壁约0.39、距墓圹西壁约0.66米。泥质红陶，敞口，圆唇，束颈，溜肩，鼓腹，平底，底部中间内凹，宽带耳，腹部一周、耳部及与耳部相对的一侧有凹弦纹。表面较光滑，有手抹痕迹，附着少量烟炱、大量水垢。口径7.4、腹径11.2、通高11.4、壁厚0.5厘米（图一八一，7；彩版一七七，4）。

2. 木器

1件。

M84：1，木瓢。位于椁室南部，人骨南侧，距墓圹南壁约0.45、距墓圹东壁约0.84米。用木材切削掏挖成形，直口，微敛，尖圆唇，圜底，一端有耳，耳与口沿直接相连，耳中部有钻孔。长11.9、宽9.0、高4.2、孔径0.4厘米（图一八一，2；彩版一七七，5）。

3. 玉石器

2件。

M84：6，串饰，1件2颗。位于椁室东南，人骨南侧，距南壁约0.30、距东壁约0.50米。1件

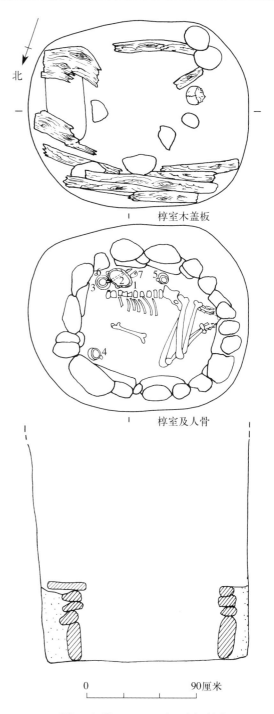

北

椁室木盖板

椁室及人骨

0　　　　　　　　90厘米

图一八〇　M84 平、剖面图

1. 木瓢　2. 环首铜刀　3、5. 单耳陶罐　4. 单耳陶杯
6. 串饰　7. 砺石

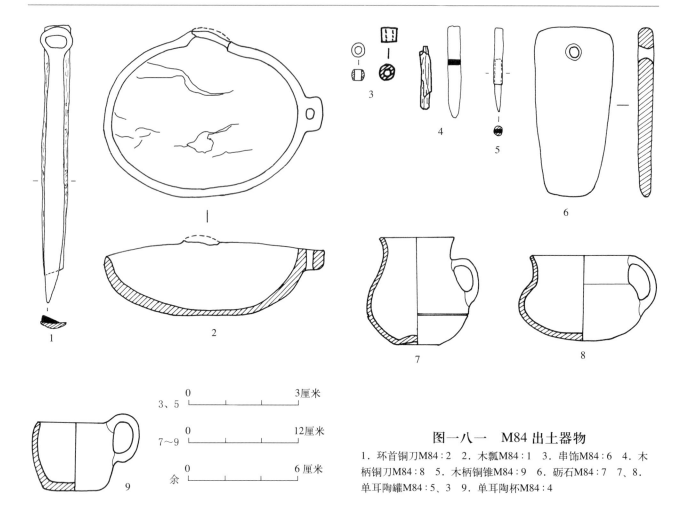

图一八一　M84 出土器物

1. 环首铜刀M84：2　2. 木瓢M84：1　3. 串饰M84：6　4. 木柄铜刀M84：8　5. 木柄铜锥M84：9　6. 砺石M84：7　7、8. 单耳陶罐M84：5、3　9. 单耳陶杯M84：4

为滑石管，用滑石磨制成圆柱体。通体白色，表面较光滑，中间有穿孔。直径0.45、高0.5、厚0.2厘米。另1件为绿松石珠，用绿松石磨制成圆柱体。通体绿色，表面较光滑，中间有穿孔。直径0.5、高0.6、厚0.4厘米（图一八一，3；彩版一七八，1）。

M84：7，砺石。位于椁室南部，人骨南侧，距墓圹南壁约0.36、距墓圹东壁约0.80米。用砂岩磨制成梯形，一端较粗，有孔，为双面对钻而成，一端较细，表面略有残损。长9.0、宽4.2、厚0.9、孔径0.5厘米（图一八一，6；彩版一七八，2）。

4. 铜器

3件。

M84：2，环首铜刀。位于椁室南部，人骨南侧，距墓圹南壁约0.36、距墓圹东壁约0.60、直背弧刃，环首，焊接于刀柄，刀尖较尖，表面锈蚀，刃部略有残损，有木鞘，仅存一半。长14.75、宽1.9、厚0.5厘米（图一八一，1；彩版一七八，3、4）。

M84：8，木柄铜刀。出土位置不明。直背直刃，刀尖略尖，木柄残损，表面锈蚀。残长7.0、铜刀长4.8、宽0.65、厚0.25厘米（图一八一，4；彩版一七八，5）。

M84：9，木柄铜锥。出土位置不明。木柄朽损，铜锥一端较尖，另一端残损。残长2.2、宽0.5、厚0.15厘米（图一八一，5；彩版一七八，6）。

八五 M85

（一）墓葬形制

位于发掘区北部，M81西侧，M87东侧（图一八二；彩版一七九，1、2、彩版一八〇，1）。残存墓圹平面略呈椭圆形，长径1.50、短径1.15、残深1.20米，墓向0°。墓圹填充黄褐色粗砂土，夹杂有卵石，并出土陶片、马腿骨、朽木等遗物。

墓圹底部有椭圆形墓室，长径1.10、短径0.83、高0.38米。墓室周边有生土二层台。二层台上有6根平行排列的原木封盖，腐朽严重。墓室内有上下2具人骨，第一具人骨位于0.85米深度处的原木盖板之下，人骨凌乱且严重缺失，可辨识的有头骨、肱骨、耻骨、髋骨等；第二具人骨位于墓室底中部，人骨基本完整且有序，右向侧身屈肢，头向北，面向西。第二具人骨西侧随葬一羊头骨。

墓内出土单耳陶罐3件，单耳陶豆1件，铜耳环1件，铜泡1件，绿松石珠1件，陶器盖石1件。

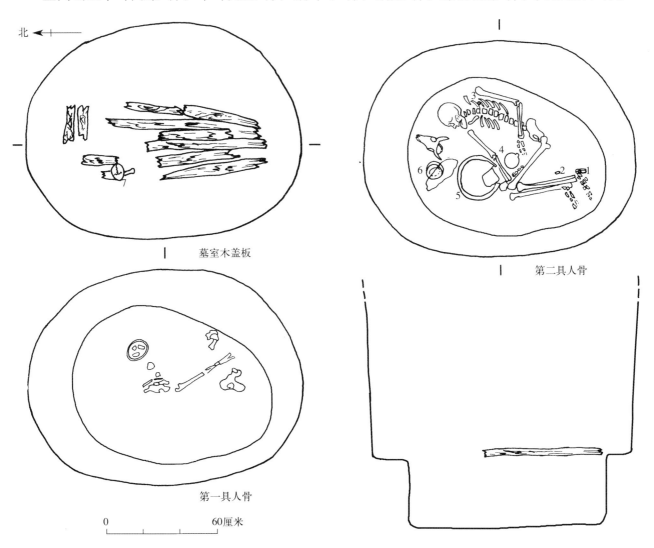

图一八二 M85 平、剖面图
1. 绿松石珠 2. 铜耳环 3. 铜泡 4、6. 单耳陶罐 5. 单耳陶豆

（二）出土遗物

1. 陶器

4件。

M85：4，单耳陶罐。位于椁室中部，人骨西侧，距墓圹北壁约0.80、距墓圹西壁约0.60米。夹细砂灰陶，为单耳陶罐下腹部及底部残片，腹微鼓，平底，单耳已残，表面有手抹痕迹，附着烟炱、水垢。底径6.0、残高5.6、壁厚0.6厘米（图一八三，3；彩版一八一，1）。

M85：5，单耳陶豆。位于椁室西部，人骨西侧，距墓圹北壁约0.50、距墓圹西壁约0.30米。夹细砂红陶，敛口，方唇，深盘，斜腹内收，圜底，高圈足，略呈喇叭形，单耳已残。表面较光滑，有手抹痕迹，少许剥落，附着大量烟炱、水垢。口径23.0、底径9.9、圈足高6.0、通高16.0、壁厚0.8厘米（图一八三，1；彩版一八一，4）。

M85：6，单耳陶罐。位于椁室西北部，人骨西侧，距墓圹北壁约0.34、距墓圹西壁约0.38米。泥质红陶，侈口，尖圆唇，高颈，鼓腹，圜底，宽带耳，耳上部与口沿直接相连，耳部下侧有一十字形刻划纹，表面较光滑，有手抹痕迹，少许剥落，附着烟炱、水垢。口径9.0、腹径14.6、通高12.2、壁厚0.6厘米（图一八三，4；彩版一八一，2）。

M85：7，单耳陶罐。位于原木封盖之上西北部。夹细砂红陶，侈口，方唇，束颈，溜肩，鼓腹，圜底，宽带耳，耳上部与口沿直接相连且高于口沿，表面有剥落痕迹，附着烟炱、少量水垢。口径5.4、腹径8.8、通高8.4、壁厚0.4厘米（图一八三，2；彩版一八一，3）。

2. 玉石器

2件。

M85：1，绿松石珠，1件2颗。位于墓室南部，人骨东侧脚踝附近，距南壁约0.28、距西壁约0.40米。用绿松石磨制成圆柱体，通体绿色，表面较光滑，中间有穿孔。直径0.4～0.55、高

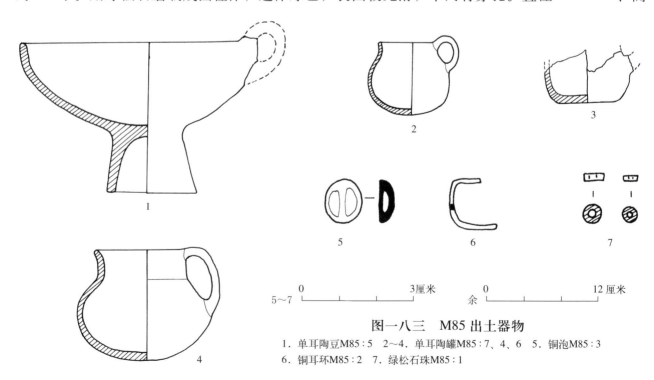

图一八三　M85 出土器物

1. 单耳陶豆M85：5　2～4. 单耳陶罐M85：7、4、6　5. 铜泡M85：3
6. 铜耳环M85：2　7. 绿松石珠M85：1

0.08～0.1、孔径0.15～0.2厘米（图一八三，7；彩版一八一，5）。

M85：8，陶器盖石。位于墓室西北，人骨西侧，出土时盖于M85：8单耳陶罐之上，作为陶器盖石之用，平面呈长方形，扁平状，表面附有烟炱痕迹（彩版一八一，6）。

3. 铜器

2件。

M85：2，铜耳环。位于墓室南部，人骨东侧股骨附近，距南壁约0.34、距西壁约0.44米。系由铜片弯曲成环形，两端均有残损，表面呈铜绿色，锈蚀较严重。残长1.5、宽0.5、厚0.1厘米（图一八三，6）。

M85：3，铜泡。位于墓室东部，人骨东侧脊椎附近，距北壁约0.50、距东壁约0.30米。平面呈圆形，正面呈凸镜状，背面呈凹镜状，背面焊接一字形纽。直径1.1、高0.45、厚0.2厘米（图一八三，5）。

八六 M86

（一）墓葬形制

位于发掘区西部，M84东北侧，西南部打破M84（图一八四；彩版一八〇，2）。残存墓圹平面近圆形，直径1.60、残深1.00米，墓向138°或318°。墓圹填充较疏松的黄色粗砂土。

墓室底部置一具长方形石椁，长1.40、宽1.24、高0.50米。石椁由石板及卵石垒砌而成，下部竖立石板，上部垒砌多层卵石。石椁内未发现人骨。

墓内出土铜泡1件，铜刀1件，双联铜泡1组。

（二）出土遗物

铜器

3件（组）。

M86：1，铜泡。位于椁室北部，距墓圹西北壁约0.37、距墓圹西南壁约0.52米。平面呈圆形，正面呈凸镜状，背面呈凹镜状，背面焊接一字形纽。直径1.2、高0.3、厚0.2厘米（图一八五，2）。

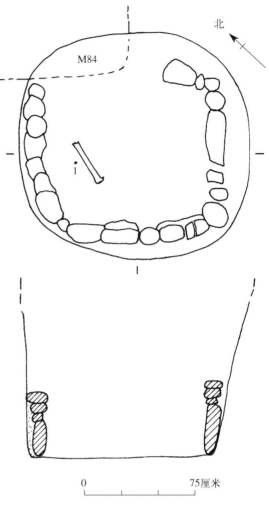

图一八四　M86平、剖面图
1. 铜泡

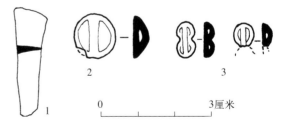

图一八五　M86出土器物
1. 铜刀M86：2　2. 铜泡M86：1　3. 双联铜泡M86：3

　　M86：2，铜刀。位置不明。直背弧刃，一端较宽，略平，一端残损。长2.9、宽0.5～0.9、厚0.3厘米（图一八五，1）。

　　M86：3，双联铜泡，1组2件。出土位置不明。两个单泡并列相连，整体呈"8"字形。两个铜泡均为正面凸镜状，背面凹镜状，背面焊接一字形纽连接两个铜泡。一件较完整，长1.0、宽0.5、厚0.2厘米；另一件一半残损，长0.7、宽0.55、厚0.15厘米（图一八五，3）。

八七　M87

（一）墓葬形制
　　位于发掘区西北部，M88南侧（图一八六）。残存墓圹平面略呈圆角长方形，长1.50、宽1.00、残深0.88米，墓向170°或350°。

（二）出土遗物
　　无葬具，未发现人骨和遗物。

八八　M88

（一）墓葬形制
　　位于发掘区西北部，M87北侧（图一八七）。残存墓圹平面略呈圆角长方形，长1.30、宽1.00、残深0.90米，墓向80°或260°。

（二）出土遗物
　　无葬具，未发现人骨和遗物。

八九　M89

（一）墓葬形制
　　位于发掘区西部，M42西北侧（图一八八；彩版一八二，1、2）。残存墓圹平面略呈圆角长方形，长

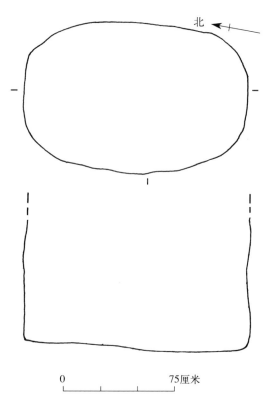

0 ———————— 75厘米

图一八六　M87 平、剖面图

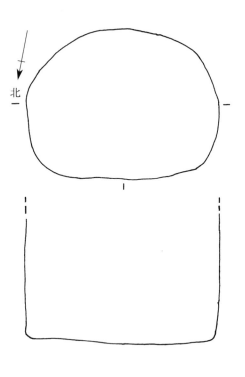

0 ———————— 75厘米

图一八七　M88 平、剖面图

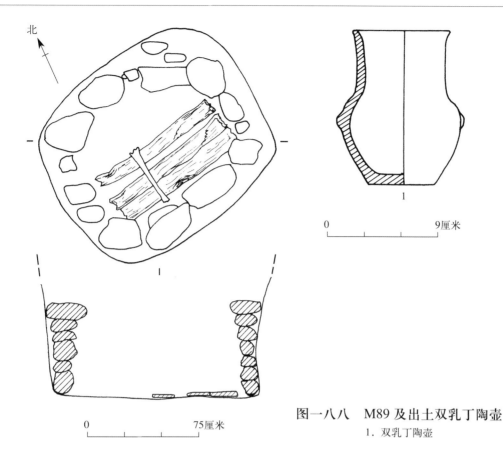

图一八八　M89 及出土双乳丁陶壶

1. 双乳丁陶壶

1.50、宽1.28、残深0.74米，墓向65°或245°。

墓圹底部置一具圆角长方形石椁，长1.40、宽1.14、高0.60米。石椁由多层卵石垒砌而成。石椁底部一侧有3块木板平铺而成的椁底板，总长约0.80、总宽约0.70米。椁室内人骨凌乱且严重缺失，仅见一根股骨。

墓葬内出土双乳丁陶壶1件。

（二）出土遗物

陶器

1件。

M89：1，双乳丁陶壶。出土位置不明。夹细砂红陶，敞口，圆唇，高颈，鼓腹，平底，双乳丁对称分布于腹部两侧。表面有手抹痕迹，大部分剥落，附着少量烟炱、水垢。口径7.2、腹径9.8、底径5.4、通高12.2、壁厚0.6厘米（图一八八，1）。

九○　M90

（一）墓葬形制

位于发掘区东部，M91东约15米处（图一八九；彩版一八三，1）。墓葬地表用卵石平铺成圆形低平石堆，直径2.20米。墓圹开口平面近圆形，直径2.20米；墓圹底部平面呈椭圆形，长径

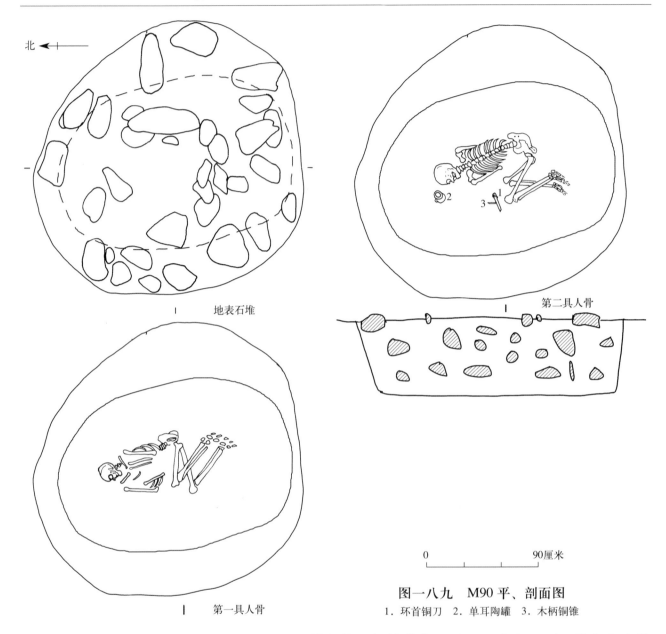

北 ←

地表石堆

第二具人骨

第一具人骨

0　　　　　　　　　90厘米

图一八九　M90 平、剖面图
1. 环首铜刀　2. 单耳陶罐　3. 木柄铜锥

1.90、短径1.38、深0.60米，墓向0°。墓圹填充较疏松的黄色细砂土，夹杂砺石，并出土少量陶片、滑石管碎片、碎铜片等遗物。

　　墓葬内无葬具。墓室内共有上下2具人骨，第一具人骨位于距墓口0.40米处，局部位移且缺失，肋骨及上肢骨被扰乱，右侧身屈肢，头向北，面向西（彩版一八三，2）。第二具人骨位于椁室底部，基本完整且有序，右俯身屈肢，头向北，面向西（彩版一八四，1）。

　　墓葬内出土单耳陶罐1件，木柄铜锥1件，环首铜刀1件。

（二）出土遗物

1. 陶器

1件。

M90：2，单耳陶罐。位于下层人骨头部西北侧，距墓圹北壁约0.45、距墓圹西壁约0.40米。

泥质红陶，侈口，圆唇，束颈，鼓腹，平底，宽带耳，表面较光滑，有手抹痕迹，部分剥落，附着少量烟炱、水垢。口径5、腹径6.8、底径3.0、通高6.6、壁厚0.8厘米（图一九〇，3；彩版一八四，2）。

2. 铜器

2件。

M90：1，环首铜刀。位于下层人骨腰部西侧，距墓圹北壁约1.11、距墓圹西壁约0.81米。环首，柄略弧，环首及刀柄边缘两侧有凸起圆棱，中间内凹，表面锈蚀，刀身一半残损。残长16.3、宽2.5、环首外径2.3、孔径0.9厘米（图一九〇，1；彩版一八四，3）。

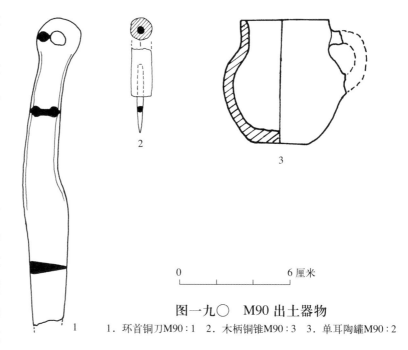

图一九〇　M90 出土器物
1. 环首铜刀M90：1　2. 木柄铜锥M90：3　3. 单耳陶罐M90：2

M90：3，木柄铜锥。位于墓底人骨腰部西侧，M90：1环首铜刀北部，距墓圹北壁约1.05、距墓圹西壁约0.75米。由锥形铜锥与柱形木柄组成，铜锥一端较尖，一端插入木柄，铜锥锈蚀，木柄残损。铜锥残长3.7、木柄残长2.5、通长4.5、锥径0.3厘米（图一九〇，2；彩版一八四，4）。

九一　M91

（一）墓葬形制

位于发掘区中南部，M54南约40米处（图一九一；彩版一八五、一八六）。墓葬地表用卵石铺成低缓的椭圆形石堆，长径1.74、短径1.32米。墓圹平面呈圆角长方形，长1.74、宽1.32、深2.96米，墓向0°或180°。墓圹填充较疏松的黄色粗砂土，夹杂较多卵石，并出土少量陶片、动物骨骼等遗物。

墓圹底部置一具长方形石椁，长1.74、宽1.32、高0.74米。石椁由多层卵石垒砌而成，卵石平均直径约0.20、厚约0.12米。石椁底部平行铺设3块木板，平均长约1.10、宽0.30、厚0.06米。石椁顶部用原木封盖，盖板用10根东西向排列的原木与北端1根南北向放置的原木以榫卯结构相连，原木直径约0.10米。石椁内人骨凌乱且严重缺失，头骨位于椁室东壁内侧，股骨和脊柱骨位于椁室北壁内侧，盆骨和股骨位于椁室西壁内侧（彩版一八七，1）。

墓葬内出土单耳陶钵1件，铜锥1件，铜环2件，铜泡1件，铜片1件，铜饰件1件，铜渣1件，玛瑙管1件，绿松石珠1件，陶器耳1件。

（二）出土遗物

1. 陶器

2件。

M91：1，单耳陶钵。位于木板西侧，距墓圹北壁约0.36、距墓圹西壁约0.21米。夹细砂褐陶，敛口，方唇，鼓腹，圆底，宽带耳，耳上部与口沿直接相连。表面较光滑，有手抹痕迹，附着大量烟炱、水垢。口径13.6、腹径16.4、底径4.3、通高10.0、壁厚0.8厘米（图一九二，1；彩版一八七，2）。

M91：11，陶器耳。出土位置不明。夹细砂红陶，宽带耳，表面施有松针纹（彩版一八七，3）。

2. 玉石器

2件。

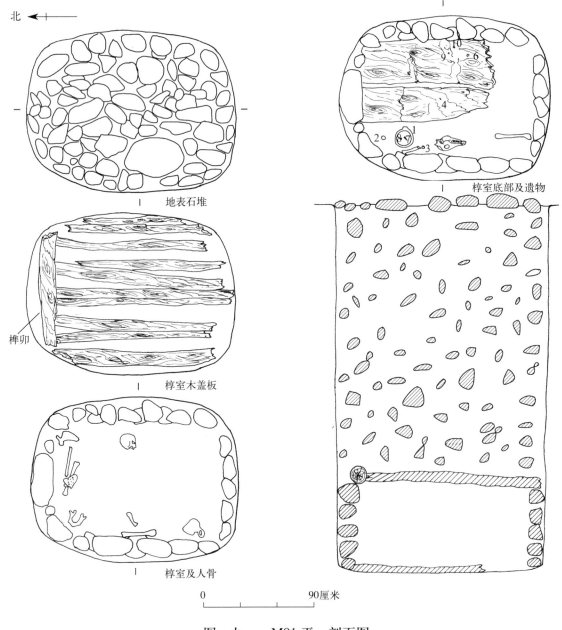

图一九一　M91 平、剖面图

1. 单耳陶钵　2、3. 铜环　4. 铜锥　5. 铜片　6. 铜饰件　7. 铜渣　8. 绿松石珠　9. 铜泡　10. 玛瑙管

M91：8，绿松石珠。位于单耳钵内，由绿松石磨制成扁圆体，通体绿色，表面较光滑，中间有穿孔。直径0.4、高0.2、厚0.15厘米（图一九二，9；彩版一八七，4）。

M91：10，玛瑙管。位于M91：4东部，距北壁约0.78、距东壁约0.24米。由石髓磨制成圆柱体，通体红色，表面较光滑，中间有钻孔。直径0.6、高1.1、孔径0.3厘米（图一九二，7；彩版一八七，5）。

3. 铜器

7件。

M91：2，铜环。位于单耳陶钵北侧，距墓圹北壁约0.27、距墓圹西壁约0.22米。弯曲成环形，表面呈铜绿色，锈蚀较严重。直径1.5、厚0.1厘米（图一九二，6）。

M91：3，铜环。位于单耳陶钵南侧，距墓圹北壁约0.54、距墓圹西壁约0.22米。系由青铜直接铸造成环形，表面锈蚀较严重。直径1.4、厚0.2厘米（图一九二，5；彩版一八八，1）。

M91：4，铜锥。位于木板之上，距墓圹北壁约0.81、距墓圹东壁约0.66米。一端残损，锈蚀严重，残长0.39、残宽0.28、厚0.12厘米（图一九二，8）。

M91：5，铜片。位于M91：4铜锥南部，距墓圹北壁约0.99、距墓圹东壁约0.60米。形状不规则，表面锈蚀严重。残长1.5、残宽1.0、厚0.09厘米（图一九二，4）。

M91：6，铜饰件。位于M91：4东南部，距墓圹北壁约0.94、距墓圹东壁约0.30米。水滴形，正中有一穿孔，边缘略有残损，表面锈蚀。长2.1、宽1.5、厚0.2、孔径0.3厘米（图一九二，3；彩版一八八，2）。

M91：7，铜渣。位于单耳钵内，仅存锥尖，表面锈蚀。残长0.4、宽0.2、厚0.15厘米（图一九二，10）。

M91：9，铜泡。位于M91：4东部，距墓圹北壁约0.78、距墓圹东壁约0.30米。平面呈圆

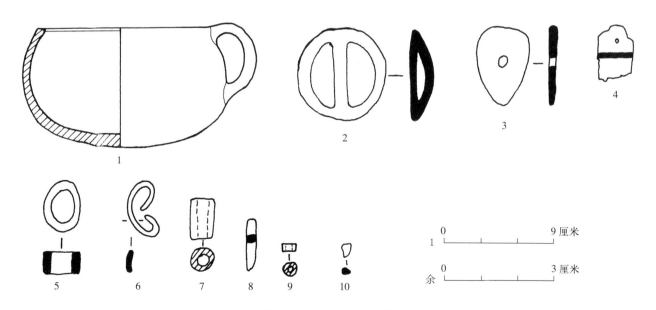

图一九二 M91 出土器物

1. 单耳陶钵M91：1 2. 铜泡M91：9 3. 铜饰件M91：6 4. 铜片M91：5 5、6. 铜环M91：3、2 7. 玛瑙管M91：10 8. 铜锥M91：4
9. 绿松石珠M91：8 10. 铜渣M91：7

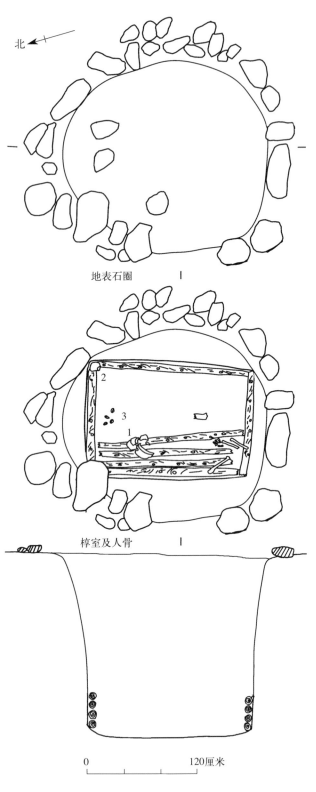

地表石圈 Ⅰ

椁室及人骨 Ⅰ

0   120厘米

图一九三　M92 平、剖面图
1、2. 单耳陶罐　3. 海贝

形，沿微折，边缘略有残损，正面呈凸镜状，背面呈凹镜状，背面焊接一字形纽。直径2.5、高0.6、厚0.2厘米（图一九二，2；彩版一八八，3、4）。

九二　M92

（一）墓葬形制

位于发掘区南部，M25南侧约40米处（图一九三；彩版一八九、一九○）。墓葬地表用卵石铺成椭圆形石圈，长径3.00、短径2.70米，卵石排列整齐，仅西北部垂直立有一块白色卵石。墓圹平面呈圆角长方形，长径3.00、短径2.70、深2.00米，墓向10°或190°。墓圹填充较疏松的黄色粗砂土，夹杂大量卵石，并出土少量陶片、动物骨骼等遗物。

墓圹底部置一具长方形木椁，长1.84、宽1.20、高0.50米。木椁每边各由四根原木垒叠而成，原木直径约0.08米。原木腐朽严重，相互之间的连接方式不明。木椁顶部用8根平行排列的原木封盖，部分原木坍塌入椁室。椁室底部平铺4根木板，木椁内人骨凌乱且严重缺失。

墓葬内出土单耳陶罐2件，海贝1组。

（二）出土遗物

1. 陶器

2件。

M92：1，单耳陶罐。位于人骨北侧，距墓圹北壁约0.68、距墓圹西壁约0.60米。夹细砂红陶，敞口，方唇，微束颈，鼓腹，平底，宽带耳，耳上部与口沿直接相连，耳侧有一S形附加堆纹。表面较光滑，剥落严重，附着少量烟炱、水垢。口径18.2、腹径22.0、底径11.0、通高23.0厘米（图一九四，1；彩版一八八，5）。

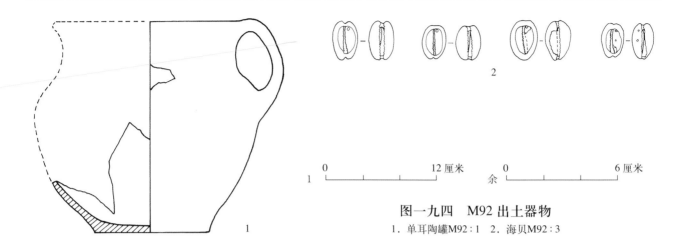

图一九四　M92 出土器物
1. 单耳陶罐M92：1　2. 海贝M92：3

　　M92：2，单耳陶罐。位于椁室东北角木椁两边交界处。夹细砂红陶，残损严重，不可复原。

2. 骨角贝器

　　1组。

　　M92：3，海贝，1组4件。位于椁室北部中间，距墓圹北壁约0.44、距墓圹西壁约0.64米。用海贝略经切削、磨制而成，表面较光滑，其中一枚中间略有残损。长1.8～2.4、宽1.1～1.4厘米（图一九四，2；彩版一八八，6）。

第四章　结语

一　年代与文化属性

（一）典型器物型式分析

拜其尔墓地除了进行测年的10座墓葬以外，还存在三组打破关系，分别为M27打破M26、M77打破M78、M86打破M84。结合绝对年代数据和相对年代关系，我们选取墓地中出土数量最多、形制特征演化规律显著的几类器物进行型式分析。

1．颈肩单耳陶罐

保存较好，可准确判断形制特征者共37件。均为颈肩单耳，红陶，素面或有红色陶衣，其中3件在陶衣上施黑彩。根据口、颈、腹的形态差异分为两型（表一）。

A型　共22件。通高10～25厘米。高领，鼓腹，最大腹径在上腹、中腹部，颈肩宽带耳，平底。

Aa型　共19件。腹部无注。依其形态变化，分为2式。

Ⅰ式　共2件。通高20～22厘米。整体瘦高，微卷沿，颈细长，直领，颈肩相接处圆弧，无明显折棱，微鼓腹，颈肩扁宽带耳（图一九五，1）。

Ⅱ式　共17件。通高10～25厘米。其中8件通高19～25厘米，9件通高10～14厘米。微卷沿或直口，颈更粗、更长，颈肩相接处出现显著折棱或变粗，鼓腹或扁鼓腹，颈肩宽带耳增大或缩小近半圆形（图一九五，10、11）。

Ab型　共3件。通高10～13厘米。整体瘦高，微卷沿，高直领，腹部最大径位置与耳对向或垂直方向有1短注，其中1件腹部施黑彩（图一九五，12、13）。

表一　拜其尔墓地颈肩单耳陶罐型式统计表

标型器	型式	出土墓葬及编号
颈肩单耳陶罐	Aa Ⅰ	M32：12、M59：1
	Aa Ⅱ	M6：6、M16：8、M16：14、M17：1、M17：2、M19：1、M20：6、M22：2、M22：4、M22：6、M24：2、M52：1、M61：2、M63：2、M63：6、M69：3、M83：4
	Ab	M22：5、M23：1、M50：1
	B	M20：5、M20：7、M33：1、M43：4、M51：1、M52：2、M55：2、M55：11、M69：2、M70：3、M71：6、M72：1、M75：1、M84：5、M90：2

B型 共15件。通高8～13厘米，微卷沿，粗直口，高领，球腹或扁鼓腹，圜底或小平底，其中2件腹部施黑彩（图一九五，14）。

2. 沿肩单耳陶罐

保存较好，可准确判断形制特征者共51件。均为沿肩单耳，红陶，素面。根据口、颈、腹的形态差异分为三型（表二）。

A型 共32件。通高8～13厘米。整体矮胖，微卷沿，大口，直领，扁鼓腹，沿肩宽带耳，圜底或小平底（图一九五，2、15）。

B型 共15件。通高8～15厘米。微卷沿，小口，短直领或束领，鼓腹或球腹、沿肩宽带耳，圜底或小平底（图一九五，16）。

C型 共4件。通高12～23厘米。微卷沿，大口，直领，高鼓腹，沿肩宽带耳，平底（图一九五，17）。

3. 单耳小罐

保存较好，可准确判断形制特征者共24件。体型较小，均为红陶，素面。根据口、颈、耳、腹的形态差异分为三型（表二）。

A型 共11件。通高6～11厘米。微卷沿或直口，直领，圆鼓腹，沿肩宽带耳，小平底（图一九五，3、18）。

B型 共6件。通高6～12厘米。微卷沿，斜垂腹，沿肩宽带耳，小平底（图一九五，19）。

C型 共3件。通高5～10厘米。微卷沿，敛口，圆鼓腹，沿肩宽带耳，圜底或小平底（图一九五，20）。

表二 拜其尔墓地沿肩单耳陶罐及单耳小罐型式统计表

标型器	型式	出土墓葬及编号
沿肩单耳陶罐	A	M2：2、M2：3、M2：5、M6：4、M6：7、M15：2、M17：3、M19：2、M20：9、M22：1、M25：3、M36：3、M43：2、M44：2、M44：6、M50：6、M57：12、M58：4、M59：3、M61：3、M63：3、M63：5、M65：1、M65：3、M66：2、M68：1、M69：4、M70：4、M73：13、M78：2、M81：1、M84：3
	B	M1：3、M1：6、M9：3、M9：5、M16：1、M50：6、M57：2、M57：11、M64：4、M67：2、M67：4、M71：4、M71：5、M85：6、M85：7
	C	M31：2、M54：7、M66：1、M92：1
单耳小罐	A	M8：2、M8：4、M9：4、M14：7、M20：3、M32：1、M36：2、M61：4、M64：3、M64：5、M71：12
	B	M6：1、M34：1、M74：4、M80：1、M83：3、M74：3
	C	M1：4、M31：1、M62：3
	D	M20：8、M43：5、M65：2、M73：4

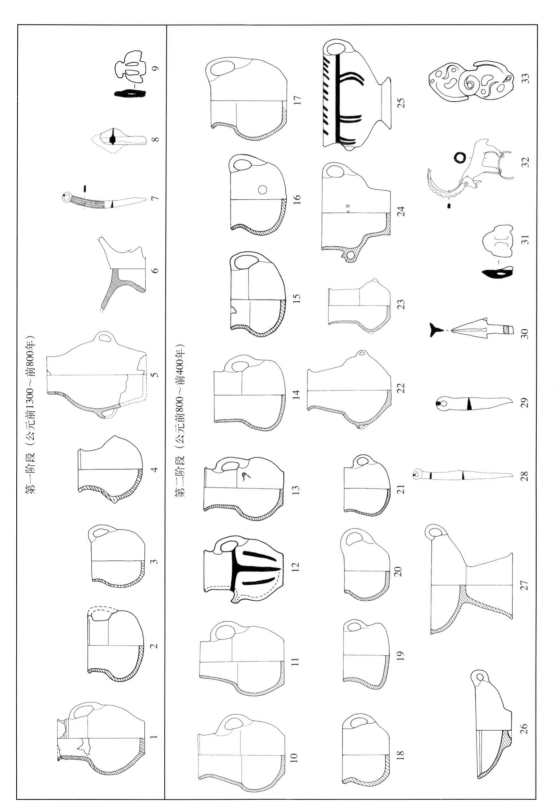

图一九五　拜其尔墓地典型器型器物分期图

1．Aa型I式颈肩单耳陶罐M32：12　2．A型沿肩单耳陶罐M25：3　3．A型单耳陶罐M32：1　4．A型I式双腹耳陶壶M32：10　5．双腹耳陶罐M32：1　6．陶豆M37：4　7．I式环首小铜刀M49：1　8．I式颈肩单耳陶罐M32：18　9．C型铜饰件M32：15　10、11．A型II式颈肩单耳陶罐M20：6，M52：1　12、13．Ab型II式颈肩单耳陶罐M23：1，M22：5　14．B型颈肩单耳陶罐M20：5　15．A型沿肩单耳陶罐M9：5　16．B型沿肩单耳陶罐M54：7　17．C型沿肩单耳陶罐M9：4　19．B型单耳小罐M74：3　20．C型单耳小罐M31：1　21．D型单耳小罐M20：8　22．A型II式双腹耳陶壶M17：4　23．B型II式双腹耳陶罐M6：8　24．柱腹陶罐M64：6　25．圈足陶罐M11：1　26、27．陶豆M70：2，M2：4　28．环首小铁刀M21：4　29．II式环首小铜刀M20：10　30．II式铜镞M71：2　31．C型铜饰件M50：8　32．A型铜饰件M16：2　33．B型铜饰件M16：9

D型 共4件。通高7～9厘米。微卷沿，斜垂腹，腹耳，圜底或小平底（图一九五，21）。

4．柱腹陶罐

保存较好，可准确判断形制特征者共6件。通高15～22厘米。微卷沿，直口，高领，扁鼓腹，腹下部内收呈柱状，平底（表三）。器物对向两侧有一沿肩宽带大耳和一腹宽带小耳。腹耳上部或施加附加堆鸡冠状錾饰。腹耳或无，以附加堆鸡冠錾饰代替。与耳垂直的腹部两侧也多施附加堆鸡冠状錾饰，平底（图一九五，24）。

5．圈足陶罐

共3件。通高6～11厘米。卷沿，束颈，圆鼓腹或扁鼓腹，沿肩宽带耳，与耳对向的腹部施1小乳丁，其他两侧或各施1个小乳丁，腹部或绘黑彩，下有圈足或假圈足（表三；图一九五，25）。

6．双腹耳陶罐

共2件。通高29～32厘米。微卷沿，直口，高领，长鼓腹，腹部两侧各有1个宽带耳，平底（表三；图一九五，5）。

7．双腹耳陶壶

保存较好，可准确判断形制特征者共29件。通高9～20厘米。腹部两侧各有一小耳、乳丁或系，少数腹部施黑彩。按照口、颈、腹的形态差异，分为2个亚型（表三）。

A型 共11件。依其形态变化，分为2式。

Ⅰ式 共3件。通高9～12厘米。卷沿，高领，鼓腹，领长小于或接近腹高，腹两侧各有1个小乳丁，圜底（图一九五，4）。

Ⅱ式 共8件。通高11～20厘米。卷沿，细颈，高领，鼓腹，领长大于腹高，腹两侧各有1个小乳丁，或穿小孔的系，或宽带耳，圜底或小平底（图一九五，22）。

B型 共19件。通高8～17厘米。微卷沿，粗颈，高领，微鼓腹，领长大于或接近腹高，腹

表三　拜其尔墓地其他类别陶器型式统计表

标型器	型式	出土墓葬及编号
柱腹陶罐		M6∶5、M14∶5、M44∶1、M61∶1、M64∶6、M66∶1
圈足陶罐		M11∶1、M58∶3、M71∶8
双腹耳陶罐		M15∶1、M25∶1
双腹耳陶壶	AⅠ	M32∶10、M67∶3、M67∶5
	AⅡ	M7∶1、M17∶4、M24∶1、M50∶12、M57∶1、M57∶9、M66∶5、M71∶3
	B	M6∶2、M6∶8、M6∶10、M9∶2、M45∶1、M55∶1、M63∶1、M64∶2、M64∶7、M67∶10、M68∶6、M71∶13、M72∶5、M72∶6、M73∶12、M74∶2、M74∶5、M78∶1、M89∶1

两侧各有1个小乳丁，或穿小孔的系，圜底或小平底（图一九五，23）。

　8．环首小铜刀

　保存较好，可准确判断形制特征者共4件，长14～19厘米。按刀把、背的形态差异分为2式（表四）。

　Ⅰ式　共2件，环首，刀把施多列多行突点或两侧有凸脊，弧背，曲刃（图一九五，7）。

　Ⅱ式　共2件，环首，刀把无装饰，直背，直刃（图一九五，28、29）。

　9．铜镞

　保存较好，可准确判断形制特征者共4件。依形态变化，分2式（表四）。

　Ⅰ式　共2件，双翼，有铤（图一九五，8）。

　Ⅱ式　共2件，三翼，有铤（图一九五，30）。

　10．动物纹铜饰件

　A型　北山羊形铜饰件，共2件。以浅浮雕、透雕或圆雕形式表现单体大角北山羊的造型（图一九五，32）。

　B型　格里芬形铜饰件，共2件。以浮雕、透雕、中心对称的形式表现格里芬首侧面形象，背面有纽（图一九五，33）。

　C型　鸟形铜饰件，共4件。鸟首侧向一方，双翼微张，尾展开呈扇形，背面有纽（图一九五，9、31）。

表四　拜其尔墓地金属器型式统计表

标型器	型式	出土墓葬及编号
环首小铜刀	Ⅰ	M49：1、M90：1
	Ⅱ	M20：10、M84：2
铜镞	Ⅰ	M32：18、M71：15
	Ⅱ	M14：1、M71：2
动物纹铜饰件	A	M16：2、M73：7
	B	M3：1、M16：9
	C	M32：15、M50：8（3件）

（二）墓地分期

在典型遗物型式分析的基础上，我们通过统计，可以将其分为两组，分别代表两个不同的时期（表五、六；图一九六）。如前所述，已发掘墓葬形制结构、葬式基本一致，木椁、石椁、土坯椁等不同材质的葬具也无早晚差别，主体流行的器类也未发生显著变化。总体来看，拜其尔墓地应是同一人群长时间生活、埋葬所形成的。因此，我们建议将拜其尔墓地已发掘的92座墓葬分为一个时期两个发展阶段。

1．第一阶段（公元前1300～前800年）

陶器流行Aa型Ⅰ式颈肩单耳陶罐、A型沿肩单耳陶罐、A型单耳小罐、陶豆、双腹耳陶罐、A型Ⅰ式双腹耳陶壶、鸟形青铜饰件（C型）、环首弧背曲刃小铜刀（Ⅰ式）、双翼有铤铜镞（Ⅰ式），墓葬中不见铁器（表六）。

2．第二阶段（公元前800～前400年）

陶器流行Aa型Ⅱ式颈肩单耳陶罐，新出现Ab型、B型颈肩单耳陶罐，B型、C型沿肩单耳陶罐，B型、C型、D型单耳小罐；流行单耳高圈足或矮圈足陶豆；柱腹陶罐、圈足陶罐出现并流行；双腹耳陶罐不见；双腹耳陶壶流行A型Ⅱ式，颈加粗加长，并出现粗颈矮腹、明器化的B型。动物纹铜饰件种类增多，除鸟形（C型）外，出现并流行北山羊形（A型）和格里芬形题材（B型）；环首直背小铜刀（Ⅱ式）、三翼有铤铜镞（Ⅱ式）流行；一些墓葬出现铁制工具；泥塑十字形器出现并开始流行。

根据典型器物的型式划分，我们尝试对墓地中71座墓葬进行分期（表七）。另有21座墓葬因出土遗物残破、特征不显著或未测年，无法分期。通过表格统计可以看出，能够判定在一段的墓葬仅8座，其余63座均属二段。一段与二段墓葬在墓地中交错分布，并无特殊的分布区域。由于2004～2005年发掘的墓葬不足墓地总数20%，墓地南侧还有大批墓葬未被发掘，上述测年与分期不一定能准确反映墓地发展演化的情况。

尽管如此，在分期的时候我们也注意到一些问题：拜其尔墓地双腹耳陶壶出土数量较多，共38件，保存完整、形制特征显著的有29件。其演化主要有两个趋势：一是颈部变长，整体趋于瘦高；二是颈部变粗，腹部趋于矮扁，器型变小（器高在10厘米以内），趋于明器化，双耳简化为双乳丁或双系。两种双腹耳陶壶有时也共出于同一墓葬，表明两种趋势是并行的。研究者曾对焉不拉克墓地13件腹耳陶壶进行型式划分，得出的演化趋势与拜其尔墓地第一种相同。[1][2]但并未发现与拜其尔墓地接近的第二种演化趋势。另外，焉不拉克墓地出土8件陶豆，研究者认为存在从矮圈足向高圈足发展的趋势。在拜其尔墓地中，共出土12件陶豆，1件出自一段墓葬（图一九五，6），其余11件陶豆均出自二段墓葬，其中形制特征完整者共4件，也出自二段墓葬。这4件陶豆有2件高圈足，2件矮圈足（图一九五，26、27）。由此可知拜其尔墓地二段同时存在矮圈足、高圈足两种陶豆。可见，腹耳陶壶、陶豆两类器物虽然存在各自的演化趋势，但早期型式延续时间较长，其数量并未因为晚期型式的出现而迅速减少，早晚型式并行时间很长。

---

　　[1]　邵会秋：《新疆史前时期文化格局的演进及其与周邻地区文化的关系》，科学出版社，2018年，第63～66页。
　　[2]　新疆维吾尔自治区文化厅文物处、新疆大学历史系文博干部专修班：《新疆哈密焉不拉克墓地》，《考古学报》1989年第3期，第325～362页。

表五　拜其尔墓地典型器物统计表

器物＼墓号	颈肩单耳陶罐				沿肩单耳陶罐			单耳小罐				柱腹陶罐	圈足陶罐	双腹耳陶罐	双腹耳陶壶			陶豆	动物纹铜饰件			铜刀		铜镞		铁器	泥塑十字形器
	Aa I	Aa II	Ab	B	A	B	C	A	B	C	D				Aa I	Aa II	Ab		A	B	C	I	II	I	II		
M1						2				1																	1
M2					3													1									
M3																		1									
M6		1			2				1								3										
M7																1											
M8								2										1									
M9						2		1										1									
M11													1														
M14								1				1														1	1
M15					1								1														
M16		2				1													1	1						2	1
M17		2			1											1											1
M19	1						1																				
M20		1		2	1			1		1													1				
M21																										2	
M22		3	1		1																						
M23		1																									
M24		1														1											
M25					1									1													
M26																											
M31						1			1																	1	
M32	1							1							1					1		1					
M33			1																								
M34									1																		
M35												1															
M36					1			1										1									
M37																		1									
M41																		1									
M42																											
M43			1		1						1																
M44					2									1													
M45																				1	1						
M47																										1	
M49																							1				
M50			1		1	1										1					3						1

续表

器物\墓号	颈肩单耳陶罐				沿肩单耳陶罐			单耳小罐				柱腹陶罐	圈足陶罐	双腹耳陶罐	双腹耳陶壶			陶豆	动物纹铜饰件			铜刀		铜镞		铁器	泥塑十字形器
	Aa I	Aa II	Ab	B	A	B	C	A	B	C	D				Aa I	Aa II	Ab		A	B	C	I	II	I	II		
M51				1																							
M52		1		1																						1	
M54							1											1									
M55				2														1									1
M57					1	2										2											
M58					1									1				1									1
M59	1				1																						
M61		1			1			1				1															
M62									1																		1
M63		2			2													1	1								
M64						1		2				1						2									2
M65					2					1																	
M66					1		1									1											
M67						2										2		1	1								
M68					1													1									
M69		1		1	1																						
M70				1	1													1									1
M71				1	2			1						1		1	1							1	1		
M72				1												2											
M73					1					1								1		1							
M74									2									2									
M75				1																							
M76																										1	
M78					1													1								1	
M79																										2	
M80									1																		
M81					1																						
M82		1																									
M83		1							1																		
M84				1	1																				1		
M85						2												1									
M89																		1									
M90				1																				1			
M92					1																						

表六　拜其尔墓地典型器物组合表

器物组	沿肩单耳陶罐				颈肩单耳陶罐			单耳小罐				陶豆	柱腹陶罐	圈足陶罐	双腹耳陶罐	双腹耳陶壶			动物纹铜饰件			铜刀		铜镳		铁器	泥塑十字形器
	Aa I	Aa II	Ab	B	A	B	C	A	B	C	D					Aa I	Aa II	Ab	A	B	C	I	II	I	II		
一段	●				●			●							●	●	●				●	●		●			
二段	●	●	●	●	●	●	●	●	●	●	●	●	●	●		●	●	●	●	●	●	●			●	●	●

表七　拜其尔墓地墓葬分期表

分期	墓葬编号	无法分期的墓葬
一段 1300B.C.～800B.C.	M12、M15、M25、M32、M37、M49、M90、M91（8座）	M4、M5、M10、M18、M28、M29、M30、M34、M35、M38、M39、M40、M41、M46、M48、M53、M56、M60、M76、M87、M88（21座）
二段 800B.C.～400B.C.	M1、M2、M3、M6、M7、M8、M9、M11、M13、M14、M16、M17、M19、M20、M21、M22、M23、M24、M26、M27、M31、M33、M36、M42、M43、M44、M45、M47、M50、M51、M52、M54、M55、M57、M58、M59、M61、M62、M63、M64、M65、M66、M67、M68、M69、M70、M71、M72、M73、M74、M75、M77、M78、M79、M80、M81、M82、M83、M84、M85、M86、M89、M92（63座）	

（三）墓地年代与文化属性

拜其尔墓发掘的92座墓葬成排成列、分布密集，墓葬构筑方式、葬具、人骨埋葬姿势、随葬品类别、特征接近，应属同一人群的公共墓地。为判断墓地的年代，我们在发掘区内随机采集了10座墓葬的盖板或底板的朽木，委托北京大学加速器质谱实验室（第四纪年代测定实验室）进行测定（表八）。

我们运用牛津大学OxCal程序对这10组测年数据进行模拟分析，结果显示，10个样本的年代范围在公元前1400～前400年（图一九六）。除M12年代稍早外，其余9座墓葬的年代主要集中在公元前1300～前900年，公元前800～前400年两个时段。这10座测年墓葬分布于墓地发掘区各处，基本可以代表发掘区92座墓葬的年代。

拜其尔墓地与以往东天山地区考古发掘的天山北路墓地、焉不拉克墓地、柳树沟遗址、奎苏南湾墓地等遗址都存在诸多相似之处。几处墓地墓葬均成排成列密集分布。拜其尔墓地墓葬地表围砌圆形石圈作为墓垣标识的做法在哈密柳树沟墓地[1]、黄田庙儿沟墓地[2]十分常见，巴里坤奎苏南湾墓地可能也存在同形式的墓垣标识；亚尔墓地、艾斯克霞尔南墓地发现墓葬地表用

[1]　王永强、张杰：《新疆哈密市柳树沟遗址和墓地的考古发掘》，《西域研究》2015年第2期，第124～126页。

[2]　常喜恩、周晓明、张承安等：《1996年哈密黄田上庙尔沟村I号墓地发掘简报》，《新疆文物》2004年第2期，第1～26页。

表八 拜其尔墓地碳-14测年数据表

Lab编号	样品	样品原编号	碳-14年代 (B.P.)	树轮校正后年代（B.C.）	
				1δ（68.2%）	2δ（95.4%）
BA05619	朽木	2005HYBM79	2470±40	760B.C.（23.4%）680B.C. 670B.C（18.7%）610B.C 600B.C（26.1%）510B.C	770B.C（95.4%）410B.C.
BA05620	朽木	2005HYBM25	2910±40	1200B.C.（5.9%）1170B.C. 1160B.C.（62.3%）1020B.C.	1260B.C.（95.4%）980B.C.
BA05621	朽木	2004HYBM7	2420±45	730B.C.（10.6%）690B.C. 540B.C.（57.6%）400B.C.	760B.C.（18.4%）680B.C. 670B.C.（8.8%）610B.C. 600B.C.（68.2%）390B.C.
BA05622	朽木	2005HYBM37	2900±50	1200B.C.（68.2%）1000B.C.	1260B.C.（92.2%）970B.C. 960B.C.（3.2%）930B.C.
BA05623	朽木	2005HYBM92	2485±40	760B.C.（21.8%）680B.C. 670B.C.（46.4%）530B.C.	780B.C.（88.9%）480B.C. 470B.C.（6.5%）410B.C.
BA05624	朽木	2004HYBM32	2830±40	1040B.C.（68.2%）920B.C.	1130B.C.（95.4%）890B.C.
BA05625	朽木	2004HYBM12	3095±40	1420B.C.（68.2%）1310B.C.	1450B.C.（95.4%）1260B.C.
BA05626	朽木	2004HYBM13	2475±40	760B.C.（23.1%）680B.C. 670B.C.（45.1%）520B.C.	770B.C.（85.9%）480B.C. 470B.C.（9.5%）410B.C.
BA05627	朽木	2004HYBM20	2455±40	750B.C.（20.6%）680B.C. 670B.C.（7.5%）640B.C. 590B.C.（27.6%）480B.C. 470B.C.（12.6%）410B.C.	760B.C.（23.6%）680B.C. 670B.C.（71.8%）400B.C.
BA05628	朽木	2004HYBM9	2455±40	750B.C.（20.6%）680B.C. 670B.C.（7.5%）640B.C. 590B.C.（27.6%）480B.C. 470B.C.（12.6%）410B.C.	760B.C.（23.6%）680B.C. 670B.C.（71.8%）400B.C.

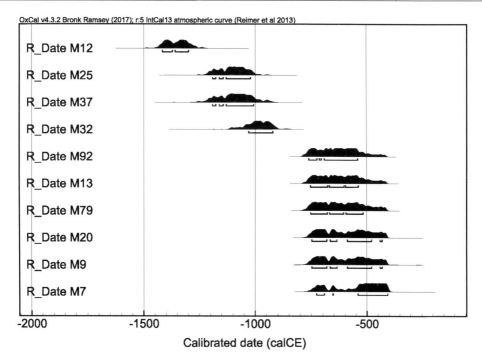

图一九六 拜其尔墓地测年数据 OxCal 分析图

土坯围砌的石圈[1]，也应属于同类建筑；拜其尔墓地墓圹均为竖穴土坑，绝大多数墓葬底部设置木椁、土坯椁或石椁，用原木或石块封盖。其中，土坯椁的垒砌方式与东天山南部哈密盆地天山北路、五堡[2]、焉不拉克[3]、亚尔墓地非常接近。石椁的垒砌方式与柳树沟墓地、黄田上庙尔沟墓地一致，也与哈密盆地土坯椁结构接近。土坯椁与石椁虽质地不同，但构筑方式非常接近，两者应是东天山地区青铜时代至早期铁器时代同文化背景人群在不同自然环境下因地取材的结果[4]。拜其尔墓地发现的土坯与石块混筑椁室的现象也可以印证这一观点。拜其尔墓地木椁的结构则与巴里坤南湾墓地一致。

从人骨放置姿势来看，拜其尔墓地流行单人葬，流行侧身屈肢葬与俯身屈肢葬式，并存在相当数量的扰乱葬现象。这些特征也与同时期天山北路墓地、五堡墓地、亚尔墓地、艾斯克霞尔墓地、艾斯克霞尔南墓地、柳树沟墓地、南湾墓地一致。

拜其尔墓地大多数随葬品的类别、形制特征也与同时期哈密盆地、巴里坤草原遗址出土遗物接近。墓地中出土陶器数量较多，主要为各类罐、壶、豆、杯等容器和盛器。其中，单耳陶罐数量最多。高领鼓腹颈肩单耳罐在东天山南麓的柳树沟墓地、庙尔沟墓地较为流行，艾斯克霞尔南、焉不拉克墓地也有发现；拜其尔墓地流行的高领扁鼓腹沿肩单耳陶罐也普遍见于南湾、庙尔沟、焉不拉克、艾斯克霞尔、艾斯克霞尔南等墓地。双腹耳陶罐在拜其尔墓地仅发现2件，同类陶器在南湾墓地、柳树沟墓地、艾斯克霞尔墓地较为常见。巴里坤石人子沟遗址中高台遗迹也出土大量此类陶罐，体型都比较大，高度在40厘米以上。其中一些内部存放着青稞种子，可知这类器物主要用于储藏粮食作物。[5]双腹耳、双系或双乳丁高领陶壶和单耳圈足陶豆在拜其尔墓地也比较常见，其形制特征也与柳树沟墓地、白杨河流域的焉不拉克、亚尔、艾斯克霞尔、艾斯克霞尔南墓地非常接近。拜其尔墓地中出土的单耳陶杯、单耳陶钵在东天山南北麓都较为流行，四耳陶罐仅出土2件，形制特征与天山北路墓地、亚尔墓地、石人子沟遗址、南湾墓地出土遗物接近。高低双耳柱腹陶罐、单耳圈足陶罐是拜其尔墓地最为独特的两类器形，东天山地区其他遗址非常少见。南湾墓地曾出土过镂空圈足的单耳罐，寒气沟出土过高低耳陶罐，上部与之接近，但下部为平底。[6]此外，拜其尔墓地流行的泥塑十字形器十分独特，它们通常都放置在泥杯内，同类器物在东天山及周邻区域尚未发现。

拜其尔墓地处于气候湿润的高山河谷，与干旱的哈密盆地相比，墓葬中出土的有机质遗物相对较少。木器主要有盘、杯、桶、瓢、勺等日用器皿，以及纺轮、钻火板、梳子等日用工具和梳妆用品。各类物品在五堡、亚尔、艾斯克霞尔、艾斯克霞尔南墓地均有发现，形制特征也十分接近。墓地中M15、M59、M60三座墓葬发现残留的毛织带、毛毡和皮革，应为死者下葬时所着衣物。衣物形制特征可能也与五堡、艾斯克霞尔、艾斯克霞尔南墓地埋葬的居民一致。

---

[1] 王永强、党志豪：《新疆哈密五堡艾斯克霞尔南墓地考古新发现》，《西域研究》2011年第2期，第134～137页。

[2] 王炳华、张玉忠：《新疆哈密五堡墓地151、152号墓葬》，《新疆文物》1992年第3期，第1～10页。

[3] 新疆维吾尔自治区文化厅文物处、新疆大学历史系文博干部专修班：《新疆哈密焉不拉克墓地》，《考古学报》1989年第3期，第325～362页。

[4] 常喜恩、周晓明、张承安等：《1996年哈密黄田上庙尔沟村I号墓地发掘简报》，《新疆文物》2004年第2期，第1～26页。

[5] 王建新、张凤、任萌等：《新疆巴里坤县东黑沟遗址2006～2007年发掘简报》，《考古》2009年第1期，第3～27页。

[6] 郭建国：《新疆哈密市寒气沟墓地发掘简报》，《考古》1997年第9期，第33～38页。

拜其尔墓地出土金属器以刀、锥、凿等工具，扣、环、管、铃、镯等装饰品为主，环首铜刀、木柄铜锥、铜铃、圆形一字纽铜泡在青铜时代晚期至早期铁器时代天山廊道沿线诸墓地中十分常见。M32、M50出土的鸟形铜饰件较为独特，在周邻其他遗存中极为罕见。M73出土的北山羊纹透雕铜牌饰与寒气沟墓地M1出土的铜牌饰形制非常接近，但在周邻其他遗址中未曾发现。值得注意的是，M3、M16两座墓葬中都出了双格里芬首，背面有纽的青铜饰件，其格里芬首造型特征在阿尔泰山地区巴泽雷克文化、萨彦岭地区乌尤克文化非常流行。格里芬造型在萨彦—阿尔泰地区出现的时间在公元前6世纪前后，后于战国晚期流行于中国北方地区[1]。拜其尔墓地2件格里芬首铜饰件的发现为了解萨彦—阿尔泰地区与中国北方地区的文化联系提供了重要线索。

综上所述，拜其尔墓地发掘的92座墓葬主体在青铜时代晚期至早期铁器时代之间（公元前1300～前400年），与哈密绿洲盆地的天山北路墓地、焉不拉克墓地等遗存存在着密切的文化联系。

二　埋葬习俗与生业方式

（一）埋葬习俗

在墓葬结构方面，拜其尔墓地的绝大部分墓葬为地表有石圈标识或低缓石堆标识的竖穴土坑墓。竖穴土坑墓是东天山地区青铜时代至早期铁器时代占主流的墓葬形制，而地表标识则因所处环境的差异不尽相同。石圈和低缓石堆等石结构地表标识流行于山区，目前已发掘年代最早的是巴里坤南湾墓地，此外巴里坤红山口遗址、泉儿沟遗址、石人子沟遗址、哈密寒气沟墓地、柳树沟墓地、上庙尔沟墓地，伊吾峡沟墓地等亦有此类地表标识的墓葬发掘。而同时代的哈密盆地绿洲地带，则流行土坯圈的地表标识或无明显标识。如哈密天山北路墓地、五堡墓地、焉不拉克墓地、艾斯克霞尔墓地、艾斯克霞尔南墓地等。

在葬具方面，拜其尔墓地绝大部分墓葬以椁为葬具。其中石椁最多，占椁总数的80%，其次为木椁占9%，土坯椁占6%，还有5%混合材质的椁。椁室上常用原木或石板封盖，个别椁室底部还见有木底板，或以黄沙铺垫底部。石椁和木椁亦是东天山山区常见的葬具，但在其他遗址，石椁一般较低矮，多由1～3层石块或石板垒砌；木椁一般由原木搭建。而拜其尔的石椁大多很高，有的甚至用近10层石块垒砌，高可达1米；木椁除了原木外，还见有用木板搭建者，这些在其他遗址很少见到。土坯椁是哈密盆地绿洲地带常见的葬具，如天山北路、焉不拉克墓地等均很流行，但在山区少见，目前除了拜其尔墓地之外，仅有同属伊吾河流域的峡沟遗址可以见到。

一座墓葬中除了单具椁之外，还见有少量内外双重椁和上下叠压的双层椁室的现象。一般外重椁为石椁，内重椁为木或土坯椁；上层椁为石椁，下层椁为木椁或土坯椁。这些现象在同时代的东天山地区其他遗址极少发现，可能是拜其尔墓地的特色。

---

[1]　马健：《公元前8～前3世纪的萨彦—阿尔泰——早期铁器时代欧亚东部草原文化交流》，《欧亚学刊》2006年第8期，第38～84页。

在埋葬人数方面，拜其尔墓地以单人葬为主，占所有出土人骨墓葬的74%；其次为双人合葬，占12%；三人、四人和五人合葬分别占6%、3%和5%。多人合葬墓所占比例虽然相对较少，但形式较为复杂，同一座墓葬的多具人骨或并列置于同一椁室中，或上下置于同一椁室中，或分别置于不同椁室中，或分别置于椁室中和椁室之外的盖板上及填土中，葬式也不尽相同。这些在不同位置、以不同方式合葬的人骨代表了怎样的葬俗，相互之间是否存在某种社会关系和等级地位的差异，尚需更多的研究进行揭示。

在人骨埋藏特征方面，拜其尔墓地73%的人骨出土时都非常凌乱且严重缺失，还有8%的人骨也有不同程度的局部位移和缺失，且多是下肢完整有序，上肢尤其是头胸部缺失较多。仅有19%的人骨处于基本完整有序的状态。

一般认为，基本完整有序的人骨可能是一次下葬的。局部位移且缺失的人骨可能是二次扰乱葬，即墓葬在埋葬后，经过一段时间将墓口打开，把尸体部分扰乱，然后再将扰乱的尸体随同填土回填的特殊葬俗。这种墓葬椁室盖板的相应位置，也往往能够看到原木、石板断裂、缺失或位移等扰动迹象。这种葬俗在我国西北地区自史前时期开始就非常流行，并且大多都是扰乱上半身。

而凌乱且严重缺失的人骨，即俗称的"乱骨葬"，其成因可能是扰动更为彻底的二次扰乱葬，也可能是迁入葬，即尸体本来在别处放置，待白骨化之后再迁入墓葬，也会发生凌乱、缺失的现象。亦可能是合葬的时候，后入的尸体将之前的尸骨推挤、扰动所造成。有的墓葬人骨残存极少，甚至几乎完全不存，随葬品也仅有零星的小件出土，则可能是迁出葬，即将人骨连同大部分随葬品一起迁往别处埋葬。

在埋葬姿势方面，除了凌乱且严重缺失的人骨外，基本完整有序和局部位移缺失的人骨以侧身屈肢葬占绝对多数，其中又以右侧身屈肢为主。另见极少量仰身屈肢和俯身屈肢葬，不见仰身直肢的葬式。这种葬俗基本与同时期东天山地区其他墓地相一致。

约42%的墓葬出土动物骨骼，其中少量出土于人骨附近，有的出土于随葬的木盘内，应当是随葬动物牺牲的习俗。

（二）生业方式

东天山地区地貌复杂，环境多样，不同的地域适合开展不同的生业活动。拜其尔墓地位于伊吾盆地东北缘、莫钦乌拉山南麓、伊吾河谷入口处，属草原化荒漠草场分布地，在今天常作为牧民的春秋草场使用，非常适合牧业开展。

拜其尔墓地39座墓葬中出土了为数不少的动物骨骼，有的单独出土于填土，有的置于椁室内或填土中、椁盖板上的人骨附近，相当部分可能和牺牲有关。有两座墓随葬的木盘中直接放置羊骨，说明是当时人类较普遍的食物来源。有8座墓葬的动物骨骼经过完整采集并鉴定，以羊（山羊、绵羊）所占比例最大，其次有马、黄牛、鹿等。除了鹿之外，其余皆和当地现代家畜种类相同，且羊的年龄均偏小，而马和牛均为成年，大都是家养动物。这说明畜牧业应是拜其尔古代居民从事的主要生业方式之一，野生动物骨骼的存在说明可能还有一定的狩猎业。

从出土器物看，拜其尔墓地的金属器、木器占有较大比例，并有一定数量的皮毛制品。金属器中以工具、武器、装饰品最为普遍，多出土于墓主体侧，这与游牧民族将大量饰品、工具随身携带的习俗相符。部分金属器被制成山羊、格里芬、鸟等动物形象，也是典型的欧亚草原游牧文化艺术风格。但是，墓地可以确认的马具数量极少，马骨也多不完整，看不到有乘骑的迹象，尚不能证实当时是否已经具备以骑马为主要特征的游牧的经济和生活方式。

伊吾盆地地势较低的伊吾镇、吐葫芦乡一带，有相对丰富的年积温和充足的水源，适宜农业生产，也是今天伊吾县境内农业最发达的区域。拜其尔墓地虽然发现和农业直接相关的遗存较少，但在其山顶发现的同时期石结构聚落遗址中，曾采集到大量石磨盘、石磨棒、石杵、石锄等农业生产、粮食加工工具。在其西部的盐池古城也曾发掘出土过碳化的麦粒和面粉。因此，可以推测拜其尔墓地居民可能从事部分农作物种植和农业生产活动。

总之，畜牧业是拜其尔古代居民的主要生业方式，狩猎业是其重要的补充。另外，当地居民可能还兼营部分农业生产。同时，墓地中还存在一些典型的游牧文化因素，但是否存在游牧经济、以及游牧经济在生业方式中处于怎样的地位目前难以证实。仍然需要开展大量的的古代环境、动植物遗存、居民体质特征、人和动物骨骼同位素分析等多方面的综合研究去逐步揭示。

三　聚落形态分析

拜其尔墓地墓葬分布非常密集，排列有序，墓向基本一致，墓葬形制也较为统一，打破关系很少。说明该墓地应具有一定的统一规划，很可能是一处古代聚落居民集中埋葬的公墓区。绝大多数墓葬的规模和随葬品没有明显差异，可能表明当时的居民尚无明显社会等级地位的分化。

拜其尔墓地所在台地北侧、伊吾河与大白杨河交汇处南侧有一座平面呈三角形的独立小山丘。山丘边缘陡峭，顶部地势较平坦，植被稀疏，最北端分布有一处聚落遗址，被命名为"拜其尔遗址"或"拜其尔山顶遗址"，南距拜其尔墓地直线约600米。

拜其尔遗址分布范围东西约180、南北约200米，地表现存数十座石结构房址，平面近方形，边长5～10、墙高0.5～1.0米，大多成排成列整齐分布。最大的一座房址位于南部，边长约15、墙高约3米。遗址区附近的山体边缘还有人为垒砌的护坡、台阶，可能起到加固和便于上下的作用。

遗址地表可采集到较多的石磨盘、石杵、石拍、石臼等石器和罐、钵、盆、壶、彩陶等陶器残片，器类器形和拜其尔墓地出土物皆非常相似，说明该遗址与拜其尔墓地具有共存关系，很可能是拜其尔墓地所属古代聚落的居住生活区。这种石结构的建筑方式，居住区、埋葬区相隔一定距离的布局特征亦是东天山山区青铜时代至早期铁器时代常见的聚落形态，巴里坤石人子沟遗址、红山口遗址、兰州湾子遗址，哈密乌拉台遗址、西山遗址、柳树沟遗址，伊吾阔腊遗址等都具有类似的聚落结构。

但拜其尔聚落和东天山山区同时期其他聚落相比，在选址上具有明显的特殊性。绝大部分聚落一般选择将居住区设置在避风向阳、平坦开阔、水草丰茂、资源丰富的区域。但拜其尔聚落的居住区却选址在山丘顶部，地势高亢，缺乏水源，植被稀少，终年受强风侵袭。虽然山下濒临河流，但山势陡峭，取水十分不便，显然不适合人类居住生活。

拜其尔聚落所处的区位，正好是伊吾河谷的南端，北靠莫钦乌拉山，南临伊吾盆地。伊吾河是东天山东端最大的河流，自南向北贯穿莫钦乌拉山，流入淖毛湖盆地。伊吾河谷长约30千米，地势平坦宽阔，植被茂盛，水源充足，其内发现多处古代遗址，可见其自古以来就是连接莫钦乌拉山以南的巴里坤—伊吾盆地和莫钦乌拉山以北的淖毛湖盆地乃至更北的戈壁阿尔泰和蒙古高原的交通要道。直到今天，伊吾镇至淖毛湖镇的公路仍从伊吾河谷通过。也就是说，拜其尔聚落正好扼守了这条交通要道的门户要冲。

拜其尔聚落居住区所在山丘高出附近河谷近70米，视域非常开阔，向北可以看到伊吾河谷深处，向西南可以远眺伊吾盆地。同时，这座山丘孤立在大白杨河与伊吾河交汇处，东、北、西三面被水环绕，边缘陡峭，顶部平坦，具有易守难攻的地形优势。虽然环境恶劣，不宜生存，却是天然的军事要地。因此，拜其尔山顶居住区可能并非普通用于聚居生活的村落，而更多的是有军事驻守、瞭望、防御等功能。

此外，我们在莫钦乌拉山北麓发现的苇子峡一号遗址、苇子峡二号遗址的居住区修筑于伊吾河两岸地势险峻、视野开阔的山坡上。两处遗址房址的建筑结构、建筑方式以及房址内采集的陶片、石器的类别、形制特征均与拜其尔遗址同类遗存的特征相同。它们都应是同一时期防守伊吾河谷交通要道、南北出入口的军事要塞。

近十余年来，在伊吾河谷沿岸又发现十余处与拜其尔遗址时代接近、遗存特征相似、规模不等的遗址。这些遗址是相互联系、相对独立的小村落，还是同属于更大的遗址群都是未来值得探讨的课题。

附录一　拜其尔墓地出土古代人类体质特征初步研究

魏东　曾雯　托乎提·吐拉洪[*]

拜其尔墓地发现于新疆哈密市伊吾县吐葫芦乡拜其尔村南的一处戈壁台地上。经考古调查初步推测，共有墓葬500余座。2004年10～11月份，新疆文物考古研究所和哈密地区文物局对该墓地进行了第一次抢救性考古发掘，发掘墓葬40余座[1]。本文研究标本即在该次发掘中采集。

墓地死者的埋葬方式包括单人葬和多人葬两种。单人葬多为一次葬，死者侧身屈肢，头向北，随葬品多陶器，以单耳罐为主，有少量彩陶。随葬木器也很丰富，还出土有少量铜制品。多人葬数量不多，有二、三、四人合葬三种形式，均为二次葬，骨架散乱不全，缺失部分较多，出土骨骼多不在一个平面上。

根据墓地发掘资料并结合相关检测分析，该墓地的主体年代在公元前1200～前500年，与哈密绿洲盆地的天山北路墓地、焉不拉克墓地等遗存存在着密切的文化联系。

一　性别与年龄的判定

受保存条件所限，本文可供判定的个体共19例，判定结果详见表1-1[2]。

在全部标本中，未见明显创伤，故本文将所有标本按正常死亡情况统计。

分析表中资料，男性个体共9例，女性个体10例，性别比例为0.9。死亡年龄绝大部分集中在壮年期（男性100%，女性93.75%）。

由于标本例数少，死亡年龄分布比较集中，在人口学研究方面，不具有深入研究的基础和意义，因此本文对该结果仅做统计描述。

★ 魏东、曾雯：吉林大学边疆考古研究中心。托乎提·吐拉洪：新疆文物考古研究所。本文研究得到教育部人文社会科学重点研究基地重大项目"新疆出土古代青铜器集成"（项目号06JJD780004）资助。

[1]　托乎提·吐拉洪：《新疆伊吾县拜其尔墓地进行抢救性考古发掘》，《中国文物报》2005年2月4日。

[2]　本文性别年龄判定综合采用下列文献中提及的适用标准。陈世贤：《法医人类学》，人民卫生出版社，1998年。张继宗：《法医人类学经典》，科学出版社，2007年。朱泓等：《体质人类学》，高等教育出版社，2004年。*Standards for data collection from human skeletal remains*, Jane E.Buikstra and Douglas H.Ubelaker,Arkansas Archeological Survey, 1994.*The human bone manual*, Tim D. white and Pieter A. folkens. Academic Press, 2005.*Human Osteology*, Tim D. white, Academic Press, 2000.

表1-1　拜其尔墓地人骨死亡年龄分布统计

年龄阶段		男性	（％）	女性	（％）	合计	（％）
少年期	7～14	0	0.00%	0	0.00%	0	0.00%
青年期	15～23	1	14.29%	0	0.00%	1	6.25%
壮年期	24～35	6	85.71%	9	100.00%	15	93.75%
中年期	36～55	0	0.00%	0	0.00%	0	0.00%
合计		7	100.00%	9	100.00%	16	100.00%
未成年（年龄不详）		0		0		0	
成年（年龄不详）		2		1		3	
未判定（年龄不详）		0		0		0	
总计		2		1		3	

二　测量性状的基础数据

本文标本中，仅有5例颅骨形态保存相对完好，可进行全面的测量学和形态学分析。其中男性3例，女性2例。各项的平均值、例数、最大值、最小值及标准差见表1-2和表1-3。全部测量数据参见附表1。

据表1-2和表1-3分析，男性测量特征表现为：长宽指数代表的中颅型，长高指数代表的高颅型，宽高指数代表的中颅型；阔额型、中上面型；中眶型、阔鼻型；面突指数代表的正颌型。女性测量特征表现为：接近中颅型的长颅型，接近低颅型的正颅型，中颅型；狭额型，中上面型；中鼻型，中眶型；正颌型。

表1-2　拜其尔组男性颅骨测量值及指数

马丁号	测量项目	平均值	例数	最大值	最小值	标准差
1	颅骨最大长 g-op	172.50	1	172.50	172.50	*
5	颅基底长 n-enba	92.00	3	102.50	91.70	6.07
8	颅骨最大宽 eu-eu	134.60	1	134.60	134.60	*
9	额骨最小宽 ft-ft	91.10	3	97.50	84.70	6.86
11	耳点间宽 au-au	121.20	1	121.20	121.20	*
12	枕骨最大宽 ast-ast	110.70	1	110.70	110.70	*
7	枕骨大孔长 enba-o	36.70	1	36.70	36.70	*
16	枕骨大孔宽	27.40	1	27.40	27.40	*
17	颅高 b-ba	129.70	1	129.70	129.70	*
21	耳上颅高 po-po	108.00	1	108.00	108.00	*
40	面底长 pr-enba	87.35	3	99.00	86.70	6.76
43	上面宽 fmt-fmt	101.45	3	111.50	97.30	7.13
44	两眶宽 ek-ek	97.10	3	102.20	92.00	5.62
45	面宽/颧点间宽 zy-zy	126.40	1	126.40	126.40	*

46	中面宽 zm-zm	95.70	3	101.80	94.50	3.72
48	上面高 n-pr	65.25	3	72.00	63.10	4.45
	上面高 n-sd	68.65	3	73.80	66.80	3.50
50	前眶间宽 mf-mf	19.10	3	20.60	17.60	1.54
51	眶宽 mf-ek L	41.15	3	43.30	39.20	2.31
	眶宽 mf-ek R	40.90	3	44.20	38.80	2.84
51a	眶宽 d-ek L	37.45	3	40.20	36.40	1.90
	眶宽 d-ek R	37.90	3	40.60	36.90	1.85
52	眶高 L	33.00	3	34.00	31.70	1.25
	眶高 R	32.95	3	33.00	32.30	0.38
MH	颧骨高 fmo-zm L	43.05	3	44.80	41.30	1.87
	颧骨高 fmo-zm R	42.90	3	46.30	42.20	2.08
MB	颧骨宽 zm-rim.Orb. L	23.70	3	26.70	23.60	1.73
	颧骨宽 zm-rim.Orb. R	24.45	3	27.00	24.30	1.48
54	鼻宽	27.20	3	29.40	25.00	2.20
55	鼻高 n-ns	50.25	3	55.00	49.20	2.94
SC	鼻最小宽	6.85	3	9.30	4.60	2.66
SS	鼻最小宽高	1.65	3	2.50	1.50	0.51
60	上颌齿槽弓长 pr-alv	51.30	3	53.40	50.40	1.51
61	上颌齿槽弓宽 ekm-ekm	64.15	3	64.30	62.80	0.79
62	腭长 ol-sta	47.75	3	50.20	46.50	1.89
63	腭宽 enm-enm	41.80	3	43.60	41.40	1.11
FC	两眶内宽 fmo-fmo	96.10	3	102.00	91.30	5.89
FS	鼻根点至两眶内宽之矢高 n to fmo-fmo	14.49	3	15.78	13.21	1.31
DC	眶间宽 d-d	24.35	3	27.20	21.5	2.85
32	额侧角Ⅰ ∠n-m and FH	82.00	1	82.00	82.00	*
	额侧角Ⅱ ∠g-m and FH	78.00	1	78.00	78.00	*
	前囟角 ∠g-b and FH	44.00	1	44.00	44.00	*
72	总面角 ∠n-pr and FH	82.00	1	82.00	82.00	*
73	中面角 ∠n-ns and FH	89.00	1	89.00	89.00	*
74	齿槽面角 ∠ns-pr and FH	64.00	1	64.00	64.00	*
75	鼻梁侧角 ∠n-rhi and FH	59.00	1	59.00	59.00	*
77	鼻颧角 ∠fmo-n-fmo	146.26	3	150.66	141.86	4.71
	颧上颌角 ∠zm-ss-zm	127.70	3	135.78	119.62	8.55
	面三角 ∠pr-n-ba	63.49	3	65.75	61.89	2.06
	∠n-pr-ba	73.06	3	73.06	71.99	0.62
	∠n-ba-pr	43.18	3	45.05	41.31	1.94
8∶1	颅长宽指数	78.03	1	78.03	78.03	*

17：1	颅长高指数	75.19	1	75.19	75.19	*
17：8	颅宽高指数	96.36	1	96.36	96.36	*
9：8	额宽指数	72.44	1	72.44	72.44	*
16：7	枕骨大孔指数	74.66	1	74.66	74.66	*
40：5	面突指数	94.94	3	96.59	94.55	1.03
48：17	垂直颅面指数 pr	48.65	1	48.65	48.65	*
48：17	垂直颅面指数 sd	51.50	1	51.50	51.50	*
48：45	上面指数（K） pr	49.92	1	49.92	49.92	*
48：45	上面指数（K） sd	52.85	1	52.85	52.85	*
48：46	上面指数（V） pr	68.16	3	70.73	66.77	2.03
48：46	上面指数（V） sd	71.72	3	72.76	70.69	1.13
54：55	鼻指数	54.24	3	59.76	48.73	6.26
52：51	眶指数 L	80.49	3	86.73	73.21	7.53
52：51	眶指数 R	80.78	3	85.05	73.08	6.17
52：51a	眶指数 L	88.26	3	93.41	78.86	7.48
52：51a	眶指数 R	87.00	3	89.43	79.56	4.94
54：51	鼻眶指数 L	65.99	3	68.21	62.36	3.06
54：51	鼻眶指数 R	66.40	3	68.37	61.09	3.65
54：51a	鼻眶指数 L	72.52	3	76.36	67.16	4.93
54：51a	鼻眶指数 R	71.66	3	75.58	66.50	4.92
SS：SC	鼻根指数	27.81	3	39.13	16.48	11.34
63：62	鄂指数	87.58	3	89.03	86.12	1.51
45：（1±8）/2	横颅面指数	82.32	1	82.32	82.32	*
17：（1+8）/2	高平均指数	84.47	1	84.47	84.47	*

注：文中*号部分表示例数过少无法计算（表中计量单位为：长度：毫米，角度：度，指数：百分比）。

表1-3　拜其尔组女性颅骨测量值及指数

马丁号	测量项目	例数	平均值	最大值	最小值	标准差
1	颅骨最大长 g-op	2	180.25	181.00	179.50	1.06
5	颅基底长 n-enba	2	98.00	99.50	96.50	2.12
8	颅骨最大宽 eu-eu	2	133.55	137.70	129.40	5.87
9	额骨最小宽 ft-ft	2	88.05	92.50	83.60	6.29
11	耳点间宽 au-au	2	122.50	126.40	118.60	5.52
12	枕骨最大宽 ast-ast	2	107.05	109.80	104.30	3.89
7	枕骨大孔长 enba-o	2	36.50	37.50	35.50	1.41
16	枕骨大孔宽	2	30.35	33.50	27.20	4.45
17	颅高 b-ba	2	126.40	128.50	124.30	2.97
21	耳上颅高 po-po	2	108.30	109.80	106.80	2.12

40	面底长　pr-enba	2	92.30	93.80	90.80	2.12
43	上面宽　fmt-fmt	2	95.20	103.40	87.00	11.60
44	两眶宽　ek-ek	2	94.30	96.80	91.80	3.54
45	面宽/颧点间宽　zy-zy	1	123.00	123.00	123.00	*
46	中面宽　zm-zm	2	95.40	101.30	89.50	8.34
48	上面高　n-pr	2	68.15	73.70	62.60	7.85
	上面高　n-sd	2	70.95	75.80	66.10	6.86
50	前眶间宽　mf-mf	2	19.05	19.30	18.80	0.35
51	眶宽　mf-ek L	2	39.75	41.60	37.90	2.62
	眶宽　mf-ek R	2	40.55	40.60	40.50	0.07
51a	眶宽　d-ek L	1	36.20	36.20	36.20	*
	眶宽　d-ek R	1	37.10	37.10	37.10	*
52	眶高　L	2	34.65	37.00	32.30	3.32
	眶高　R	2	33.25	36.00	30.50	3.89
MH	颧骨高　fmo-zm L	2	42.85	45.60	40.10	3.89
	颧骨高　fmo-zm R	2	43.95	48.80	39.10	6.86
MB	颧骨宽　zm-rim.Orb. L	2	27.80	30.00	25.60	3.11
	颧骨宽　zm-rim.Orb. R	2	27.95	29.40	26.50	2.05
54	鼻宽	2	23.00	23.20	22.80	0.28
55	鼻高　n-ns	2	47.85	50.80	44.90	4.17
SC	鼻最小宽	2	6.50	7.50	5.50	1.41
SS	鼻最小宽高	2	2.05	2.50	1.60	0.64
60	上颌齿槽弓长　pr-alv	2	52.28	53.20	51.36	1.30
61	上颌齿槽弓宽　ekm-ekm	1	62.20	62.20	62.20	*
62	腭长　ol-sta	1	41.10	41.10	41.10	*
63	腭宽　enm-enm	1	37.70	37.70	37.70	*
FC	两眶内宽　fmo-fmo	2	92.65	96.30	89.00	5.16
FS	鼻根点至两眶内宽之矢高　n to fmo-fmo	2	12.66	12.90	12.41	0.35
DC	眶间宽　d-d	1	25.70	25.70	25.70	*
32	额侧角　Ⅰ ∠n-m and FH	2	82.50	84.00	81.00	2.12
	额侧角　Ⅱ ∠g-m and FH	2	78.00	80.00	76.00	2.83
	前囟角　∠g-b and FH	2	42.00	43.00	41.00	1.41
72	总面角　∠n-pr and FH	2	85.00	85.00	85.00	0.00
73	中面角　∠n-ns and FH	2	84.50	85.00	84.00	0.71
74	齿槽面角　∠ns-pr and FH	2	71.00	76.00	66.00	7.07
77	鼻颧角　∠fmo-n-fmo	2	149.40	149.98	148.81	0.83
	颧上颌角　∠zm-ss-zm	2	138.26	141.16	135.36	4.10

	面三角 ∠pr-n-ba	2	63.09	65.04	61.14	2.76
	∠n-pr-ba	2	74.06	77.01	71.11	4.17
	∠n-ba-pr	2	42.85	47.75	37.94	6.94
8：1	颅长宽指数	2	74.10	76.71	71.49	3.69
17：1	颅长高指数	2	70.12	70.99	69.25	1.24
17：8	颅宽高指数	2	94.79	99.30	90.27	6.39
9：8	额宽指数	2	65.89	67.18	64.61	1.82
16：7	枕骨大孔指数	2	82.98	89.33	76.62	8.99
40：5	面突指数	2	94.18	94.27	94.09	0.13
48：17	垂直颅面指数 pr	2	54.00	59.29	48.72	7.48
48：17	垂直颅面指数 sd	2	56.21	60.98	51.44	6.75
48：45	上面指数（K） pr	1	50.89	50.89	50.89	*
48：45	上面指数（K） sd	1	53.74	53.74	53.74	*
48：46	上面指数（V） pr	2	71.35	72.75	69.94	1.99
48：46	上面指数（V） sd	2	74.34	74.83	73.85	0.69
54：55	鼻指数	2	48.22	50.78	45.67	3.61
52：51	眶指数 L	2	87.08	88.94	85.22	2.63
52：51	眶指数 R	2	81.99	88.67	75.31	9.45
52：51a	眶指数 L	1	102.21	102.21	102.21	*
52：51a	眶指数 R	1	97.04	97.04	97.04	*
54：51	鼻眶指数 L	2	57.96	60.16	55.77	3.10
54：51	鼻眶指数 R	2	56.72	57.14	56.30	0.60
54：51a	鼻眶指数 L	1	64.09	64.09	64.09	*
54：51a	鼻眶指数 R	1	62.53	62.53	62.53	*
SS：SC	鼻根指数	2	31.21	33.33	29.09	3.00
63：62	鄂指数	1	91.73	91.73	91.73	*
45：（1±8）/2	横颅面指数	1	79.25	79.25	79.25	*
17：（1+8）/2	高平均指数	2	80.58	82.80	78.37	3.13

注：文中*号部分表示样本量过少无法计算（表中计量单位为：长度：毫米，角度：度，指数：百分比）。

三　非测量性状的基础数据

非测量性状的数据采集并不依赖于骨骼形态的完整性，故可做非测量性状描述性分析的标本共有8例，其中男性标本3例，女性标本5例。详述如下：

（一）男性个体

1．M66

25～30岁，颅形椭圆；眉弓突度中等、眉弓范围超过眶上缘中点、眉间突度显著；颅顶缝多愈合；前额中等程度倾斜；眶形斜方；鼻根区凹陷明显；鼻前棘中等发育；梨状孔梨形、下缘形态为钝形；犬齿窝中等程度凹陷；齿弓形状为椭圆形，枕外隆突稍显，点式翼区连接。

2．M73B

18～19岁，颅后部破损，颅形不明。眉弓突度微显，眉弓范围未延伸至眶上缘中点、眉间突度中等；前额中等程度倾斜，鼻根凹陷明显；鼻前棘中等发育；梨状孔形状为心形、下缘形态钝形；犬齿窝凹陷程度中等。

3．M70

20～25岁，颅形椭圆；眉弓突度中等、眉弓范围未延伸至眶上缘中点；眉间突度弱；颅顶缝形态，前囟段为深波，顶段复杂，顶孔段深波，后段复杂；前额中等程度，鼻根区平直；鼻前棘中等情况发育，梨状孔形状心形，下缘为锐形；犬齿窝中等凹陷；齿弓形状为抛物线形；枕外隆凸中等发育；翼区连接均为翼上骨型。

（二）女性个体

1．M70-A

25～30岁，颅后部破损。眉弓突度为稍显，眉弓范围未延伸至眶上缘中点。颅顶骨缝，前囟段为深波，顶段为复杂，顶孔段为深波，后段为锯齿形；前额中等程度倾斜，眶形斜方；鼻根区平直，鼻前棘稍显；梨状孔心形，下缘形态为锐形；犬齿窝弱；齿弓形状为抛物线形；乳突中等，枕外隆凸中等发育。

2．M74-A

20～25岁，颅后部残破。眉弓突度微显，眉弓范围未延伸至眶上缘中点。眉间突度稍显；颅顶骨缝中，前囟段为微波、顶段为深波、顶孔段为微波、后段为复杂；前额中等程度倾斜，眶形斜方；鼻根区略有凹陷，鼻前棘稍显；梨状孔心形，梨状孔下缘钝形；犬齿窝凹陷弱；齿弓形状为U形；乳突小，翼区连接方式为点式连接。

3．M6

20～25岁，颅后部破损。眉弓突度稍显，眉弓范围未延伸至眶上缘中点；眉间突度稍显；颅顶缝形态，前囟段至后段依次为微波、复杂、微波、复杂型；前额中等程度倾斜，眶形斜方；鼻根区平直，鼻前棘稍显；梨状孔形状为心形，下缘形态为钝形；犬齿窝凹陷弱；齿弓形状为抛物线形；乳突中等大小。

4．M64-f

25～30岁，颅形卵圆形。眉弓突度稍显，眉弓范围未延伸至眶上缘中点；眉间突度稍显；前额中等程度倾斜，眶形斜方；鼻根区平直，鼻前棘稍显；梨状孔形态方面，形状为心形，下缘为钝形；犬齿窝凹陷弱；齿弓抛物线形；乳突小；枕外隆突中等发育。

5．M5

25岁左右，颅形卵圆形。眉弓突度稍显，眉弓范围未延伸至眶上缘中点；眉间突度中等；颅顶缝形态复杂，从前至后依次为深波、复杂、深波、锯齿形。前额中等程度倾斜，眶形为椭圆形；鼻根区略有凹陷；鼻前棘中等发育；梨状孔外形为心形，下缘为锐形；无犬齿窝，齿弓形状椭圆；乳突小，枕外隆凸极显；翼区连接方式右侧为顶蝶式，左侧为额颞式。

通过上述分析，本文将该组古代居民的颅面部连续性非测量性状概括为：颅形，男性多椭圆，女性多卵圆形；眉弓发育程度中等；鼻根凹陷性别差异明显，男性较深，女性多浅或平直；颅顶缝形态复杂，深波复杂形多见；额部倾斜程度中等；眶形以斜方居多；梨状孔形态方面，形状绝大多数为心形，下缘锐形为主；犬齿窝不发达；齿弓形状抛物线形占绝大多数，U形、椭圆形少量出现；乳突及

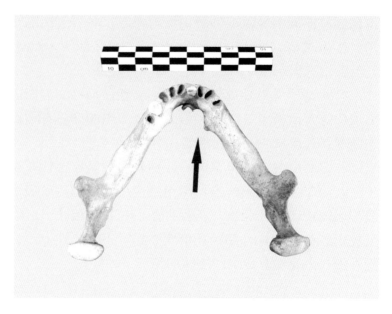

图 1-1　HYBM64：f 下颌圆枕

枕外隆凸发育程度普遍较弱，颅骨表面肌线与肌脊不发达。

在本文标本中，发现两例女性个体下颌圆枕（Torus Mandibulae）发达。一例标本编号为2004HYBM5，圆枕于两侧犬齿—第一臼齿范围不规则连续分布；另外一例标本编号为HYBM64：f，圆枕于两侧犬齿—第二前臼齿不规则连续分布，近第二前臼齿处几乎为瘤状凸起（图1-1）。该项性状通常被认为在蒙古人种中具有较高的出现率[1]。笔者也倾向于该项特征为遗传性而非功能性的特征。

四　病理与创伤

本文标本中未见明显创伤现象。

下列标本可见明显病理现象：

2004HYBM6上颌绝大多数牙齿脱落，仅保留右侧M^2与M^3。本文推测该个体生前患有严重的牙周病。该个体下颌左侧M_2还表现为严重的龋齿。齿冠已被全部蚀蚀，根尖孔暴露。

2004HYBM5下颌右侧M_1与M_2见严重牙周病，P_2因龋齿造成齿冠全部蚀蚀，齿根部表现为根尖脓疡。左侧M_2也因龋齿造成齿冠全部蚀蚀，仅余齿根。

全部标本中，牙齿生前脱落现象多见，整体口腔健康状况欠佳。

五　小结与推论

本文对新疆拜其尔墓地出土的古代人骨做了性别年龄、测量与非测量性状及古病理学的观察和记录。

[1]　朱泓等：《体质人类学》，高等教育出版社，2004年，第132页。

该墓地古代居民死亡年龄高峰集中于壮年期，死亡年龄均小于35岁。

男性测量性状表现为：长宽指数代表的中颅型，长高指数代表的高颅型，宽高指数代表的中颅型；阔额型、中上面型；中眶型、阔鼻型；面突指数代表的正颌型。女性测量性状表现为：接近中颅型的长颅型，接近低颅型的正颅型，中颅型；狭额型，中上面型；中鼻型，中眶型；正颌型。

该组古代居民的颅面部连续性非测量性状概括为：颅形，男性多椭圆，女性多卵圆形；眉弓发育程度中等；鼻根凹陷性别差异明显，男性较深，女性多浅或平直；颅顶缝形态复杂，深波复杂形多见；额部倾斜程度中等；眶形以斜方居多；梨状孔形态方面，形状绝大多数为心形，下缘锐形为主；犬齿窝不发达；齿弓形状抛物线形占绝大多数，U形、椭圆形少量出现；乳突及枕外隆凸发育程度普遍较弱，颅骨表面肌线与肌脊不发达。

古病理学研究表明，该组居民口腔健康状况欠佳。结合该组居民平均死亡年龄不高的事实，笔者推测这种现象不仅与龋齿等由致病菌引起的疾病有关，更可能受到与该批居民生活模式相关的用齿习惯影响。食品种类、加工程度及牙齿的非进食性使用，也许才是导致这种现象出现的主要原因。

"下颌圆枕"作为遗传性特征在8例标本中出现了2例，排除标本选择的随机性，也显示了比较高的出现率。临近地区的黑沟梁墓地古代居民中，也有非常高的"下颌圆枕"出现率[1]。据笔者调查，该特征并没有广泛出现在哈密地区其他古代人群中[2]。这从一个侧面反映了两组居民在遗传性体质特征上或许有某种程度的关联。

受标本量所限，本文研究中对拜其尔墓地古代居民的人种归属及与其他古代居民关系没有进行深入探讨。仅从现有数据初步分析，拜其尔墓地古代居民并没有延续哈密地区天山北路墓地古代居民和焉不拉克文化各墓地古代居民的体质特征，与甘青地区古西北类型的古代居民也有相当大的差异[3]。由于其所在的地理区域恰好位于东西方文化与人种交流的前沿地带，结合该墓地埋葬方式的多样性[4]，笔者推测，该批古代居民的人种学构成背景相对复杂。

该墓地尚有绝大部分墓葬未被揭露，故本文研究仅为阶段性成果，尚有进一步深入和细化的可能。

（本文研究标本由新疆文物考古研究所提供，谨致谢忱）

---

[1]　魏东等：《哈密黑沟梁墓地出土人骨的古病理学初步研究》，待刊。

[2]　该结论基于笔者对哈密地区天山北路墓地、黑沟梁墓地等出土古代人骨标本的调查。

[3]　魏东：《新疆哈密地区青铜—早期铁器时代居民人种学研究》，吉林大学博士学位论文，2009年。

[4]　据发掘者介绍，该墓地部分墓葬地面有低矮的积石堆标志，墓地墓葬结构比较复杂。发掘者将其分为5类：第一类竖穴石棺墓，即在竖穴坑内用长条石封闭成方框；第二类竖穴土坑墓；第三类竖穴石室木椁墓，即在竖穴底部安放一个用木板做的木框，再用石块直接压在木框上；第四类竖穴石室土坯墓，即先挖出竖穴，在竖穴底部四周先用土坯上用砾石砌出墓室；第五类是只用土坯做建筑材料的墓葬，此类墓穴形制较小。墓室平面有长方形、圆形、椭圆形和不规则形多种，但墓室口都放置多层盖木用以封闭墓室，并在上面再放置卵石块。

附表1　拜其尔墓地出土颅骨测量、指数值

编号→	M66	M70	M73：B	M64：f	M5
项目↓	♂	♂	♂	♀	♀
1	—	172.50	—	179.50	181.00
8	—	134.60	—	137.70	129.40
17	—	129.70	—	124.30	128.50
21	—	108.00	—	109.80	106.80
9	95.40	97.50	84.70	92.50	83.60
7	—	36.70	—	35.50	37.50
16	—	27.40	—	27.20	33.50
5	102.50	92.30	91.70	96.50	99.50
40	99.00	88.00	86.70	90.80	93.80
48（pr）	72.00	63.10	67.40	73.70	62.60
48（sd）	73.80	66.80	70.50	75.80	66.10
47	—	—	—	—	—
45	—	126.40	—	—	123.00
46	101.80	94.50	96.90	101.30	89.50
43（1）	111.50	105.60	97.30	103.40	87.00
50	19.70	20.60	17.60	18.80	19.30
MHL	44.20	44.80	41.30	45.60	40.10
MH R	46.30	43.60	42.20	48.80	39.10
MB L	26.70	23.60	23.80	30.00	25.60
MB R	27.00	24.60	24.30	29.40	26.50
54	27.00	29.40	25.00	23.20	22.80
55	55.00	49.20	51.30	50.80	44.90
SC	9.30	9.10	4.60	7.50	5.50
SS	2.50	1.50	1.80	2.50	1.60
51 L	43.30	43.10	39.20	41.60	37.90
51 R	44.20	43.00	38.80	40.60	40.50
51a L	40.20	38.50	36.40	36.20	—
51a R	40.60	38.90	36.90	37.10	—
52 L	31.70	32.00	34.00	37.00	32.30
52 R	32.30	32.90	33.00	36.00	30.50
60	53.40	50.40	52.20	51.36	53.20
61	62.80	64.00	64.30	62.20	—
62	50.20	49.00	46.50	41.10	—
63	43.60	42.20	41.40	37.70	—
12	—	110.70	—	109.80	104.30
11	—	121.20	—	126.40	118.60
44	101.20	102.20	92.00	96.80	91.80
FC	102.00	100.90	91.30	96.30	89.00
FS	14.05	13.21	15.78	12.90	12.41

编号→ 项目↓	M66 ♂	M70 ♂	M73：B ♂	M64：f ♀	M5 ♀
DC	24.30	27.20	21.50	25.70	—
32	—	82.00	—	81.00	84.00
∠g-m FH	—	78.00	—	76.00	80.00
∠g-b FH	—	44.00	—	41.00	43.00
72	—	82.00	—	85.00	85.00
73	—	89.00	—	85.00	84.00
74	—	64.00	—	76.00	66.00
75	—	59.00	—	—	—
77	149.19	150.66	141.86	149.98	148.81
SSA	132.53	135.78	119.62	135.36	141.16
∠n-pr-ba	71.99	73.06	73.06	71.11	77.01
∠pr-n-ba	65.75	65.09	61.89	61.14	65.04
∠n-ba-pr	42.27	41.31	45.05	47.75	37.94
72-75	—	—	—	—	—
8:1	—	78.03	—	76.71	71.49
17:1	—	75.19	—	69.25	70.99
17:8	—	96.36	—	90.27	99.30
9:8	—	72.44	—	67.18	64.61
16:7	—	74.66	—	76.62	89.33
40:5	96.59	95.34	94.55	94.09	94.27
48:17 pr	—	48.65	—	59.29	48.72
48:17 sd	—	51.50	—	60.98	51.44
48:45 pr	—	49.92	—	—	50.89
48:45 sd	—	52.85	—	—	53.74
48:46 pr	70.73	66.77	69.56	72.75	69.94
48:46 sd	72.50	70.69	72.76	74.83	73.85
54:55	49.09	59.76	48.73	45.67	50.78
52:51 L	73.21	74.25	86.73	88.94	85.22
52:51 R	73.08	76.51	85.05	88.67	75.31
52:51a L	78.86	83.12	93.41	102.21	—
52:51a R	79.56	84.58	89.43	97.04	—
54:51 L	62.36	68.21	63.78	55.77	60.16
54:51 R	61.09	68.37	64.43	57.14	56.30
54:51a L	67.16	76.36	68.68	64.09	—
54:51a R	66.50	75.58	67.75	62.53	—
SS:SC	26.88	16.48	39.13	33.33	29.09
63:62	86.85	86.12	89.03	91.73	—
45:（1+8）/2	—	82.32	—	—	79.25
17:（1+8）/2	—	84.47	—	78.37	82.80

注：表中计量单位为：长度：毫米，角度：度，指数：百分比。

附录二　拜其尔墓地出土动物骨骼鉴定报告

尤悦　余翀　李悦[*]

新疆拜其尔墓地位于伊吾县吐葫芦乡拜其尔村南，地处一顶部较为平坦的山梁上。碳-14测年结果表明，拜其尔墓地的年代距今3200～2500年。2004年10月、2005年4月，为了配合伊吾县—淖毛湖镇公路的拓宽改造工程，新疆文物考古研究所和哈密地区文物局先后两次对该处墓地的北段进行了抢救性发掘，共清理墓葬92座。墓地的绝大多数墓葬随葬有动物骨骼，发掘者收集了其中七座墓葬出土的部分骨骼，我们对这些骨骼进行鉴定。

在鉴定这批骨骼时，我们参照了石人子沟遗址2006、2007年发掘出土的马和羊的完整骨骼、陕西省考古研究院动物考古实验室的牛的上颌和动物骨骼鉴定图谱[1]。在整理过程中，我们按单位对出土的动物骨骼标本进行了种属鉴定，确定骨骼所属部位和左右，判断骨骼反映的性别特征，记录骨骼保存状况、骨骺的愈合状况、牙齿的萌出与磨蚀级别，统计骨骼数量，并对脊椎动物的颅骨、上下颌骨、牙齿、四肢骨及部分脊椎进行测量，观察骨骼表面有无切割、烧灼等人工痕迹和动物啃咬痕迹等。我们根据《考古遗址出土动物骨骼测量指南》测量骨骼[2]，并在该报告中使用了这本书的部分图例。测量数据的单位为毫米（mm），如果头骨的两侧都保存，一般选择右侧测量。我们使用可鉴定标本数（NISP）和最小个体数（MNI）对骨骼进行量化分析。采用Grant[3]的描述方法记录牙齿萌出和磨蚀的级别，用Payne[4]的研究复原羊的年龄，通过骨骺复原年龄采用Silver[5]的研究方法；通过牛牙齿萌出和磨蚀级别复原年龄参考Hilson[6]的研究。

[*]尤悦：首都师范大学历史学院。余翀：中山大学社会学与人类学学院。李悦：西北大学文化遗产学院。

[1] 伊丽莎白·施密德著，李天元译：《动物骨骼图谱》，中国地质大学出版社，1992年。中国社会科学院考古研究所：《动物骨骼图谱（意见征求稿）》。

[2] 安格拉·冯登德里施（Angela Von den Driesh）著，马萧林、侯彦峰译：《考古遗址出土动物骨骼测量指南》，科学出版社，2007年。

[3] Grant. A. (1970). *The use of tooth wear as a guide to the age of domestic ungulates*. Wilson. B. , Grigson. C. , and Payne. S. (Ed.), *Ageing and Sexing Animal Bones from Archaeological Sites*. Oxford: British Archaeological Reports British, 1982. Series 109, pp.91-108.

[4] Payne. S. (1973). *Kill-off patterns in sheep and goats: the mandibles from Asvan Kalé. Anatolian Studies* 23: pp.281-303.

[5] Silver. I. (1969). *The ageing of Domestic Animals*. In Brothwell, D. , Iggs, E. (ed.), *Science in archaeology*. London: Thames and Hudson, pp.283-302.

[6] Hilson. S. (2005). *Age estimation from dental development, eruption and wear in different orders of mammals, Teeth*. Cambridge University Press, pp.232-233.

一　出土状况

各单位出土动物骨骼情况简介。

1．HYBM13

该单位骨骼出土于填土。

黄牛，左下颌（图2-1）。保留M_1～M_3，P_2、P_3、P_4脱离齿槽，保存状况＞3/4，重量为390.3克。M_1磨蚀程度为k，M_2磨蚀程度为h，M_3磨蚀程度为f。测量如下（测量点见图2-15）：（1）292（3）82.35（8）84.08（15a）64.48（15b）42.77。M_3长31.48、宽10.87毫米。

该单位黄牛的NISP为1，MNI为1。

2．HYBM25

该单位骨骼出土于填土。

马游离齿9颗，均为上颌颊齿。重量为393.2克。其中可以确定部位的是左侧P^2、M^3，右侧M^3（图2-2）各1颗。测量如下（测量点见图2-16）：左侧P^2长35.39、宽23.58毫米；M^3长27.92、宽21.57毫米；右侧M^3长27.30、宽22.84毫米。从左、右上M^3来看，应属于同一个体。

该单位马的NISP为9，MNI为1。

图 2-1　M13 牛左下颌（颊侧）

图 2-2　M25 马游离齿右上 M^3（咬合面）

3．HYBM52：4

山羊，头骨（图2-3），保存两侧上颌、顶骨、额骨和角，保存状况1/2～3/4。骨骼附着有土未称重。左侧上颌牙齿保存dp^4、M^1、M^2；右侧dp^4、M^1、M^2，M^2萌出级别为E～1/2。测量如下（测量点见图2-17）：（41）26.05。dp^4长10.95、宽8.11毫米，M^1长13.61、宽8.96毫米（羊牙齿测量点参见马牙齿测量点）。

该单位山羊的NISP为1，MNI为1。

4．HBYM58

该单位骨骼出土于底层，北壁。

山羊，头骨（图2-4），保存两侧的额骨、顶骨和枕骨，还保存左角，保存状况1/4～1/2。

　　另有一左侧较完整的角，形态与山羊头骨保存的左角一致，推测为山羊角。骨骼有土附着均未称重。

　　该单位山羊的NISP为2，MNI为2。

图2-3　M52：4山羊头骨（后侧）　　　　　　图2-4　M58山羊头骨（后侧）

5．HYBM64：4

　　该单位骨骼出土于填土第②层，0.70米处。

　　山羊，头骨（图2-5），保存两侧的额骨和角，保存状况1/4～1/2。骨骼附着有土未称重。测量如下（测量点见图2-17、-18）：（31）28.47（41）40.72。

　　中大型哺乳动物，左股骨，远端，保存状况＜1/4，重量为26.1克。

　　该单位山羊的NISP为1，MNI为1；中大型哺乳动物的NISP为1，MNI为1。

6．HYBM64：a

　　该单位骨骼出土于填土中第③层，1.20米处。

　　绵羊，头骨（图2-6），保存两侧顶骨、枕骨、额骨，保存左角和右角的基部，保存状况1/4～1/2。骨骼附着有土未称重。测量如下（测量点见图2-17、-18、-19）：（27）47.47（28）62.60（29）19.23（31）43.63（32）92.95（41）49.28。

　　该单位绵羊的NISP为1，MNI为1。

图2-5　M64：4山羊头骨（后侧）　　　　　　图2-6　M64：a绵羊头骨（前侧）

7．HYBM64：b

该单位骨骼出土于填土中第③层，1.20米处。

绵羊，头骨（图2-7），保存两侧顶骨、枕骨、额骨，保存左角，保存状况1/4～1/2。骨骼附着有土未称重。测量如下（测量点见图2-17、-18）：（31）38.90（41）29.30。

该单位绵羊的NISP为1，MNI为1。

8．HYBM64：c

该单位骨骼出土于填土中第③层，1.20米处。

山羊，头骨（图2-8），保存两侧顶骨、额骨和角，保存状况1/4～1/2。骨骼附着有土未称重。测量如下（测量点见图2-17）：（41）35.30。

该单位山羊的NISP为1，MNI为1。

图2-7　M64：b绵羊头骨（后侧）　　　　　图2-8　M64：c山羊头骨（前侧）

9．HYBM64

该单位骨骼出土于墓葬填土。标签的地点写"墓主的头骨旁"。

羊，头骨（图2-9），保留两侧上颌骨、泪骨和部分的额骨，左侧还保留颧骨、颞骨、枕骨，保存状况＞3/4。由于破损，无法观察额骨和枕骨形成的骨缝，不能判断是山羊还是绵羊。两侧牙齿保留：P^2、P^3、dp^4、M^1、M^2、M^3。其中P^2、P^3、M^3萌出级别均为E。头骨内附着有土未称重。测量如下（测量点见图2-17、-18、-20、-21）：（8）97.11（17）138.45（24）38.84（25）35.22（36）63.14（39）57.49。该地点羊的NISP为1，MNI为1。

该单位另一包骨骼标签的地点写"骨架上身前"。

羊，左股骨（图2-10），近端、远端关节未愈合且脱落，重量为38.3克。

中型鹿科动物，角（图2-11），碎块，17块，重量为143.5克。

中型哺乳动物，肢骨，碎块，1块，保存长度5～10厘米。有土附着未称重。

该地点羊的NISP为1，MNI为1；中型哺乳动物的NISP为2，MNI为1。

10．HYBM65：4

该单位骨骼出土于墓底①②之间，北壁。

羊，头骨，可辨左眼眶的额骨，保存状况＜1/4，重量为16.0克。该单位羊的NISP为1，MN

图 2-9　M64 墓主头骨旁羊头骨（左侧面）

图 2-10　M64 骨架上身前羊股骨（前侧）

为1。

11．HYBM66：12

该单位骨骼出土于底层。

羊，右肱骨（图2-12），近端关节未愈合，远端关节骺线，保存状况为1，重量为69.0克。

单位羊的NISP为1，MNI为1。

12．HYBM73

该单位骨骼出土于填土。

图 2-11　M64 骨架上身前鹿角

发现有马的游离齿、第Ⅲ跖骨、炮骨和第1节趾骨。

游离齿19颗，总重为1082.1克。可以确定部位的游离齿有左侧上P^2、M^3，右侧上M^3；左侧下P_2，右侧下P_2、M_3各1颗；还见6颗门齿，形态较大判断为上门齿，其余7颗牙齿的部位不确定。测量如下（测量点见图2-22）：左侧上P^2长38.27、宽25.26毫米；左侧上M^3长30.41、宽24.18毫米；右侧上M^3长26.46、宽23.94毫米；右侧下P_2长35.22、宽15.82毫米；右侧下M_3长30.2、宽13.33毫米。其中左上颊齿（非P^2、M^3）有7颗，多于一匹马的4颗，所以判断有两匹马，即MNI为2。

第Ⅲ跖骨，左侧，近端，保存状况1/4～1/2，重量为104.7克。

炮骨，远端（图2-13），远端关节愈合，保存状况1/4～1/2，重量为52.9克。测量如下：Bd=47.76，Dd=34.84。

第1节趾骨（图2-14），近端、远端关节愈合，保存状况为1，重量为85.4克。测量如下（测量点见图2-22）：GL=86.11，Bp=53.23，BFP=50.33，DP=34.99，SD=36.48，Bd=46.38，BFd=44.13。

该单位马的NISP为22，MNI为2。

将以上各单位出土的动物种类及数量的信息汇总成表，可参见表2-1。

图 2-12　M66 ∶ 12
羊肱骨（前侧）

图 2-13　M73 马炮骨
远端（前侧）

图 2-14　M73 马第 1 节
趾骨（前侧）

表2-1　各单位出土的动物种类及数量表

单位	地点	种类	部位	NISP	MNI
HYBM13	填土	黄牛	下颌	1	1
HYBM25	填土	马	游离齿	9	1
HYBM52∶4		山羊	头骨	1	1
HBYM58	底层，北壁	山羊	头骨	2	2
			角		
HYBM64∶4	填土第二层	山羊	头骨	1	1
		大中型哺乳动物	股骨	1	1
HYBM64∶a	填土第三层	绵羊	头骨	1	1
HYBM64∶b	填土第三层	绵羊	头骨	1	1
HYBM64∶c	填土第三层	山羊	头骨	1	1
HYBM64	墓主头骨旁	羊	头骨	1	1
	骨架上身前	中型鹿科	角	17	1
		羊	股骨	1	1
		中型哺乳动物	肢骨	1	1
HYBM65∶4	墓底①②间北壁	羊	头骨	1	1
HYBM66∶12	底层	羊	肱骨	1	1
HYBM73	填土	马	游离齿	22	2
			第Ⅲ跖骨		
			炮骨		
			第1节趾骨		

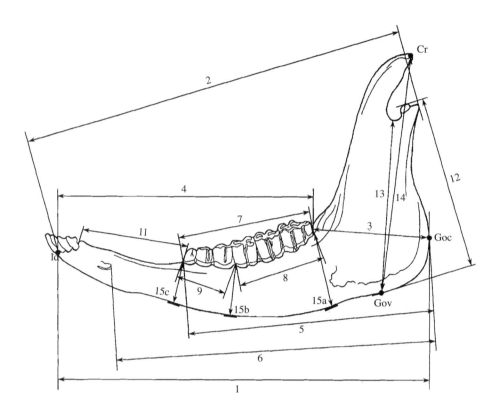

图 2-15　牛下颌骨测量点示意图

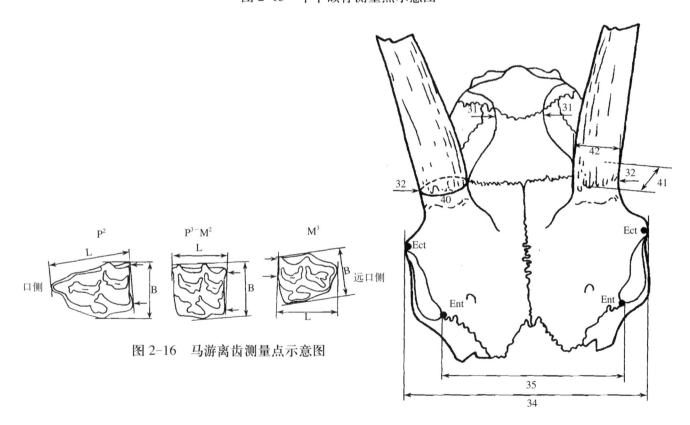

图 2-16　马游离齿测量点示意图

图 2-17　羊头骨背侧测量点示意图（1）

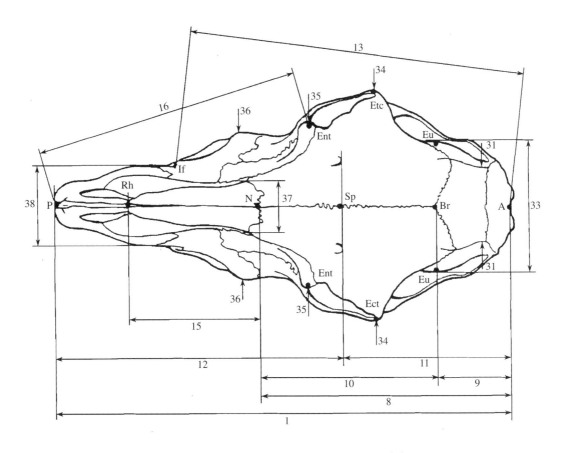

图 2-18　羊头骨背侧测量点示意图 (2)

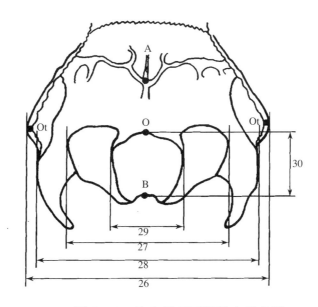

图 2-19　羊头骨项面测量点示意图

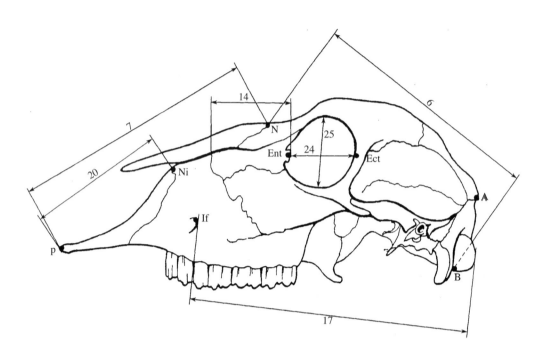

图 2-20　羊头骨左侧测量点示意图

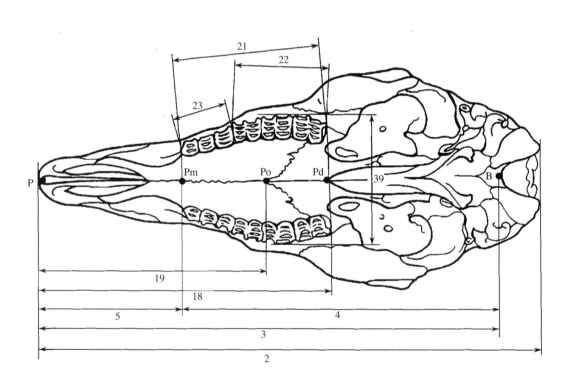

图 2-21　羊头骨底面测量点示意图

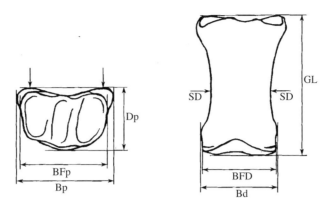

图 2-22　马第 1 节趾骨测量点示意图

二　讨论

（一）动物种类

在M13、M52、M58、M64、M65、M66、M73七座墓葬发现的动物种类有马、黄牛、绵羊、山羊和中型鹿科动物共五种。

脊椎动物　Vertebrate

哺乳纲　Mammalia

奇蹄目　Perissodactyla

马科　Equidae

马　*Equus caballus* Linnaeus

偶蹄目　Artiodactyla

鹿科　Cervidae

牛科　Bovidae

黄牛　*Bos taurus* Linnaeus

绵羊　*Ovis aries* Linnaeus

山羊　*Capra hircus* Linnaeus

（二）各种动物数量及比例

五种动物的可鉴定标本数和最小个体数的统计情况如下：

马的NISP为31；MNI为3；

黄牛的NISP为1；MNI为1；

山羊的NISP为5；MNI为5；

绵羊的NISP为2；MNI为2；

中型鹿科动物的NISP为17；MNI为1。

图2-23显示了各种动物的数量比例。从NISP来看，马和中型鹿科动物的数量比较多；从

MNI来看，山羊和马的数量较多。由于出土的中型鹿科动物主要是鹿角，鹿角又极为破碎，这导致其NISP数值较高，从MNI来看，这些碎角可以归入同一个体。马的NISP数值高与游离齿数量多有关，从MNI来看，个体数量为3。因此，根据现有的材料，我们认为MNI更好地说明了随葬动物的数量。

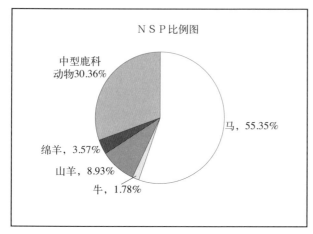
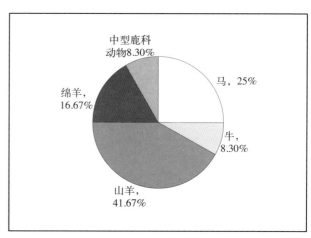

图 2-23　各种动物 NISP 和 MNI 数量比例图

（三）年龄信息

可以获得的牛、羊和马的个体年龄信息如表2-2所示。尽管可以获取的年龄信息有限，但是我们可以看出羊的年龄偏小，四只羊有三只都未成年。这七座墓中四座墓都出现羊，羊的最小个体数比值较高，可见拜其尔人常用羊（其中包括幼羊）随葬。除羊以外，黄牛和马都已成年，如M13的黄牛的年龄为3岁以上；M73的马骨根据愈合程度推断年龄大于20个月，从测量数据来看，第Ⅲ跖骨和第1节趾骨的长度已经落入成年马的范围（与石人子沟遗址2006、2007年发掘出土的5匹成年马比较），因此M73随葬的也是一匹成年马。

表2-2　动物年龄信息表

单位	种类	年龄信息
M13	牛	根据M_1、M_2、M_3的萌出，推测该个体年龄大于3岁
M52	山羊	根据M^2开始萌出，推测该个体年龄约在6～12个月
M64墓主头骨旁	羊	根据M^3开始萌出，推测该个体年龄约在1～2岁
M64骨架上身前	羊	根据股骨两端未愈，推测该个体年龄小于30个月
M66	羊	根据肱骨近端未愈，推测该个体年龄约10～36个月
M73	马	根据跖骨和肢骨的愈合，推测该个体年龄大于20个月

三　小结

　　拜其尔墓地的7座墓葬中随葬的动物至少包括马、黄牛、绵羊、山羊和中型鹿科动物五种，依据我们看到的动物骨骼，山羊的数量最多，随葬的羊多为幼年个体。

　　M64收集到的骨骼较多，通过鉴定，填土第二层有一只山羊的头骨，第三层有两只绵羊、一只山羊的头骨，墓主头骨旁还有一只羊的头骨，墓主上身前还有鹿角、羊的股骨。我们发现拜其尔人在这座墓葬随葬有山羊、绵羊和鹿等多种动物，而且，山羊和绵羊还不止随葬一只。

　　需要说明的是，以上的认识仅仅是依据我们观察到的动物骨骼得出的推测。由于收集的动物骨骼太少，我们无法对这批墓葬反映的人类用牲随葬或祭祀的行为做更多地探讨，这有待于今后在考古发掘中全面采集动物骨骼资料，并在此基础上开展深入研究。

　　（中国社会科学院考古研究所袁靖先生和河南省文物考古研究所侯彦峰先生为本文提出了宝贵的意见，在此向两位先生表示诚挚的感谢！）

附表一　拜其尔墓地墓葬登记表

编号	墓圹		葬具				人骨	
	尺寸（长×宽×深）（米）	墓向	椁室数量	葬具编号	椁位置与材质	盖板	编号	位置
M1	1.50×0.98×0.54	45°或225°	1	1	石椁	原木	1	椁室
M2	1.18×0.98×0.40	170°或350°	1	1	石椁	原木	1	椁室
M3	1.10×0.88×0.30	45°或225°	1	1	石椁	不明		
M4	1.30×1.00×0.90	15°或195°	1	1	外重：石椁	原木	1	椁室
				2	内重：木板椁			
M5	1.54×0.98×0.30	45°或225°					1	椁室
M6	1.62×1.18×0.80	45°或225°				原木	1	填土下部及墓底
M7	1.52×1.22×0.80	25°	1	1	石椁	原木	1	椁室内上部
							2	椁室底部
M8	1.26×1.14×0.80	40°或220°	1	1	石椁	原木	1	椁室
M9	1.70×1.40×0.35	2°	1	1	石椁	原木	1	椁室底部
M10	1.70×1.24×1.47	15°或195°	1	1	石椁	原木	1	椁室
M11	1.60×1.04×1.30	5°或185°					1	填土下部及墓底
M12	2.04×1.24×1.10	8°或188°	1	1	石椁	原木	1	椁室
M13	1.70×1.50×1.00	35°或215°	1	1	石椁	不明	1	椁室
							2	椁室
							3	椁室
M14	1.30×1.00×1.40	0°	1	1	石椁	石板	1	椁盖板上
							2	椁室底部
M15	1.60×0.54	20°或200°			石椁	原木	1	椁室
M16	1.84×1.66×0.38	67°或247°	1	1	石椁	原木	1	椁室
M17	1.68×1.33×1.30	0°	2	1	上层：石椁	原木	1	墓圹
							2	墓圹
				2	下层：土坯椁	木板	3	下层椁室内上部
							4	下层椁室底部
M18	1.56×1.43×0.34	65°或245°	1	1	土坯椁	石板	1	椁室
M19	1.54×1.20×0.76	43°	1	1	石椁	原木	1	椁室底部
M20	1.80×1.40×1.10	235°	1	1	石椁	原木	1	椁室底部
M21	1.66×1.40×0.75	25°或205°	1	1	石椁	木板、下石板	1	椁室
M22	2.00×1.70×1.40	30°或210°	1	1	内重：木板椁	原木	1	椁室
				2	外重：石椁			
M23	1.60×1.30×0.40	45°或225°	1	1	石椁	原木	1	椁室

人　骨			出土遗物								备　注
埋藏特征	姿势	头向	陶	泥	木	玉石	金属	骨角	皮毛制品	动物牺牲	
凌乱严重缺失			6	1	3		1			动物散骨、羊头骨	动物散骨位于填土上层，羊头骨位于椁室底木盘内
凌乱严重缺失			4				1				
						1	1				墓内未见人骨
凌乱严重缺失			1				2				
凌乱严重缺失			3			2					无葬具
凌乱严重缺失			9			1	5			有	无葬具，原木盖在生土二层台上；动物牺牲位于填土上层
凌乱严重缺失			3	1			1			马牙	动物牺牲位于填土上层
基本完整有序	右侧身屈肢	45°									
凌乱严重缺失			3				1			有	动物牺牲位于填土上层
局部位移缺失	右侧身屈肢	2°	4				2			有	动物牺牲位于填土上层
凌乱严重缺失					2	1	1			有	动物牺牲位于填土上层
凌乱严重缺失			2								无葬具
凌乱严重缺失			2		2		2			有	动物牺牲位于填土上层
凌乱严重缺失											
凌乱严重缺失			1							黄牛左下颌	动物牺牲位于填土上层
凌乱严重缺失											
凌乱严重缺失			7	1		2	4			有	动物牺牲位于填土上层
基本完整有序	右侧身屈肢	2°									
凌乱严重缺失			3	3	1		2	1			
凌乱严重缺失			5	1	8	1	16				
凌乱严重缺失			4	1	1	4	6			兽牙	
凌乱严重缺失											
局部位移缺失											
基本完整有序	右侧身屈肢	0°									
凌乱严重缺失			1			1	1				
基本完整有序	右侧身屈肢	43°	2			1	2			有	动物牺牲位于填土上层
基本完整有序	右侧身屈肢	235°	10			2	4				
凌乱严重缺失					2		4				石椁底部残留木底板
凌乱严重缺失			5	1			2				
凌乱严重缺失			1			2	6				

编号	墓　圹		葬　具				人　骨	
	尺寸（长×宽×深）（米）	墓向	椁室数量	葬具编号	椁位置与材质	盖板	编号	位置
M24	1.50×1.22×1.40	50°	1	1	石椁	原木	1	椁室底部
M25	1.96×1.76×1.10	25°或205°	1	1	石椁	原木	1	二层台西北角
							2	二层台西北角
							3	二层台东南角
							4	二层台东南角
							5	椁室底部
M26	2.24×1.70×1.40	67°或247°	1	1	石椁	不明	1	椁室
M27	2.40×1.70×1.60	67°或247°	1	1	石椁	原木	1	椁室
M28	2.04×1.86×0.68	166°或346°	1	1	石椁	上石板、下原木	1	椁室
M29	1.62×1.40×1.60	55°或235°	1	1	石椁	原木		
M30								
M31	1.70×1.40×1.30	80°	1	1	石椁	原木	1	椁室底部
M32	2.12×1.82×1.00	62°	2	1	上层：石椁	原木	1	上层椁室底部北侧
							2	上层椁室底部南侧
				2	下层：木板椁	原木	3	下层椁室底部
M33								
M34	1.46×1.10×0.46	70°或250°	1	1	石椁	不明	1	椁室
M35	1.48×1.34×0.38	0°或180°	1	1	石椁	不明		
M36	1.52×1.34×0.80	45°或225°	1	1	石椁	原木	1	椁室
M37	2.30×2.07×1.94	52°或232°	1	1	原木、石块混筑椁	原木	1	椁室
M38	1.54×1.22×0.36	163°或343°	1	1	石椁	不明	1	椁室
M39	1.66×1.10×0.50	40°或220°	1	1	土坯、石块混筑椁	原木	1	椁室
M40	1.39×1.10×0.56	15°或195°	1	1	石椁	上石板、下原木	1	椁室
M41	1.50×1.18×1.00	52°或232°	1	1	土坯椁	原木	1	椁室
M42	1.60×1.20×1.10	66°或246°	1	1	内重：木板椁	原木	1	椁室
				2	外重：石椁			
M43	1.36×1.00×0.90	160°或340°	1	1	土坯、石块混筑椁	上石板、下原木	1	椁室
M44	1.80×1.50×0.90	10°或190°	1	1	石椁	原木	1	椁室
M45	1.44×1.14×0.60	15°或195°	1	1	石椁	不明	1	椁室
M46	1.46×1.32×0.30	55°	1	1	石椁	不明	1	椁室底部
M47	1.60×1.20×0.70	60°或240°	1	1	石椁	原木	1	椁室
M48	1.30×1.20×0.60	70°或250°	1	1	石椁	原木	1	椁室
M49	（1.00～1.18）×（0.74～0.90）×1.20	31°或211°	1	1	石椁	原木	1	椁室
							2	椁室
							3	椁室

人 骨			出土遗物								备 注
埋藏特征	姿势	头向	陶	泥	木	玉石	金属	骨角	皮毛制品	动物牺牲	
基本完整有序	右侧身屈肢	50°	2				1				
凌乱严重缺失											
凌乱严重缺失											
凌乱严重缺失			4		2		3	1		马上颌颊齿9颗	动物牺牲位于填土上层
凌乱严重缺失											
凌乱严重缺失											
凌乱严重缺失			6		1		1				被M27打破
凌乱严重缺失			1				2				打破M26
凌乱严重缺失											
										墓内未见人骨
										被破坏严重，墓圹及椁室形制不明，未发现人骨和遗物
局部位移缺失	右侧身屈肢	224°	3		2	1	2				
局部位移缺失	仰身屈肢	55°									
局部位移缺失	左侧身屈肢	73°	8		4	3	4				
基本完整有序	右侧身屈肢	39°									
			2		1		1				被破坏严重，墓圹及椁室形制不明，未发现人骨
凌乱严重缺失			1								
			3				2				墓内未见人骨
凌乱严重缺失			3								
凌乱严重缺失			2			1	1			有	动物牺牲位于填土上层
凌乱严重缺失			1								
凌乱严重缺失							1			有	动物牺牲位于填土上层
凌乱严重缺失						1	1				
凌乱严重缺失			2				1	1		有	动物牺牲位于填土上层
凌乱严重缺失			1		2		1	3			椁室底见灰黑色似灰烬的痕迹
凌乱严重缺失			4			2	6	1			
凌乱严重缺失			5		6	2	2				
凌乱严重缺失			2								
基本完整有序	左侧身屈肢	54°					1			羊头	椁室底见底板朽木痕迹。动物牺牲位于椁室底南部
凌乱严重缺失			2		2		1			有	动物牺牲位于填土上层
凌乱严重缺失										有	动物牺牲位于填土上层
凌乱严重缺失											
凌乱严重缺失			2		1	2	4				椁室底部铺垫黄沙
凌乱严重缺失											

编号	墓圹		葬具				人骨	
	尺寸（长×宽×深）（米）	墓向	椁室数量	葬具编号	椁位置与材质	盖板	编号	位置
M50	（1.28～1.68）×（1.04～1.30）×1.50	4°或184°	1	1	土坯、石块混筑椁	原木	1	填土0.4米深处
							2	填土0.7米深处
							3	椁室内西侧
							4	椁室内南侧
M51	1.77×1.40×0.62	170°或350°	1	1	土坯椁	不明	1	椁室内
M52	1.18×0.96×0.30	38°	1	1	石椁	上石板、下原木	1	椁室内
M53	1.78×1.36×1.10	55°或235°	1	1	石椁	不明	1	椁室
M54	1.70×1.30×1.80	15°或195°	1	1	石椁	木板	1	椁室
M55	1.50×1.20×0.86	42°	1	1	石椁	原木	1	椁室底部
M56	1.68×1.30×1.54	9°或189°	1	1	土坯、石块混筑椁	上石板、下原木	1	填土中
							2	填土中
							3	椁室
M57	（1.24～1.32）×（1.24～1.70）×1.46	18°	1	1	内重：原木椁	原木	1	椁室底部
				2	外重：石椁	原木		
M58	2.00×1.46×1.15	70°或250°	1	1	石椁	不明	1	椁室
M59	（1.16～1.44）×（1.16～1.60）×0.90	0°	1	1	石椁	原木	1	填土中
							2	盖板上南部
							3	盖板上东南部
							4	盖板上东部
							5	椁室底部
M60	1.50×1.50×0.90	0°或180°	1	1	石椁	原木	1	椁室
M61	2.10×1.56×1.60	30°或210°	1	1	内重：木板椁	原木	1	椁室
				2	外重：石椁			
M62	1.50×1.14×1.30	65°或245°	1	1	石椁	不明	1	椁室
M63	1.80×1.38×1.50	75°或255°	1	1	土坯椁	原木	1	盖板上
							2	椁室
M64	2.04×1.45×1.50	62°	1	1	石椁	不明	1	填土0.25米深处
							2	填土0.6～0.8米深处
							3	填土0.6～0.8米深处
							4	椁室内上部
							5	椁室底部
M65	1.85×1.32×1.00	86°	1	1	石椁	不明	1	填土中
							2	椁室底部

人　骨			出土遗物								备　注
埋藏特征	姿势	头向	陶	泥	木	玉石	金属	骨角	皮毛制品	动物牺牲	
凌乱严重缺失											
凌乱严重缺失											
局部位移缺失	右侧身屈肢	346°	4	1	3	1	3			马头骨	动物牺牲位于椁室底东部
凌乱严重缺失											
凌乱严重缺失			1				2				
基本完整有序	右侧身屈肢	0°	2			2	2	1		2具羊头骨和不明兽类头骨	动物牺牲位于椁室内西部
凌乱严重缺失			1								
凌乱严重缺失			9								
基本完整有序	右侧身屈肢	42°	5	1	3	3	1			马骨、羊骨	马骨位于填土上层，羊骨位于椁室底木盘内
凌乱严重缺失											
凌乱严重缺失					1	2	5	1		有	动物牺牲位于填土上层
凌乱严重缺失											
基本完整有序	右侧身屈肢	24°	6		3	2	4			有	动物牺牲位于填土上层
凌乱严重缺失			5	1			2			马骨、羊骨	椁室底有细黄沙土；1具山羊头骨位于椁室，另有马骨、羊骨位于填土上层
凌乱严重缺失											
凌乱严重缺失											
凌乱严重缺失			3			1	5		1	羊头、马肢骨及下颌骨	羊头骨位于填土中第1具人骨东南侧；马肢骨及下颌骨位于盖板上中部，其上覆盖毛毡
凌乱严重缺失											
基本完整有序	右侧身屈肢	0°									
凌乱严重缺失			1		1	1			1	有	动物牺牲位于填土上层
凌乱严重缺失			4			2	8			马牙等	椁室被石板分隔；动物牺牲位于填土上层
凌乱严重缺失			5	2		1	2				
凌乱严重缺失			7	2		1	3			马下颌骨	椁室底部西南角
凌乱严重缺失											
基本完整有序	右侧身屈肢	30°	12	2		2	2	1		山羊、绵羊头骨，鹿科动物、中大型哺乳动物肢骨等	第2具人骨附近出土山羊头骨、中大型哺乳动物股骨；第3具人骨附近出土绵羊头骨2具、山羊头骨1具；第4具人骨附近出土羊头骨、股骨、鹿科动物、中型哺乳动物角和肢骨等
凌乱严重缺失											
凌乱严重缺失											
凌乱严重缺失											
基本完整有序	右侧身屈肢	45°									
凌乱严重缺失			4			2	3			羊头骨	动物牺牲位于椁室底北部
基本完整有序	右侧身屈肢	60°									

编号	墓圹		葬具				人骨	
	尺寸（长×宽×深）（米）	墓向	椁室数量	葬具编号	椁位置与材质	盖板	编号	位置
M66	1.80×1.28×1.00	70°	1	1	石椁	不明	1	填土0.3米深处
							2	填土0.3米深处
							3	填土0.3米深处
							4	填土0.3米深处
							5	椁室底部
M67	1.70×1.30×1.50	5°	1	1	石椁	不明	1	填土上层
							2	椁室内上部
							3	椁室底部
M68	1.50×1.30×0.70	90°	1	1	石椁	原木	1	椁室底部及填土上层
M69	1.75×1.30×1.48	0°	1	1	石椁	不明	1	填土中
							2	椁室底部
M70	1.54×1.16×1.16	75°	1	1	石椁	不明 无	1	椁室内上部及椁底南部
							2	椁室底中部
M71	1.60×1.60×0.56	160°	1	1	石椁	不明 无	1	椁室内上部
							2	椁室底部
M72	1.80×1.50	62°	1	1	石椁	不明 无	1	填土中
							2	椁室底部
M73	2.00×1.70	65°	1	1	石椁	原木	1	椁室底部
M74	2.20×1.84×2.13	15°	1	1	内重：木椁	原木	1	椁室底部
				2	外重：石椁			
M75	1.76×1.30×1.90	170°或350°	1	1	石椁	石板	1	椁室内
M76	1.88×1.80×2.00	69°或242°	1	1	石椁	原木		
M77	0.94×0.70×0.20	62°或242°	1	1	石椁	不明		
M78	2.00×0.86×1.20	62°或242°	1	1	石椁	石板	1	椁室内
M79	1.80×1.26×1.14	68°或248°	1	1	石椁	上原木、下石板	1	椁室内
M80	2.10×1.80	56°或236°	1	1	石椁	上原木、下石板	1	椁室内
M81	1.25×1.20	30°或210°	1	1	石椁	不明	1	椁室内
M82	1.00×0.20	55°或235°	1	1	石椁	原木	1	椁室内
M83	1.68×1.40×1.00	55°或235°	1	1	石椁	原木	1	椁室内
M84	1.80×1.50×1.80	70°	1	1	石椁	原木	1	椁室底部
M85	1.50×1.15×1.20	0°				原木	1	墓室上部
							2	墓室底部
M86	1.60×1.00	138°或318°	1	1	石椁	不明		

人 骨			出土遗物								备 注
埋藏特征	姿势	头向	陶	泥	木	玉石	金属	骨角	皮毛制品	动物牺牲	
凌乱严重缺失			6	1		2	1	3		羊右肱骨	动物牺牲位于椁室底部
凌乱严重缺失											
凌乱严重缺失											
凌乱严重缺失											
基本完整有序	右侧身屈肢	80°									
凌乱严重缺失			6			1	13	1		马腿骨、牙、头骨	马腿骨、牙在第1具人骨附近；马头骨在第2具人骨附近
凌乱严重缺失											
基本完整有序	右侧身屈肢	340°									
基本完整有序	右侧身屈肢	60°	6			2	5				
凌乱严重缺失			4			2	3	1		马牙、羊头	马牙位于填土中，羊头位于椁室底东部
基本完整有序	右侧身屈肢	0°									
凌乱严重缺失			5	2			6	1		兽牙	动物牺牲位于填土上层
局部位移缺失	右侧身屈肢	80°									
基本完整有序	右侧身屈肢	340°	9			3	7				
凌乱严重缺失											
凌乱严重缺失			7			1	1			羊头骨	动物牺牲位于填土中，为羊头
局部位移缺失	右侧身屈肢	45°									
基本完整有序	右侧身屈肢	65°	5			2	6	1		马游离齿、距骨、泡骨、趾骨等	动物牺牲位于填土中
基本完整有序	右侧身屈肢	15°	6			1	3	3			
凌乱严重缺失			2								
			3			2	2			有	墓内未见人骨，动物牺牲位于填土中
			1								墓内未见人骨
凌乱严重缺失			4			1	2	1			
凌乱严重缺失			1		5		5				
凌乱严重缺失			7	1	3	1	4				
凌乱严重缺失			3			1	2				
凌乱严重缺失			4		1	1					
凌乱严重缺失			5				6				
局部位移缺失	右侧身屈肢	70°	3		1	2	3				被M86打破
凌乱严重缺失			4			2	2			马腿骨、羊头骨	无葬具，有生土二层台。马腿骨位于填土中，羊头骨位于墓底西部
基本完整有序	右侧身屈肢	30°									
							3				打破M84，墓内未见人骨

编号	墓　圹		葬　具				人　骨	
	尺寸（长×宽×深）（米）	墓向	椁室数量	葬具编号	椁位置与材质	盖板	编号	位置
M87	1.50×1.00×0.88	170°或350°						
M88	1.30×1.00×0.90	80°或260°						
M89	1.50×1.28×0.74	65°或245°	1	1	石椁	不明	1	椁室内
M90	2.20×0.60	0°					1	填土0.4米深处
							2	墓底
M91	1.74×1.32×2.96	0°或180°	1	1	石椁	原木	1	椁室内
M92	3.00×2.70×2.00	10°或190°	1	1	原木椁	原木	1	椁室内

人　骨			出土遗物								备　注
埋藏特征	姿势	头向	陶	泥	木	玉石	金属	骨角	皮毛制品	动物牺牲	
											无葬具，未见人骨和遗物
											无葬具，未见人骨和遗物
凌乱严重缺失			1								椁室底铺木板
局部位移缺失	右侧身屈肢	0°	1				2				墓葬保存完整，地表标识为圆形低平石堆。无葬具，有生土二层台
基本完整有序	俯身屈肢	0°									
凌乱严重缺失			2			2	7			有	墓葬保存完整，地表标识为圆形低平石堆。椁室底铺木板，动物牺牲位于填土中
凌乱严重缺失			2					1		有	墓葬保存完整，地表标识为圆形石圈。动物牺牲位于填土中

附表二　拜其尔墓地器物登记表

名称 / 墓号	陶器											泥器			木器											玉石器							
	单耳罐	双耳罐	圈足罐与柱腹陶罐	其他类型罐	豆	杯	钵	壶	纺轮	其他类型陶器	小计	杯	十字形器	小计	杯	盘	桶	瓢	勺	杖	纺轮	梳	钻火板	其他类型木器	小计	陶器盖石	石球	石杯	砺石	玛瑙珠	绿松石珠	滑石管	小计
M1	3				3						6		1	1	1	1					1				3								0
M2	3			1							4			0											0								0
M3											0			0											0						1		1
M4									1		1			0											0								0
M5	2	1									3			0											0						1	1	2
M6	4		1					3		1	9			0											0						1		1
M7	2							1			3			0	1										1								0
M8	2					1					3			0											0								0
M9	3							1			4			0											0								0
M10											0			0	1						1				2						1		1
M11		1				1					2			0											0								0
M12						1				1	2			0							1				2								0
M13							1				1			0											0								0
M14	1		1	1		1	2	1			7		1	1											0					1	1		2
M15	1	1				1					3			0	3										3						1		1
M16	3					1				1	5		1	1	4	1					1			2	8						1		1
M17	3							1			4		1	1										1	1	1				2	1		4
M18						1					1			0											0							1	1
M19	2										2			0											0		1						1
M20	8	1								1	10			0											0		1				1		2
M21											0			0								1	1		2								0
M22	5										5			0	1										1								0

名称\墓号	金属器																			骨、角、贝器								皮毛制品	备注
	铜镜	铜饰件	铜饰牌	铜镯	铜锥	铜刀	铜铃	铜泡	铜耳环	铜环	铜镞	铜管	铜片、渣、残件及其他	铁锥	铁环	铁刀	铁带扣及其他铁器	金饰件	小计	骨锥	划齿	羊距骨	纺轮	骨料	骨珠	海贝	小计	小计	陶埙、有孔棒状陶器、木饼等
M1													1						1								0	0	
M2					1														1								0	0	
M3		1																	1								0	0	
M4						1		1											2								0	0	
M5																			0								0	0	
M6		1						3					1						5								0	0	
M7									1										1								0	0	
M8									1										1								0	0	
M9								1				1							2								0	0	
M10								1											1								0	0	
M11																			0								0	0	
M12								2											2								0	0	
M13																			0								0	0	
M14	1							2				1							4								0	0	
M15								1								1			2								0	1	
M16	3			2				2	6				1	2					16								0	0	其他类型铜器性质暂不明确
M17							1	1	1				3						6								0	0	骨牙1件，其他类型木器为木饼
M18													1						1								0	0	
M19								1					1						2								0	0	
M20			1	1		1	1												4								0	0	
M21								1					1		1	1			4								0	0	其他类型木器为穿孔
M22						1		1											2								0	0	

墓号	陶器 单耳罐	双耳罐	圈足罐与柱腹陶罐	其他类型罐	豆	杯	钵	壶	纺轮	其他类型陶器	小计	泥器 杯	十字形器	小计	木器 杯	盘	桶	瓢	勺	杖	纺轮	梳	钻火板	其他类型木器	小计	玉石器 陶器盖石	石球	石杯	砺石	玛瑙珠	绿松石珠	滑石管	小计
M23	1										1			0											0				1	1			2
M24	1							1			2			0											0								0
M25	2	1								1	4			0	1	1									2								0
M26	3			1		1	1				6			0	1										1								0
M27						1					1			0											0								0
M28											0			0											0								0
M29											0			0											0								0
M30											0			0											0								0
M31	2						1				3			0	1					1					2						1		1
M32	2					4	1	1			8			0	1									3	4				1	1			3*
M33	1						1				2			0			1								1								0
M34	1										1			0											0								0
M35				3							3			0											0								0
M36	2				1						3			0											0								0
M37				1	1						2			0											0							1	1
M38	1										1			0											0								0
M39											0			0											0								0
M40											0			0											0					1			1
M41				1				1			2			0											0								0
M42	1										1			0			1							1	2								0
M43	3						1				4			0											0					2			2
M44	3		1				1				5			0	1	1	1							3	6					1		1	2
M45					1			1			2			0											0								0
M46											0			0											0								0

墓号	金属器 铜镜	铜饰件	铜饰牌	铜镯	铜锥	铜刀	铜铃	铜泡	铜耳环	铜环	铜镞	铜管	铜片、渣残件及其他	铁锥	铁环	铁刀	铁带扣及其他铁器	金饰件	小计	骨、角、贝器 骨锥	划齿	羊距骨	纺轮	骨料	骨珠	海贝	小计	皮毛制品 小计	备注 陶埙、有孔棒状陶器、木饼等
M23					2			2		1			1						6								0	0	
M24						1													1								0	0	
M25								2					1						3		1						1	0	
M26	1																		1								0	0	
M27		1				1													2								0	0	
M28																			0								0	0	
M29																			0								0	0	
M30																			0								0	0	
M31													1			1			2								0	0	
M32	1	1								1					1				4								0	0	*另有1件串饰
M33						1													1								0	0	
M34																			0								0	0	
M35									1				1						2								0	0	
M36																			0								0	0	
M37								1											1								0	0	
M38																			0								0	0	
M39						1													1								0	0	
M40					1														1								0	0	
M41					1														1							1	1	0	
M42						1													1				2	1			3	0	
M43					2	3				1									6					1			1	0	
M44						2													2								0	0	其他类型木器为木碗和不明木器
M45																			0								0	0	
M46				1															1								0	0	

名称 / 墓号	陶器											泥器			木器											玉石器							
	单耳罐	双耳罐	圈足罐与柱腹陶罐	其他类型罐	豆	杯	钵	壶	纺轮	其他类型陶器	小计	杯	十字形器	小计	杯	盘	桶	瓢	勺	杖	纺轮	梳	钻火板	其他类型木器	小计	陶器盖石	石球	石杯	砺石	玛瑙珠	绿松石珠	滑石管	小计
M47	1			1							2			0		1								1	2								0
M48											0			0											0								0
M49				1						1	2			0		1									1				1				2*
M50	2						1		1		4		1	1	1	1					1				3					1			1
M51	1										1			0											0								0
M52	2										2			0											0					1	1		2
M53	1										1			0											0								0
M54	4	1				1			1	2	9			0											0								0
M55	2					1	1	1			5		1	1	1	1					1				3	2			1				3
M56											0			0										1	1							2	2
M57	3						1	2			6			0	1	1								1	3	1					1		2
M58	1		1		1	1		1			5		1	1											0								0
M59	2			1							3			0											0						1		1
M60		1									1			0										1	1							1	1
M61	3			1							4			0											0		1				1		2
M62	2			1		1		1			5	1	1	2											0					1			1
M63	4					1		1		1	7	1	1	2											0					1			1
M64	4	1	1	1		2		3			12		2	2											0						1	1	2
M65	4										4			0											0		1					1	2
M66	2			1				3			6		1	1											0		1				1		2
M67	2					1		3			6			0											0			1					1
M68	3			1		1		1			6			0											0					1	1		2
M69	3					1					4			0											0			1			1		2
M70	2			2	1						5	1	1	2											0								0

墓号	铜镜	铜饰件	铜饰牌	铜镯	铜锥	铜刀	铜铃	铜泡	铜耳环	铜环	铜镞	铜管	铜片、渣残件及其他	铁锥	铁环	铁刀	铁带扣及其他铁器	金饰件	小计	骨锥	划齿	羊距骨	纺轮	骨料	骨珠	海贝	小计	小计	备注
																			金属器				骨、角、贝器					皮毛制品	陶埙、有孔棒状陶器、木饼等
M47																1			1								0		
M48																			0								0		
M49					1	1		1	1										4								0		其他类型陶器为陶埙
M50		1					1		1										3								0		
M51								1				1							2								0		
M52								1								1			2			1					1		
M53																			0								0		
M54																			0								0		其他类型陶器为棒形穿孔陶器
M55					1														1								0		
M56		1					1	1	2										5	1							1		
M57					1	1		1	1										4								0		
M58								2											2								0		
M59					1	1		2					1						5								0	1	
M60																			0								0	1	
M61	1						1	5	1										8								0		
M62								2											2								0		
M63								2					1						3								0		
M64								1											1				1				1		
M65							1	1										1	3								0		
M66													1						1				1	2			3		
M67					2	1		7					3						13				1				1		
M68					2	1		1	1										5								0		
M69							1	2											3				1				1		
M70					1			3	1				1						6				1				1		

名称╲墓号	陶器											泥器			木器											玉石器							
墓号	单耳罐	双耳罐	圈足罐与柱腹陶罐	其他类型罐	豆	杯	钵	壶	纺轮	其他类型陶器	小计	杯	十字形器	小计	杯	盘	桶	瓢	勺	杖	纺轮	梳	钻火板	其他类型木器	小计	陶器盖石	石球	石杯	砺石	玛瑙珠	绿松石珠	滑石管	小计
M71	4		1					2		2	9			0											0	1			1	1			3
M72	2		1			1		2		1	7			0											0						1		1
M73	3	1						1			5			0											0					1		1	2
M74	3	1						2			6			0											0					1			1
M75	1								1		2			0											0								0
M76							1			2	3			0											0					1		1	2
M77	1										1			0											0								0
M78	1							1		2	4			0											0					1			1
M79										1	1			0				1		1	1	1		1	5								0
M80	1		1							5	7	1		1	1	1								1	3							1	1
M81	1		1							1	3			0											0							1	1
M82	2		1				1				4			0	1										1	1							1
M83	3		1							1	5			0											0								0
M84	2				1						3			0						1					1					1			2*
M85	3					1					4			0											0	1					1		2
M86											0			0											0								0
M87											0			0											0								0
M88											0			0											0								0
M89							1				1			0											0								0
M90	1										1			0											0								0
M91							1			1	2			0											0						1	1	2
M92	2										2			0											0								0
总计	143	9	9	19	12	27	12	38	2	26	297	4	13	17	5	19	12	1	1	2	7	1	2	15	65	12	1	4	18	20	7	12	80
合计																706																	

墓号	金属器																			骨、角、贝器								皮毛制品	备注
	铜镜	铜饰件	铜饰牌	铜镯	铜锥	铜刀	铜铃	铜泡	铜耳环	铜环	铜镞	铜管	铜片、渣、残件及其他	铁锥	铁环	铁刀	铁带扣及其他铁器	金饰件	小计	骨锥	划齿	羊距骨	纺轮	骨料	骨珠	海贝	小计	小计	陶埙、有孔棒状陶器、木饼等
M71				1	2			2			2								7								0	0	
M72									1										1								0	0	
M73		1					1	2	1				1						6		1						1	0	
M74						1		2											3	1					1	1	3	0	
M75																			0								0	0	
M76								1						1					2								0	0	
M77																			0								0	0	
M78													1			1			2	1							1	0	
M79			1										1	1	1	1	1		6								0	0	
M80						1		2	1										4								0	0	其他类型木器为穿孔木器
M81								1					1						2								0	0	
M82																			0								0	0	
M83					1	2		2					1						6								0	0	
M84					1	2													3								0	0	*另有1件串饰
M85								1	1										2								0	0	
M86						1		2											3								0	0	
M87																			0								0	0	
M88																			0								0	0	
M89																			0								0	0	
M90					1	1													2								0	0	
M91		1					1	1		2			2						7								0	0	
M92																			0							1	1	0	
总计	3	11	2	1	23	31	6	76	13	13	4	5	19	4	2	5	2	2	222	1	4	2	7	3	1	3	22	3	玉石器含串饰3套，骨角贝器含兽牙1件

后 记

2004年9月，我们得到消息称，在修建伊吾县城至淖毛湖镇公路的施工过程中，基建方动用大型机械，对自治区级重点文物保护单位——伊吾拜其尔墓地造成了严重破坏！我们迅速抵达现场后，发现墓地近百座墓葬地表以下2米厚的文化层已被推平，原设在此处的自治区级重点文物保护标志牌也被扔到一边，满地散落着棺椁朽木、人骨、陶片，甚至完整的陶器。基建方负责人对我们的诘问不以为然。随即，我们向自治区文物局汇报了现场情况。自治区文物局责令基建方立即停工并配合新疆文物考古研究所、哈密市文物局及相关单位对拜其尔墓地进行抢救性发掘。

正式发掘的时候已经是10月份了，伊吾县的天气开始转凉。新疆文物考古研究所托乎提·吐拉洪任本次发掘工作的领队，参与人员还有新疆文物考古研究所的阿里甫·尼牙孜、孙海涛以及哈密地区文物局的大部分工作人员。在经费没有完全到位的情况下，考古队员在参加野外考古工作的同时，自己开伙，轮流做饭，负责后勤安保工作，发掘出土的遗物都存放在伊吾县文物局。

由于墓葬地表标识与墓圹上半部分已被破坏，我们只能先清理墓地被破坏后的地表，然后逐个清理残余的墓圹及墓室。通过一段时间的发掘，墓室相继被清理出来，可以看出墓地内的墓葬成排成列，密集分布。墓葬均为竖穴土坑，椁室构筑方式与建筑材料多样，或用石块垒砌四壁，顶部棚盖石板或原木；或用土坯砌筑四壁，顶部棚盖原木。

M16的发掘最令人兴奋，当时天气越来越冷，为了加快考古工作的进度，每天打开的墓室，都要清理到墓底。M16墓室打开时已是下午六点，墓室虽然不深，但却发现了大量随葬品。记录结束后，天色已经昏暗，大家齐手帮忙，打着手电，提取随葬品，然后才收工。第二天早上一上工，我怕昨晚的工作还有疏漏，立即跟队员周小明说："我们再去看看M16吧，没准会有好东西呢！"果不其然，小明在清理墓室北侧虚土时发现了一件青铜器，如获至宝，故作神秘地喊我来看。我们用毛刷小心翼翼的扫去青铜器上的浮土，一只长着大角、神韵十足、形象逼真的北山羊铜饰件映入我们的眼帘。这只北山羊静静伫立在弯曲的铜片上。这一发现将工地多日以来的寒冷一扫而空，我们以后的工作也变得更加仔细，将墓底反复检查，确保没有疏漏。

11月下旬，一场大雪过后，当地已入深冬，室外很冷，有时候需要在空地上生火取暖。再后来土层上冻，我们在清理了45座墓葬之后不得不停工，安排好安保工作，准备来年继续发掘。

2005年年初，在多方协调下，拜其尔墓地的考古发掘经费终于得以落实。4月初，天气一转暖，我们便开始了发掘工作，此次发掘，巴里坤哈萨克自治县文物局也派人参加了工作。

工作一开始，便受到了各级人民政府与文物管理部门的高度重视与大力支持。期间，新疆维吾尔自治区副主席库热西·买合苏提在自治区文物局盛春寿局长的陪同下来工地视察，亲切慰问了考古队员，强调了考古保护工作的重要性；新疆文物考古研究所张玉忠副所长和南京大学水涛教授多次来工地检查工作，对发掘工作提出了很多宝贵建议。此外，吐鲁番文物局也派专业人员来工地考察，并帮助我们完成了拜其尔墓地的测绘工作。

本年度共发掘墓葬47座，除了对去年剩余的44座墓葬进行了清理之外，我们还在发掘区以南选择发掘了3座保存完好、未被破坏的墓葬，对该墓地墓葬结构有了更加准确的认识。

哈密地区的焉不拉克墓地、五堡墓地、天山北路（林雅）墓地、兰州湾子遗址、南湾墓地等遗址的发掘都曾引起广泛关注，拜其尔墓地是伊吾河谷第一处经过科学发掘、墓葬数量最多的墓地。在发掘工作结束之后，我们都想一鼓作气地完成室内整理工作，早日出版考古报告，公布考古研究成果。

炎热的七月，我们在哈密博物馆热火朝天地展开了室内整理工作，考古所的托乎提队长、阿里甫以及哈密地区文物局、哈密博物馆的同志们几乎全部参与其中。大家干劲十足、井然有序，一个夏季之后，相继完成了清洗陶片、拼对陶片、修复陶器、照相绘图、文字及电子化记录等工作。与此同时，《中国文物报》也刊登了托乎提队长撰写的拜其尔墓地发掘简讯。

令人惋惜的是，2007年夏天，拜其尔墓地发掘领队托乎提·吐拉洪在一次考古发掘工作中，遽然去世！

随后，拜其尔墓地考古发掘报告的编写工作交予我负责，于2008年6月完成了初稿。不久，我与其他编写组人员都参加到第三次全国文物普查工作当中。在工作之余，反复对初稿进行修订、完善。

2010年，我将报告初稿交于当时正在哈密巴里坤石人子沟遗址主持发掘的西北大学王建新教授审阅。王老师对我们的工作给予了充分的肯定，并结合他在石人子沟遗址发掘的经验对报告的体例、内容提出了许多中肯的修改意见。当时我担任阿勒泰地区普查指导员，三普工作尚未完成，时间和精力都难以为继。王老师了解到我的难处，专门安排西北大学马健讲师、任萌博士以及陈爱东、叶青等研究生组成资料整理组对发掘资料进行重新核查、整理与编撰工作。

2018年，拜其尔墓地考古发掘报告在母校西北大学的大力帮助下，终于完成，圆了许多人心头萦绕已久的念想。报告的出版，也是对托乎提·吐拉洪先生最好的纪念。

回首看去，拜其尔墓地的考古发掘工作还存在不少的遗憾，诸如完整的墓葬发掘数量太少，墓葬中出土的动物骨骼并未系统采集与研究，环境考古、冶金考古等多学科的研究工作也非常缺乏。尽管如此，拜其尔墓地的发掘为揭示东天山地区古代文明发展、演化的脉络提供了重要的线索。拜其尔墓地墓葬的结构、埋葬方式以及随葬品的特征均与哈密盆地的焉不拉克文化存在诸多相似之处，表明东天山南北至少在公元前一千年间就存在的互动与交流。拜其尔墓地地处东天山海拔较高的伊吾河谷，焉不拉克文化主要分布在海拔较低的戈壁绿洲之中，两地虽然仅相隔100余千米，但自然环境差异很大，海拔高差1000米以上。天山南北的文化交流究竟是以什么形式进行，动因又是什么，仍需日后细致广泛的考古工作去逐步揭示。

新疆维吾尔自治区文物局、哈密地区博物馆、伊吾县文物保护管理所、巴里坤县文物局在拜其尔墓地发掘过程中给予了大力支持。西北大学文化遗产学院、北京大学考古文博学院、吉林大学边疆考古中心、中国社会科学院考古研究所在焉不拉克墓地发掘资料整理、科学测年、体质人类学研究、动物骨骼鉴定与研究方面付出的辛勤努力。报告的英文提要由中央民族大学黄义军教授翻译。文物出版社考古图书第二编辑中心的编辑们为本报告付出了大量辛勤的劳动。在此，一并致谢！

报告整理、编写人员具体分工如下：

第一章：于建军、任萌、马健。

第二章：任萌、马健、朱江嵩、黄飞翔、于建军。

第三章：于建军、王建新、马健、任萌、陈爱东、叶青、热娜古丽·玉素甫、冯丹、程晓伟、陈新儒、朱江嵩、黄飞翔、王尹辰、李犇、闫丽敏、李世琦、牟俊杰、李旭飞。

第四章：马健、任萌、于建军、马迎霞。

附录一：魏东、曾雯、托乎提·吐拉洪。

附录二：尤悦、余翀、李悦。

绘图：阿里甫·尼牙孜、周小明、于建军、陈玺等。

描图：哈斯也提·阿西木、阿里甫·尼牙孜等。

摄影：阿里甫·尼牙孜、刘玉生。

本报告出版之后，有关拜其尔墓地的发掘资料均以本报告为准。

于建军

2018年6月10日

1. 拜其尔墓地远景（北—南）

2. 拜其尔墓地发掘区（北—南）

彩版一　拜其尔墓地全景

1. 发掘现场工作照

2. 发掘现场工作照

彩版二　拜其尔墓地发掘现场

1. 领导检查发掘工地

2. 工作人员合影

彩版三　拜其尔墓地工作现场

1. 拜其尔遗址远景

2. 拜其尔遗址房址

彩版四　拜其尔遗址远景与房址

1. M1椁室原木盖板

2. M1椁室

彩版五　M1

1. 单耳陶罐 M1：3

2. 单耳陶罐 M1：4

3. 陶杯 M1：5

4. 单耳陶罐 M1：6

5. 陶杯 M1：8

6. 陶杯 M1：11

彩版六　M1 出土遗物

1．泥塑十字形器 M1：9

2．木盘 M1：2

3．木纺轮 M1：7

4．木桶 M1：10

5．铜片 M1：1

彩版七　M1 出土遗物

1. M2 椁室

2. 单耳陶罐 M2∶2

3. 单耳陶罐 M2∶3

4. 单耳陶豆 M2∶4

5. 单耳陶罐 M2∶5

彩版八　M2 及出土遗物

1. 铜耳环 M2∶1

2. 玛瑙珠 M3∶2

3. 动物纹铜饰件 M3∶1

4. M3椁室

彩版九　M2、M3 及出土遗物

1. M4 椁室原木盖板

5. 铜泡 M4：2

2. M4 椁室

3. 彩陶片 M4：3

4. 铜刀 M4：1

彩版一〇　M4 及出土遗物

1．M5墓室

2．单耳陶罐 M5：1

3．单耳陶罐 M5：2

4．玛瑙珠 M5：4

5．绿松石珠 M5：5

彩版一一 M5 及出土遗物

1. M6 墓室

2. 单耳陶罐 M6：1

3. 双乳丁陶壶 M6：2

4. 单耳陶罐 M6：4

5. 柱腹陶罐 M6：5

彩版一二　M6 及出土遗物

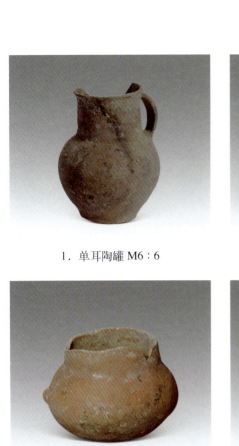

1. 单耳陶罐 M6：6

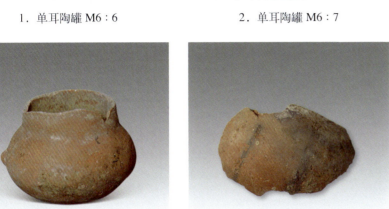

2. 单耳陶罐 M6：7

3. 双乳丁陶壶 M6：8

4. 双乳丁陶壶 M6：10

5. 陶片 M6：3

6. 玛瑙珠 M6：15

7. 铜片 M6：9

8. 铜泡 M6：11

9. 铜饰件 M6：12

10. 铜泡 M6：13

11. 铜泡 M6：14

彩版一三　M6 出土遗物

1. M7 椁室

2. 双乳丁陶壶 M7：1

3. 单耳陶罐 M7：4

4. 单耳陶罐 M7：5

5. 木盘 M7：2

彩版一四　M7 及出土遗物

1. M8 椁室及人骨

2. M8 椁室

彩版一五　M8

1. 陶豆 M8：1

2. 单耳陶罐 M8：2

3. 单耳陶罐 M8：4

4. 铜环 M8：3

5. M9 椁室原木盖板

彩版一六　M8 出土遗物与 M9

1. M9 椁室

2. M9 椁室

彩版一七　M9

1. 双乳丁陶壶 M9：2

2. 单耳陶罐 M9：3

3. 单耳陶罐 M9：4

4. 单耳陶罐 M9：5

5. 铜泡 M9：1

6. 铜管 M9：6

彩版一八　M9 出土遗物

1. M10 墓圹填石

3. 木纺轮 M10:4

2. M10 椁室

4. 玛瑙珠 M10:2

5. 铜泡 M10:3

彩版一九　M10 及出土遗物

1. M11 遗物出土照

2. 单耳圈足陶罐 M11：1

3. 单耳陶杯 M11：2

彩版二〇　M11 及出土遗物

1. M12椁室原木盖板

2. M12椁室

彩版二一　M12

1. 陶杯 M12：2

2. 陶片 M12：6

3. 木盘 M12：1

4. 木纺轮 M12：4

5. 铜泡 M12：3

6. 铜泡 M12：5

彩版二二　M12 出土遗物

1. M13 墓圹填土及动物骨骼

2. M13 椁室

彩版二三　M13

1. M13 出土动物骨骼

2. M13 出土动物骨骼

3. M14 椁室石盖板

4. 单耳陶钵 M14：3

5. 单耳陶钵 M14：4

彩版二四　M13、M14 及出土遗物

1. M14 第一具人骨

2. M14 椁室及第二具人骨

彩版二五　M14

1. M14 椁室

2. 柱腹陶罐 M14∶5

3. 双系陶壶 M14∶6

4. 单耳陶罐 M14∶7

5. 单耳陶杯 M14∶8

彩版二六　M14 及出土遗物

1. 三耳陶罐 M14：10 与泥塑十字形器 M14：14　　　　2. 单耳石杯 M14：2

3. 玛瑙珠 M14：11

4. 铜镞 M14：1　　　　　　　　　　　　　5. 铜带扣 M14：9

彩版二七　M14 出土遗物

1. M15 椁室原木盖板

2. M15 椁室

彩版二八　M15

1．双耳陶罐 M15 : 1

2．单耳陶罐 M15 : 2

3．单耳陶杯 M15 : 3

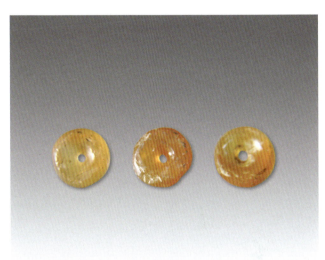

4．玛瑙珠 M15 : 8

5．金饰件 M15 : 9

6．毛织带 M15 : 4

彩版二九　M15 出土遗物

1. M16 椁室原木盖板

2. M16 椁室

彩版三〇　M16

1. 单耳陶罐 M16：1

2. 单耳陶罐 M16：8

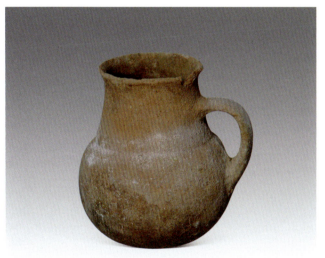

3. 单耳陶罐 M16：14

4. 单耳陶杯 M16：16

5. 陶器耳 M16：31

6. 泥塑十字形器 M16：29

彩版三一　M16 出土遗物

1. 木盘 M16：3

2. 木纺轮 M16：4

3. 木桶 M16：5

4. 木盘 M16：10

5. 木器 M16：13

6. 木盘 M16：15

7. 木盘 M16：17

8. 木器 M16：21

彩版三二　M16 出土遗物

1. 砺石 M16：22

2. 北山羊形铜饰件 M16：2

3. 北山羊形铜饰件 M16：2

5. 北山羊形铜饰件 M16：2

4. 北山羊形铜饰件 M16：2 底座

6. 铜泡 M16：6

7. 铜锥 M16：7

8. 动物纹铜饰件 M16：9（正面）

彩版三三　M16 出土遗物

1. 铜环 M16：11

2. 铜器 M16：18

3. 铜饰件 M16：19

4. 铜锥 M16：25

5. 铜环 M16：26

6. 铜环 M16：28

7. 铜环 M16：30

8. 铁锥 M16：23

9. 铁锥 M16：24

彩版三四　M16 出土遗物

1. M17 椁室顶部

2. 单耳陶罐 M17：1

3. 单耳陶罐 M17：2

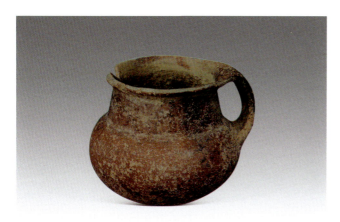

4. 单耳陶罐 M17：3

5. 双耳陶壶 M17：4

彩版三五　M17 及出土遗物

1. M17 槨室内第一具人骨

2. M17 槨室内第二具人骨

彩版三六　M17

1. 泥塑十字形器 M17：17

2. 木饼 M17：5

3. 砺石 M17：8

4. 砺石 M17：9

5. 玛瑙珠 M17：14

6. 陶器盖石 M17：16

彩版三七　M17 出土遗物

1. 双联铜泡 M17：6

2. 铜泡 M17：7

3. 木柄铜锥 M17：10

4. 木柄铜刀 M17：11

5. 铜泡 M17：13

6. 铜铃 M17：15

彩版三八　M17 出土遗物

1. M18 椁室石盖板

2. M18 椁室

彩版三九　M18

1. M18 土坯椁

2. 陶钵 M18：2

3. 滑石管 M18：3

4. 单耳陶罐 M19：1

5. 单耳陶罐 M19：2

彩版四〇　M18 及 M19 出土遗物

1. M19 椁室原木盖板

2. M19 椁室

5. 铜片 M19 : 4

3. 陶器盖石 M19 : 5

4. 铜泡 M19 : 3

彩版四一　M19 及出土遗物

1. M20椁室原木盖板

2. M20椁室

彩版四二　M20

1. M20椁室及人骨

2. M20遗物出土情况

彩版四三　M20

1．单耳陶罐 M20：3

2．双耳陶罐 M20：4

3．单耳陶罐 M20：5

4．单耳陶罐 M20：6

5．单耳陶罐 M20：7

6．单耳陶罐 M20：8

彩版四四　M20 出土遗物

1. 单耳陶罐 M20：9

2. 砺石 M20：11

3. 陶器盖石 M20：15

4. 环首铜刀 M20：10

5. 铜泡 M20：12

6. 铜耳环 M20：14

彩版四五　M20 出土遗物

1. M21椁室石盖板

2. M21椁室及木底板

3. 木梳 M21：1

4. 木器 M21：2

彩版四六　M21及出土遗物

1. M22椁室

2. M22遗物出土情况

3. 木盘 M22：3

4. 带柄铜刀 M22：7

5. 铜泡 M22：8

彩版四七　M22 及出土遗物

1. 单耳陶罐 M22：1

2. 单耳陶罐 M22：2

3. 单耳陶罐 M22：4

4. 单耳带注陶罐 M22：5

5. 单耳陶罐 M22：6

6. 单耳带注陶罐 M23：1

彩版四八　M22、M23 出土遗物

1．M23 椁室及原木盖板

2．M23 椁室

彩版四九　M23

1. 砺石 M23∶4   3. 铜锥 M23∶2

2. 绿松石珠 M23∶8

4. 铜环 M23∶3

5. 铜片 M23∶5

6. 铜泡 M23∶6

7. 铜锥 M23∶7

8. 铜泡 M23∶9

彩版五〇　M23 出土遗物

1. M24 椁室及人骨

4. 铜刀 M24∶3

2. 双系陶壶 M24∶1

3. 单耳陶罐 M24∶2

彩版五一　M24 及出土遗物

1. M25 椁室

2. M25 椁室

彩版五二　M25

1. M25 墓圹

2. M25 椁室出土人骨

3. M25 人骨

彩版五三　M25

1. M25出土木盘

2. M25出土木桶

3. 双耳陶罐 M25：1

4. 单耳陶罐 M25：2

5. 单耳陶罐 M25：3

6. 陶器口沿残片 M25：10

彩版五四　　M25 出土遗物

1. 铜泡 M25：6

2. 铜泡 M25：7

3. 铜片 M25：8

4. 骨划齿 M25：9

5. M26 椁室

彩版五五　M25 出土遗物与 M26

1. 单耳陶罐 M26：1

2. 单耳陶钵 M26：2

3. 单耳陶杯 M26：3

4. 单耳陶罐 M26：6

5. 单耳陶罐 M26：7

6. 陶罐 M26：8

7. 木盘 M26：4

8. 具柄铜镜 M26：5

彩版五六　M26 出土遗物

1. M27 椁室

2. 单耳陶杯 M27：1

3. 铜饰件 M27：2

4. 铜刀 M27：3

彩版五七　M27 及出土遗物

1. M28 椁室原木盖板

2. M28 椁室

彩版五八　M28

1. M29椁室

2. M30墓圹填石

彩版五九　M29、M30

1. M31 椁室原木盖板

2. M31 椁室

彩版六〇　M31

1．单耳陶罐 M31：1

2．单耳陶罐 M31：2

3．单耳陶钵 M31：3

4．木纺轮 M31：4

5．木盘 M31：8

6．玛瑙珠 M31：7

7．铜器残件 M31：6

8．铁刀 M31：5

彩版六一　M31 出土遗物

1．M32 墓圹填石及原木盖板

2．M32 椁室原木盖板

彩版六二　M32

1. M32 上层石椁及人骨

2. M32 上层石椁内北侧人骨

彩版六三　M32

1. M32 下层椁室内人骨

2. M32 椁室

彩版六四　M32

1．M32椁室底部

2．M32椁室构建方式

彩版六五　M32

1. M32 椁室木板连接方式

2. M32 出土遗物

彩版六六　M32

1．单耳陶罐 M32：1

2．单耳陶罐 M32：12

3．双乳丁陶壶 M32：10

4．陶杯 M32：6

5．陶杯 M32：7

6．陶杯 M32：8

7．单耳陶钵 M32：9

8．单耳陶杯 M32：13

彩版六七　M32 出土遗物

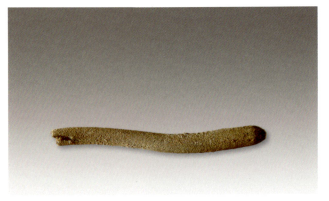

1．木器 M32：4

2．木盘 M32：5

3．木器 M32：11

4．串饰 M32：2

5．石杯 M32：14

7．铜镜 M32：3（正面）

8．铜镜 M32：3（背面）

6．砺石 M32：16

彩版六八　M32 出土遗物

1. M33 墓圹填石

2. 单耳陶罐 M33：1

3. 陶钵 M33：3

4. 木桶 M33：4

5. 带柄铜刀 M33：2

彩版六九　M33 及出土遗物

1. M34 椁室

2. M35 椁室

彩版七〇　M34、M35

1．单耳陶罐 M34：1

2．带耳陶罐 M35：3

3．带耳陶罐 M35：4

4．铜环 M35：1

5．单耳陶罐 M36：2

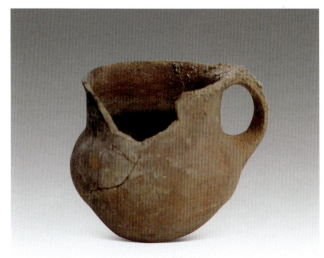

6．单耳陶罐 M36：3

彩版七一　M34、M35、M36 出土遗物

1. M36 椁室原木盖板

2. M36 椁室

彩版七二　M36

1. M37 椁室原木盖板

2. M37 盖板原木上的穿孔

3. M37 椁室

彩版七三　M37

1. 陶罐 M37：3

2. 陶豆 M37：4

3. 滑石管 M37：2

4. 铜泡 M37：1（正面）

5. 铜泡 M37：1（背面）

6. 单耳陶罐 M38：1

彩版七四　M37、M38 出土遗物

1. M38 墓圹填土

2. M39 椁室及出土人骨

彩版七五　M38、M39

1. M40 椁室石盖板

3. 砺石 M40：1

2. M40 椁室

彩版七六　　M40 及出土遗物

1. M41 椁室原木盖板

2. M41 椁室

彩版七七　M41

1. 陶豆 M41：2

2. 双乳丁陶壶 M41：4

3. 铜锥 M41：3

4. 海贝 M41：1

5. 海贝 M41：1

彩版七八　M41 出土遗物

1. M42 椁室原木盖板

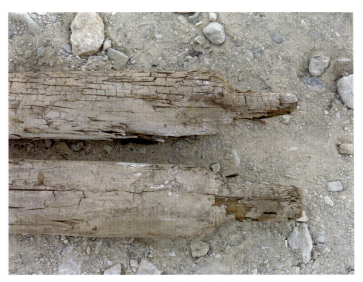

2. M42 盖板原木榫头

3. M42 原木盖板榫卯连接方式

彩版七九　M42

1. M42 原木盖板及椁室

2. M42 椁室

彩版八〇　M42

1. 单耳陶罐 M42：1

2. 木器 M42：2

3. 木器 M42：2

4. 双联铜泡 M42：4

5. 骨纺轮 M42：7、5

6. 骨料 M42：6

彩版八一　M42 出土遗物

1. M43 墓圹填石

2. M43 椁室石盖板

彩版八二　M43

1．M43 椁室原木盖板

2．M43 椁室

彩版八三　M43

1. 单耳陶杯 M43：1

2. 单耳陶罐 M43：2

3. 单耳陶罐 M43：4

4. 单耳陶罐 M43：5

5. 砺石 M43：6

6. 砺石 M43：13

彩版八四　M43 出土遗物

1. 铜泡 M43：3

2. 穿孔铜刀 M43：8

3. 铜刀 M43：9

4. 铜锥 M43：10

5. 铜锥 M43：11

6. 骨纺轮 M43：7

彩版八五　M43 出土遗物

1．M44墓圹填石及椁室原木盖板

2．M44椁室原木盖板

彩版八六　M44

1．M44 出土遗物

2．M44 椁室

彩版八七　M44

1. 柱腹陶罐 M44：1

2. 单耳陶罐 M44：2

3. 单耳陶罐 M44：3

4. 陶杯 M44：4

5. 木碗 M44：9

6. 玛瑙珠 M44：10

7. 滑石管 M44：11

彩版八八　M44 出土遗物

1. M45 椁室

2. 陶豆 M45：2

4. M46 遗物出土现状

3. M46 椁室

5. 铜镯 M46：1

彩版八九　M45、M46 及出土遗物

1. M47 椁室

2. 陶罐 M47：2

3. 单耳陶罐 M47：4

4. 钻火板 M47：1

5. 铁刀 M47：3

彩版九〇　M47 及出土遗物

1. M48 残存墓圹

2. M48 墓室

3. M49 椁室

彩版九一　M48、M49

1. 四耳陶罐 M49：3

2. 陶埙 M49：8

3. 砺石 M49：2

4. 串饰 M49：7

5. 环首铜刀 M49：1

6. 铜锥 M49：9

彩版九二　M49 出土遗物

1．M50 墓圹填石

2．M50 墓圹填土及动物骨骼

彩版九三　M50

1. M50 墓圹填土内人骨

2. M50 椁室原木盖板

彩版九四　M50

1. M50 原木盖板上的穿孔

2. 木盘 M50：2 及泥塑十字形器 M50：3 出土状况

3. M50 椁室内西侧人骨

彩版九五　M50

1. 单耳带注陶罐 M50：1

2. 单耳陶罐 M50：6

3. 单耳陶罐 M50：6

4. 单耳陶杯 M50：11

5. 双乳丁陶壶 M50：12

6. 泥塑十字形器 M50：3

彩版九六　M50 出土遗物

1. 木盘 M50∶2

2. 木纺轮 M50∶5

3. 砺石 M50∶7

4. 铜饰件 M50∶8

5. 铜耳环 M50∶9

6. 铜铃 M50∶10

彩版九七　M50 出土遗物

1. M51 土坯椁室

2. 单耳陶罐 M51：1

3. 铜泡 M51：2（正面）

4. 铜泡 M51：2（背面）

5. 铜管 M51：3

彩版九八　M51 及出土遗物

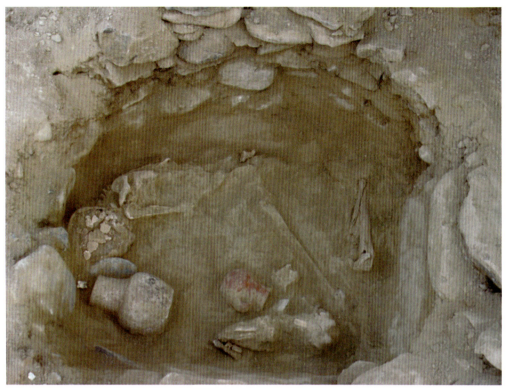

1. M52 墓圹

2. M52 出土骨骼

3. M52 出土动物骨骼

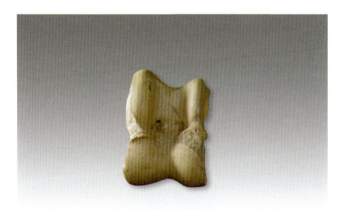

4. 羊距骨 M52：3

5. 羊距骨 M52：3

彩版九九　M52 及出土遗物

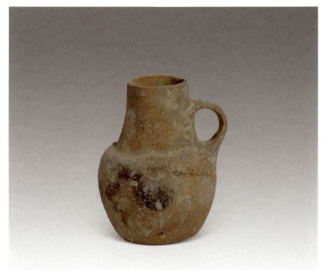

1. 单耳陶罐 M52：1

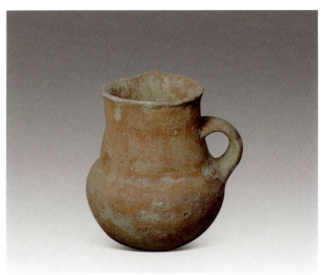

2. 单耳陶罐 M52：2

3. 玛瑙串饰 M52：4

4. 砺石 M52：7

5. 铜泡 M52：6

6. 铁带扣 M52：5

彩版一〇〇　M52 出土遗物

1. M53 椁室

2. M54 墓室

彩版一〇一　M53、M54

1. 陶纺轮 M54：1

2. 单耳陶罐 M54：2

3. 单耳陶罐 M54：3

4. 单耳陶罐 M54：4

5. 单耳陶杯 M54：5

7. 单耳陶罐 M54：7

6. 有孔棒状陶器 M54：6

彩版一〇二　M54 出土遗物

1. M55 椁室原木盖板

2. M55 椁室及人骨

彩版一〇三　M55

1. 双乳丁陶壶 M55：1

2. 单耳陶罐 M55：2

3. 单耳陶罐 M55：11

4. 单耳陶钵 M55：3

5. 陶杯 M55：5

6. 泥塑十字形器 M55：9

彩版一〇四　M55 出土遗物

1. 木桶 M55 : 4

2. 木盘 M55 : 6

3. 木盘 M55 : 6 出土状况

4. 木杖 M55 : 10

5. 陶器盖石 M55 : 12

6. 陶器盖石 M55 : 13

彩版一〇五　M55 出土遗物

1. M56椁室石盖板

2. M56椁室

彩版一〇六 M56

1. 滑石管 M56：3

2. 滑石管 M56：9

3. 铜铃 M56：1

4. 铜泡 M56：2

5. 铜刀 M56：7

6. 骨划齿 M56：5

彩版一〇七　M56 出土遗物

1. M57 椁室原木盖板

2. M57 椁室及人骨

彩版一〇八　M57

1. 双乳丁陶壶 M57：1

2. 单耳陶罐 M57：2

3. 单耳陶罐 M57：11

4. 单耳陶罐 M57：12

5. 双系陶壶 M57：9

6. 陶钵 M57：15

彩版一〇九　M57 出土遗物

1. 木盘 M57：3

2. 钻火板 M57：4

3. 木杯 M57：8

4. 绿松石珠 M57：7

5. 木柄铜锥 M57：5

6. 铜刀 M57：6

7. 铜耳环 M57：10

8. 铜泡 M57：13

彩版一一〇　M57 出土遗物

1. M58 椁室及人骨

2. 单耳圈足陶罐 M58：3

3. 单耳圈足陶罐 M58：3

4. 单耳陶罐 M58：4

5. 双乳丁陶壶 M58：8

彩版一一一　M58 及出土遗物

1. M59 墓圹填土出土人骨及遗物

2. M59 填土中出土人骨及遗物

彩版一一二　M59

1．M59 椁室盖板上人骨

2．M59 椁室原木盖板

彩版一一三　M59

1. M59椁室底部人骨

2. 单耳陶罐 M59：1

3. 单耳陶罐 M59：3

4. 带耳陶罐 M59：8

5. 砺石 M59：6

彩版一一四　M59 及出土遗物

1．铜泡 M59：2

2．铜片 M59：4

3．木柄铜锥 M59：5

4．木柄铜刀 M59：7

5．铜泡 M59：9

6．毛毡 M59：10

彩版一一五　M59 出土遗物

1. M60椁室及人骨

2. 双耳陶罐 M60：1

3. 木器 M60：2

4. 滑石管 M60：4

5. 皮革 M60：3

彩版一一六　M60 及出土遗物

1. M61 椁室内人骨及遗物

2. M61 椁室

彩版一一七　M61

1. 柱腹陶罐 M61：1

2. 单耳陶罐 M61：2

3. 单耳陶罐 M61：3

4. 单耳陶罐 M61：4

5. 绿松石珠 M61：5

6. 陶器盖石 M61：14

彩版一一八　M61 出土遗物

1．双联铜泡 M61：6

2．双联铜泡 M61：7

3．铜铃 M61：8

4．铜镜 M61：9（正面）

5．铜镜 M61：9（背面）

6．铜耳环 M61：10

彩版一一九　M61 出土遗物

1. M62 墓圹填石

2. M62 椁室及人骨

彩版一二〇　M62

1. 双乳丁陶壶 M62：2

2. 单耳陶杯 M62：3

3. 单耳陶罐 M62：4

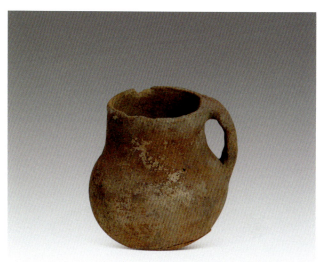

4. 单耳陶罐 M62：8

5. 泥杯 M62：9 与泥塑十字形器 M62：1

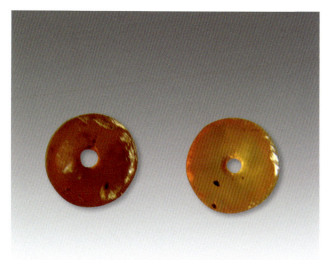

6. 玛瑙珠 M62：6

彩版一二一　M62 出土遗物

1. M63 椁室盖板及上部人骨

2. M63 椁室内人骨及随葬品

彩版一二二　M63

1. M63 椁室

2. M63 出土遗物

彩版一二三　M63

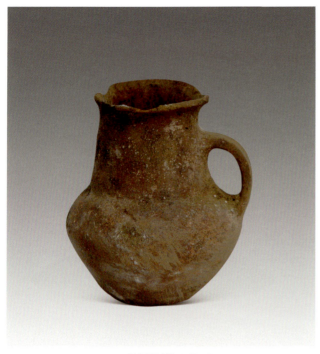

1. 单耳陶罐 M63：2

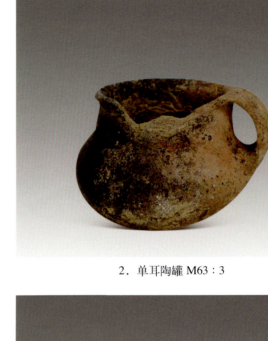

2. 单耳陶罐 M63：3

3. 单耳陶罐 M63：5

4. 带耳陶器 M63：13

5. 玛瑙珠 M63：10

彩版一二四　M63 出土遗物

1. M64 墓圹填石

2. M64 第一层人骨

彩版一二五　M64

1. M64 第二层人骨

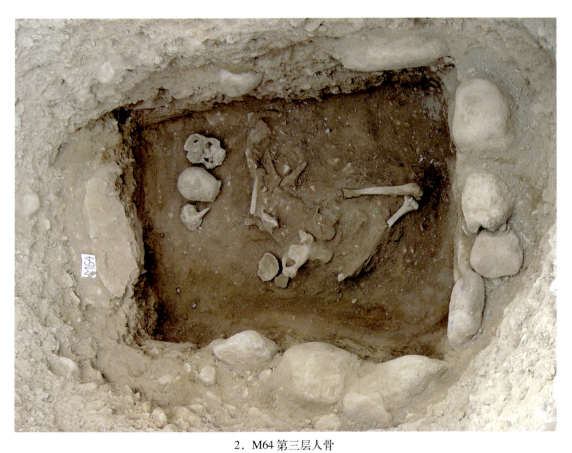

2. M64 第三层人骨

彩版一二六　M64

1．M64 椁室及第四层人骨

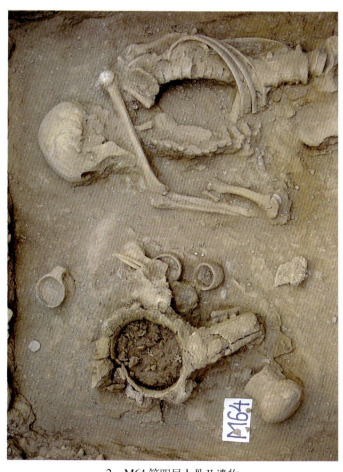

2．M64 第四层人骨及遗物

彩版一二七　M64

1. M64 出土羊头骨

2. M64 出土羊头骨

3. M64 出土羊头骨

4. M64 出土羊头骨

5. M64 出土羊头骨

6. M64 出土动物骨骼

7. M64 出土动物骨骼

8. M64 出土动物骨骼

9. M64 出土动物骨骼

彩版一二八　M64 出土遗物

1. 双耳陶罐 M64：1

2. 双乳丁陶壶 M64：2

3. 单耳陶罐 M64：3

4. 单耳陶罐 M64：4

5. 柱腹陶罐 M64：6

6. 单耳陶罐 M64：5

彩版一二九　M64 出土遗物

1．陶壶 M64：7

2．四耳陶罐 M64：9

3．四耳陶罐 M64：9

4．陶杯 M64：10

5．单耳陶杯 M64：11

6．双乳丁陶壶 M64：19

彩版一三〇　M64 出土遗物

1．泥塑十字形器 M64：15

2．泥塑十字形器 M64：17

3．滑石管 M64：12

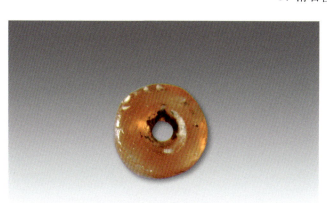

4．玛瑙珠 M64：16

5．双联铜泡 M64：13

6．铜泡 M64：18

7．骨纺轮 M64：14

彩版一三一　M64 出土遗物

1. M65 墓圹填石

2. M65 第一层人骨

彩版一三二　　M65

1. M65 椁室及第二层人骨

2. 滑石管 M65：7

3. 金器 M65：8

4. 铜泡 M65：5

5. 铜铃 M65：6

彩版一三三　M65 及出土遗物

1．单耳陶罐 M65：1

2．单耳陶罐 M65：3

3．单耳陶罐 M65：2

4．单耳陶罐 M65：2

5．单耳陶罐 M65：4

6．陶器盖石 M65：9

彩版一三四　M65 出土遗物

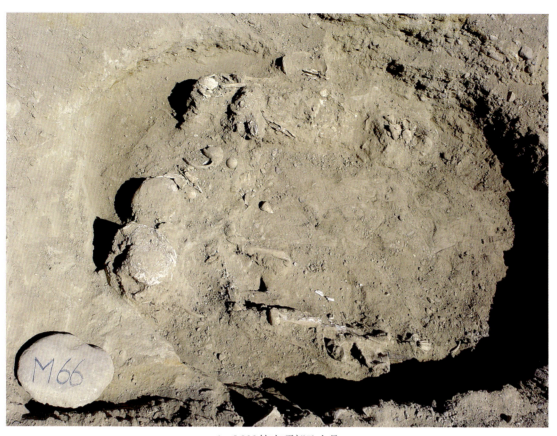

1. M66 椁室顶部及人骨

2. M66 椁室及人骨

彩版一三五　M66

1. 羊距骨 M66：10

4. 单耳陶罐 M66：2

2. 柱腹陶罐 M66：1

5. 双乳丁陶罐 M66：3

3. 柱腹陶罐 M66：1

6. 双系陶壶 M66：4

彩版一三六　M66 出土遗物

1. 双系陶壶 M66：5

2. 单耳陶罐 M66：6

3. 泥塑十字形器 M66：8

4. 玛瑙珠 M66：9

5. 陶器盖石 M66：13

6. 铜片 M66：7

彩版一三七　M66 出土遗物

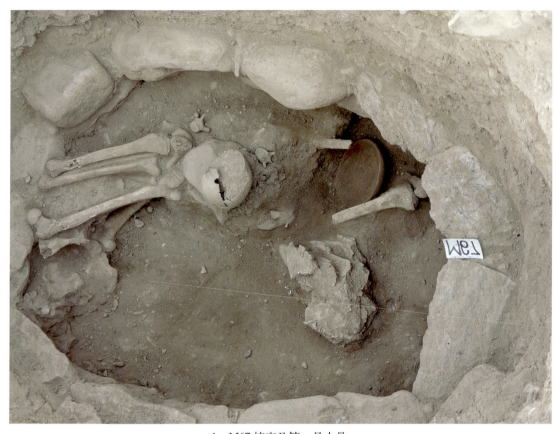

1. M67 椁室及第一具人骨

2. M67 椁室底部及第二具人骨

彩版一三八　　M67

1．单耳陶豆 M67：1

2．单耳陶罐 M67：2

3．单耳陶罐 M67：4

4．双乳丁陶壶 M67：3

5．双乳丁陶壶 M67：5

6．双乳丁陶壶 M67：10

彩版一三九　M67 出土遗物

1. 单耳石杯 M67：11

2. 铜泡 M67：9

3. 铜锥 M67：15

4. 铜刀 M67：16

5. 铜泡 M67：20

6. 骨纺轮 M67：6

1. M68 椁室原木盖板

2. M68 椁室

彩版一四一　M68

1．M69

2．M69 椁室人骨及随葬品

彩版一四四　M69

1. 陶杯 M69：1

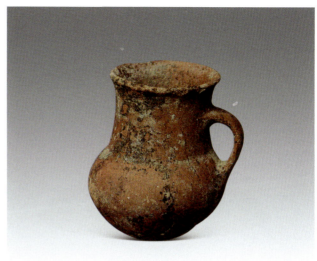

2. 单耳陶罐 M69：2

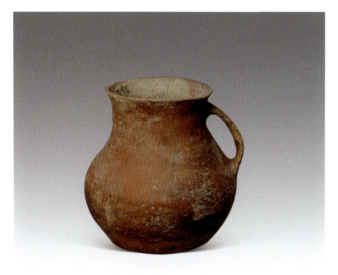

3. 单耳陶罐 M69：3

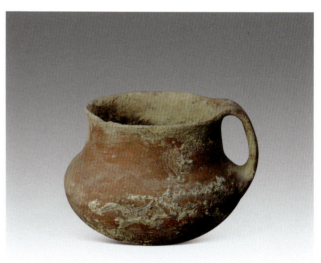

4. 单耳陶罐 M69：4

5. 砺石 M69：6

6. 穿孔铜刀 M69：5

彩版一四五　M69 出土遗物

1. M70 椁室及第一具人骨

2. M70 椁室及第二具人骨

彩版一四六　M70

1．陶罐 M70：1

2．单耳陶罐 M70：3

3．单耳陶罐 M70：4

4．单耳陶豆 M70：2

5．泥杯 M70：7 与泥塑十字形器 M70：13

6．骨纺轮 M70：6

彩版一四七　M70 出土遗物

1. M71 椁室底部

2. M71 椁室及第一具人骨

彩版一四八　M71

1. M71 遗物出土状况

2. 砺石 M71：10

3. 带柄铜刀 M71：9

4. 彩陶片 M71：17

5. 彩陶片 M71：18

彩版一四九　M71 及出土遗物

1. 双系陶壶 M71：3

2. 单耳陶罐 M71：4

3. 单耳陶罐 M71：5

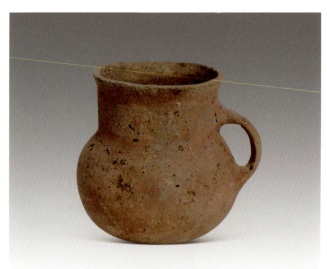

4. 单耳陶罐 M71：6

5. 单耳圈足陶罐 M71：8

6. 单耳陶罐 M71：12

彩版一五〇　M71 出土遗物

1. 玛瑙珠 M71：14

2. 陶器盖石 M71：19

3. 铜镞 M71：2

4. 铜泡 M71：11 出土状况

5. 铜泡 M71：11

6. 铜泡 M71：11

彩版一五一　M71 出土遗物

1. M72 第一具人骨

2. M72 椁室及第二具人骨

彩版一五二　M72

1．单耳陶罐 M72：1 出土状况

2．单耳陶罐 M72：1

3．单耳陶罐 M72：3

4．贯耳陶杯 M72：4

5．双系陶壶 M72：5

彩版一五三　M72 出土遗物

1．M73椁室及人骨

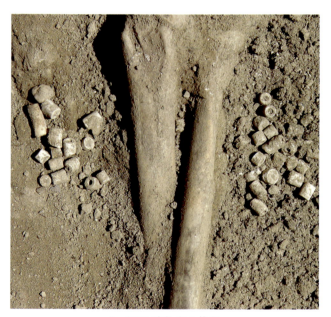

2．M73遗物出土状况

3．M73遗物出土状况

1．单耳陶罐 M73：4   2．单耳陶罐 M73：5

3．双乳丁陶壶 M73：12   4．单耳陶罐 M73：13

5．双耳陶罐 M73：14   6．滑石管串饰 M73：3

彩版一五五　M73 出土遗物

1. 玛瑙珠 M73：11

2. 铜泡 M73：6

3. 羊形铜牌饰 M73：7

4. 铜铃 M73：8

5. 铜管 M73：10

6. 骨划齿 M73：2

彩版一五六　M73 出土遗物

1. M74 墓圹填石

2. M74

彩版一五七　M74

1. M74 椁室

2. M74 椁室底部人骨及随葬品

彩版一五八　M74

1．单耳陶罐 M74：1

2．单耳陶罐 M74：3

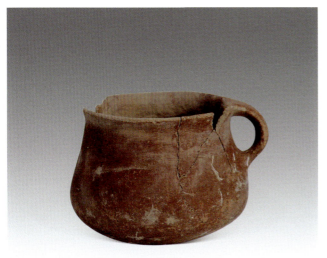

3．单耳陶罐 M74：4

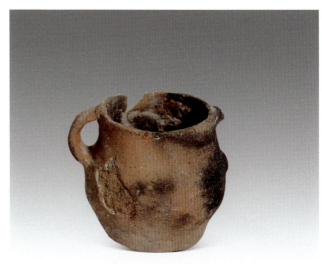

4．双耳陶罐 M74：10

5．双系陶壶 M74：2

6．双系陶壶 M74：5

彩版一五九　M74 出土遗物

1. 玛瑙珠 M74：12

2. 铜泡 M74：7

3. 铜刀 M74：11

4. 骨珠 M74：8

5. 骨锥 M74：9

6. 海贝 M74：13

彩版一六〇　M74 出土遗物

1．M75 椁室及出土人骨

2．单耳陶罐 M75：1

3．陶纺轮 M75：2

彩版一六一　M75 及出土遗物

1. M76 椁室原木盖板

2. M76 椁室

彩版一六二　M76

1. 彩陶片 M76：6

2. 彩陶片 M76：7

3. 滑石管 M76：2

4. 玛瑙珠 M76：3

5. 双联铜泡 M76：4

6. 铁锥 M76：1

彩版一六三　M76 出土遗物

1. M77 与 M78 相互关系

2. M77 椁室

彩版一六四　M77

1．M78 椁室石盖板

2．M78 椁室

彩版一六五　M78

1. 双乳丁陶壶 M78：1

3. 穿孔陶片 M78：7

4. 彩陶片 M78：8

2. 单耳陶罐 M78：2

5. 玛瑙珠 M78：4

6. 铁刀 M78：6

7. 骨划齿 M78：3

彩版一六六　M78 出土遗物

1. M79椁室原木盖板

2. M79椁室石盖板

彩版一六七　M79

1．M79 椁室

2．彩陶片 M79：11

3．木桶 M79：1

4．木器 M79：3

5．木杖 M79：10

彩版一六八　M79 及出土遗物

1. 木纺轮 M79：4

2. 木纺轮 M79：4

3. 木勺 M79：5

4. 木勺 M79：5

5. 镜形铜牌 M79：6

6. 木柄铁锥 M79：2

彩版一六九　M79 出土遗物

1. M80 椁室石盖板

2. M80 椁室原木盖板

彩版一七〇　M80

1. M80 椁室

2. 彩陶片 M80∶12

3. 彩陶片 M80∶13

4. 彩陶片 M80∶14

5. 彩陶片 M80∶15

6. 彩陶片 M80∶16

彩版一七一　M80 及出土遗物

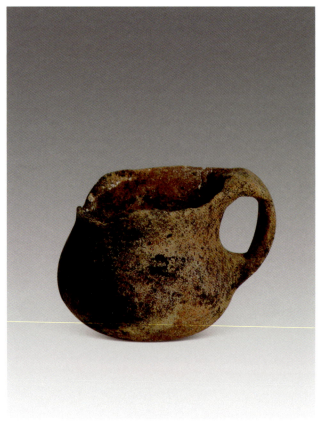

1．单耳陶罐 M80：1

2．泥杯 M80：9

3．木桶 M80：2

4．木盘 M80：3

5．木盘 M80：3 出土状况

6．木器 M80：4

7．木器 M80：4

彩版一七二　M80 出土遗物

1. M81

2. 单耳陶罐 M81：1

3. 陶罐 M81：2

4. 滑石管 M81：5

5. 双联铜泡 M81：4

彩版一七三　M81 及出土遗物

1. M82 椁室原木盖板

2. M82 人骨及随葬品

3. 单耳陶罐 M82：1

4. 陶器盖石 M82：4

彩版一七四　M82 及出土遗物

1. M83 椁室

2. 单耳陶罐 M83：4

3. 单耳陶罐 M83：9

4. 铜泡 M83：2

5. 铜刀 M83：7

彩版一七五　M83 及出土遗物

1. M84 墓圹填石

2. M84 椁室原木盖板

彩版一七六　M84

1. M84 椁室

2. 单耳陶罐 M84：3

3. 单耳陶杯 M84：4

4. 单耳陶罐 M84：5

5. 木瓢 M84：1

彩版一七七　M84 及出土遗物

1. 串饰 M84：6

2. 砺石 M84：7

3. 环首铜刀 M84：2 出土状况

4. 环首铜刀 M84：2

5. 木柄铜刀 M84：8

6. 木柄铜锥 M84：9

彩版一七八　M84 出土遗物

1. M85 二层台上原木盖板

2. M85 第一具人骨

彩版一七九　M85

1. M85 第二具人骨

2. M86 打破 M84

彩版一八〇　M85、M86

1. 单耳陶罐 M85：4

2. 单耳陶罐 M85：6

3. 单耳陶罐 M85：7

4. 单耳陶豆 M85：5

5. 绿松石珠 M85：1

6. 陶器盖石 M85：8

彩版一八一　M85 出土遗物

1. M89 椁室及随葬品

2. M89 椁室及椁底板

彩版一八二　M89

1. M90 地表标识

2. M90 第一具人骨

彩版一八三　M90

1. M90 第二具人骨

4. 木柄铜锥 M90∶3

2. 单耳陶罐 M90∶2

3. 环首铜刀 M90∶1

彩版一八四　M90 及出土遗物

1. M91 地表标识

2. M91 墓圹填石

彩版一八五　M91

1. M91 椁室原木盖板

2. M91 椁室

彩版一八六　M91

1. M91 椁底板及遗物出土情况

2. 单耳陶钵 M91：1

3. 陶器耳 M91：11

4. 绿松石珠 M91：8

5. 玛瑙管 M91：10

彩版一八七　M91 及出土遗物

1. 铜环 M91：3

2. 铜饰件 M91：6

3. 铜泡 M91：9

4. 铜泡 M91：9

5. 单耳陶罐 M92：1

6. 海贝 M92：3

彩版一八八　M91、M92 出土遗物

1. M92 地表标识

2. M92 椁室原木盖板

彩版一八九　M92

1. M92 椁室

2. M92 椁室搭建方式

彩版一九〇　M92